ELOGIOS PARA
LA REVOLUCIÓN DEL

«La revolución del sentido alega que el liderazgo no solo está en la mente. También está en el espíritu. El libro de Fred muestra que, cuando fijamos objetivos que reflejan nuestros valores a la vez que nuestros intereses, cuando nuestros equipos se esfuerzan en tener un impacto positivo en el mundo, podemos conseguir algo más que el éxito. Podemos encontrar un significado y un propósito superiores».

—Sheryl Sandberg, jefa de operaciones de Facebook y fundadora de LeanIn.org y OptionB.org

«Nuestro mundo de cambio exponencial demanda hoy más que nunca de líderes trascendentes. Fred nos ofrece una perspectiva tan novedosa como profunda de cómo responder a este desafío».

—Salvador Alva, presidente, Instituto Tecnológico de Monterrey

«Bienvenidos al razonamiento riguroso y al profundo sentimiento de la siempre brillante mente de Fred Kofman. Formado como economista, con algunas paradas en su trayectoria profesional como profesor de negocios y consultor, el título oficial de Fred en LinkedIn es el de vicepresidente de Desarrollo Ejecutivo. Pero yo puedo describir lo que él hace de una forma más resumida. Yo lo llamo el sumo sacerdote del capitalismo».

—Reid Hoffman, fundador y anterior presidente de LinkedIn; miembro de la junta de Microsoft (autor del prólogo del libro)

«El "liderazgo trascendente" es exactamente el tipo de enfoque iluminado que los líderes de hoy en día deben acoger con los brazos abiertos para poder ganar en el lugar de trabajo y en el mercado».

—Doug Conant, fundador y director ejecutivo de Conant Leadership; anterior director ejecutivo de Campbell Soup Company

«Creo que la cultura tiene que basarse en considerar las pasiones y sueños personales y usar la empresa como plataforma para perseguir estas pasiones. Fred Kofman explora esa noción incluso más profundamente a través de vívidas historias y reflexiones realmente reflexivas sobre el liderazgo en la empresa y el capitalismo consciente. ¿Cuál es tu noble propósito? ¿Tus hijos están orgullosos de la misión de tu empresa? ¿Por qué los mayores beneficiarios de tu empresa pueden ser los empleados y clientes de tus competidores? ¡Léelo y lo sabrás!».

—Satya Nadella, director ejecutivo de Microsoft

«*La revolución del sentido* ofrece una visión nueva y atractiva sobre el liderazgo. A través de diferentes anécdotas, este libro te atrapa desde el primer capítulo. Quienes buscan nuevas formas de abordar el trabajo en equipo y la estructura organizacional, disfrutarán mucho de este libro».

—Cesar Cernuda, presidente de Microsoft Latinoamérica.

«Fred tiene una habilidad especial para ayudarnos a desarrollar profundidad y descubrir el poder transformador de una cultura con propósito. Su enfoque sistémico, e inusual balance entre el rigor del análisis y síntesis, con profunda sensibilidad humana, lo hacen un autor cuya lectura deja huella».

—Eduardo Padilla Silva CEO & director, FEMSA

«Como Fred Kofman deja brillantemente claro en *La revolución del sentido*, el liderazgo real no se basa en alcanzar cifras determinadas, sino en crear una cultura de propósito y significado e inspirar a los demás para que descubran que pueden marcar una diferencia perdurable en el mundo que los rodea».

—Arianna Huffington, fundadora y directora ejecutiva de Thrive Global

«Las enseñanzas de Fred han sido una fuente de inspiración para mí ya desde el principio de Yahoo! En mi trabajo a un lado y otro del Pacífico con empresas y equipos hay una oleada palpable de ansias de encontrar nuevas formas de aprovechar lo que importa de verdad: las personas y sus motivaciones. Este libro muestra una forma de avanzar con una base intelectual cautivadora y una orientación espiritual que muestra el camino a seguir. Llega en un momento en el que las tecnologías cambian el mundo en aspectos más profundos que nunca, y espero que el trabajo de Fred catalice un cambio de paradigma kuhniano en el liderazgo que lleve el progreso humano a un ritmo superior».

—Qi Lu, director ejecutivo de Baidu (China)

«Fred es una de las personas de negocios con la mente más abierta que he conocido. Durante la última década me ha transmitido revelaciones constantemente que han cambiado cómo me veo a mí mismo y cómo me relaciono con los demás. Con *La revolución del sentido* te pasará lo mismo a ti».

—Jeff Weiner, director ejecutivo de LinkedIn

«La revolución del sentido nos recuerda la importancia de la autoridad moral, la confianza, la compasión y la integridad en el liderazgo efectivo. Basándose en su experiencia como consultor, Fred Kofman, antaño profesor de la Escuela de Administración y Dirección de Empresas Sloan y actualmente vicepresidente de LinkedIn, da vida a estos conceptos a través de numerosas observaciones personales. Bien escrito y profundo, este libro es de lectura obligada para todos aquellos interesados en el liderazgo».

—Drew Fudenberg (profesor de Economía en el Instituto
Tecnológico de Massachusetts) y Jean Tirole (Nobel en Economía,
Toulouse School of Economics); autores de *Game Theory*

«Siempre he sabido, en lo más profundo, que el capitalismo consciente no puede existir sin el liderazgo consciente, pero no sabía cómo demostrarlo de modo que pudiera convencer a los demás. Fred ha logrado una gran hazaña. Ha integrado la racionalidad y la espiritualidad para mostrar cómo el liderazgo trascendente es la clave para que la humanidad prospere en paz».

—John Mackey, fundador y anterior director ejecutivo de Whole Foods

«El camino hacia el liderazgo efectivo que Fred Kofman te plantea no es fácil de seguir pero, si lo haces, serás mucho más que un líder efectivo. Serás un ser humano sincero, empático e inspirador que vive una vida profundamente significativa. Kofman defiende que el crecimiento vocacional y el desarrollo personal son inextricables, y se halla en una buena posición para argumentar esto. Además de ser un erudito y un consultor de negocios altamente capacitado, es un pensador profundamente reflexivo que ha sometido su vida al escrutinio vivificante que recomienda a los demás. La palabra "espiritual" ya está muy gastada, pero *La revolución del sentido* merece esa etiqueta. No puedes leer este libro sin hacerte profundas y valiosísimas preguntas sobre tu vida y tu llamado».

—Robert Wright, catedrático en Princeton; autor de *La evolución
de Dios, The moral animal, Nonzero* y *Why Buddhism Is True*

«Su lectura es un placer. Fred Kofman aprovecha su formación académica y experiencia como consultor para demostrarnos que los conceptos económicos son cruciales para comprender y mejorar la cultura y el liderazgo de las organizaciones».

—Jacques Lawarrée, profesor de Economía en la Universidad de Washington en Seattle

«En este brillante seguimiento de su influyente libro *La empresa consciente*, Kofman destila la sabiduría que lleva décadas acumulando en su trabajo como asesor y consultor de los líderes de grandes empresas de alrededor de todo el mundo. Escrito con excelencia, este libro ilumina "la simplicidad al otro lado de la complejidad" por la que Oliver Wendell Holmes dijo que estaría dispuesto a dar su vida. Es una guía esencial para crear organizaciones que se conviertan en fuentes de crecimiento, sentido, plenitud y sanación en un mundo que ya no puede permitirse las consecuencias innecesarias de "los negocios son así"».

—Raj Sisodia, profesor de Empresa global distinguido con el premio FW Olin, cofundador y presidente emérito de Conscious Capitalism International

«Gran parte de lo que sale de Silicon Valley hoy en día parece implicar resultados temibles para los humanos y para la sociedad en conjunto. Pero aquí llega Fred Kofman: el liderazgo es una tecnología social cuya función es aumentar el orgullo de pertenecer a un movimiento más amplio, restaurar la autoestima de las personas y, en resumidas cuentas, darle al sinsentido irracional del mundo, especialmente del mundo empresarial, un sentido consciente y voluntariamente elegido. Relatado con la pasión de un profesional y la precisión de un filósofo, *La revolución del sentido* es a partes iguales fascinante y potente».

—Laurent Choain, encargado en jefe de Comunicaciones y Recursos Humanos, Mazars, Francia

«Las reflexiones únicas que Fred Kofman transmite en este libro han cambiado mi modo de dirigir y gestionar. Son lo suficientemente sencillas como para poderse aplicar de inmediato y, a la vez, lo suficientemente profundas como para pasarse la vida entera practicándolas».

—Mike Gamson, vicepresidente de Global Sales Solutions, LinkedIn

«Una deconstrucción excepcional, sin filtros y sin perjuicios, del liderazgo y de la gestión de personas y organizaciones. Fred Kofman desmonta por completo la visión de "talla única" del liderazgo y nos da una perspectiva alternativa sobre qué funciona en qué momento y cómo podemos gestionar e inspirar mejor a las personas. Una guía profundamente útil, directa y sencilla para un liderazgo extraordinario y para conectar con los demás a través del significado».

—Mohammad Abdulla Al Gergawi, ministro de Asuntos del Gabinete y del Futuro de los Emiratos Árabes Unidos

«Este maravilloso libro está repleto de sabiduría práctica. Kofman cuenta con la gran habilidad de ser capaz de recurrir a profundas ideas sobre el significado, el trabajo, la felicidad, la motivación e incluso la muerte, y de dar consejos concretos sobre cómo podemos vivir vidas mejores y crear mejores empresas. Como los grandes maestros, Kofman es un narrador que cautiva y, como los mejores guías, sus historias son relevantes porque él mismo ha recorrido el camino que propone y ha mostrado a muchos otros cómo hacerlo. Leer *La revolución del sentido* es todo un placer y cambiará el modo en que piensas sobre tu trabajo como líder».

—John Weeks, profesor de Liderazgo y Comportamiento organizacional en el International Institute for Management Development

LA REVOLUCIÓN DEL
SENTIDO

LA REVOLUCIÓN DEL

SENTIDO

EL PODER DEL
LIDERAZGO TRASCENDENTE

FRED KOFMAN

AUTOR DE *LA EMPRESA CONSCIENTE*

PRÓLOGO POR REID HOFFMAN

HarperCollins *Español*

AL YO QUE ERES MÁS ALLÁ
DEL YO QUE CREES SER

CONTENIDOS

PRÓLOGO POR REID HOFFMAN

Los líderes más efectivos no tienen seguidores.

La benevolencia, el servicio y el amor son las mayores fuentes de valor económico.

Si tratas a tus empleados como recursos que hay que optimizar, nunca pasarás de jefe a líder. Para conseguir hacer este salto, debes reconocer que tus empleados son seres conscientes que ansían trascender su existencia limitada a través de nobles proyectos de inmortalidad.

Bienvenido a la siempre reveladora, profundamente sincera y rigurosamente sistemática mente de Fred Kofman.

Formado como economista, con algunas paradas en su trayectoria profesional como profesor de negocios y consultor, el título oficial de Fred en LinkedIn, donde lleva trabajando desde 2012, es vicepresidente de desarrollo ejecutivo. Pero yo puedo decir lo que él hace de una forma más resumida. Yo le llamo el sumo sacerdote del capitalismo.

En la misma línea de Adam Smith, Fred reconoce el capitalismo como un tipo de búsqueda espiritual de poder moral alquímico. Para alcanzar el éxito a largo plazo en un mercado libre, donde los individuos llevan a cabo intercambios voluntarios según sus propias preferencias, las empresas y los emprendedores deben comprender realmente las necesidades y deseos de sus clientes. Después, deben servir a esos clientes de una forma útil y equitativa.

El capitalismo, por lo tanto, puede convertirse en un crisol de empatía, compasión y justicia. Y el territorio donde esto sucede es el lugar de trabajo.

Pero aunque muchas personas se preguntan cuál es el significado de la vida, muchas menos se paran a pensar profundamente sobre el significado del trabajo. Además, el capitalismo a menudo se describe como un territorio donde la ética y los valores pueden dejarse a un lado a la hora de perseguir beneficios. «Negocios son negocios» ("It's just business"), dice la gente a menudo cuando quieren racionalizar atajos éticos o comportamientos que pueden calificarse directamente como sociopáticos.

Aun así, esta mentalidad es tóxica y de corto plazo. Reconociendo el concepto de servicio que se encuentra en el corazón del capitalismo, Fred nos anima a ver el lugar de trabajo no como un reino abstracto de indicadores de rendimiento clave y cuentas de pérdidas y ganancias, sino como un lugar supremamente humanizado, alrededor del cual las personas organizan sus vidas, se autorrealizan y donde buscan tener un significado e impacto.

Una vez que empezamos a aceptar esta verdad de un modo más consciente, podemos empezar a pasar de una mentalidad de «negocios son negocios» a otra de «negocios son justicia» ("It's just business), donde reconocemos lo esenciales que son la compasión, la integridad, la responsabilidad y el servicio en cualquier empresa de alto rendimiento.

Esta nueva mentalidad no solo se aplica al modo en que la empresa sirve a sus clientes, sino a la forma en que sirve a sus empleados. Como Fred explica en estas páginas, los grandes líderes definen y articulan el elevado propósito de su organización y sus valores. Después, ponen esos valores en acción en pos de ese propósito e inspiran al resto de su organización a hacer lo mismo.

Así lo explicó Fred en la conferencia Wisdom 2.0 Conference de 2015, describiendo el estilo de liderazgo en LinkedIn de Jeff Weiner:

«Hay un montón de líderes que empujan un barco a remo. Consiguen que todo el mundo se suba a bordo, con ellos, y les dicen: "Síganme". Pero lo que he visto que hacen Jeff y otros grandes líderes es ir y subirse en una tabla de surf. No dicen "Sígueme" a nadie. Dicen: "Ven, únete a nosotros en esta enorme ola"».

En la primera visión todo el mundo está, literalmente, en el mismo barco, haciendo solo lo que su líder les permite hacer. En la segunda visión, todo el mundo está en la misma ola y moviéndose en la misma dirección, pero tienen mucha más libertad para improvisar, para actuar con audacia y creatividad y para marcarse su propio curso de acción.

Fíjense en que, además, se trata de una «enorme ola».

Lo que vemos una y otra vez en Silicon Valley es cómo las empresas que crecen más rápidamente, tienen un rendimiento más constante y se convierten en los jugadores dominantes de sus sectores (las empresas que hacen lo que yo denomino «blitzscaling», crecer a la velocidad del rayo) son aquellas que definen sus misiones corporativas en términos increíblemente ambiciosos, nobles y grandes. Google quiere organizar la información de todo el mundo. Facebook quiere conectar al mundo. Microsoft quiere que las personas y las organizaciones sean más productivas. Airbnb quiere que sus clientes se sientan como en casa en cualquier lugar. LinkedIn quiere que todo el mundo pueda disfrutar de las mejores oportunidades económicas.

Estas empresas se comprometen a un servicio a escala global y sus misiones, grandes y definidas con claridad, atraen a profesionales con talento que buscan la autorrealización a través de un trabajo con sentido e impacto reales.

Pero un objetivo grande y noble no es suficiente. También necesitas contar con el tipo de cultura adecuada.

Ser emprendedor, como digo a menudo, es como tirarse por un acantilado y construir un avión durante la caída. Tienes un plan, sí, pero tus recursos son limitados y te estás quedando sin tiempo. En los primeros meses caóticos tras empezar una nueva aventura, tu futuro, por defecto, es la muerte. Para escapar a este destino, tienes que revertir este curso descendente de tu trayectoria, y hacerlo rápidamente.

Pero este es el quid de la cuestión: el éxito (y, especialmente, el éxito arrollador) no elimina el peligro de sufrir un tremendo choque. Cuando una *start-up* pasa de una caída en picado a crecer a la velocidad del rayo, añadiendo clientes, aumentando los ingresos y aumentando el tamaño de su plantilla a velocidades de vértigo, el trabajo del fundador se hace todavía más difícil y complejo.

En esa fase del desarrollo de una empresa, ese emprendedor con una idea innovadora también tiene que convertirse en un líder que inspira a los demás. El exceso de control, al fin y al cabo, no es un mecanismo para un crecimiento rápido. Para desarrollarse rápidamente, una organización debe darles a sus empleados la libertad de trabajar con velocidad y creatividad, corriendo riesgos. Lo que, en definitiva, implica que las organizaciones más productivas, las que proporcionan mayores ganancias a la sociedad, además de a sus inversores, son aquellas construidas sobre las bases de la confianza y la integridad.

Así que léete este libro tan revelador. Pero no te detengas al final. Del mismo modo que los mejores líderes no tienen seguidores y los mejores maestros no tienen alumnos, los mejores libros no solo se leen. Se ponen en práctica.

En estas páginas podrás encontrar una gran inspiración en las reflexiones y acciones de Fred. Pero es en tus propios valores, en tu propio llamado al servicio, donde encontrarás finalmente la sensación de propósito que te impulsará a trabajar (y a vivir) de una forma más consciente y productiva, con el mayor impacto posible.

La revolución del sentido es una llamada no a seguidores, sino a colegas surfistas.

¿Estás listo para subirte a la ola?

Capítulo 1
UN TALLER CALIENTE

TU TRABAJO NO ES TU TRABAJO

El éxito, como la felicidad, no puede perseguirse: debe ocurrir, y solo se
da como efecto secundario inesperado de la dedicación personal a una
causa superior a uno mismo.

—Viktor Frankl

Era un sofocante día de julio en Las Vegas así que, por supuesto, la sala
de conferencias estaba helada. Los participantes de mi taller de «La
empresa consciente» se arrebujaron en sus chaquetas entre muecas.
No solo tenían frío; estaban cabreados. Me dirigieron miradas heladas.
Sabía qué estaban pensando.

Había estado en situaciones así muchas veces. En la mayoría de
los casos, los típicos gerentes de una empresa cuyo director me contrató me dan una bienvenida tan cálida como la que le ofrecerían a una
gripe. Tenía la sensación de estar en un cómic de *Dilbert*; casi podía
leer los globos con los pensamientos de cada persona sobre su cabeza.

«¿Qué demonios hacemos aquí?», pensaba uno. «¡Tengo mucho
trabajo por hacer!».

«Otro taller de mierda», pensaba otro. «!*Odio* estas porquerías!».

Decidí tirarme de cabeza y aprovecharme de sus peores temores.

—¡Vamos a empezar con una actividad para romper el hielo!
—dije con el tono de voz más alegre y de instructor de pacotilla que conozco—. Cada persona buscará a otra que no conozca y se presentará.
Por favor, díganle a su compañero de qué trabajan.

1

Casi podía oír sus gemidos mentales al girarse hacia sus compañeros más cercanos.

Pasados tres incómodos minutos, volví a requerir su atención.

—¿A quién le gustaría compartir? —pregunté con dulzura, como si no tuviera idea de lo irritante que les resultaba. Por supuesto, nadie respondió—. Ustedes dos, por favor —exigí, señalando a una pareja—. Díganme cuál es el nombre y el puesto de trabajo de su compañero.

—Mi compañero se llama John. Está en el Departamento Legal —dijo la mujer.

—Ella se llama Sandra —apuntó John—. Dirige campañas de *marketing*.

—No. Están equivocados —los reté.

Sandra y John se quedaron confusos, como todos los demás.

Después, al más puro estilo de Las Vegas, les propuse una apuesta:

—Apuesto con cada uno de ustedes a que no saben cuál es su trabajo. Y que, además, me llevará menos de un minuto demostrárselo.

Nadie dijo nada.

—¡Vamos! —insistí—. ¿De verdad que nadie sabe cuál es su trabajo? —saqué un fajo de billetes mientras decía eso; se veía claramente que eran de cien dólares—. Acepten mi apuesta. Si ganan, les daré cien dólares. Si pierden, le daré el dinero a la organización benéfica que elijan. Levanten la mano y tomen la apuesta, a menos que realmente no sepan cuál es su trabajo.

Unas cuantas personas levantaron la mano, pero la mayoría se quedó mirándome con cara de pocos amigos, intentando descubrir dónde estaba la trampa.

—Déjenme ponérselo más fácil —proseguí—. No apostaremos dinero, sino tiempo y energía. Si yo gano, se quedan en el taller y participan al cien por ciento. Si pierdo contra más de la mitad de ustedes, damos el taller por finalizado y yo me encargo de hablar con sus gerentes. Les diré que no pude hacerlo. Nunca se enterarán de nuestro acuerdo; lo que pasa en Vegas, se queda en Vegas. Y, para hacer el trato aún mejor, serán ustedes los que decidirán si gano o pierdo.

Más muecas. Algunos sacudieron la cabeza, decididos a no jugar conmigo.

—Venga —supliqué—. No pueden escaparse de mí de ninguna otra manera. ¿Qué pueden perder? Si yo gano, perderán solo su confusión. Y si ganan ustedes, podrán deshacerse de mí ahora mismo. Además, podrán contarle a todo el mundo la historia del idiota que arruinó su taller en los primeros cinco minutos.

Finalmente había logrado captar su atención. La mayoría levantó la mano. Elegí a una persona en el centro de la primera fila. Leí el nombre que llevaba en su tarjeta y le di las gracias.

—Gracias por jugar, Karen. ¿Cuál es tu trabajo?

—Soy auditora interna.

—¿Y cuál es tu trabajo como auditora interna?

—Asegurarme de que los procesos organizacionales sean confiables.

—Perfecto, Karen. Empecemos. Por favor, inicien sus cronómetros. Karen, ¿practicabas algún deporte en la escuela?

—Sí —replicó—. Jugaba al fútbol.

—¡Perfecto! como argentino, soy fanático del fútbol. ¿En qué posición jugabas?

—Defensora.

—¿Y cuál era tu trabajo?

—Evitar que el otro equipo nos hiciera goles —respondió.

Me giré hacia el resto de los participantes.

—El trabajo de un defensor es evitar que el otro equipo haga goles. ¿Alguien no está de acuerdo? Si es así, por favor levante la mano.

Nadie se movió.

—Bien. ¿Y cuál es el trabajo de un delantero?

—Hacer goles —dijeron varias personas a la vez.

—Perfecto; parece que estamos todos de acuerdo. Mi siguiente pregunta es: ¿cuál es el trabajo del equipo?

—Cooperar —dijo alguien.

—¿Cooperar para qué?

—Pues para jugar bien —apuntó otra persona.

—¿Y para qué quiere jugar bien el equipo?

—¡Para ganar! —se oyó un grito desde el fondo de la sala.

—¡Bingo! —respondí—. El trabajo del equipo es ganar. ¿Alguien no está de acuerdo?

Sacudieron la cabeza mirando al cielo, obviamente exasperados por este ejercicio de futilidad. Con el rabo del ojo vi a un burlón simular un bostezo. Su globo de pensamiento decía: «¿adónde cuernos vas con esto?».

—Si el trabajo del equipo es ganar —proseguí, inmutable—, ¿cuál es el trabajo principal de todos y cada uno de los miembros del equipo?

—Ayudar al equipo a ganar —dijo otra persona.

—¡Exacto! ¿Están todos de acuerdo?

Todos asintieron.

—Ahí va mi última pregunta: si el trabajo principal de todos y cada uno de los miembros del equipo es ayudar al equipo a ganar, y si el defensor es un miembro del equipo, ¿cuál es el trabajo principal del defensor?

—Ayudar al equipo a ganar —murmuró otro, intuyendo claramente adónde iba la cosa.

—¡Así es! —felicité a la persona que había respondido—. ¿Puedes repetir lo que has dicho, pero más alto?

—Ayudar al equipo a ganar —repitió.

—¡Listo! Miren sus relojes, por favor. Han pasado cincuenta y dos segundos desde que empezamos esta conversación.

Vi algunas miradas de confusión, así que me expliqué mejor.

—¿Cuál es el trabajo principal de un defensor? ¿Evitar que el otro equipo haga goles o ayudar a su equipo a ganar? Todos ustedes estuvieron de acuerdo con Karen hace un minuto en que era evitar que el otro equipo haga goles. Espero que ahora vean su error, cambien de opinión y estén de acuerdo conmigo en que su trabajo es ayudar al equipo a ganar.

—¿Y qué diferencia hay? —dijo un contreras.

—Imagina que eres el entrenador de un equipo que va perdiendo uno a cero y cuando quedan solo cinco minutos de juego. ¿Qué instrucción les darías a los defensores?

4

—Pues que vayan al ataque para empatar —afirmó alguien.

—¡Exacto! ¿Y cómo reaccionarías si tus jugadores te contestaran: «No entrenador; ese no es nuestro trabajo»?

—¡Los sacaría del equipo!

—¿Y por qué? ¿Acaso no es más probable que el otro equipo haga otro gol en un contrataque? Si el trabajo del defensor es ayudar a su equipo a ganar, ir al ataque es lo correcto. Si su trabajo es impedir que le hagan goles a su equipo, ir al ataque es equivocado.

Algunas sonrisas indicaban el cambio de ambiente. Seguí adelante.

—Así que... ¿cuál es el trabajo de un atacante?

—Ayudar al equipo a ganar.

—¿Y cuál es el trabajo del aguatero?

—Ayudar al equipo a ganar.

Algunos empezaron a reírse, pero no todos.

—Sigo sin entender qué tiene que ver esto con nuestros trabajos —dijo alguien.

—En 1961, el presidente John F. Kennedy estaba visitando la sede de la NASA por primera vez —contesté—. Mientras hacía un recorrido, saludó a un ordenanza que estaba pasando un trapo y le preguntó qué hacía en la NASA. El empleado contestó, orgulloso: «¡Estoy ayudando a poner un hombre en la Luna!».

Dejé que mis palabras flotaran unos instantes. Después, les pregunté:

—¿Cuántos de ustedes le han dicho a su compañero del ejercicio: «Mi trabajo es ayudar a mi empresa a ganar?». ¿Cuántos son conscientes de que su trabajo principal es ayudar a su organización a cumplir su misión de forma ética y efectiva? ¿Cuántos de ustedes han oído a su compañero describir su trabajo como «aumentar el valor (y los valores) de mi empresa»?

En el silencio, ya no tan gélido; podía ver cómo les iba cayendo la ficha.

ALCANZAR TUS OBJETIVOS, SOCAVAR A TU EQUIPO

En 2014, Verónica Block llamó para cancelar el servicio de Internet de su familia con Comcast. Inmediatamente la comunicaron con un encargado de «retención de clientes» que se pasó diez minutos discutiendo con ella los motivos por los que quería terminar el servicio. Cada vez que Verónica le pedía al hombre que, simplemente, cancelara el servicio, este se ponía a discutir con ella, alegando que solo estaba intentando mejorar el servicio de Comcast.

—Explíqueme, por favor, por qué no quiere un servicio de Internet más rápido —repetía incesante y atropelladamente como un robot.

Frustrada, Verónica le pasó el teléfono a su marido, Ryan, quien tuvo la brillante idea de grabar el diálogo de ocho minutos que mantuvo con el representante.[1]

La conversación fue frustrantemente circular e irracional.

—Mi trabajo es comprender por qué no quiere seguir disfrutando del servicio de Comcast —argumentaba el representante, alzando cada vez más la voz.

—Pues yo no entiendo por qué no pueden cancelarlo y ya —decía Ryan.

—Me parece que usted no quiere mantener esta conversación conmigo —se quejaba el representante—. Solo quiero darle información.

Si escuchas la grabación, casi puedes oír cómo el pobre representante intenta justificarse frente a su gerente.

—Solo intento mejorar el servicio de mi empresa—gime el representante, algo desesperado—. ¡Es mi trabajo!

—Pues te puedo asegurar que en esta conversación —replica Block—estás haciendo que tu empresa sea peor.

La grabación que Ryan publicó en SoundCloud y en su blog fue reproducida millones de veces. Acabó apareciendo en el *Washington Post*, *Los Angeles Times*, *Good Morning America* y el *Huffington Post*. Esta no era para nada el tipo de publicidad que Comcast quería atraer, especialmente cuando estaba intentando llevar a cabo una fusión ampliamente criticada con Time Warner Cable. Más tarde Comcast pidió disculpas por el «comportamiento peculiar de su aterrorizado empleado», pero el daño ya estaba hecho.

El comportamiento del empleado no era ni peculiar ni aterrorizado, sino sistemático y racional. Como pasa con la mayoría de las empresas, el departamento de retención de clientes de Comcast funciona independientemente: cada uno de sus trabajadores es evaluado según sus propios indicadores clave de rendimiento [KPI, por sus siglas en inglés]. Apuesto a que el bono y aún el puesto de trabajo de ese desventurado dependían del número de cancelaciones que hubiera en su turno, independientemente de si era conveniente para la empresa evitar que esos clientes se fueran. Tenía un guion que debía seguir a pies juntillas; de lo contrario, se ganaba una bronca. (Y probablemente el rendimiento de su supervisor también se vería afectado).

Esto es lo que le estaba haciendo la vida difícil al pobre empleado: para hacer lo mejor para tu empresa (optimizar el sistema) a veces tienes que hacer cosas que no son lo mejor para ti o para tu área específica (sub-optimizar tu subsistema). Por ejemplo, para hacer lo mejor para Comcast, el encargado de retención de clientes debería haber cancelado cortésmente el servicio, a pesar de que eso no se evaluara positivamente en el rendimiento de su área. Cuando optimizó su subsistema (intentando retener agresivamente al cliente), sub-optimizó el sistema (irritando al cliente y dañando la marca de Comcast). Al hacer «su trabajo», el encargado de retención de clientes provocó uno de los mayores fiascos de relaciones públicas del año.

En una empresa normal no se te paga para que hagas tu verdadero trabajo sino para que desempeñes tu rol. Tu verdadero objetivo es ayudar a que tu empresa gane; es decir, que consiga cumplir su misión de una forma efectiva y ética. Habrá ocasiones en las que tu trabajo irá en contra de tu rol, ya que implicará que sacrifiques tus objetivos locales, cambies tus prioridades o te despreocupes por tus indicadores clave de rendimiento.

No solo no te premian por ayudar a tu empresa a ganar; de hecho, puede que incluso te castiguen por ello, cosa que resulta exasperante. «¡Cómo pueden ser tan estúpidos!», quizás te preguntes. «Han organizado las cosas de modo que cuando hago lo correcto, acabo peor».

Por eso, demasiado a menudo, cada individuo y cada parte de la organización terminan persiguiendo sus intereses locales a costa del objetivo global. Como observó el fundador del movimiento de calidad total, W. Edwards Deming: «Las personas con objetivos y trabajos que dependen de cumplir estos objetivos seguramente los alcanzarán, aunque tengan que destruir a la empresa para ello».[2]

«Ojalá adaptaran este condenado sistema de incentivos para hacer que fuera más razonable», puede que te digas a ti mismo. Pero resulta que un sistema de incentivos perfecto es una entidad mitológica, como el coche perfecto. Debes elegir entre la comodidad y el rendimiento, entre su resistencia ante los choques y el consumo de combustible, entre calidad y costo. No puedes tener un sedán familiar amplio, seguro, fiable y económico y que, además, tenga el rendimiento de una cupé deportiva veloz, ágil, curvilínea y potente. Los líderes de una organización deben tomar decisiones difíciles: responsabilidad personal o cooperación, excelencia individual o alineamiento global, autonomía o coordinación. Por desgracia, la colaboración choca con la responsabilidad personal, y el rendimiento colectivo entra en conflicto con la excelencia individual.

Por lo tanto, las organizaciones acaban enfrentándose a un dilema irresoluble. Es como una frazada demasiado corta. Si te arropas hasta el pecho, se te destapan los pies; si prefieres calentarte los pies, acabas teniendo frío en el pecho. Por un lado, los incentivos individuales crean. silos; por otro lado, los incentivos colectivos destruyen la productividad. Muchas organizaciones prefieren quedarse con "el malo conocido" de los indicadores de rendimiento individuales, y aceptar el impacto consecuente en la colaboración.

La buena noticia es que hay una forma mejor de abordar este problema. Y es mediante el uso del sentido: el incentivo no material por excelencia. La mala noticia es que el tipo de liderazgo que puede hacer que las personas se involucren en un trabajo con sentido es mucho, mucho más difícil de lo que puedes imaginar.

EL LÍDER INSPIRADOR

Defino «liderazgo» como el proceso por el que una persona (el líder) obtiene el compromiso interno de otros (los seguidores) para llevar a cabo una misión actuando en la línea con los valores del grupo.

El liderazgo es conseguir lo que no se puede tomar por la fuerza, merecer lo que sólo se puede dar libremente. El compromiso interno de los seguidores no puede obtenerse con premios o castigos. Solo puede inspirarse a través de la creencia de que dar lo mejor por la empresa engrandecerá la vida del seguidor.

En una organización eres parte de un equipo, más allá de los conflictos internos. Como miembro del equipo, no puedes ganar si no gana el equipo completo. Puedes ser contador, ingeniero o vendedor. Puedes trabajar como colaborador individual, como gerente o como ejecutivo. Más allá de todas las profesiones, funciones y niveles, más allá de tus objetivos y metas personales, tú eres miembro de un equipo y debes hacer que tus esfuerzos vayan en la misma línea del éxito colectivo de la organización. Debes cooperar con tus compañeros para ganar como equipo.

Los líderes tradicionales creen que pueden conseguir que sus empleados hagan esto mediante incentivos adecuados. Se hacen preguntas como: ¿cómo puedo motivar a mis subordinados para que logren sus objetivos individuales y colectivos? ¿Cómo puedo combinar recompensas y castigos para maximizar los resultados? ¿Cómo puedo apelar a su codicia y miedo mediante la combinación adecuada? Puede que estos gerentes entiendan que no pueden lograr un rendimiento inspirado mediante la intimidación o el premio, pero siguen creyendo que pueden lograr un esfuerzo extraordinario (de sus "burros") con palos y zanahorias. ¡Que idea ridícula! Imagínate que tienes delante a un ladrón apuntándote con una pistola y exigiéndote: «¡Dame tu respeto! ¡Y tu respaldo! ¡Y tu amistad!».

Los grandes líderes, estén en el puesto que estén dentro de una organización, se preguntan: ¿cómo inspiro a mi equipo para que trabaje al unísono? ¿Cómo animo a cada persona a asumir plena responsabilidad de su rendimiento individual y, a la vez, a hacer los sacrificios adecuados para alcanzar el objetivo de nuestra empresa? ¿Cómo integro la responsabilidad individual y la cooperación? ¿Cómo inspiro a mi organización para que consiga cosas espectaculares, magníficas y perdurables? ¿Cómo puedo ir más allá de los problemas operativos, de las ganancias y pérdidas, para alcanzar algo hermoso, algo que a todas las partes interesadas no solo les parezca útil, sino que los deleite increíblemente? ¿Cómo puedo hacer que mi vida y las de los que me rodean sean realmente significativas?

Por desgracia, las técnicas de gestión típicas fracasan frente a estas cuestiones, aún en manos de los mejores líderes. Las herramientas de gestión estándares no ayudan a los buenos líderes a evitar los guetos, las peleas territoriales y los conflictos interfuncionales que destruyen el trabajo en equipo. De hecho, estas herramientas son la causa del problema.

Si deseas ser un líder inspirador, lo primero que debes entender es que este tipo de liderazgo no tiene nada que ver con la autoridad formal; se basa completamente en la autoridad *moral*. Los corazones y las mentes no pueden comprarse ni forzarse; solo pueden merecerse. Se conceden solo a las misiones nobles y a los líderes en los que se puede confiar. Esto no solo se aplica a las organizaciones, sino a todas las áreas de actividad humana.

Considera el caso del liderazgo paternal. Como padre-jefe, quiero que mis hijos hagan sus deberes antes de salir a jugar. Para incentivarlos, los amenazo con quitarles sus iPhones si los usan antes de terminar la tarea. Y para añadir una zanahoria al palo, les prometo que, si terminan sus deberes, podrán comer helado de postre.

En comparación, como padre-líder, no quiero solamente que mis hijos hagan sus deberes. Quiero que mis hijos *quieran* hacer sus deberes. Quiero que los hagan porque *quieren* hacerlos, no porque yo quiero que los hagan y porque puedo imponerles consecuencias si no los hacen. Quiero inculcarles hábitos productivos porque los amo y porque sé que una disciplina de trabajo mejorará sus vidas. Pero con que yo lo sepa no es suficiente. Tengo que conseguir que *ellos* lo sepan, tan profundamente que se comprometan internamente a hacerlo y tomen las decisiones difíciles necesarias a través de su propia voluntad.

Como padre-líder, tengo que integrar autonomía y control a partir de un principio superior: el amor. (Fíjate que he escrito «integrar» y no «equilibrar». Tú no buscas un «equilibrio» entre los giros a la derecha y a la izquierda cuando vas de casa al trabajo; giras hacia la derecha o hacia la izquierda a partir de un principio superior: tu destino). Solo cuando mis hijos vean que pueden confiar en mí, que estoy completamente de su parte, estarán dispuestos a escucharme. Solo cuando mis hijos me vean como un modelo a seguir, como alguien que hace lo que predica, me creerán.

Como líder, no quieres que tus seguidores hagan solo lo que les dices. Eso se debe a que tú no puedes saber qué tienen que hacer para colaborar con la máxima eficacia hacia el triunfo del equipo. Aún si quisieras que te obedecieran, igual querrías que dedicaran sus esfuerzos voluntarios y experiencia a ganar. Querrías que actúen con iniciativa, inteligencia y entusiasmo; que revelen con sinceridad las oportunidades y desafíos que ven a su alrededor; que den lo mejor para la organización, en conjunto con todos los demás. Y este comportamiento no puede lograrse por la fuerza. Debe inspirarse a través del entusiasmo y el amor.

Para obtener este compromiso interno de tus seguidores, debes ir más allá de los motivos operativos, más allá de ganancias y pérdidas. Necesitas que se aferren a algo más significativo, algo que les parezca bello, digno de admiración y orgullo. Tienes que hacer que tu vida y las de los que te rodean sean plenas de sentido.

Para ser un gran líder, debes comprender que buscar el éxito es, de forma paradójica, el modo incorrecto de lograrlo. El éxito es como la felicidad, no puede perseguirse directamente. Cuanto más directamente busques la felicidad, menos probable será que la consigas. Perseguir la felicidad directamente puede llevar a un placer hedonista a corto plazo, pero no te dará a una felicidad auténtica. Para alcanzar el éxito debes vivir una vida con sentido y propósito. También debes perseguir la significatividad, la autorrealización y la autotrascendencia; no solo para ti sino para todos los que trabajan contigo.

Un gran líder hace la siguiente oferta: «Además del sueldo y los beneficios, también te ofreceré una oportunidad de hacer que tu vida sea significativa. Te daré acceso a una plataforma sobre la que podrás basar tu sentido de valor personal y social. Esta plataforma te permitirá prosperar no solo de forma material sino también emocional, mental y espiritual: de forma emocional porque nos relacionaremos contigo como uno de nosotros; de forma mental porque respetaremos tu inteligencia; de forma espiritual porque nos uniremos en un proyecto que trasciende nuestros pequeños egos y nos conecta a un propósito superior. A cambio, quiero tu entusiasmo absoluto. Quiero toda tu energía en pro de nuestro maravilloso proyecto. Te pido que seas ejemplo de nuestros valores y cultura, y que exijas a los demás que hagan lo mismo. Que te relaciones con tus compañeros de equipo con compasión y solidaridad, y demandando los más altos estándares. Quiero que subordines tus objetivos personales y que colabores con tus compañeros; que hagas lo que sea necesario para ayudar al equipo a ganar. Quiero que dediques tu corazón, mente y alma a cumplir con la noble visión que nos anima, alineando tus mejores esfuerzos con el resto de la organización».

MI ARGUMENTO

Si quieres liderar una organización exitosa y perdurable, tengo este mensaje para ti: la inspiración bien orientada, nacida de un conocimiento profundo de la naturaleza humana y una honda compasión por ella, no es solo polvo mágico para hacer que la gente se sienta bien; es la solución a los problemas más complicados de las empresas y la sociedad de hoy en día. Es la respuesta a las preguntas más difíciles: ¿cómo hago que individuos autointeresados se alineen detrás de un objetivo común? ¿Cómo consigo que las personas enfocadas en sus propios objetivos (*mis* problemas, *mi* lista de cosas por hacer, *mis* metas, *mis* indicadores clave de rendimiento, *mi* remuneración) colaboren entre sí para alcanzar un propósito compartido (*nuestros* hijos, *nuestros* clientes, *nuestro* futuro)? ¿Cómo puedo lograr que den lo mejor de sí para cumplir con sus objetivos individuales, pero también para subordinar estos objetivos al objetivo superior de la organización, de modo que gane el equipo? ¿Cómo los incentivos de un modo que los haga sentir más involucrados? ¿Qué puedo ofrecerles para satisfacer sus necesidades emocionales y espirituales, dándoles un sentido más amplio de compromiso y propósito?

En este libro te mostraré cómo resolver este conflicto entre los objetivos individuales y la misión de la organización, para integrarlos en algo mucho más pleno, satisfactorio y duradero. Te mostraré cómo movilizar a una organización para que pase a ser una fuente de bondad sostenible en el mundo y generar, en todas las personas asociadas a ella, una enorme sensación de realización, servicio y gozo. Para ello, te enseñaré cómo confrontar tus propios problemas personales y asumir la «respons(h)abilidad» incondicional del liderazgo, de una forma práctica y gradual. E iré más allá: te mostraré cómo superar tus miedos y ansiedades más profundos para vivir una vida realmente heroica. Solo convirtiéndote en un héroe moral conseguirás ganarte la autoridad necesaria para inspirar la excelencia en tus compañeros y subalternos.

La revolución del sentido aborda dos cuestiones fundamentales: por qué pierden las organizaciones y cómo pueden ganar.

1. ¿POR QUÉ PIERDEN LAS ORGANIZACIONES?

El problema organizacional más difícil es conseguir que los individuos interesados en sí mismos se subordinen a un objetivo común. Yo argumento que esto no puede hacerse a través de incentivos económicos. Si la organización incentiva la excelencia y la responsabilidad personal, desincentivará la coordinación y cooperación. Si la organización incentiva la coordinación y cooperación, desincentivará la excelencia y la responsabilidad personal. Los incentivos al rendimiento personal promueven el aislamiento; los incentivos a la cooperación el aprovechamiento.

El segundo problema organizacional más difícil es proporcionar la información correcta a las personas correctas en el momento correcto, y en el formato correcto, para tomar las decisiones correctas. Esto no puede conseguirse mediante una comunicación formal, puesto que cada miembro posee un conocimiento local detallado sobre los recursos, costos, oportunidades y amenazas presentes. Incluso si una organización fuera capaz de convencer a todos sus miembros de dejar a un lado su interés propio y revelar completamente todo lo que saben en pro del grupo, ese conocimiento sería demasiado complejo y desestructurado como para poder ser útil. Es imposible comunicar esta información a los encargados de la toma de decisiones en un formato que les permita comparar alternativas y tomar la decisión correcta.

Estos problemas no pueden resolverse, pero *sí* pueden gestionarse. De hecho, eso es precisamente lo que pretenden la mayoría de las técnicas de *management* y liderazgo, pero lo hacen muy pobremente. Se quedan a medio camino y no consiguen aprovechar herramientas que podrían suponer una diferencia abismal. Aunque la situación a la que se enfrentan los líderes puede parecer desesperada, no es tan seria. Me recuerda a ese chiste sobre los dos excursionistas que ven un oso que se les viene encima a perseguirlos. El primer excursionista se quita las botas de montaña y se pone unas zapatillas. El segundo excursionista lo interpela:

—¿Qué haces? No puedes correr más rápido que el oso.

A lo que el primero replica:

—No tengo que correr más rápido que el oso. Solo tengo que correr más rápido que tú.

La buena noticia es que para ganar en el mercado no tienes que ser perfecto; solo tienes que ser mejor que tu competencia. Te garantizo que a cualquier competidor al que te enfrentes lo perseguirán exactamente los mismos problemas irresolubles. Así que el objetivo no es solucionar estos problemas, sino gestionarlos de forma más efectiva. Como reza el dicho popular: «En el país de los ciegos (materialistas), el tuerto (quien ve las otras dimensiones de la existencia humana) es rey».

2. ¿CÓMO PUEDEN GANAR LAS ORGANIZACIONES Y LAS PERSONAS QUE HAY EN ELLAS?

Es imposible correr cien metros en cero segundos. También es imposible coordinar a todos los miembros de una organización en busca de un objetivo común y aprovechar completamente su conocimiento local. La buena noticia es que para ganar la carrera, esto no es necesario. Para ganar debes añadir nuevas herramientas a tu equipo, herramientas que te lleven a ti y a tu organización a un lugar donde otros no pueden llegar.

Al convertirte en un líder trascendente podrás abordar los problemas esenciales de incentivos e información muchísimo mejor de lo que lo hacen ahora la mayoría de los líderes. El liderazgo trascendente descansa sobre el poder motivador de los incentivos no materiales: el orgullo de los empleados por su misión significativa, la autoestima por perseguir objetivos importantes, de acuerdo a valores éticos compartidos, perteneciendo a una comunidad. El líder trascendente invita a las personas a unirse a un proyecto que llena sus vidas de significado. Un proyecto que promete dejar una huella en el mundo que durará mucho más que las vidas de aquellos que lo han llevado a cabo.

Los bienes no materiales que son los pilares del liderazgo trascendente tienen una rara combinación de propiedades que permite a los líderes enfrentar los dilemas organizacionales de un modo que ni el dinero ni los beneficios materiales pueden conseguir.

En primer lugar, los bienes morales son, en palabras de los economistas, no exclusivos. Esto significa que, si trabajamos en la misma organización, mi disfrute de nuestros propósitos nobles, valores éticos y comunidad cercana no disminuye tu disfrute de estos beneficios (e, incluso, puede que los incremente). Comparemos esto, por ejemplo, a un fondo para bonos, donde el hecho de que te asignen a ti una cierta cantidad implica que tal cantidad no estará disponible para mí. Mientras que los bienes materiales están siempre bajo restricciones presupuestarias y crean rivalidad debido a la escasez, los bienes morales no están restringidos y crean cohesión, porque se basan en normas culturales compartidas. En este sentido, son parecidos al concepto que los economistas denominan «bienes públicos», como la defensa nacional, un faro, o fuegos artificiales.

En segundo lugar, en comparación con los bienes públicos, los bienes morales son «excluibles». Eso significa que, si no formas parte de la organización, tanto formal como emocionalmente, estos bienes no están a tu alcance. Comparemos esto, por ejemplo, con la defensa nacional o Internet, bienes con los que todo el mundo cuenta. Los bienes sujetos a exclusión crean un límite que define una comunidad de miembros con una mentalidad similar, que comparten un propósito y un conjunto de valores éticos, y trabajan juntos para manifestarlos. Este propósito compartido fomenta la cohesión de los miembros de una organización de un modo mucho mejor que cualquier bien material. En ese sentido, los bienes morales son parecidos a lo que los economistas denominan «bienes privados», como las cosas que compramos y vendemos en el mercado.

Los economistas denominan a los bienes excluibles y no exclusivos «bienes club». Eso es porque una vez que eres miembro del club, puedes disfrutarlos sin tener que restar nada del disfrute de los demás miembros. Pero, para ello, antes debes conseguir entrar en dicho club.

Los bienes morales permiten a los líderes discernir entre los empleados interesados por la misión (misioneros) y los interesados por el dinero (mercenarios). Al ofrecer la proporción adecuada de incentivos materiales y no materiales, el líder puede apelar a distintos grupos de posibles empleados.

La compensación es siempre un «paquete». Como un iceberg, el sueldo y los beneficios son la parte visible. Pero esto supone menos del 15 % de nuestra motivación. Más del 85 % del motivo por el que las personas se involucran en su trabajo se encuentra debajo de la superficie. Y esa parte se compone del respeto, la preocupación por los demás, la integridad, la sensación de pertenecer a un grupo, la autorrealización, la nobleza de nuestro propósito y los principios éticos.

Abraham Maslow, el famoso psicólogo que describió la jerarquía de necesidades humanas, afirmó que en cuanto hemos satisfecho nuestras necesidades de supervivencia y seguridad básicas, como la comida o el abrigo, nuestro mayor deseo es la sensación de que nuestras vidas tienen un sentido, de que podemos marcar una diferencia, de que podemos contribuir a hacer del mundo un lugar mejor para aquellos que nos rodean y que nos seguirán. Todos queremos vivir, amar y dejar un legado. Una empresa que inspira a sus empleados les permite conseguir estas tres cosas. Es el club perfecto de la felicidad y el entusiasmo.

UN ROCE CON LA MUERTE

El 18 de febrero de 2004, Mark Bertolini, ejecutivo sénior en Aetna, la gigantesca compañía de seguros de vida estaba esquiando con su familia en Killington, Vermont, cuando perdió el control, chocó con un árbol, cayó por un barranco y se rompió el cuello.

Antes del accidente, Bertolini estaba en muy buena forma, así que ya contaba con una resiliencia que lo ayudó a recuperarse con rapidez. Pero, después, vivía aquejado por el dolor. Sus doctores le recetaron analgésicos tradicionales que él sabía que podían acabar convirtiéndolo en un adicto, así que decidió acudir a métodos menos convencionales como el yoga y la meditación. Tras recuperarse un poco volvió al trabajo, donde acabaron nombrándolo director ejecutivo.

Bertolini adoptó la costumbre de llevar un amuleto brillante de metal colgado del cuello en vez de una corbata. El amuleto tenía grabado «soham» en sánscrito, que significa «yo soy Eso», un mantra que se utiliza para ayudar a controlar la respiración en la meditación. Implica una conexión espiritual con el universo. En su empresa, donde quiera que va, todo el mundo advierte el amuleto y admira la fortaleza de su líder.

El nuevo director ejecutivo decidió que lo que lo había ayudado a sanar también podría ser bueno para sus empleados y clientes, así que decidió utilizar su empresa como laboratorio. Doscientos treinta y nueve empleados se presentaron voluntarios para un experimento: un tercio hizo yoga, otro tercio hizo una clase de *mindfulness* y el resto entró en un grupo de control. Pasados tres meses, los empleados de la clase de yoga o de *mindfulness* indicaron una reducción significativa en las dificultades para dormir y el estrés que percibían tener; sus análisis de sangre también mostraron una caída de las hormonas del estrés. «Los bioestadísticos estaban sorprendidísimos», afirmó Bertolini.

Más tarde, cuando Bertolini repasó el rendimiento financiero de Aetna para 2012, advirtió algo sorprendente: los gastos médicos por empleado habían caído en un 7,3 %, lo que les ahorró casi 9 millones de dólares. Como la productividad subió, la empresa aumentó su salario mínimo para los trabajadores de 12 a 16 dólares la hora.

«Si podemos hacer que ustedes estén más sanos, también podemos hacer que el mundo y que la empresa lo estén», dijo Bertolini a sus empleados, quienes se tomaron sus palabras muy en serio. Sintiéndose más felices y satisfechos en su trabajo, se esforzaron el doble en su misión porque su líder, tras un roce con la muerte, había logrado una profunda comprensión que iba más allá de los incentivos materiales.[3]

Esta comprensión iba directamente a la esencia del propósito trascendente: el «yo soy Eso». Me imagino que Bertolini es capaz de extender el *agape* (palabra en griego clásico que significa «amor compasivo») a todos sus *stakeholders* (partes interesadas en su empresa), poniendo en práctica el mandamiento de amar a tu prójimo como a ti mismo, porque siente, en lo más profundo de su ser, que él y ellos son Uno; que cada uno de ellos también es «Eso».

Imagínate lo que sería trabajar para alguien como Bertolini: una imagen viva y palpable de esta comprensión que surge de su experiencia cercana a la muerte, llevando ese símbolo colgado al cuello. ¿Como se compara con el liderazgo de la empresa en la que trabajas ahora? ¿Cómo sería trabajar junto a una persona tan inspiradora? (Una compañía de seguros de salud tiene una ventaja en términos de visión; su razón de ser se basa en la vida y en la salud). La pregunta es: ¿las personas de tu empresa, división o equipo creen esto? ¿O solo trabajan por el dinero?

Gracias a su roce con la muerte, Bertolini tiene una comprensión mucho mayor del liderazgo. Él ya no es una persona indiferente ni sujeta solo a los números financieros. Piensa a una escala mayor; mucho, mucho mayor.

«Yo soy Eso» implica que nosotros (todos nosotros, desde el director ejecutivo hasta el ordenanza) somos expresiones del «Eso»: una fuerza vital enorme. Cuando aprendes a conectarte con esta idea, como Bertolini, puedes convertirte en lo que yo denomino un líder trascendente. ¿Cómo sería ser un líder así, que inspira esta comprensión profunda del sentido del mundo y que la traduce de un modo que empleados, gerentes y clientes pueden entender?

EL LÍDER TRASCENDENTE

La ansiedad más secreta, universal, y profundamente arraigada que todos sufrimos es el miedo a estar malgastando nuestra vida. A que la muerte nos sorprenda antes de haber podido cantar nuestra canción. Nos preocupamos no solo de nuestra muerte física sino también, quizá de una forma más significativa, de nuestra muerte simbólica. Tenemos miedo de que nuestras vidas no importen, de que no hagan ninguna diferencia y de que, cuando nos vayamos de este mundo, no dejemos ningún rastro de nuestro paso por él.

Si eres joven y saludable, posiblemente todavía no prestes demasiada atención a esta ansiedad. Es como un leve ruido de fondo, como el zumbido de tubos fluorescentes. De vez en cuando, si has escapado por los pelos a la muerte como Mark Bertolini, puede que reflexiones en *para qué* es este regalo de la vida. Puede que te preguntes a ti mismo: «¿Por qué estoy aquí? ¿Hace alguna diferencia el que exista? ¿Cuál será mi legado?».

Si eres lo suficientemente afortunado como para lidiar con estas preguntas hasta el fin, acabaras descubriendo que cada segundo que pasa, cada oportunidad de hacer el bien en el tiempo que te queda es más significativa. Querrás sacarle el máximo provecho al tiempo precioso que tienes, apreciando la belleza y creando alegría. Lo que no querrás, es dedicar tus días a cosas triviales o sin propósito. Querrás levantarte cada día sintiendo que estás haciendo una diferencia en el mundo. He descubierto que, en cuanto uno empieza a asimilar este descubrimiento, su

LA REVOLUCIÓN DEL SENTIDO

verdadera naturaleza comienza a revelarse. Es entonces que uno tiene la capacidad y motivación necesarias para convertirse en un líder trascendente. Uno exhala esta comprensión profunda de cómo es una vida bien vivida en esta tierra, inspirando a los que le rodean a trabajar con una nueva sensación de posibilidad. Uno adquiere la capacidad de iluminar a la organización para revelar su máximo valor: el significado.

El liderazgo trascendente disuelve los problemas organizacionales más difíciles en una solución de significado, nobleza, virtud y solidaridad. Ofrece a aquellos que siguen sus principios un modo de abordar la ansiedad existencial elemental que hay en cada ser humano. Es por ese motivo que un líder que propone un «proyecto de inmortalidad» simbólico, como lo denominó el humanista Ernest Becker (un proyecto de un valor que dura más que la vida de uno mismo), tiene una forma maravillosa de obtener lo mejor de nosotros.

En el pasado, estos proyectos de inmortalidad tomaban la forma de campañas militares y culturales basadas en la idea de que «demostraremos que somos mejores que tú porque vamos a derrotarte y esclavizarte». Pero en el mercado, nuestro objetivo no es eliminar la competencia; en vez de ello, es ofrecer tanto valor a las partes interesadas que los clientes nos elijan por encima de la competencia y nuestros competidores deban seguir nuestro camino o arriesgarse a quedar atrás. Debido a la naturaleza voluntaria de las transacciones, el mercado libre permite que cada parte se niegue a la transacción si no siente que está ganando valor. La única forma de lograr beneficios es hacer que las contrapartes en el intercambio también logren beneficios. El mercado transforma el interés propio en servicio a los demás, y al imperialismo en comercio.

Hace falta ser un tipo especial de persona para convertirse en un líder trascendente. Aquellos que adoptan esta forma de pensar no necesariamente tienen que haber vivido una experiencia cercana a la muerte, pero sí que deben haber explorado profundamente su interior para comprender la ansiedad existencial que hay dentro de cada ser humano. Deben enfrentarse a su propio miedo a la muerte para crear un proyecto de inmortalidad significativo y beneficioso, una misión organizacional basada en el servicio, con la que los empleados se comprometan en cuerpo y alma. Los líderes deben encontrar su verdadero yo (que es "Eso") a través del «camino del héroe» y compartir con los demás, con humildad, sabiduría y compasión, esta conciencia ganada mediante ordalías.

Los líderes trascendentes trabajan para que los propósitos individuales de sus subordinados se integren en un propósito colectivo más grande, lo que hace que cada individuo también sienta su propósito personal más grande. Comprenden que, para que la responsabilidad personal y la cooperación operen simultáneamente, deben inspirar a las personas y crear una cultura de compromiso y conexión con un propósito superior. Así, las personas pueden ver más allá de sus silos y problemas individuales. Alinean sus esfuerzos con los objetivos de la organización de forma natural, una forma que los sistemas formales no pueden generar. Es como la diferencia que hay entre remar y navegar a vela. Un barco empujado a mero músculo no es rival para uno al que empuja el viento. Un barco impulsado por los vientos se desplaza en armonía con las fuerzas naturales. Una organización que avanza en base a la autoridad formal es como un barco a remo. Una organización impulsada por un propósito trascendente es como un velero que invita al viento a henchir sus velas.

Los líderes trascendentes son escasos. Pero sí que existen (describiré a varios de ellos en este libro). Inspiran a sus seguidores no con palos y zanahorias (ofreciéndoles un buen salario, incentivos y ventajas tangibles o amenazándolos con degradarlos o despedirlos), sino invitándolos a dedicar su tiempo a hacer algo valioso para el mundo.

Los líderes trascendentes tienden a ser reservados. Adoptan la lección de Lao Tzu: «El mal líder es ese a quien los suyos desprecian. El buen líder es ese a quien los suyos reverencian. El gran líder es aquel cuya gente dice: "Lo hicimos nosotros mismos"». Los líderes trascendentes animan y capacitan a su gente para que sigan la misión en vez de seguirles a ellos. De hecho, me atrevería a afirmar que *el líder realmente trascendente no tiene seguidores*, un punto que desarrollaré más adelante.

Las organizaciones pueden convertirse en moradas del sentido, construidas sobre los cimientos de la benevolencia, el servicio y el amor. Esta es la mayor fuente de valor económico. Conectar a las personas con su propósito superior en el trabajo soluciona el problema más grave y difícil que hay para las personas (cómo alcanzar la inmortalidad simbólica), para las organizaciones (cómo alinear los intereses individuales de los empleados para conseguir un objetivo común), para las sociedades (cómo disfrutar de paz, prosperidad y progreso) y para la humanidad (cómo coexistir en un respeto mutuo y en la tolerancia, evitando el conflicto y la autodestrucción).

El liderazgo trascendente requiere la capacidad de examinar profundamente nuestro interior (empezando por reconocer nuestra propia e inevitable mortalidad) y la disciplina de encarnar los principios que inspirarán a los demás a trabajar con un compromiso apasionado. (En este libro también ofrezco una advertencia. Si intentas motivar a los demás con un discurso de propósito trascendente sin ser tú realmente un ejemplo de lo que dices, tus seguidores acabarán alienados, enfadados y cínicos). En este libro te invito a que inspires a tu gente a través de un propósito compartido, principios éticos, personas nobles, poder autónomo y pasión por la performance. Esto no es tarea fácil, pero lo significativo no tiene nada que ver con lo fácil.

¿FELICIDAD O SIGNIFICADO?

Perseguir la felicidad y buscar el sentido son dos motivaciones centrales en la vida de cada persona. Ambas cosas son esenciales para el bienestar y la prosperidad, pero solo la última es distintivamente humana. Como señala el psicólogo Roy Baumeister: «Nos parecemos a muchas otras criaturas en su deseo de ser felices, pero la búsqueda de significado la clave singular de lo que nos hace ser humanos».[4]

La felicidad y el sentido a menudo son aditivos, pero no siempre. Vivir una vida con sentido es algo distinto (y que puede llegar a ser completamente opuesto) a vivir una vida feliz. Tomemos, por ejemplo, la «paradoja de la paternidad». Los padres cuyos hijos ya han crecido suelen decir que están contentos de *haberlos tenido*, pero los padres que todavía viven con niños suelen tener una puntuación baja en felicidad.

Parece que criar hijos disminuye la felicidad, pero aumenta el sentido.[5] O fijémonos, por ejemplo, en los voluntarios de emergencias, quienes a menudo pasan por duras y traumáticas experiencias para poder ayudar a las personas afectadas por accidentes o catástrofes naturales. Sufrir emociones negativas en pro de un propósito noble aporta sentido a sus vidas, pero no los hace felices.

La felicidad, entendida como placer y sentimientos positivos, tiene más que ver con satisfacer tus necesidades y obtener lo que quieres. El sentido, entendido como la significatividad y el impacto positivo, está relacionado con desarrollar una identidad personal y actuar con propósito y principios. Puede que te consideres feliz si te parece que tu vida es fácil y que has conseguido un cierto éxito, pero quizá no tengas la sensación de que tu vida tiene mucho sentido. Por otro lado, reflexionar sobre el pasado y el futuro, enfrentarse a la adversidad y empezar proyecto trascendente (como una familia, por ejemplo) aumentan el sentido, pero no necesariamente la felicidad. Se asocian niveles más altos de sentido con la profundidad de pensamiento, lo que a su vez está relacionado con niveles más altos de preocupación, estrés y ansiedad. Por otro lado, el sentido está asociado a capacidades de adaptación como la perseverancia, la gratitud y la expresión emocional.[6]

El significado cuenta con dos componentes principales: encontrarle el sentido a la vida (cognición) y sentir que uno tiene un propósito (motivación). El componente cognitivo implica integrar experiencias en una narrativa coherente, como si fuera una historia, tomando una perspectiva de tercera persona de la propia vida. El componente motivacional implica perseguir de forma activa objetivos a largo plazo que reflejen la propia identidad y trasciendan los estrechos intereses personales. Encontramos la máxima satisfacción cuando nos metemos de lleno en búsquedas significativas y actividades nobles que son coherentes con la mejor versión de nosotros mismos.[7]

«La felicidad sin sentido caracteriza a una vida relativamente superficial, egocéntrica o incluso egoísta, en la que las cosas van bien, las necesidades y el deseo se satisfacen fácilmente, y se evitan las dificultades y los compromisos exigentes. En cualquier caso, la felicidad pura está relacionada con no ayudar a otros más necesitados», escribió Baumeister.[8] Ser feliz se basa en sentirse bien, pero el sentido deriva de ayudar a los demás o de aportar a la sociedad. Aun así, ¿qué preferirías que se escribiera en tu lápida? ¿«Aquí yace (tu nombre), quien buscó una vida feliz consiguiendo todo lo que quiso» o «Aquí yace (tu nombre), quien se esforzó en hacer del mundo un lugar mejor dándoles a las personas que lo rodeaban lo que necesitaban»?

Según Gallup,[9] casi un 60 % de todos los estadounidenses se sentían felices, sin demasiado estrés ni preocupaciones, en 2012. Por otro lado, según el Center for Disease Control,[10] un 40 % de ellos no habían descubierto un propósito vital que los satisficiera ni tenían un proyecto que pudiera aportar sentido a sus vidas; la mitad de ellos (es decir, un 20 % de los adultos) sufrían de ansiedad y depresión clínicas. Las investigaciones han mostrado que tener propósito y sentido en la vida hace que aumenten el bienestar y la satisfacción generales, así como la salud física y mental, que mejoren la resiliencia y la autoestima y que disminuya la probabilidad de sufrir depresión. En contraste, la persecución obsesiva de la felicidad hace, paradójicamente, que las personas sean menos felices.[11]

Cuando las empresas compiten por contratar talento, intentan ofrecer a los empleados lo que pueda hacerles felices: un sueldo más elevado, menos estrés, más beneficios y menos dificultades. Pero esta estrategia suele ser contraproducente. Como escribió el psiquiatra Viktor Frankl: «La mayor tarea de cualquier persona es encontrar el sentido en su propia vida». La mayoría de las personas invierten sus energías en intentar ser felices, pero «es la misma búsqueda de la felicidad lo que impide la felicidad».[12] Lo que las personas quieren (y necesitan) de verdad, lo que nos hace realmente felices a largo plazo no es el placer, sino el sentido de nuestra existencia. Y ese sentido es lo que ofrecen los líderes trascendentes.

¿QUIÉN ES FRED KOFMAN?

Hace treinta años, tras graduarme y convertirme en profesor de desarrollo económico en la Universidad de Buenos Aires, llegué a los Estados Unidos como estudiante de postgrado. En la Universidad de California en Berkeley me concentré en la teoría económica de los incentivos como mi campo de especialización. Al final de mis estudios empecé a trabajar como profesor auxiliar de contabilidad y control gerencial en la Escuela de Administración y Dirección de Empresas Sloan del Instituto Tecnológico de Massachusetts. Mi enseñanza e investigación allí estaban enfocadas en el diseño e implementación de sistemas de recompensa y evaluación de rendimiento. Gracias a los estrechos lazos del Instituto Tecnológico de Massachusetts con la industria, conté con extraordinarias oportunidades de colaborar con algunas de las empresas más innovadoras del mundo.

Durante mis años en el mundo académico, intenté resolver el problema fundamental de las organizaciones: cómo integrar la responsabilidad personal con la cooperación grupal a través de incentivos financieros. Cumplí con las exigencias de mi doctorado y obtuve premios como el de «Instructor de estudiantes sobresaliente» en el Departamento de Economía de Berkeley y el de «Profesor del año» en el Instituto Tecnológico de Massachusetts. También recibí muchas solicitudes de empresas que requerían mis servicios como consultor en este tema. Pero con el paso de los años comprendí que esta integración no podía limitarse a ser material. La solución al problema organizacional más matemático debe ser espiritual; necesita conectar con la «fuerza vital» que da propósito y significado a la vida humana. Así que, como matemático, fracasé, pero fracasé espléndidamente. Mi fracaso me condujo por un camino poco convencional que dotó a mi vida de un sentido más profundo y me llevó a escribir este libro.

Gracias a mi mentor Peter Senge, autor del revolucionario libro *La quinta disciplina*, empecé a dar talleres de liderazgo para empresas como General Motors, Chrysler, Shell y Citibank. Mi trabajo tuvo buena recepción y descubrí que me gustaba más interactuar con líderes empresariales que con estudiantes de máster: a los primeros la realidad ya les había impartido una lección de humildad, mientras que los segundos seguían pensando que la sabiduría como líderes puede obtenerse de libros y casos prácticos. Así que, seis años después, dejé el Instituto Tecnológico de Massachusetts y cofundé Axialent, una consultora que llegó a contar con 150 empleados en siete oficinas repartidas por todo el mundo.

Hace diez años publiqué un libro con el título *La empresa consciente: Cómo construir valor a través de valores*. Mi propósito era recopilar lo que había aprendido sobre lo que necesita saber cualquier persona que trabaje en una organización. Ese libro, traducido a una docena de idiomas, vendió más de cien mil copias y tengo constancia de que ha inspirado a líderes en todo el mundo. Desde entonces he pensado mucho más profundamente sobre lo que hace falta para crear y liderar una empresa consciente. Como consultor, he hablado con muchos gerentes, ejecutivos y directores en empresas de todo el mundo sobre cómo es ser un líder consciente y cómo abordar los problemas organizacionales más complicados.

Dejé mi empresa consultora en 2013 para unirme a LinkedIn como vicepresidente de desarrollo ejecutivo y filósofo de liderazgo. Mi trabajo en LinkedIn fue ayudar a las empresas a cumplir con su misión de «conectar a los profesionales del mundo para que sean más productivos y exitosos». Y eso lo hice ayudando a los gerentes de todos los niveles a desarrollarse para convertirse en líderes «trascendentes»: líderes éticos, conscientes del sentido de su vida, y capaces de inspirar a otros para perseguir juntos un propósito superior. Después, ayudé a estos líderes a trabajar con sus equipos de forma cooperativa en busca de ese propósito, y a mantener ese rumbo a pesar de incentivos contradictorios. Ese bue un trabajo inusual, incluso en un lugar tan inusual como Silicon Valley.

Luego de trabajar por año y medio en la integración cultural de Linkedin y Microsoft (quien adquirió a nuestra compañía en 2016), acepté una invitación de Google para hacer el mismo trabajo allí como "consejero de desarrollo de liderazgo," posición en la que actualmente me desempeño.

Mi enfoque a la formación de líderes tiene poco que ver con las cosas que suelen enseñarse en la escuela de negocios (o en cualquier otra escuela, de hecho). En vez de eso, pido a cada persona que se ponga delante del espejo existencial y se examine detenidamente, con sinceridad y dureza. Mi enfoque tiene una parte de teoría empresarial y económica, otra de resolución de conflictos y de comunicación, otra de terapia de sistemas y terapia familiar, y otra de meditación y *mindfulness*.

Demasiadas personas creen que el trabajo significativo le pertenece a las organizaciones sin fines de lucro. No estoy de acuerdo. Aunque podemos ayudar a los demás y aliviar el sufrimiento a través de un voluntariado o del trabajo sin fin de lucro, creo que nada puede compararse con el desarrollo económico como método para erradicar la pobreza y llevar a la humanidad a un nuevo nivel de prosperidad, paz y felicidad. Los emprendedores que se comportan de forma ética son los motores que impulsan el crecimiento de la humanidad, creando valor para todas las partes. Esto es la esencia de la empresa consciente y del liderazgo trascendente.

¿QUÉ ES «LA REVOLUCIÓN DEL SENTIDO»?

En *La estructura de las revoluciones científicas*, el físico, historiador y filósofo Thomas Kuhn arguyó que la ciencia normal se da en periodos en los que hay un paradigma aceptado que organiza la investigación. A lo largo de ese periodo surgen incesantes anomalías o dilemas que parecen no tener solución. En ese punto la ciencia entra en un periodo revolucionario en el que los científicos hacen nuevas preguntas, van más allá de la mera solución de problemas del paradigma anterior y cambian sus modelos mentales para dirigir la investigación hacia un nuevo rumbo.

En economía hay un dilema que contrapone dos perspectivas radicalmente distintas a los incentivos. Desde una «perspectiva de teoría de sistemas» (macro), los individuos deben subordinar sus objetivos locales para cooperar hacia un objetivo global. Por lo tanto, los gerentes deben usar incentivos *globales*. Por ejemplo, un gerente de ventas debería compensar a cada vendedor en función de las ventas de todo el equipo en vez de sus ventas individuales. Esto evitará levantar barreras artificiales entre «mis» clientes y «tus» clientes, ya que todos son «clientes de la empresa».

Pero desde una «perspectiva de teoría de la agencia» (micro), los individuos deben rendir cuenta de sus resultados independientes. Por lo tanto, los gerentes deben usar incentivos *locales*. Por ejemplo, un gerente de ventas debería compensar a cada vendedor en función de sus ventas individuales. Eso animará a cada vendedor a esforzarse al máximo sin intentar aprovecharse del esfuerzo de los demás y, además, la empresa atraerá a los mejores vendedores gracias a su compensación variable.

Los economistas han demostrado matemáticamente tanto la teoría de sistemas como la teoría de la agencia. El problema es que las implicaciones prácticas de estas dos teorías son incompatibles. No pueden implementarse ambas de forma simultánea, e intentar combinarlas es aún peor que escoger una.

Mi propuesta es resolver este dilema a través de incentivos no materiales. *La revolución del sentido* explora un cambio de paradigma desde lo material hacia lo espiritual, desde la compensación, el mando y el control hacia el propósito, los principios y las personas; de la gerencia al liderazgo. Propongo que, en vez de ver a los empleados como entidades parecidas a las máquinas, impulsadas por incentivos materiales, necesitamos verlos como seres conscientes que buscan el sentido de su vida y desean trascender su existencia limitada a través de proyectos de inmortalidad.

Este libro trata de ir más allá de ser un líder «consciente», como lo denominé en *La empresa consciente*, para convertirse en un líder «trascendente». Aunque iré proporcionando consejos prácticos a lo largo del libro, el liderazgo trascendente sustituye los métodos usuales de dirección porque además de ser una nueva forma de *saber qué* hace líder o de *saber cómo* se comporta un líder, es, fundamentalmente, una nueva forma de *saber ser* un líder que inspira a sus seguidores a encontrar lo más importante en sus vidas y a comprometerse a manifestarlo.

No faltan libros de negocios que explican a los líderes de todos los niveles cómo hacer las cosas: cómo organizar el cambio, cómo contratar a las personas adecuadas, cómo implementar la estrategia... Todos ofrecen buenos consejos. Pero todos olvidan algo fundamental sobre la condición humana, lo que los hace más adecuados para gerentes operativos que para líderes estratégicos. La pregunta «¿Cómo haces?» va a la esencia del gerente. Pero la pregunta para un líder es: «¿Quién eres?».

El liderazgo emerge a partir de nuestra necesidad humana de dotar a nuestras vidas de sentido. Nadie quiere que sus logros sean flor de un día. Todos queremos extendernos más allá de nosotros mismos, tocar las vidas de los demás y tener un impacto en el mundo; queremos superar nuestras limitaciones físicas, incluso la muerte, participando en un proyecto trascendente. Pero los libros sobre la importancia de encontrar un sentido de vida suelen encontrarse en las secciones de autoayuda o espiritualidad de las librerías; no son los más populares entre los líderes empresariales. Además, estos libros no abordan los problemas más fundamentales e irresolubles de responsabilidad personal y alineación organizacional en las empresas. No abordan las preguntas básicas de qué trabajo interno y externo hay que hacer realmente para convertirse en el tipo de líder al que las personas quieren seguir con pasión, o qué hace falta para crear un lugar de trabajo realmente inspirado. ¿Cómo podemos crear una base humana, sincera y real para una empresa, una base en la que se puede confiar tanto que las personas lo den casi todo para poder ser parte de ella? Y entonces, cuando todo el mundo está comprometido, ¿cómo conseguimos que todos trabajen de forma efectiva para ganar como equipo?

En la **primera parte** presento los problemas más difíciles que cualquier líder debe solucionar si quiere que su organización o equipo sobrevivan y prosperen. Estas son las anomalías de Kuhn que provocan la revolución del sentido.

En el **capítulo 2**, «**Desvinculación**», comento por qué la mayoría de las personas pierden su alma en el mundo empresarial. Allí explico cómo el hecho de considerar el trabajo desde el punto de vista materialista, de «producir-ganar-consumir», hace que perdamos las dimensiones más importantes de la existencia humana. En este capítulo también sostengo que los problemas organizacionales más destructivos no pueden resolverse únicamente a través del mundo unidimensional del materialismo.

En el **capítulo 3**, «**Desorganización**», planteo la pregunta de por qué las organizaciones no pueden alinear a sus miembros en la persecución de un objetivo común. Aquí describo tres problemas: (1) la mayoría de las personas está confundida sobre cuál es su trabajo «real»; (2) cuando todo el mundo rinde al máximo, la organización no rinde al máximo; y (3) los incentivos económicos diseñados para promover la cooperación disuaden la responsabilidad personal (y viceversa).

En el **capítulo 4**, «**Desinformación**», explico que en un sistema complejo nadie sabe realmente cuál es la mejor forma de proceder. Demuestro cómo la mayoría de las personas evalúa erróneamente los costos y los beneficios totales desde sus perspectivas parciales. Esto los lleva a tomar decisiones que dañan el rendimiento de la organización. Pero incluso si superan esta barrera e intentan evaluar el impacto global de opciones alternativas, siguen ignorando la información más importante: el costo de oportunidad.

En el **capítulo 5**, «**Desilusión**», emito una advertencia en tres partes para aquellos que emprenden el camino del liderazgo trascendente: (1) tus acciones hablan tan alto que las personas de tu organización no oirán tus palabras; (2) las personas serán hipersensibles y extremadamente críticas e, independientemente de lo mucho que te esfuerces en actuar en consecuencia de tus palabras, les parecerá que no estás a la altura; y (3) el poder corrompe: cuanto más logres inspirar a los demás, más probable será que los traiciones. Si caes en cualquiera de estas tres trampas, envenenarás a la cultura que intentas, precisamente, promover.

En la **segunda parte** ofrezco soluciones interpersonales y centradas en las personas para los complicados problemas organizacionales que presento en la primera parte.

En el **capítulo 6**, «**Motivación**», argumento que el problema más "duro" (intelectual) cuentan con una solución "blanda" (emocional). ¿Cómo puedes promover la responsabilidad y la cooperación a la vez? En este capítulo demuestro que, aunque es imposible incentivar simultáneamente la responsabilidad y la cooperación con medios materiales, es posible inspirarlas a través de medios espirituales.

En el **capítulo 7, «Cultura»**, describo las fuerzas que los líderes deben aprender a aprovechar si quieren que todo su equipo se alinee para ganar. También aquí demuestro cómo los líderes pueden moldear sus organizaciones definiendo, demostrando, demandando y delegando normas ejemplares. Una cultura fuerte se basa en virtudes como la sabiduría, la compasión, el coraje, la justicia y el amor. Estas virtudes dan a líderes, a sus seguidores y sus equipos, la capacidad de trascender su punto de vista egocéntrico e integrar múltiples perspectivas en una forma más efectiva de ver el mundo.

En el **capítulo 8, «Respons(h)abilidad»**, demuestro que lo que yo denomino la «(h)abilidad de responder» incondicional y el adueñarse absolutamente del comportamiento propio, y de los efectos que produce, es una filosofía de negocios y de vida incomparablemente eficaz. Asumir responsabilidad como líder y exigir a los demás aceptar la responsabilidad de sus decisiones te permite convertir los comportamientos defensivos en creativos y transformar a la resignación y el resentimiento en entusiasmo y compromiso.

En el **capítulo 9, «Colaboración»**, demuestro cómo incluso los conflictos más difíciles pueden resolverse con un «escalamiento conjunto». Este método es un proceso de alineación que permite el debate inteligente de pros y contras sistémicos, y de una toma de decisiones racional. Este es un sistema basado en principios similares a los del derecho anglosajón, en el que los líderes pueden hacer que sus decisiones sienten precedentes que guíen las decisiones futuras.

En el **capítulo 10, «Integridad»**, demuestro cómo esta es tan vital como la sinceridad para tener relaciones efectivas. Honrar tu palabra es tan importante como decir la verdad, tanto en los negocios como en la vida en general. Una persona íntegra cumple sus promesas siempre que le es posible y, cuando le es imposible, las honra. Las promesas se hacen comprometiéndote a ofrecer lo que crees que puedes ofrecer. Mantienes esa promesa cumpliéndola. Y la honras, aún cuando no te es posible mantenerla, explicándole la situación a la persona a la que has hecho la promesa y haciéndote cargo de las consecuencias.

En la **tercera parte** explico por qué el líder que quiere ser trascendente debe ir más allá de lo que describo en la segunda parte. Para poder dirigir a unos seguidores fervientes, el líder debe emprender lo que el mitólogo Joseph Campbell denominó «el viaje del héroe».

En el **capítulo 11**, «**Olvídate de ti**», le doy vuelta a la idea tradicional de que los líderes que empoderan a sus seguidores. Aquí afirmo que son los seguidores quienes empoderan a su líder, al comprometerse con la misión que este les propone. Quizá la decisión más importante que debe tomar cualquier ser humano es dónde invertir su precioso tiempo, su valiosa energía. Los seguidores «animan» a los líderes con su fuerza vital, del mismo modo que los inversores animan a una empresa con su capital.

En el **capítulo 12**, «**Muere antes de morir**», me sumerjo en el miedo a la muerte. Demuestro por qué enfrentarse a esta ansiedad en uno mismo y en los demás es la herramienta más importante y útil que existe para un líder. Parafraseando la sabiduría zen, afirmo que debes «morir antes de morir para poder vivir...» *y para merecer dirigir*. Debes encontrar lo imperecedero en ti y ofrecerlo como un espejo de sentido a los que te rodean. También demuestro cómo el deseo de formar parte de un proyecto de inmortalidad es un secreto a voces del liderazgo que historiadores, poetas y filósofos han explorado desde tiempos inmemoriales.

En el **capítulo 13**, «**Sé un héroe**», exploro el proceso de desarrollo de los líderes. El camino del líder está plagado de pruebas que revelan, templan y afilan su espíritu. Hay un patrón natural en el crecimiento humano. Es una trayectoria desde la inconciencia a la consciencia y, de allí, a la superconciencia. Este proceso te fuerza a enfrentarte a tus mayores miedos, encontrar tus debilidades y fortalezas, y, con la ayuda de tus aliados, ganar la batalla para moldear tu destino y convertirte en el dueño de tu vida. Solo después de haber recorrido el camino del héroe y haber derrotado a tus sombras podrás aportar el don de la sabiduría verdadera a tu comunidad. Solo cuando hayas encontrado tu verdad más profunda podrás convertirte en un modelo para los demás y merecer su confianza.

En el **capítulo 14**, **«Capitalismo superconsciente»**, explico que el mercado es un crisol que transforma el egoísmo en servicio y la agresión en competición. Este crisol está conformado por el respeto por la vida, la libertad y la propiedad de los demás. Si las personas se respetan, todas las transacciones deben ser voluntarias y pacíficas, por lo que cada participante debe creer que recibe más de lo que da. Adam Smith argumentó que incluso cuando el bien social no forma parte de los planes de nadie, las fuerzas del mercado actúan «como una mano invisible» que guía a las personas hacia este objetivo. En vez de hacer esto por casualidad, los líderes trascendentes lo hacen a propósito. A través del respeto, la libertad y el servicio, dan lugar a un nuevo tipo de capitalismo más consciente. Este sistema económico visionario promueve la cooperación social y respalda el desarrollo de la humanidad como nada lo ha hecho hasta ahora. Más allá de suplir las necesidades materiales de los seres humanos, aborda nuestras necesidades espirituales de trascendencia y conexión con algo más permanente que nosotros mismos.

En el **epílogo**, **«Qué hacer el lunes por la mañana»**, resumo las lecciones esenciales del libro y aconsejo a los líderes qué hacer de aquí en más. Mi gran esperanza es que cuando termines este libro te sientas inspirado y empoderado para dejar una huella amorosa en este mundo; no solo por tu propio beneficio, sino también por el de quienes te siguen, por el de tu organización y por el de tu sociedad, y por el del resto de la humanidad.

Y ahora, te invito a unirte a la revolución.

PARTE 1
PROBLEMAS DUROS

Capítulo 2
DESVINCULACIÓN
¿QUÉ SENTIDO TIENE TRABAJAR?

Si la dirección de una empresa no considera a sus trabajadores como individuos únicos y valiosos sino como herramientas que pueden descartarse cuando ya no hagan falta, entonces los empleados también considerarán a su empresa como simplemente una máquina que les paga el salario, sin otro valor ni significado.

—Mihály Csíkszentmihályi

Marissa Mayer era una ejecutiva de éxito en Google antes de convertirse en la directora ejecutiva de Yahoo! en verano de 2012. Aunque la contrataron para revitalizar una marca digital moribunda, Yahoo! seguía teniendo bastante futuro cuando ella llegó: el mercado publicitario digital estaba en pleno apogeo, la junta de directores le dio la bienvenida con una actitud cooperativa y alegre, y la empresa contaba con mucho efectivo y mil millones de visitantes mensuales.

Pero Mayer se había metido en camisa de once varas. En los cuatro años siguientes, las finanzas de Yahoo! empezaron a mermar hasta que finalmente se anunció que la empresa se iba a vender a Verizon en un acuerdo que *Forbes* denominó «el acuerdo de cinco mil millones de dólares más triste de la historia de la tecnología».[1] (Finalmente, el acuerdo se cerró por 4.480 millones de dólares, unos 350 millones de dólares menos que la oferta inicial).[2] Los observadores atribuyen esta debacle a la estrategia incoherente de Mayer y a su estilo directivo volátil y excesivamente controlador. «El legado de Mayer en Yahoo! puede ser el de la directora ejecutiva que abocó a la empresa a una liquidación por cierre», declaró *Variety*.[3]

El columnista de *Forbes* Miguel Helft explicó que, en una reunión de octubre de 2015 que se llevó a cabo fuera de la sede de Yahoo! y en la que participaron 120 de sus altos ejecutivos, las cosas «fueron rápidamente de mal en peor» cuando se tocó el tema de la implicación de los empleados. «Mayer iba entrando y saliendo de la habitación mientras Bryan Power, el jefe de RR. HH. de Yahoo!, presentaba los resultados de una encuesta reciente de empleados que mostraba dramáticos descensos de dos dígitos en parámetros como los ánimos entre los trabajadores y la confianza que tenían en el liderazgo de los ejecutivos de la empresa. Varios vicepresidentes empezaron a desahogarse con otros, cosa que desembocó directamente en protestas cuando otra sesión, presentada como una oportunidad de mejorar la comunicación, acabó convertida en una conferencia de la cúpula directiva de Yahoo! que a muchos les pareció condescendiente. Los vicepresidentes empezaron a criticar a sus superiores por "no escuchar", "no querer entender" y "no estar interesados en cambiar". Algunos empezaron a soltar palabrotas. "Fue la reunión profesional más estresante y amarga a la que jamás he asistido", dijo un participante».[4]

El mayor error que Mayer cometió como directora ejecutiva fue quizá lo que Mike Mayatt, colaborador de *Forbes*, identificó como incapacidad de comprender la cultura de Yahoo! que, según la opinión del periodista, acabó tornándose tóxica bajo su liderazgo. «Lo que Mayer no ha sido capaz de captar es que no puedes transformar una cultura que no comprendes», escribió Mayatt. «Una cultura corporativa es un ecosistema frágil con muchos mecanismos interdependientes que deben promoverse para poder prosperar. Una cultura fuerte es un acelerador de rendimiento capaz de cambiar enormemente el impulso de la empresa».[5]

El problema con los líderes como Mayer, que hacen que sus empleados pierdan el interés, es que no solo dañan a sus organizaciones. La cosa va más allá: todo el mundo empieza a sentirse cada vez más escéptico con nuestras instituciones y sus líderes, erosionando su confianza social, sin la cual una economía no puede funcionar.

Conocí a Marissa Mayer cuando estaba en Google, antes de que se fuera a Yahoo! En ese tiempo yo era consultor de Sheryl Sandberg, quien entonces era la jefa de operaciones y ventas en línea de Google. Hablar con Mayer fue una experiencia inquietante; en la conversación que tuvimos durante una hora entera no me miró ni una sola vez a los ojos. La interacción fue tan fría que casi salí convertido en un muñeco de nieve. Lo que sí que recuerdo es lo que pensé al final: «Jamás trabajaría para esta mujer». No me veía capaz de implicarme con Mayer, ni con ninguna organización que dirigiera. Su desconexión emocional me haría imposible dar lo mejor de mí. (Esto supone un marcado contraste con lo que siento por Sheryl, quien es tanto una buena amiga como una de las mejores líderes que he conocido jamás. Admiro la combinación de calidez personal y agudeza profesional que desprende. Mientras que el brillo de Mayer es como una estrella azul en una galaxia lejana, el de Sheryl es como un sol naranja cercano).

No es que los líderes como Mayer no sean inteligentes, no tengan compromiso o no quieran hacer lo correcto. (Recuerdo haber quedado muy impresionado por su inteligencia y determinación). Es, simplemente, que tienen bloqueos emocionales e ideas erróneas sobre cuál es su tarea más importante: conseguir el compromiso interno de las personas para lograr la misión organizacional con integridad y eficacia para que el equipo gane. Como advirtió la profesora de la Escuela de negocios de Harvard, Teresa Amabile, a unos ejecutivos sénior: «Puede que piensen que su trabajo es desarrollar una estrategia maestra. Pero tienen una segunda tarea igualmente importante: propiciar el compromiso continuado [...] de las personas que se esfuerzan en llevar esa estrategia a la práctica».[6]

El liderazgo no es una posición, es un proceso. Cualquier persona que dirija a otras personas, desde un supervisor de primera línea hasta el director ejecutivo (o simplemente alguien que coordine a otros de forma informal), debe liderar para ser eficaz. Las personas no son solo «recursos» que pueden gestionarse como otras cosas inanimadas. Son seres conscientes que necesitan inspiración para dar lo mejor de sí para los objetivos de la organización. Los seres humanos requieren un tipo especial de dirección.

Estaba explicando esto en un seminario de liderazgo para una empresa química y un participante (que, como averigüé más tarde, contaba con doctorados en física, química e ingeniería química) levantó la mano.

—¡Me encantan las moléculas! —exclamó Boris (no es su nombre real) con cómica exasperación.

Todo el mundo puso cara de confusión. Boris prosiguió:

—Las moléculas se comportan muy bien. Les aplicas una cantidad de calor y una cantidad de presión concretas y sabes exactamente qué van a hacer.

Todos nos reímos.

—El problema —prosiguió— es que se me fue tan bien gestionando moléculas que me ascendieron para que gestionara personas. Yo no entiendo cómo funcionan las personas; no se comportan tan bien. Les aplicas una cantidad de calor y una cantidad de presión concretas y jamás sabes qué van a hacer.

Boris quería tratar con las personas del mismo modo que trataba con las moléculas. Pero eso no funciona. A diferencia de las moléculas, las personas tienen sus propias ideas.

Como Boris, demasiados directivos con formación científica pasan por alto este dato esencial. Según el economista Murray Rothbard, estos líderes no hacen ciencia, sino «cientificismo». «El cientificismo», escribió Rothbard, «es el intento, profundamente acientífico, de transferir la metodología de las ciencias físicas al estudio de las acciones humanas». Cuando asumimos que los seres humanos conscientes pueden estar tan mecánicamente determinados como las moléculas u otras cosas que carecen de conciencia, cometemos un terrible error. «Ignorar este dato primordial sobre la naturaleza humana, ignorar su volición y su libre albedrío», insistió Rothbard, «es malinterpretar los hechos de la realidad y, por lo tanto, ser profunda y radicalmente acientífico».[7]

Incluso aquellos directivos que cuentan con una cierta comprensión de la naturaleza humana y la mejor de las intenciones no suelen ser buenos líderes. Esto es comprensible: aunque han aprendido muchísimo sobre la dimensión técnica del liderazgo, su formación en la parte humana es más bien pobre. No saben cómo tratar con estos seres que tienen sus propias ideas. A pesar de sus cursos de formación ejecutiva y sus másteres en administración y dirección de empresas, no saben cómo ganarse los corazones y mentes de los demás. Así que acaban cayendo en la estrechez de miras y el narcisismo. Emplean directrices de control y mando centradas en las tareas, especialmente en momentos de estrés. Creen que las habilidades interpersonales son menos importantes que las técnicas y cognitivas, y se enrocan en estas últimas como baluarte en vez de llevar a cabo un trabajo más profundo e introspectivo.

Y esto no es solo un fenómeno empresarial. Las organizaciones sin ánimo de lucro con nobles propósitos, como hospitales, escuelas u organizaciones benéficas, también están llenas de dirigentes que se centran en lo trivial e insignificante. Tratan mal a los demás; no son capaces de escuchar. Traman estratagemas, dejan a las personas por los suelos, echan la culpa a los demás en vez de escuchar y asumir la responsabilidad de sus comportamientos. Se limitan a cobrar su salario y aguantan hasta la jubilación. Cuando tales personas ostentan el poder, la organización se marchita. Todo el mundo toma nota, desde el conserje hasta los ejecutivos. Los empleados se limitan a encogerse de hombros y a decirse: «Si el jefe puede actuar como un idiota, ¿por qué debería importarme a mí esta empresa?». El cinismo y la apatía se extienden como un virus. La organización infectada empieza a morir lentamente, gracias a la ignorancia y el egoísmo de sus jefes.

Tales líderes no pueden inspirar de ningún modo a los demás porque no se han molestado en mirar su interior en profundidad ni en desarrollar respeto y compasión por los demás. Han perdido sus almas. Y lo que es todavía peor, se han convertido en *zombis* devora-almas que debilitan a las personas que trabajan en sus organizaciones. La única protección contra estos jefes es la indiferencia o la desvinculación.

LA TRAGEDIA DE LA DESVINCULACIÓN

Según Gallup, las perspectivas sobre el ámbito laboral no son halagüeñas. Desde hace más de treinta años, Gallup ha llevado a cabo investigaciones en profundidad sobre el comportamiento económico en más de veinticinco millones de empleados en cientos de empresas de los Estados Unidos. Año tras año, desde 2000, el porcentaje de personas que se sienten «activamente involucrados» (las que tienen ideas más innovadoras, las que consiguen la mayoría de los clientes nuevos de las empresas y las que desprenden más energía emprendedora) está alrededor del 30 %. Otro 50 % de los empleados simplemente se desentiende de la empresa.

Los empleados involucrados se comprometen emocionalmente con la organización y sus objetivos. Les importan profundamente su trabajo y su empresa. Están dispuestos a poner todo su esfuerzo al servicio de los objetivos de la empresa. No solo trabajan para conseguir una nómina o un ascenso, sino para lograr el propósito de la organización; un propósito que se ha convertido en el suyo propio.

Una historia sobre Christopher Wren, el gran arquitecto que diseñó la catedral de San Pablo en Londres, ilustra la diferencia entre los trabajadores que se involucran y los que no. Un buen día, Wren estaba paseándose entre los hombres que trabajaban en la catedral. Nadie lo reconoció. Cuando Wren le preguntó a uno de los trabajadores qué hacía, el hombre le respondió: «Estoy labrando una piedra». Tras hacerle la misma pregunta a otro trabajador, este respondió: «Estoy ganando cinco chelines y dos peniques al día». Pero cuando Wren le preguntó a un tercer trabajador qué hacía, el hombre respondió: «Esto ayudando a Sir Christopher Wren a construir una preciosa catedral».[8]

Y finalmente hay otro grupo de empleados, más peligroso en términos de la salud de la organización: los que están activamente desvinculados, quienes conforman el 20 % inferior de la encuesta anual de Gallup. Estas personas no solo no se sienten a gusto con su trabajo, sino que se dedican a expresar su disconformidad socavando a sus compañeros y criticando a la empresa. Estos trabajadores se sienten tan hostiles que están dispuestos a sabotear a su organización, de forma consciente o no. Se convierten en «detractores» que extienden sus sentimientos negativos por toda la empresa y fuera de ella.[9] La desvinculación activa le cuesta a los Estados Unidos entre 450.000 y 550.000 millones de dólares al año.

Gallup ha descubierto que los lugares de trabajo donde los empleados se sienten desvinculados sufren casi un 50 % más de accidentes y son responsables de casi un 60 % más de los defectos de calidad, además de sufrir costos de atención médica mucho más elevados.[10] Lo que es más, un 60 % de los *millennials* (la porción de la población activa de los Estados Unidos que seguramente pensamos que tienen la mayoría de las ideas y la energía) también está desvinculado. Gallup descubrió que solo un 14 % de los *millennials* entrevistados «estaban muy de acuerdo» en que la misión o el propósito de su empresa les hace sentir que su trabajo es importante.[11] Imagínate cómo sería intentar cocinar en un horno con la puerta resquebrajada por donde se escapa un 85 % del calor y tendrás una imagen mental del estado en el que se encuentran la mayoría de las empresas hoy en día.

En comparación, apunta Gallup, los grupos de trabajo que están en el cuartil superior en la escala de vinculación de los empleados rinden mucho mejor que aquellos que están en el cuartil inferior. Las valoraciones de sus clientes son un 10 % superiores.[12] Su rentabilidad y productividad como grupo son un 22 % y un 21 % superiores, respectivamente. Sufren al menos un 25 % menos de rotación y, en las organizaciones donde la rotación ya es baja para empezar, los grupos de trabajo con empleados más involucrados experimentan un 65 % menos de rotación. Los grupos de trabajo con más implicación experimentan menos absentismo y, además, su trabajo cuenta con menos defectos e incidentes de seguridad.[13]

Las pérdidas anuales en todo el mundo debido a esta falta de vinculación llegan a ser de miles de millones de dólares. Según el informe State of the Global Workplace más reciente de Gallup, solo un 13 % de los empleados de todo el mundo están involucrados en su trabajo;[14] a los demás les importa un comino. Suma todo esto y tendrás un despilfarro astronómico de recursos. Por otro lado, la vinculación supone una oportunidad gigantesca de mejorar el valor económico para todas las partes interesadas mediante un servicio, una productividad y una eficacia mayores.

Teniendo en cuenta todo esto, no resulta nada sorprendente que las organizaciones de todo el mundo intenten aumentar la vinculación a través de todo tipo de «programas de vinculación». El problema es que la mayoría de estos programas son superficiales, falsos, hipócritas y se basan en la manipulación barata de los sentimientos de las personas para sacar más de ellas.

La mayoría de estos programas se centran en una encuesta de los empleados llevada a cabo por el Departamento de Recursos Humanos. La encuesta lleva a un frenesí de actividad, que consiste en gran parte en elaboradas presentaciones. En un artículo de *Inc.*, un consultor llamado Les McKeown apuntó que «los denominados programas de vinculación de los empleados no son más que una procesión descabellada, descontrolada e inefectiva de presentaciones de PowerPoint imprácticas o que jamás van a implementarse y que, a menudo, surgen de un ejercicio igualmente cojo de comparación con las supuestas "mejores prácticas" de otras empresas».[15] A veces estas presentaciones se convierten en programas de formación que se evalúan según cuántas «cabezas» hayan pasado por ellos, independientemente de si los propietarios de esas cabezas estaban realmente atentos y aprendieran cualquier cosa que realmente pusieran en práctica para aumentar la vinculación.

Para empeorar más las cosas, si una empresa realmente implementa cambios a partir de una encuesta de vinculación, los resultados suelen ser contraproducentes. Los empleados se involucran cuando sienten que sus dirigentes se preocupan de verdad por ellos, y cuando creen que esos dirigentes quieren ofrecerles un puesto de trabajo que no solo promoverá su productividad, sino también su conexión con los demás y con su bienestar personal.

Por otro lado, si los empleados sospechan que los cambios están dirigidos a mejorar la posición de la empresa en la encuesta Gallup o de un directivo en la empresa, se desvincularán todavía más. Cuando los dirigentes que llevan años tratando a las personas como «recursos infrahumanos» adoptan repentinamente los comportamientos superficiales que piensan que los harán parecer interesados en sus empleados, muchos de estos trabajadores se sentirán manipulados. Los empleados ven las afirmaciones de sus jefes de que «nos preocupamos realmente por ti» como intentos de ganarse su favor a través de recompensas emocionales, de un modo parecido a como lo haría un entrenador canino con su perro.

Imagina que, sin ninguna explicación, tu cónyuge te da un regalo sorpresa por primera vez en los diez años que llevan casados. La semana siguiente recibes una encuesta de «vinculación conyugal» en tu correo que te pregunta: «¿Ha recibido usted un regalo de su cónyuge en el último mes?». Personalmente, yo seguramente sospecharía que mi pareja solo me ha dado un obsequio para sacar una mejor puntuación en la encuesta.

Y lo que es peor, cualquier compromiso insincero que adopten los directivos tiene el mismo poder de permanencia que los propósitos de Año Nuevo que acaban aparcados a un lado a mediados de enero. En cuanto el nuevo programa empieza a perder su lustre, los comportamientos de los directivos vuelven a su estado anterior. Pero la situación de la organización y la vinculación de los empleados tiende a caer a un nivel mucho más bajo del que estaba antes de estas idas y venidas. Cuando percibimos que un líder es falso y que intenta manipular hipócritamente los sentimientos de las personas, estos comportamientos no solo hacen que nos desvinculemos, sino que nos enfademos.

No hay ninguna forma de abrir el futuro sin cerrar el pasado. Si el equipo directivo de la empresa no empieza haciendo un examen serio de los comportamientos anteriores que han llevado a la desvinculación de sus empleados y convenciendo a sus trabajadores de que están comprometidos a cambiar ese comportamiento de un modo serio, ningún programa de vinculación podrá despegar. Y ese es el motivo por el que, a pesar de todo el tiempo, la energía y el dinero invertidos en programas de vinculación, los datos estadísticos siguen siendo terribles. Los programas de vinculación crean los resultados exactamente opuestos a los que pretendemos; con cada año que pasa, los trabajadores de todo el mundo están más desvinculados.

EL LÍDER QUE DESVINCULA

Un cliente al que le hice *coaching* (llamémosle Bill) me contó una triste historia de cómo acabó desentendiéndose de su empresa. Bill viajaba a menudo por todo el mundo para dirigir un proyecto en el Lejano Oriente.

—Antes de ese proyecto —me explicó Bill— yo tenía una relación bastante buena con mi jefe, el vicepresidente de operaciones internacionales. Pero algo cambió cuando acepté este nuevo encargo. El director ejecutivo había empezado a prestarme especial atención y me llamaba directamente, a menudo sin pasar antes por mi jefe. Bill sospechaba que su jefe se sentía molesto porque lo dejaban al margen.

En uno de sus viajes, Bill tuvo problemas estomacales graves. Cumplió con todas sus reuniones de su agenda como un campeón; nadie advirtió el dolor que sufría. Pero al final del día, tuvo que pedir que lo excusaran de la cena y se fue al hospital. Allí el doctor le hizo algunas pruebas y le diagnosticó una infección bacteriana. Le recetaron unos antibióticos y, como Bill es un hombre que no deja que nada le detenga, volvió al trabajo al día siguiente.

Tras su visita al hospital, Bill le envió a su asistente la factura de la asistencia sanitaria de emergencia para que pudieran reembolsársela. La factura fue de menos de 500 dólares, lo que a él le pareció una cantidad razonable. Su jefe (que tenía que aprobar el gasto) le respondió con un correo electrónico pidiéndole a su asistente (con copia a Bill y a la persona encargada de gestionar estas cosas) que enviara la factura a la aseguradora de la empresa para que cubrieran el gasto. La respuesta fue fríamente educada. Lo que sorprendió a Bill no era lo que decía el correo, sino lo que no decía: nada de «Hola, Bill» o «¿Estás bien?». Nada de nada.

Tras tomar antibióticos toda la semana, la infección acabó por desaparecer y Bill volvió a estar en plena forma física. Pero nunca se recuperó emocionalmente.

—Lo que me dejó absolutamente helado —me explicó Bill— fue que ninguna persona en toda esa cadena de correos electrónicos me escribió para preguntarme por qué había tenido que ir a emergencias en un país extranjero o para saber si estaba bien, y ya ni hablar de desearme una buena recuperación. Solo un breve mensaje, con tono profesional, sobre cómo procesar el gasto con la aseguradora.

»No ardí de la ira, sino que me distancié fríamente —siguió reflexionando—. Lo que pensé inmediatamente fue: «Estas personas están tan muertas para mí como yo para ellos». Primero me quedé completamente insensibilizado y, después, alienado. No puedo creerme que esta empresa se enorgullezca de «tratar a las personas maravillosamente», como proclaman estridentemente ante el mundo entero en sus campañas de *marketing*, cuando yo estoy pasando una crisis de salud y van y me tratan como una pieza de maquinaria que tiene que reemplazarse bajo garantía.

Bill me trajo a la memoria un vídeo que yo había enseñado en uno de mis talleres. En la película *Tiempos modernos*, Charlie Chaplin es un trabajador en una línea de montaje cuyo único trabajo es apretar tornillos con una llave inglesa en cada mano. Bajo la tremenda presión de la velocidad de la línea de montaje (constantemente aumentada por «el jefe»), Chaplin sufre un ataque de nervios y acaba, literalmente, «siendo procesado» por las máquinas.[16]

—No mostraron ningún sentimiento por mí —dijo Bill—. Solo querían procesar la reclamación a la aseguradora y olvidar el asunto. Me sentí como un engranaje de una máquina, como un ladrillo más en la pared.

Contrariamente a lo que yo le aconsejé, Bill acabó rindiéndose. Estaba tan desvinculado que ni siquiera quería intentar abordar el problema.

—No quiero ni hablar del tema —me dijo—. ¿Qué sentido tiene decir que me ha decepcionado que no se interesaran por mi estado de salud cuando se enteraron de que estaba en el hospital en un país extranjero? Se inventarán cualquier excusa y alegarán que se preocupan por mí. Pero no es suficiente; es demasiado tarde. Hay ciertos detalles de sentido común que espero que mi jefe tenga conmigo sin tener que pedírselos.

Aunque la situación no afectó materialmente a Bill, pasó de ser una persona vinculada en su trabajo a ser alguien activamente desvinculado; de promotor a detractor.

—Si ahora me preguntan si recomendaría trabajar en la empresa a alguno de mis amigos, yo diría que para nada. En absoluto.

No conozco al jefe de Bill, pero a partir de su relato estoy convencido de que este vicepresidente también estaba desvinculado; de hecho, seis meses más tarde, Bill me dijo que ese vicepresidente también había abandonado la empresa. Puede que le supiera mal el hecho de que el director ejecutivo pasara por encima de él para hablar directamente con Bill. Y tampoco conozco al director ejecutivo, pero estoy convencido de que el hecho de dejar al vicepresidente a un lado para relacionarse con Bill sin intermediarios no le pareció nada grave. E incluso apostaría a que el jefe de Bill nunca le dijo al director ejecutivo que le sabía mal que este pasara por encima de él. De hecho, estoy seguro de que si el director ejecutivo le hubiera preguntado al jefe de Bill si eso le incomodaba, el vicepresidente habría mentido y habría dicho «No, no, para nada». He visto esta situación cientos de veces en las organizaciones con las que he trabajado.

Es imposible involucrarse con los demás si tú mismo te sientes desvinculado de la empresa. Los estudios demuestran que las emociones se contagian como la gripe.[17] Si estás deprimido y desmotivado, es posible que yo también empiece a sentirme deprimido y desmotivado cuando trabajo contigo. Cualquier dirigente de la organización puede empezar una reacción en cadena que acabará desmotivando a muchos empleados. Y en la vida organizacional constantemente hay frustraciones pequeñas y cotidianas que, si no se abordan, acaban amontonándose en gruesas capas de insensibilidad que ahogan incluso el compromiso más apasionado. Imagina lo que pasa cuando gran parte de una organización, desde un pequeño equipo hasta una sociedad entera, se siente así.

Un mal gerente es un riesgo tremendo. Bill empezó a enviar discretamente su currículum a otras empresas y pronto encontró trabajo en otra compañía. Su sueldo y beneficios no eran mejores, pero se marchó de todos modos en busca de un entorno que le pareciera más adecuado para su bienestar. Bill es un caso de los millones que hay. Las personas se sienten tan impotentes que incluso han dejado de intentar hacer que las cosas vayan a mejor.

Gallup sostiene que si las empresas quieren vincular a sus trabajadores, deben «centrarse en contratar a gerentes de alto rendimiento».[18] Pero, ay, ¿dónde, dónde están estos tales «gerentes de alto rendimiento»? A lo largo de los años he trabajado con miles de personas en docenas de organizaciones y puedo decirte que los líderes de alto rendimiento (si lo que buscamos son personas que inspiran y que consiguen de verdad la vinculación de los demás) son más escasos que los tigres blancos.

Así que este es el rompecabezas que tenemos delante: si la vinculación es tan importante para el rendimiento de la organización, y si las estrategias para producirla son tan sencillas y económicas, ¿por qué no hay más líderes inspiradores, y por qué no hay más empresas aumentando drásticamente la vinculación de sus empleados?

Mi conclusión, parafraseando la famosa canción de los Beatles, es que «no puedes comprar amor».

INDEFENSIÓN APRENDIDA

En una visita a Angkor Wat obsequié a mis hijos con un paseo en elefante. Mientras nos preparábamos para subir a la espalda de nuestro paquidermo, nos fijamos en que había muchos más que tenían las patas de delante atadas a una estaca solo con una fina cuerda. Estaba claro que estos fuertes animales podían romper sus ataduras o arrancar las estacas cuando quisieran, pero no lo hacían. Esperaban tranquilos, sin moverse de su sitio. Le pregunté a nuestro guía cómo habían conseguido mantener a los elefantes atados con un sistema tan endeble.

Me explicó que, cuando los elefantes son jóvenes, sus adiestradores usan una cuerda parecida para atarlos a las estacas. Como todavía son pequeños, eso es suficiente para evitar que se escapen. Al principio los elefantes intentan huir, pero acaban por descubrir que sus esfuerzos son en vano. Así que allí se quedan, incluso cuando se hacen lo suficientemente fuertes como para liberarse. El elefante sabe que está atrapado, así que nunca intenta liberarse. La atadura real no es física, sino mental.

Era un ejemplo perfecto.

—Como los elefantes —expliqué a mis hijos—, muchas personas se pasan la vida creyendo que no son capaces de hacer ciertas cosas porque han tenido una mala experiencia con eso en el pasado. Ustedes deben ir con cuidado y no caer en esta trampa mental. Pongan sus límites a prueba a menudo.

El psicólogo americano Martin Seligman acuñó el término «indefensión aprendida» en 1967 mientras investigaba la depresión. La indefensión aprendida es la actitud de una persona (o animal) que no intenta salir de una situación negativa porque el pasado le ha enseñado que es incapaz de conseguirlo. Seligman identificó este comportamiento en humanos y animales que soportaron repetidamente estímulos dolorosos que no podían evitar. Tras la experiencia, el sujeto experimental dejó de intentar evitar situaciones desagradables de las que sí que podría haberse librado con éxito. En otras palabras, el sujeto aprendió que no tenía control sobre las situaciones que le afectaban negativamente, así que se rindió y dejó de intentarlo.

Seligman estaba investigando el condicionamiento clásico, el proceso por el que un animal o humano asocia una cosa con otra. En un experimento, hacía sonar una campanilla y después suministraba una pequeña descarga eléctrica a unos perros. Tras hacer esto varias veces, los perros reaccionaron como si ya los hubieran electrocutado nada más oír sonar el timbre.

Uno por uno, Seligman fue colocando a los perros del primer experimento en una jaula grande que estaba dividida por la mitad con una valla de poca altura. El suelo a un lado de la cerca estaba electrificado, pero el otro no; los perros podían saltar por encima de la valla para evitar la descarga. Seligman puso al perro en el lado electrificado de la cerca y le suministró una leve descarga. El investigador esperaba que el perro saltara al lado no electrificado, pero, en vez de eso, el perro se tumbó y no se movió. Fue como si los perros hubieran aprendido, a partir de la primera parte del experimento, que no podían hacer nada para evitar las descargas, así que se rindieron incluso cuando podían escapar a ellas.

Después de ver que estos perros no saltaban para huir de las descargas, Seligman colocó en la misma jaula a algunos perros que no habían sido expuestos con anterioridad a las descargas inevitables. Estos perros sí que saltaron rápidamente por encima de la valla para escapar a la electricidad. Seligman concluyó que los perros que se tumbaron en la parte electrificada habían aprendido la indefensión en la primera parte de su experimento.[19]

Las personas no son demasiado distintas a los elefantes y los perros. Cuando sentimos que no tenemos control sobre situaciones negativas, sencillamente nos rendimos y aceptamos las descargas. Nos sentimos indefensos no solo ante la situación inevitable sino, de forma general, ante nuestra vida entera. Seligman y otros han descubierto una fuerte correlación entre la indefensión aprendida y la depresión clínica. Estoy seguro de que hay una relación igualmente estrecha entre la indefensión aprendida y la desvinculación. Es por ese motivo que tantos de nosotros dejamos de intentar mejorar las cosas.

En mis talleres pregunto a los participantes qué les gustaría cambiar de su trabajo. Casi todos ellos dicen que les gustaría tener una mejor relación con sus jefes y compañeros, pero muchos han acabado por rendirse tras demasiadas promesas vacías y programas de vinculación fallidos. Del mismo modo que los perros de Seligman, se han resignado al hecho de que no tienen control sobre sus relaciones o entornos laborales. Así es como la indefensión aprendida acaba instalándose y dejan de importarnos las cosas. (Las personas que han abandonado las dietas vez tras vez durante años a menudo se sienten del mismo modo; simplemente dejan de sentir que es posible mantener su peso a raya, así que se resignan a estar gordos). Estos fallos no se deben a que sea imposible mejorar las cosas, sino a las expectativas poco realistas, la mala preparación y los malos consejos que hemos recibido.

La indefensión aprendida es muy peligrosa. Cuando las personas creen que no son importantes para nadie (en especial, para sus jefes), que no tienen opciones ni posibilidades de crecer, que su empresa no es una fuente positiva para el resto del mundo y que no hay nada que puedan hacer para cambiar todo esto, pierden la confianza en sí mismos, su orgullo, sus raíces y cualquier motivo para creer que lo que hacen es importante para los demás. De este modo, sus vidas laborales acaban perdiendo todo su significado; esta es la forma en que se desvinculan de verdad.

Es horroroso ver lo que pasa cuando la indefensión aprendida se instala en una organización. Las personas se sienten incapaces de cuestionar normas y regulaciones o de correr riesgos. Todo el mundo se siente víctima de fuerzas que escapan a su control, sometido a presupuestos y procesos impuestos por autoridades ajenas. Nadie se siente con la libertad de tomar la iniciativa o incluso de hacer preguntas. Todo el mundo le echa la culpa a algún tipo de circunstancia externa por su incapacidad de pasar a la acción; nadie se siente responsable. Esto acaba contagiándose a los clientes, quienes no solo detectan y responden al descontento de los empleados, sino que acaban enfadándose, exactamente igual que los clientes de Comcast que he descrito en el capítulo 1.

ESO – NOSOTROS – YO

Vamos a pensar en el mundo empresarial como un espacio tridimensional. Denominaremos a cada una de estas dimensiones, respectivamente, «Eso», «Nosotros» y «Yo». Del mismo modo que cualquier objeto se puede medir en altura, anchura y profundidad, cualquier organización puede medirse en términos de Eso, Nosotros y Yo. A largo plazo, los aspectos del Eso, Nosotros y Yo de una organización deben coordinarse harmoniosamente. Aunque es posible conseguir buenos resultados financieros a corto plazo con personas infelices, relaciones distantes o procesos ineficientes, una organización así no puede durar. Unos beneficios elevados no podrán ser sostenibles sin unas relaciones interpersonales y un compromiso personal que estén a la misma altura.

«Eso» es la dimensión de lo impersonal. Se centra en la tarea, los sistemas y los procesos, la asignación eficiente de recursos y responsabilidades. En la dimensión Eso está la capacidad de la organización para hacer que sus miembros trabajen de forma racional para conseguir los objetivos.

«Nosotros» es la dimensión de lo interpersonal. Se centra en las relaciones entre los individuos, sus interacciones, la calidad de sus conexiones y el tipo de comunidad que crean. En la dimensión Nosotros está la capacidad de la organización de hacer que sus miembros cooperen para conseguir los objetivos.

«Yo» es la dimensión de lo personal. Se centra en los valores, creencias, pensamientos, sentimientos, aspiraciones, bienestar, sentido y felicidad personales. En la dimensión Yo está la capacidad de la organización de hacer que sus miembros se comprometan con entusiasmo para conseguir los objetivos.

Creo que una de las cosas que más afectan a la vinculación de los empleados es que los líderes solo ven sus organizaciones en la dimensión impersonal. El «Eso» se centra únicamente en aumentar las ventas, reducir costos, ganar más cuota de mercado y aumentar el valor para los accionistas.[20] En esta dimensión, las principales preocupaciones del equipo directivo son la eficiencia, la efectividad y la eficacia. Esta es la dimensión en la que todos los gerentes hacen su formación básica; también es en la que se quedan la mayoría de ellos. Se centran en obtener los máximos resultados con el mínimo consumo de recursos. Un líder de éxito en la dimensión Eso marcará funciones, estrategias y objetivos claros y, además, proporcionará acceso al conocimiento y los recursos que sus trabajadores necesitan para hacer su trabajo. Cuando el coeficiente de Eso de una organización es bajo, los empleados trabajan de forma desorientada y a menudo contradictoria porque están desorganizados y mal equipados. Esto les absorbe la energía y destruye su compromiso.

Por supuesto, la dimensión impersonal es esencial. Sin un rendimiento sólido en sus filas, está en juego la supervivencia misma de la organización. Si una empresa no funciona de forma eficaz, será incapaz de extraer energía y recursos y acabará por hundirse.

Los resultados de la dimensión «Eso» son necesarios, pero no son suficientes para motivar a las personas: las organizaciones humanas trascienden esta dimensión. Desprovistos de las otras dos dimensiones, los negocios se convierten en una actividad puramente mecánica en la que el éxito y el fracaso dependen exclusivamente de la gestión racional de agentes racionales. Pero en la realidad tridimensional en la que vivimos y respiramos, el éxito de una empresa depende del compromiso de seres apasionados a los que su trabajo les importa muchísimo. Este es el motivo por el que es útil comprender las otras dos dimensiones, muy reales e igualmente esenciales: Nosotros y Yo.

Nosotros es la calidad de las interacciones y relaciones entre los miembros de la organización. Los humanos son seres sociales; es por ese motivo que la solidaridad es tan fundamental para el éxito en los negocios a largo plazo. El éxito interpersonal es necesario para la supervivencia. Si las personas no cooperan y se respetan entre sí, la organización fallará, como demuestra dolorosamente el ejemplo de Yahoo! La dimensión Nosotros se centra en el comportamiento organizacional, área que resulta desconocida e incómoda a las personas que solo han sido formadas en la dimensión Eso. Se centra en el respeto mutuo, la confianza, la solidaridad y la cohesión del grupo. En este ámbito, lo esencial es crear una comunidad colaborativa fundada a partir del sentimiento general de que «estamos todos en el mismo barco». Un líder de éxito en la dimensión Nosotros creará un entorno colaborativo en el que las personas trabajen juntas para lograr objetivos atrevidos. Estos son los elementos emocionales de un lugar de trabajo que implica a sus empleados. Cuando la proporción de Nosotros de una organización es baja, los esfuerzos de los empleados quedan disipados por las políticas de las oficinas, la gestión del ego y los rodeos pasivo-agresivos para evitar abordar los problemas complicados.

La dimensión Yo se centra en la necesidad humana de éxito personal, autorrealización y trascendencia de cada uno de los miembros de la organización. Se centra en el crecimiento personal, el significado y la felicidad. En este reino, el objetivo es cultivar la salud psicoespiritual. Cada persona, desde el presidente de la junta directiva hasta el chico que descarga camiones en el almacén, quiere sentirse completa y saber que su vida es importante. Cuando nos sentimos así, somos mucho más productivos y creativos. Somos resilientes cuando sufrimos contratiempos y nos entusiasmamos al enfrentarnos a oportunidades. Creemos en nosotros mismos para responder de forma adecuada a las circunstancias de la vida, conectar con los demás y ofrecer resultados excepcionales. Para sacar lo mejor de sus empleados, las empresas necesitan ofrecerles oportunidades para involucrarse de una forma significativa.

Los estudios de McKinsey[21] demuestran que, mientras que las dimensiones Eso y Nosotros (McKinsey los denomina «coeficiente intelectual» y «coeficiente emocional», respectivamente) son absolutamente necesarias para crear compromiso en una empresa, no son suficientes. Durante años, McKinsey ha preguntado a distintos ejecutivos qué elemento echan en falta a la hora de crear un entorno de rendimiento máximo; un elemento que inspire niveles excepcionales de energía, autoconfianza y productividad individual. La respuesta es, invariablemente, «un fuerte sentimiento de sentido». «Con "sentido" quieren transmitir ese sentimiento de que lo que está pasando importa de verdad, que lo que se está haciendo no se ha hecho antes y que supondrá una diferencia para los demás», explica McKinsey. Cuando el cociente Yo de una organización es bajo, los empleados se desvinculan, dedican menos energía a sus tareas y consideran que lo que hacen es «simplemente un trabajo» que les proporciona poco más que un sueldo.

Para intentar implicar a sus empleados, los líderes que viven en el mundo unidimensional de la dirección racional tienden a utilizar discursos únicamente centrados en la dimensión Eso. Los dos que se suelen utilizar más, según McKinsey, son el discurso del cambio radical y el discurso «de bueno a magnífico».[22] El primer tipo de discurso suele ser algo como: «Estamos rindiendo por debajo de los estándares del sector y debemos cambiar drásticamente para sobrevivir; los cambios graduales no son suficientes para atraer inversores a nuestra empresa, inferior a la media». El segundo viene a ser así: «Somos capaces de mucho más, dados nuestros recursos, posición en el mercado, habilidades y fieles empleados, y podemos convertirnos en el líder indiscutible de nuestro sector en el futuro próximo». Estos dos discursos suelen venir acompañados de la promesa de que «si cumplimos esto, tendremos más oportunidades de trayectoria profesional, un sueldo más elevado, trabajo asegurado y más beneficios».

Estos discursos no son malos, pero no se sostienen por sí mismos. Para crear compromiso, es necesario acompañarlos de discursos de las dimensiones Nosotros y Yo. Los discursos Nosotros explican que «somos un grupo extraordinario de personas y estamos todos en el mismo barco». Tomemos, por ejemplo, las fuerzas especiales de los Estados Unidos. Su *esprit de corps* parece de otro planeta. Cuentan con interminables historias sobre el compromiso heroico que tiene cada miembro con el resto de sus compañeros y del equipo. Estas historias inspiran en estas personas un sentido de pertenencia en un entorno cohesivo, donde «nosotros» estamos orgullosos de formar parte de esta organización y colaboramos con un noble objetivo por delante.

El discurso del Yo describe cómo «cada uno de nosotros mejora las vidas de nuestros clientes, beneficia a la sociedad y hace una aportación significativa al progreso de la humanidad». Este discurso asegura a los miembros de la organización que lo que hacen es bueno y significativo, que supondrá una diferencia positiva en el mundo. Esto supone claramente una fuente de vinculación extraordinaria para los miembros de las fuerzas especiales, quienes ponen sus vidas en peligro cada día en pro de sus nobles ideales.

EL LÍDER QUE MOTIVA

Los discursos son importantes, pero no pueden separarse de las personas que los emiten. Como el biólogo cognitivo Humberto Maturana observó: «Todo lo dicho es dicho por alguien».[23] Los líderes no pueden limitarse a proclamar un discurso; deben respirarlo, sentirlo, vivirlo.

Un informe técnico de 2012 publicado por la organización Dale Carnegie y MSW Research advirtió que los tres impulsores clave del compromiso de los empleados son la relación con sus supervisores inmediatos, la creencia en el equipo directivo sénior y el orgullo de trabajar para su empresa. El comportamiento del supervisor inmediato es el determinante más fundamental del compromiso del empleado; le sigue de cerca «la voluntad del equipo directivo de tener en cuenta su opinión, dirigir a la empresa en la dirección correcta y comunicar abiertamente el estado de la organización».[24] Si un empleado se siente cuidado y respetado, y cree que la organización refleja sus valores personales, la vinculación y la lealtad vendrán acto seguido. Y cuando las personas se sienten vinculadas y leales a la empresa, no la abandonan (lo que ahorra a la organización los costos de contratación y formación).

Los estudios, uno tras otro, concluyen que un gerente que se preocupa por sus subalternos es esencial para el compromiso de los empleados. Los trabajadores quieren que sus jefes se preocupen por sus vidas personales, que se interesen por ellos como personas, que les importe cómo se sienten y que cuiden de su salud y bienestar. La capacidad de un líder para establecer vínculos fuertes con sus empleados, para crear una interacción potente dentro del equipo y para dirigir centrándose en las personas crea un ambiente en el que los empleados rinden al máximo.

Doug Conant es un ejemplo de este tipo de líder. En 2001, cuando Conant trabajaba en Nabisco y fue contratado como director ejecutivo de la antigua[25] Campbell Soup Company, la empresa perdía dinero y ánimos a raudales. Era la empresa alimentaria con el peor rendimiento del mundo. Sus líneas principales estaban pasando por muchas dificultades, incluidas sus famosísimas sopas de tomate y de fideos con pollo. Tras un sondeo de la empresa, Gallup descubrió que un 62 % de los gerentes de la compañía no estaban activamente involucrados en sus trabajos y que otro 12 % estaba activamente desvinculado. Estas cifras eran las peores que Gallup había visto jamás en una empresa dentro de la lista Fortune 500.

Para 2009, la situación había cambiado por completo. Se habían sustituido a casi todos los antiguos gerentes; la mitad de los nuevos líderes eran contrataciones internas, cosa que levantó tremendamente los ánimos. El criterio más esencial para los nuevos líderes era que supieran ganarse la confianza de las personas de su alrededor. A medida que esta confianza aumentaba, también lo hacían los ingresos, lo que a su vez incrementó los beneficios por acción, con lo que la empresa se colocó casi en la cúspide del sector alimentario. En 2009, Campbell ya superaba el índice S&P 500 y el índice alimentario de S&P. Un 68 % de todos los empleados de Campbell afirmaron estar activamente vinculados y solo un 3 % dijeron sentirse activamente desvinculados. Esto supone una tasa de vinculación de 23 a 1; Gallup considera que, para que la vinculación en una empresa sea de primera categoría, la tasa debe ser de por lo menos 12 a 1. Fue una historia de cambio radical que escapa a la imaginación.

Aun así, la receta es simple. Conant decidió que lo más importante eran las personas. «Una de las primeras cosas que hice», explicó Conant a *Forbes*, «fue dejar claro que entendía que Campbell [...] necesitaba demostrar su compromiso con su gente antes de poder pedirles un compromiso extraordinario con la empresa y con su éxito».[26] Conant se regía por su máxima: «Para triunfar en el mercado, antes debes triunfar en el lugar de trabajo».[27]

Para Conant fue una prioridad demostrarles a sus empleados que eran importantes para él y exigió que todos los gerentes de la empresa hicieran lo mismo. Demostró su preocupación por los demás convirtiéndose él mismo en ejemplo. Siempre se interesaba por todos sus trabajadores. En la cafetería de los empleados, donde él comía a menudo para poder estar en contacto con ellos, Conant les preguntaba a los cocineros cómo estaban y cómo estaban sus hijos. Estrechaba las manos de los demás. Rodeaba con el brazo a sus empleados. La compañía parecía más un hogar que una gran empresa (cosa que tenía mucho sentido, ya que la marca estaba muy relacionada con las madres y el hogar). Se sabía el nombre de miles de empleados y les escribió personalmente treinta mil notas de agradecimiento. Se convirtió en mentor de cientos de personas. Enviaba unas veinte notas de agradecimiento al día a personal de todos los niveles. «Y cada seis semanas», afirmó, «comía con un grupo de una docena de empleados para que me dieran su perspectiva sobre la empresa, para abordar los problemas que tuvieran y para que me contaran su opinión».[28]

Doug Conant fue un dirigente que realmente se preocupaba por sus trabajadores en Campbell. Y eso fue lo que lo convirtió en un líder que consiguió que sus empleados se comprometieran.

Capítulo 3
DESORGANIZACIÓN
PARA GANAR, TODOS DEBEN JUGAR PARA EL EQUIPO

«¿Por qué no podemos llevarnos bien? ¿Podemos dejar de hacer que todo sea horrible?».

—Rodney King

Justo acababa de encontrar mi asiento en el avión cuando el elegante hombre de negocios cuarentón, con cara de cansancio, me sonrió tendiéndome su mano rolliza.

—Hola, me llamo Greg.

Era claramente extrovertido. Comercial y exjugador de fútbol americano, supuse. Debía de medir casi metro noventa y pesaba más de cien kilos.

Cuando me subo a un avión lo único que quiero es sumirme en mis pensamientos. Al contrario de lo que podría esperarse de alguien cuyo trabajo es hablar a miles de personas de alrededor de todo el mundo, soy bien introvertido. Rara vez hablo con desconocidos en los aviones (ni en cualquier otro lugar, si puedo evitarlo). Pero Greg el Grande se me había adelantado. Era demasiado tarde como para ponerme los auriculares, no fuera a ser que quedara como un maleducado.

Estreché su mano. Su entusiasmo y calidez eran magnéticos. Me relajé y sonreí.

—Hola, yo me llamo Fred. Encantado de conocerte.

—Hola, Fred. Encantado. —Pulsó el botón para reclinar el asiento y tomó un sorbo de su *bourbon*—. ¿Qué te trae a San Francisco?

—Trabajo. ¿Y a ti?

—Yo vuelvo a casa por Acción de Gracias después de un largo viaje de negocios. Estoy impaciente por ver a mis hijos.

Me tendió su tarjeta. Trabajaba para una gran empresa de *software* con sede en Silicon Valley.

—Vicepresidente de Ventas Globales—observé—. Suena bastante impresionante. ¿Qué quiere decir, en términos de lo que haces?

Greg empezó a enumerar una lista de responsabilidades:

—Soy el encargado del equipo de ventas a clientes globales; gestiono sus interacciones con nuestros clientes en todo el mundo. También estoy al cargo de la formación, las operaciones y la administración.

—Vaya, parece un puesto con mucho trabajo —repuse, empático.

—Sí, muchas cosas a la vez.

Me disculpé por no poder corresponder a su gesto.

—No tengo tarjetas físicas. Trabajo para LinkedIn. Solo conecto por Internet,

—¿Y de qué trabajas?

—Soy oncólogo organizacional.

(Sobresaltar a las personas que se ponen a hablar conmigo me produce una perversa fascinación).

—¿Y qué quiere decir eso? ¿Eres doctor?

—Solo en economía.

Greg sonrió.

—Qué descripción de trabajo más rara. ¿Qué quiere decir eso de «oncólogo organizacional»?

—Pues que estudio por qué las organizaciones mueren y qué pueden hacer los líderes para evitar que eso pase.

Tomó un sorbo de su bebida, pensativo.

—Pues dígame, doctor, ¿de qué se mueren?

—Las organizaciones jóvenes pueden morir por muchos motivos —repuse—, pero las organizaciones que desaparecen tras tener éxito mueren por una enfermedad parecida al cáncer; yo la denomino «desorganización». Hay entidades dentro de ellas que actúan como tumores. Estas entidades intentan capturar cada vez más energía, cada vez más recursos y cada vez más poder a expensas del resto del sistema. Estos cuerpos malignos se convierten en parásitos y acaban por matar al anfitrión.

—Vaya —exclamó Greg—, nunca había oído hablar de algo así.

—Pues te puedo garantizar que esos tumores están repartidos por toda tu empresa.

—¿Y cómo es que nadie los ve?

—Todo el mundo los ve. Si te digo qué son, los reconocerás al momento.

—Pues, por favor, dímelo. ¿Qué son?

—Las personas. Tú, tus empleados, tus compañeros, tu jefe, sus compañeros... Cualquier miembro de la organización con interés propio puede convertirse en una célula maligna si el sistema inmunitario de la empresa no consigue mantenerlos a raya. Y cuando estas células codiciosas se amontonan en un departamento, una función, una división o cualquier subsistema de la organización, pueden acabar siendo letales.

Greg rio.

—¿Dónde me has dicho que te sacaste el doctorado?

—No te lo he dicho. Pero ya que me lo preguntas, fue en Berkeley.

—Ah, sí, los locos esos de Berkeley. Eso lo explica todo. Y ¿cuándo empezaste a ir *tú* por el mal camino?

—Al principio la gente suele pensar que soy un poco raro, lo admito. Aun así, las personas que me dan la oportunidad de explicarme mejor acaban cambiando de idea. O bien tengo algo interesante que ofrecer o soy un estafador de categoría. —Le dediqué mi mejor sonrisa de embaucador de pacotilla—. Durante veintiséis años he conseguido engatusar a muchas personas bastante inteligentes, incluidos a premios Nobel de economía y ejecutivos sénior de empresas como la tuya.

—Ahora que lo dices, creo que hay algunas «entidades» en mi organización que encajan con tu descripción. ¡Y me están matando!

—Terminó su bebida—. Quizá este vuelo será mucho más interesante que mis viajes normales —dijo, y añadió bromeando—: ¿Y si te doy una oportunidad para que me engatuses?

El auxiliar de vuelo vino a recoger nuestros vasos y le pidió a Greg que guardara su bandeja antes del despegue. Yo murmuré entre dientes una frase de la película *Matrix*. (Siempre he creído que soy un poco como Morfeo).

—Ponte el cinturón Dorothy, porque Kansas va a desaparecer.

Me giré para mirar por la ventana.

—Me encanta esto de que la ciudad vaya cambiando a medida que nos elevamos —le dije a Greg—. Cuando lo ves desde el suelo, todo parece un desorden, pero empiezan a aparecer patrones geométricos preciosos cuando miras desde arriba. Me imagino que es por eso mismo que me encanta la teoría económica de la organización.

AYUDAR AL EQUIPO A GANAR

—Bueno, este principio ha sido un poco accidentado —comentó Greg mientras despegábamos.

—Pues a mí el despegue me ha parecido muy tranquilo.

—Me refiero a nuestra conversación. Estas conversaciones no suelen empezar así.

Estaba claro que yo no era su primera víctima (perdón, interlocutor) en este tipo de interacción.

—Bueno, normalmente no hablo con desconocidos sobre lo que hago. Mis ideas son demasiado poco convencionales para la mayoría de las personas. Mi experiencia es que solo estamos dispuestos a revisitar nuestros modelos mentales cuando nos enfrentamos a un desafío significativo. Para ahorrarnos a ambos un viaje incómodo, Greg, déjame preguntarte una cosa para empezar: ¿te estás enfrentando a algún desafío significativo en el trabajo?

Me miró con fijeza.

—¿Qué pasa, también sabes leer la mente?

—Quizá —repuse—. ¿Qué es lo que te ocurre?

Greg soltó un largo suspiro.

—Nuestro Departamento Legal nos ha pedido que modifiquemos un contrato que estábamos a punto de firmar con nuestro mayor cliente, pero el cliente no ha aceptado los cambios. He podido calmar un poco las cosas, pero no he podido resolver el problema. El cliente no quiere firmar, y si perdemos esta venta nunca llegaremos a la cuota que teníamos marcada. Solo queda un mes para terminar el año. Muchos de mis trabajadores no llegarán a su cuota de ventas y perderán su bonificación. Esto, desde luego, no los pondrá contentos ni más dispuestos a seguir rechazando las llamadas de los reclutadores que no paran de intentar robármelos. Todo por culpa de esos abogados; el negocio les importa un bledo y solo quieren cubrirse las espaldas con cláusulas estúpidas que ningún cliente con dos dedos de frente aceptaría.

—Parece que te enfrentas a un desafío serio, Greg. Si estás dispuesto a pensar de una forma completamente distinta, quizá puedo ayudarte a encontrar un modo de enfrentarlo.

—¿Qué crees que debería hacer?

—Pues no lo sé. Pero tal vez puedo ayudarte a entender qué pasa, para que tú decidas qué hacer. ¿Te parece?

—Venga, dispara.

—Vale, déjame preguntarte una cosa, Greg. ¿Cuál es tu trabajo?

—Ya te lo he dicho, soy vicepresidente de Ventas Globales.

—Ya, ya te he oído antes. Pero ese no es tu trabajo de verdad.

A continuación ayudé a Greg a entender cuál es su trabajo de verdad (y el trabajo real de cualquier persona en una empresa): ayudar al equipo a ganar.

Vi que Greg empezaba a entender el concepto. Tras una pausa reflexiva, anunció:

—Mi trabajo es ayudar a mi empresa a ganar. Pero a mí me pagan por vender. Mis indicadores clave de rendimiento se basan en ventas y ganancias.

—No estás solo, Greg. A la mayoría de las personas se les paga para que desempeñen su función, no para ayudar a su empresa a ganar. Es como si, en vez de usar los sistemas de incentivos para luchar contra los tumores, las empresas decidieran alimentarlos. Y ese es el motivo por el que tantas mueren de cáncer.

HACER TU TRABAJO PUEDE SER PELIGROSO PARA TU CARRERA

El auxiliar de vuelo nos trajo la comida. Cuando Greg se disponía a atacar su bistec le deseé, en español, «¡*Buen provecho!*».

—¿Qué quiere decir eso?

—*Buen provecho*, en español, quiere decir «que puedas aprovechar algo». Es un deseo de que puedas sacar un beneficio de la comida.

—*Gracias, amigo* —repuso él en español.

—Bueno, para continuar con nuestra conversación —proseguí yo, de nuevo en inglés—, imagina que en un equipo de fútbol las perspectivas profesionales y la compensación quedan determinadas por los KPI. El KPI «obvio» de un defensa sería el de los goles que permite que marque el adversario; cuantos más, peor. El KPI de un delantero sería el de los goles marcados; cuantos más, mejor. ¿Sí?

—Sí —aceptó Greg.

—Si fueras un defensa, ¿preferirías ganar cinco a cuatro o perder uno a cero?

—A ver, diría que es mejor ganar cinco a cuatro, pero estoy seguro de que volverá a ser la respuesta incorrecta, ¿a que sí, profesor? —respondió.

—Piénsalo así —propuse—. Si fueras un defensa al que lo evalúan y compensan por el KPI del mínimo de goles permitidos, ¿preferirías ganar cinco a cuatro o perder uno a cero?

—¡Vaya!

Claramente, Greg empezaba a entender lo profunda que era el agujero del conejo.

—Y si fueras un delantero al que evalúan y compensan por el KPI del máximo de goles marcados —continué—, ¿qué te sería mejor? ¿Ganar cinco a cuatro o perder uno a cero?

—¡Pues vaya! —repitió Greg, hundiéndose en el asiento—. ¿Y dónde está el truco?

—Mucho me temo que no es ningún truco. Es una trampa. En el ejemplo más simple, con solo dos subequipos y unos KPI totalmente intuitivos, puedo encontrar situaciones en las que cada jugador prefiere que su equipo pierda.

—A ver, Fred, hay una cosa que no entiendo —dijo Greg—. Para ganar un partido de fútbol, tienes que marcar más que el otro equipo, así que la defensa debe intentar evitar goles y los delanteros deben intentar marcarlos. Si todo el mundo da lo mejor de sí, entonces el equipo debería funcionar a su máximo rendimiento, ¿no?

—No, te equivocas. Para poder optimizar un sistema complejo, debes suboptimizar sus subsistemas. Si optimizas cualquier subsistema, suboptimizarás el sistema.

—Ay, por favor —suspiró Greg—. ¿Qué es eso, un trabalenguas de economía?

—No, Greg. Esto significa que, cuando todo el mundo rinde al máximo para su puesto, el equipo no rinde al máximo para su objetivo global. Para ganar, todo el mundo debe jugar para el equipo. Los miembros del equipo deben subordinar sus objetivos individuales al objetivo del equipo. Habrá ocasiones en las que el jugador no debe hacer lo mejor para su posición, lo que implica que sus KPI se verán afectados negativamente. Y eso, a su vez, también impactará en su compensación y oportunidades laborales.

—¿O sea que castigarías a la gente por hacer lo correcto?

—No, yo no, pero tu empresa y todas las demás sí que lo hacen, porque se fijan solo en los números. Es por eso que digo que hacer tu trabajo puede ser peligroso para tu carrera.

Greg se quedó meditando en esa frase.

—«Hacer tu trabajo puede ser peligroso para tu carrera». ¿Qué quieres decir con eso?

—Imagínate una situación donde el equipo va perdiendo uno a cero. Imagínate que los defensas pudieran pasar a la ofensiva con una posibilidad del 50 % de marcar. Es una estrategia arriesgada. Imagina, además, que las posibilidades de que el otro equipo marque a la contraofensiva también son del 50 %. Para el equipo, perder uno a cero o dos a cero supone exactamente lo mismo; pierden igual.

Saqué una libreta y un lápiz y los dejé sobre la bandeja, al lado de su plato ya vacío.

—Vamos a decir que perder vale cero puntos y que empatar es un punto —dije, garrapateando una fórmula sobre el papel—. La recompensa esperada del equipo al enviar a la defensa al ataque es de $1/2(1) + 1/2(0) = 1/2$. Pero los defensas cuentan con un sistema de incentivos distinto. Para ellos, los goles marcados no importan. Recuerda que su KPI está relacionado inversamente con los goles que les marcan, así que los goles marcados solo suponen una ventaja para los delanteros. Imagina que cada gol que le marcan al equipo vale -1 para el jugador. Así que la recompensa, para los defensas, es $1/2(0) + 1/2(-1) = -1/2$. Para los defensas, atacar supone todo riesgo y ninguna recompensa.

—Vaya, nunca lo había visto así —dijo Greg—. No es un buen trato. Siempre había pensado que, sencillamente, algunos jugadores eran egoístas.

—Y puede que lo sean. Pero incluso si no es así, los KPI tradicionales los animarán a comportarse de ese modo.

—¿Las comisiones de ventas animan a los comerciales a actuar de forma egoísta?

—Pues sí. Me imagino que tu empresa paga comisiones por los ingresos de ventas. Entonces, los comerciales tienen un incentivo para vender los productos más caros y de mayor precio en vez de los más económicos (que pueden tener un margen de beneficio más grande), o los que son más adecuados para el cliente. Si se centran en los que generan más dinero para ellos, producirán menos ganancias para la empresa e, incluso, puede que acaben por irritar a los clientes por insistir demasiado en un producto que no pueden utilizar del todo. Por otro lado, si se centran en los productos que tienen más sentido para la empresa y el cliente, ellos ganarán menos dinero.

—Es como si premiáramos a las personas por hacer lo incorrecto y las castigáramos por hacer lo correcto, ¿no?

—¡Bingo! —exclamé.

Greg parecía complacido con la explicación.

—Así que si una empresa fuera un equipo de fútbol —continué—, el Departamento de Ventas serían los delanteros y el de Producción, los defensas. Ganar sería maximizar los beneficios, que es lo que sucede cuando maximizamos los ingresos y minimizamos los costos. Así que los KPI «obvios» para Ventas estarían centrados en los ingresos y los de Producción estarían centrados en los costos. ¿Tiene sentido lo que digo?

—Por supuesto. Eso lo aprendí en la clase de economía del Máster en Administración y Dirección de Empresas.

—Pues seguramente tu profesor era un economista de pacotilla.

—¿Por qué? —inquirió Greg.

—Porque, como acabamos de ver con el ejemplo de fútbol —le expliqué—, no puedes limitarte a dividir el equipo (que es un sistema complejo) en dos subequipos y simplemente sumar sus resultados. Si lo haces, incentivarás a cada subequipo a optimizar su rendimiento y suboptimizarás el rendimiento del equipo.

—¿Estás diciendo que mi equipo de Ventas no debería recibir comisiones por sus ventas?

—Yo todavía no estoy diciendo nada, excepto que las comisiones de ventas tienen un lado oscuro.

—A no ser que gracias a ellas ganes un montón de dinero. A mí me ha ido bastante bien con eso —afirmó, sonriendo, Greg.

—Estoy seguro de que a ti te ha ido muy bien, pero eso no significa que le haya ido bien a tu compañía. Déjame ponerte otro ejemplo. Dime el nombre de dos de tus comerciales.

—Phil —respondió Greg—. Y Rachel. Son superestrellas.

—Imagínate que Phil lleva varios meses trabajando en una cuenta. De repente, descubre que una persona que puede influir muchísimo sobre la decisión de compra del cliente había ido a la universidad con Rachel. Phil sabe que Rachel tendría más posibilidades de cerrar la venta. Pero si Rachel cierra el trato, también es ella quien se lleva la comisión y las felicitaciones de todo el mundo, mientras que Phil se lleva cero. Nada. Si Phil quiere cumplir con su cuota personal de ventas y llevarse la comisión, seguirá intentando hacer la venta él mismo, con menos posibilidades que Rachel.

Greg sonrió.

—Me parece extremadamente probable.

—Así que ya lo ves, Greg: en vez de luchar contra los tumores, tu empresa los alimenta. Como pasa en el resto del mundo empresarial.

A medida que los pasajeros terminaban de cenar, los auxiliares de vuelo iban pasando por el pasillo con una bandeja llena de helados de nata con fruta, nueces y sirope de chocolate. Rechacé el postre educadamente. Greg eligió el más grande, con una galleta de chocolate en el lateral.

EL DILEMA DE LA CONTRIBUCIÓN

—Debería haberme saltado el postre —dijo Greg, lamentándose—. Ya no quemo calorías como cuando tenía veinticinco años; se me empiezan a acumular algunos kilos.

—Bueno, lo que sabe bien no siempre hace bien, y lo que hace bien no siempre sabe bien. Por eso tenemos que comer con la mente en vez de con la boca.

—Es más fácil decirlo que hacerlo, señor gurú. ¿También eres un obseso de la salud?

—Bueno, intento comer con conciencia —repliqué—. Cuido lo que como porque quiero vivir una vida larga y saludable—aunque sea un poco menos "sabrosa". Las organizaciones también se ponen enfermas. Mueren de desorganización porque sus empleados hacen lo que es dulce para ellos a nivel personal en vez de lo que es bueno para la empresa.

—¡Amén! —exclamó Greg—. A mí me están matando estos burócratas; la empresa les importa un comino.

—¿Te refieres a los burócratas del Departamento Legal?

—Esos tíos no tienen ni idea de cómo son los negocios. Cada vez que hacemos una venta nos retrasan los contratos meses y meses. Insisten en decirnos todas las cosas que no podemos ofrecer, pedir o prometer. Y encima quieren que los clientes acepten estas cláusulas draconianas. Ya es un milagro que nos firmen algún contrato, pero esta vez se han superado a sí mismos. Están a punto de cargarse este trato del todo y empujar al cliente a los brazos de la competencia.

—Supongo que el Departamento Legal se encarga de minimizar los riesgos legales, así que están intentando asegurarse de que nada pueda ir mal —aventuré—. Por desgracia, al centrarse tanto en eso, acaban también asegurando de nada pueda ir bien.

—Exactamente, Fred.

—Pero eso solo es una parte de la historia, Greg. Desde su punto de vista, lo que ellos ven es que, con las ganas que ustedes tienen de cerrar la venta, ignoran riesgos legales que podrían hacerle daño a la empresa.

—Entonces, ¿quién tiene razón?

—Ninguno de los dos. El objetivo no es ni minimizar los riesgos ni maximizar las ventas. El objetivo es ayudar a la empresa a ganar. Lo que significa ayudarla a cumplir con su misión de forma ética y sostenible, aumentando su valor económico a la vez que beneficia a las partes interesadas.

—Pero no hay KPI para eso.

—Es por eso por lo que tienen estas disputas constantes entre distintas partes del mismo equipo. Los KPI y los incentivos locales animan a las personas a no considerar a los demás como compañeros de equipo. La solución obvia sería compensar a cada empleado según su contribución al objetivo global de la empresa.

—¿Quieres decir que a los empleados habría que evaluarlos no por cómo hacen su trabajo, sino por cuánto aportan al equipo? ¿Y cómo puede hacerse algo así? —preguntó Greg.

—¿Has visto la película *Moneyball: Rompiendo las reglas*?

—¡Sí! Me encanta esa película. La usamos para explicarles a los clientes cómo pueden aprovechar el "*big data*".

—Pues es un buen ejemplo de cómo puedes medir la contribución de cada jugador al objetivo del equipo. En la película, el genio precoz de Yale descubre que los jugadores de béisbol más caros no son los que más ayudan al equipo a ganar. Y que algunos jugadores que no valen tanto dinero aportan mucho más al equipo. Así que el mánager de los Oakland A's vende los jugadores más caros y menos valiosos y compra jugadores menos caros pero más valiosos.

—Sí, exacto —Greg asintió—. Tuvo que aguantar el chaparrón por haber tomado esa decisión, pero al final los A's ganaron el campeonato de su división y, además, con el presupuesto más bajo de toda la liga.

—El valor real de un jugador no se mide por sus KPIs sino por su contribución a la hora de ayudar al equipo a ganar.

—Quizá esto pueda ser posible en el béisbol, Fred, pero ¿cómo haces eso para una empresa? Es imposible ver qué hace la gente y cuáles son sus datos estadísticos con tanta precisión.

—Tienes razón, Greg. Y ese es el motivo por el que las bonificaciones suelen depender de algún tipo de combinación de rendimiento local y global.

—En mi empresa —me explicó— tenemos un sistema mixto como este para los gerentes y ejecutivos. Parte de nuestra compensación variable depende del rendimiento de nuestro departamento, para animarnos a esforzarnos, y la otra parte depende de los resultados de la empresa, para promover la colaboración con personas de otros departamentos.

—¿Y qué tal les va con ese método?

—Bueno, parece que da en el clavo. Todos queremos llegar a nuestros objetivos, pero también queremos que la empresa consiga los suyos.

—Pero, Greg, ¿funciona?

—¿Tú crees que no? —repuso, algo resentido—. ¿Y tú qué sabes? No trabajas para nosotros.

—No se moleste, señor; soy su doctor —bromeé, intentado suavizar la situación—. ¿Cuál dirías que es el impacto de tu trabajo personal en los resultados globales de tu empresa?

—Pues no tengo ni idea. Hay tantas cosas que influyen sobre esos resultados que es difícil saber cuál es mi contribución personal.

—¿Podríamos decir que es bastante pequeña en comparación con los resultados totales de la empresa?

—Bueno, no es grato para mi ego, pero sí.

—¿Y cuál dirías que es el efecto de tu trabajo personal sobre tus KPIs?

—Pues mucho mayor.

—Antes has dicho que tu bonificación se basa en un 50 % en los resultados globales y en un 50 % en tus KPIs, ¿verdad?

—Sí.

—Así que, ¿dónde centrarías tus esfuerzos para maximizar tu recompensa? ¿En intentar mover mínimamente la aguja de los resultados globales o en mejorar al máximo tus KPIs?

Greg reflexionó unos instantes.

—En mis KPIs —respondió.

—¡Por supuesto! Fíjate en que hemos vuelto al esquema de incentivos individuales. Tu esfuerzo casi no tiene impacto en el 50 % de los resultados globales; pero sí lo tiene en el 50% de tus resultados individuales. (Los economistas diríamos que el impacto marginal de tu esfuerzo es infinitamente mayor en tus resultados personales que los resultados globales). Por eso, si sacas tus esfuerzos de tus resultados individuales para dedicarlos a los resultados globales, eso hará que las cosas vayan a peor para ti en relación con tus incentivos.

Greg frunció el ceño.

—¿Y eso por qué? Entiendo que centrarme en mis KPI puede que no sea lo mejor para el equipo, pero seguiría siendo lo mejor para mi puesto de trabajo.

—Claro, pero entonces estás menos motivado. Por un lado, solo has ganado un 50 % del incentivo que habrías recibido si hubiera sido un esquema puro, no mixto. Por el otro lado, dependes de muchísimas cosas que escapan a tu control para recibir el 50 % restante. Eso crea inestabilidad, especialmente en el caso de factores externos como una recesión o si las cosas se tuercen con un cliente importante de otro área. Y además se generan conflictos con otras partes de la organización.

—Sí, lo explicas perfectamente —aceptó Greg—. Hubo mucho jaleo el año pasado cuando los encargados de producto y los ingenieros se echaron la culpa entre sí por los retrasos en los lanzamientos. Ninguno de los dos recibió las bonificaciones que esperaban porque se empezaron a poner palos en las ruedas los unos a los otros. ¡Y tendrías que haber visto los correos electrónicos incendiarios que intercambiaron entre Ventas y Atención al cliente hablando de lo irritados que estaban los clientes por insistirles en productos que no necesitaban!

—¿Preferirías un esquema mixto de cincuenta-cincuenta o un esquema puro de cien-cero?

—Supongo que el de cien-cero. Pero ¿qué pasaría si cambiáramos los porcentajes para hacer que la gente se centrara más en el resultado global? ¿Qué pasa si lo hacemos cero-cien? Al fin y al cabo, queremos que todo el mundo juegue para el equipo, ¿no?

Mientras los auxiliares de vuelo se acercaban a recoger nuestras bandejas, Greg hizo ver que buscaba su cartera.

—Te invito a la cena, Fred —dijo, en broma—. Y por cierto, cada minuto que pasa me pareces menos raro.

—Gracias, Greg, pero solo estamos a mitad del viaje. ¿Por qué no pagamos a medias?

PAGAR A MEDIAS

—Tu idea de hacer que la gente se centre en los resultados globales a través de incentivos colectivos para todo el equipo no es mala, pero me temo que es mejor que te quedes con el loco conocido —comenté—. Te diré por qué. ¿Alguna vez has ido a un restaurante con un grupo de personas y alguien propone dividir la cuenta por partes iguales?

—Sí. Mi mujer y yo probamos eso hace varias semanas con nuestros vecinos. Lo dijimos para que las cosas fueran menos incómodas, pero ellos acabaron pagando más porque solo pidieron sopa y ensalada. Anne pidió pescado y vino blanco, y yo me comí un filete y me tomé un par de cervezas. Así que igualmente acabó siendo una situación incómoda.

—A los propietarios de los restaurantes les encanta que la gente divida la cuenta igualitariamente.

—¿Por qué?

—Porque así todos gastan más de lo que habrían pagado por separado. Si vas con otras nueve personas, cada uno de ustedes solo paga una décima parte de lo que pide. Las otras nueve partes salen de los bolsillos de sus amigos. Si pides un bistec con cerveza y postre, ellos pagarán nueve décimas partes.

—Sí —respondió Greg—. Como he dicho antes, es incómodo.

—Y esto crea lo que los economistas denominamos un «riesgo moral» —expliqué—. Hay un riesgo moral cuando una de las partes del contrato cuenta con un incentivo, después de firmar el acuerdo, para actuar de una forma que lo beneficie a él a expensas de los demás. Por ejemplo, los subsidios para seguros contra inundaciones animan a la gente a construir en áreas con tendencia a inundarse que seguramente evitarían si no contaran con ese seguro. O los rescates financieros animan a los bancos a participar en operaciones con riesgos que evitarían si no existieran tales rescates. El riesgo moral incentiva a los individuos a hacer lo incorrecto porque pueden descargar los costos y riesgos de sus acciones en los demás.

—Pero hay un fallo en tu historia. A mí me supo muy mal que los vecinos tuvieran que pagar más de lo que habían gastado, así que insistí en que cada uno se pagara su cena. Tengo mis escrúpulos, ¿sabes?

—Pero otros no —repliqué, sonriendo con satisfacción—.[1] Y eso es lo único importante aquí.

—¿Qué quieres decir?

—Pongamos que tú, Greg el escrupuloso, pides lo más barato del menú, pero tus compañeros, sin tantos escrúpulos, piden lo más caro. ¿Cómo te sentirías?

—Nunca más saldría a cenar con ellos.

—¿Y qué pasaría si no hubiera más remedio? ¿Qué harías la próxima vez?

—Pues no sería el imbécil que paga la cena a los demás otra vez —afirmó Greg—. Me pediría cosas caras, ya que lo demás seguramente también lo volverían a hacer.

—¡Exacto! Todos se lanzan a pedir el plato de más precio.

Greg parecía avergonzado.

—Pero ¿qué relación tiene esto con las bonificaciones y el cáncer organizacional?

—Pagar a medias —repliqué— no es una mala analogía para un sistema donde a todos los jugadores se les paga si el equipo gana, o si todos los comerciales reciben comisiones equivalentes, o si a todos los empleados de una empresa se les paga un porcentaje igual de un fondo de incentivos globales.

—¿Y por qué?

—Porque protege a las personas de las consecuencias de sus actos. En el caso de la factura del restaurante, es el costo de sus pedidos. En el caso de las comisiones, son las ventajas de sus esfuerzos. En el caso hipotético de Phil y Rachel, ¿qué pasaba?

—Que Phil quería hacer la venta para llevarse él la comisión, a pesar de que «pasarle la pelota» a Rachel tuviera mayor posibilidad de éxito —repuso Greg.

—Y aquí está la cosa —dije—. Si invertimos el incentivo y hacemos que pase de ser individual a ser colectivo, todo se va al extremo opuesto. Si Phil y Rachel reciben la misma comisión independientemente de quién haga la venta, cada uno de ellos preferirá dejar que sea el otro quien haga el esfuerzo. Todo el mundo tendrá un incentivo para dejar que otra persona haga el esfuerzo, ya que estará cargando él solo con los costos pero todo el mundo cosechará los beneficios.

—¡Es un sistema terrible!

—Y es por eso por lo que las empresas tienden a no usar incentivos colectivos en cuanto se convierten en algo más que una *start-up* de entresuelo, donde un grupo diminuto de personas puede observar el comportamiento de los demás. El riesgo moral es una letal por si mismo. Pero aún peor cuando lo combinas con la selección adversa.

EL PAGO PROMEDIO QUITA A LOS MEJORES DEL MEDIO

—¿Y qué es la selección adversa? —preguntó Greg.

—Imagínate que eres el mejor vendedor del mundo, Greg. Eres tan, tan bueno que puedes vender aires acondicionados en el Polo Norte.

¿Preferirías que te pagaran comisiones directas o recibir la comisión promedio del fondo de ventas?

—¡La comisión directa, por supuesto! Si me llevo la media salgo perdiendo, porque soy el mejor.

—Exacto. Y ahora imagínate que eres el peor vendedor del mundo —le propuse—. No podrías vender ni una calefacción en el Polo Norte. ¿Preferirías que te pagaran comisiones directas o recibir la comisión promedio del fondo de ventas?

—La media; si soy el peor, saldría ganando.

—Pagar una comisión media aleja a los mejores trabajadores. Los vendedores de mejor calidad, que exigen una paga por encima de la media, no se sentirán interesados en el sistema, mientras que los vendedores poco competentes se verán atraídos, con lo que la productividad media de los vendedores de la empresa se verá cada vez menor. Eso es la selección adversa. Cuando lo combinas con el riesgo moral, la empresa acabará en una espiral de la muerte de vendedores de cada vez más baja productividad que hacen solo el mínimo esfuerzo.

Greg asintió.

—Ya lo entiendo.

—En economía —le expliqué— denominamos a esta situación «el problema del polizón». Sin un sistema inmune, un sistema de control e incentivos que los mantenga a raya, los polizones se aprovecharán de los demás para ocultar su falta de talento o de esfuerzo.

—Los incentivos colectivos son incluso peores que los KPIs.

—Son devastadores; ese es el motivo por el que las organizaciones no los usan. Y cuando lo hacen, se meten en problemas graves. Como les pasó a los Peregrinos en la historia real de Acción de Gracias.

—¿Y qué tiene que ver ahora Acción de Gracias excepto por la fecha?

—Acción de Gracias es una advertencia sobre los peligros de los incentivos colectivos —repuse—. Pero muy pocas personas conocen la historia real. ¿Quieres escandalizar a tus amigos y familiares cuando los veas este jueves?

—Por favor, gurú Fred, ilumina mi ignorancia.

—En diciembre de 1620 —le expliqué—, los Peregrinos llegaron a Plymouth Rock. Tres años más tarde hicieron un gran festín, donde le dieron las gracias a Dios por ayudarles a superar una hambruna de los años anteriores y darles una cosecha fructífera. ¿Sabes qué provocó esa hambruna anterior y la posterior cosecha fructífera?

—¿El clima?

—No, los incentivos.

—¿Qué quieres decir?

—Al principio, los Peregrinos decidieron abolir la propiedad privada, que creían que era la causa de la avaricia y el egoísmo. En vez de ella, establecieron un sistema colectivista en el que todo el trabajo debía hacerse en común y las recompensas de los esfuerzos colectivos se dividían entre todos. Esperaban que este sistema los llevara a la prosperidad y el amor fraternal.

—¿Y no funcionó?

—El experimento fracasó catastróficamente, como todos los experimentos en colectivismo donde no hay ninguna conexión entre esfuerzo y recompensa. —Abrí mi computadora e hice clic en un documento llamado «El gran engaño de Acción de Gracias»—.[2] Esto produjo vagancia, envidias y pobreza. De hecho, la mayoría de ellos murieron. A nadie le gustaba tener que trabajar para los demás, así que nadie trabajaba demasiado. Durante dos años, la cosecha no fue suficiente para alimentarlos a todos. Más de la mitad murieron de hambre.

—La hambruna no fue un acto de Dios.

—No, fue un acto de estupidez humana. Pero al verse ante el desastre, los Peregrinos recobraron la razón. Los líderes decidieron dividir los campos y dieron a cada familia una parcela para cultivar. Los dueños podían quedarse con todo el producto que no usaran para su propio consumo e intercambiarlo con sus vecinos.

—¿Y así se resolvió el problema?

—Sí. En vez de vagancia, envidia y resentimiento, empezaron a ver cómo la productividad subía como la espuma. Tuvieron una producción tan grande que no solo pudieron hacer trueques entre sí, sino también con los nativos americanos de alrededor.

—Nunca había oído esa parte de la historia.

—Pues ahora ya puedes contársela a tu familia este jueves, mientras celebras los incentivos individuales.

«Damas y caballeros, empieza nuestro descenso al área de la bahía de San Francisco. Aterrizaremos en veinticinco minutos. Por favor, vuelvan a sus asientos...».

—No me puedo creer que ya casi hayamos llegado —exclamó Greg.

Sonreí.

—El tiempo vuela cuando vas bien acompañado.

—Pero me has prometido que habría una luz al final del túnel. Espero que no sea la de un camión que se me viene encima.

—No temas, el doctor Fred te sacará de problemas.

—Pues, doctor, su diagnóstico es deprimente —farfulló Greg—. Mi empresa tiene una enfermedad que es como un cáncer porque ninguno de nosotros trabaja en armonía por el bien común. Todo el mundo se comporta de forma egoísta, así que nos convertimos en células malignas que chupan los recursos y hacen que la empresa empeore. Y todo por culpa de los KPIs. No podemos jugar para el bien del equipo y, si intentamos cambiar la situación dándole a todo el mundo los mismos incentivos, las cosas solo irán a peor.

—Correcto —respondí.

—Cruzo los dedos para que me puedas recetar un remedio.

—La desorganización no es el tipo de enfermedad que puede curarse con una pastilla —expliqué—. No puedes solucionar el problema de los incentivos. Solo puedes administrarlo mejor o peor. El tratamiento requiere cambios de comportamiento en los líderes. Si tienes un tumor en el cuerpo, tienes que cambiar tu dieta y adoptar hábitos saludables para tener más posibilidades de vencer al cáncer. Si hay un tumor en el cuerpo de tu empresa, tienes que adoptar hábitos saludables como un propósito en común, unas estrategias claras, unas relaciones interpersonales fuertes y unos empleados comprometidos. Si tú y el resto de los líderes van tomando decisiones sanas a lo largo del tiempo, reducirán los riesgos y cada vez se les hará más fácil reconocer los primeros indicios de un tumor y tomar acciones para erradicarlo.

—Haces que parezca muy simple, como un plan en un libro de dieta. Pero si leer libros de dietas fuera suficiente para perder peso, yo sería ligero como una pluma.

—Es simple de comprender, Greg, pero no fácil de hacer. De hecho, es bastante difícil. Pero es posible. Y la buena noticia es que, para ganar, no tienes que hacerlo a la perfección. Solo tienes que hacerlo mejor que tus competidores. Te garantizo que cada competidor al que se enfrente tu empresa tiene exactamente los mismos problemas. Así que el objetivo es manejar los problemas de los incentivos de un modo más efectivo que ellos.

—¿Y cómo hacemos eso?

—Es una pregunta excelente con una respuesta muy larga. Me temo que, a no ser que quieras pasar unas cuantas horas más en el avión, solo puedo hacerte una descripción general aquí, y luego mandarte un libro que estoy escribiendo al respecto.

—Vale.

—Tienes que convertir tu organización mercenaria en una organización "misionaria". Tienes que ganarte el compromiso interno de tus empleados de perseguir un objetivo común, dando lo mejor de sí mismos porque quieren hacerlo, porque les parece que tiene un valor intrínseco que va más allá de incentivos externos. Esto solo lo puedes conseguir con otro conjunto de incentivos no materiales que hagan que tus trabajadores se sientan orgullosos de perseguir ese propósito elevado, de cumplir con esos principios éticos, de pertenecer a esa comunidad de mentalidades similares, además de ofrecerles una sensación de poder marcar una diferencia en este mundo.

—¿Te refieres a pasar de incentivos monetarios a no materiales? Eso puede estar bien para un voluntariado, pero no me parece a mí que vaya a funcionar en mi empresa. A los comerciales los motivan las comisiones, no el sueño de cambiar el mundo.

—Creo que estás subestimando a tu personal, Greg. Estoy seguro de que, más allá del dinero, les importa el sentido de su trabajo.

Además, quiero aclarar que no me refiero a cambiar un incentivo por otro, sino más bien a complementarlos. No es una cosa o la otra, sino una cosa y la otra. Para correr más rápido que la competencia tienes que usar tus dos piernas, la material y la no material.

—Dime, pues, ¿cómo puedo usar las dos piernas?

—Pronto aterrizaremos —avisé—. Así que voy a romper mi propia norma y te daré un consejo. Aun así, no sé si podrás ponerlo en práctica o no, porque hacen falta ciertas capacidades conversacionales, pero quizá estas ideas pueden ayudarte a tratar con tus compañeros del Departamento Legal. Tienes que reunirte con tu homólogo de ese departamento para poder tener una conversación algo diferente. Esta conversación debería empezar con un acuerdo sobre el resultado que ambos desean conseguir juntos.

—Fred, ¡el problema es que no tenemos un objetivo común! Yo quiero firmar el maldito contrato con el cliente y Mike, ese abogado listillo, quiere evitarlo. ¿Cómo vamos a colaborar si estamos en posiciones completamente opuestas?

—¿Qué pasaría si fueras y le dijeras: «Mike, tengo entendido que ambos queremos ayudar a nuestra empresa a alcanzar sus objetivos de ingresos y ganancias con la mínima exposición a riesgos legales. Creo que tenemos opiniones diferentes sobre la estrategia que nos iría mejor para conseguir eso, pero los dos concordamos en el objetivo que queremos. ¿Estás de acuerdo conmigo?».

—Vaya, ¡qué bien lo has expresado!

—Con un poco de suerte, Mike estará de acuerdo con eso. Pero, aunque no sea así, tendrá que aceptarlo porque, de lo contrario, quedará como un traidor; no solo ante ti, sino ante su superior.

—Ya lo veo.

—Después, pídele que te explique por qué cree que el contrato es demasiado arriesgado tal y como está redactado ahora mismo como para poder justificar los ingresos y las ventajas que implica.

—¡Pero no es así!

—Esa es tu opinión, Greg. Si quieres avanzar, tienes que morderte la lengua y dejar que Mike te exponga sus argumentos.

—Vale. Lo entiendo. Sigue.

—Cuando termine, tendrás que resumir su posición del modo más comprensivo que puedas y reconocer que tiene buenos motivos para estar preocupado por el contrato.

—¡Pero eso no es verdad!

—Greg, déjame hacerte una pregunta: ¿qué tal te va ahora mismo con el modo en que te estás enfrentando a Mike?

—Vale, sí, ya. Me callo.

—Cuando Mike se haya recuperado de la sorpresa de ver que no te comportas con tu malhumor anterior, podrás pedirle permiso para explicarle tu perspectiva a él. Estoy seguro de que querrá escucharte.

—Todavía no hemos llegado a ese punto. De hecho, ni siquiera hemos hablado cara a cara de esto. Por ahora todo ha sido por correo electrónico.

—¿Ves cuán fácil ser mejor que tus competidores? El estándar está muy, muy bajo —reflexioné—. El paso siguiente es explicarle tu razonamiento a Mike, pero sin afirmar que tú tienes la razón. Tienes que presentar tu punto de vista como tu opinión, no como la verdad. La mejor forma de hacer esto es empezar diciendo algo como: «De la forma en que yo veo las cosas (y soy consciente de que es una perspectiva incompleta), la situación es que...».

—Sí, eso puedo hacerlo.

El auxiliar de vuelo se acercó y le recordó a Greg que tenía que recoger su bandeja plegable y enderezar el asiento.

—Perfecto —dije, mientras él apretaba el botón del asiento—. Pruébalo, a ver qué tal te va. Aprendí esta forma de conversar de uno de mis mentores, un profesor de Harvard llamado Chris Argyris. La primera vez que lo vi, en un seminario de posgrado en la Escuela de negocios, dijo que él había trabajado con más de diez mil gerentes y que ni uno solo de ellos había sido capaz de comportarse según lo que él denominaba «Modelo 2», que es el modelo mental del «aprendizaje mutuo». Sin una formación exhaustiva, todos y cada uno de ellos se comportaban según el «Modelo 1», que es el del control unilateral.[3] Tengo que confesar que, en ese momento, pensé que se trataba de una exageración. Pero veinticinco años más tarde, tras haber trabajado yo también con más de diez mil gerentes, debo decir que estoy de acuerdo con Chris. No he encontrado ni a uno solo que pueda hacer las cosas aparentemente simples que llevan a una conversación de aprendizaje mutuo. ¡Pero, oye, quién sabe! ¡Quizá tú seas el primero!

—Me parece una posibilidad bastante pequeña, pero no tengo alternativa. Entonces, después de esto, ¿qué?

—Cuando ambos hayan comprendido los costos y los beneficios relativos de los cursos de acción propuestos, podrán intentar encontrar una forma de atender a todas sus necesidades.

—¿Y qué pasa si no podemos?

—No descartes esta opción tan rápido. Te sorprendería ver lo fácil que puede ser encontrar una estrategia que vele por los intereses de ambos si quieren cooperar. Pero si no es así, te sugiero que propongas lo que yo denomino una «elevación conjunta».

—¿Una qué?

—Una elevación conjunta. Tú le dices algo así: «Mike, esta es una decisión muy complicada que puede tener implicaciones significativas para la empresa. Aprecio mucho tu esfuerzo en negociar una solución a nuestras diferencias, pero parece que no somos capaces de tomar esta decisión nosotros solos. La evaluación final de los riesgos y beneficios relativos queda por encima de nuestro nivel. Alguien tiene que tomar la decisión final y no podemos ser nosotros. Te sugiero que vayamos los dos juntos a ver a...». ¿Cómo se llama tu director ejecutivo?

—John.

—... John, para explicarle cuáles son las opciones e implicaciones. Él es la persona adecuada para tomar esta difícil decisión. No le pediremos que medie ni que resuelva nuestro problema, pero le diremos que estamos a su disposición para darle la información que necesite para decidir qué hacer. Si quiere que pongamos las cláusulas extra en el contrato con el cliente, lo aceptaremos. Pero si él decide que está dispuesto a asumir el riesgo legal de dejar el contrato tal cual está, ¿estarás listo tú para hacer lo mismo?

—Me encanta la idea. Voy a probarlo, a ver qué tal.

—¿Me escribirías a LinkedIn para contarme cómo te va?

—Claro, qué menos.

Y entonces, suavemente, el avión tocó tierra.

Capítulo 4
DESINFORMACIÓN
¿QUÉ ES LO QUE ESTÁ PASANDO EN REALIDAD?

Demasiado a menudo, en las guerras teológicas,
los contendientes (pienso yo)
discuten en la total ignorancia
de lo que el otro quiere decir;
y parlotean acerca de un elefante
¡que ninguno de ellos ha visto!

—*Los ciegos y el elefante*, John Godfrey Saxe

Un rey pidió a seis ciegos que le describieran a un elefante tras palpar distintas partes de su cuerpo. Cada uno de ellos afirmó saber cómo «era» el elefante, pero la descripción de cada uno era distinta. El ciego que tocó la pata dijo que el elefante era como un pilar; el que tocó la cola, como una cuerda; el que tocó la trompa, como la rama de un árbol; el que tocó la oreja, como un abanico; el que tocó la barriga, como un muro; y el que tocó el colmillo, como un tubo sólido. El rey les respondió: «Todos ustedes tienen razón y todos están equivocados. Tienen razón porque cada uno de ustedes ha tocado una parte real del elefante. Y están equivocados porque cada uno de ustedes ha imaginado que el elefante entero era como la parte que ha tocado».

Imagina que la organización es el elefante y cada uno de sus miembros, un ciego que toca una parte y que cree que, a partir de su experiencia, puede describir el todo. Cada persona cree saber mejor que nadie lo que pasa en su entorno inmediato. Y todos tienen razón. Cada persona cree que su conocimiento es suficiente para determinar la situación de la organización entera. Como cree eso, cada uno piensa que puede tomar decisiones sobre cómo debe actuar la organización para acercarse a su objetivo. Y todos están equivocados.

En una organización cuyos miembros están perfectamente alineados, las personas de cada división o departamento, de cada subsistema, se comprometen a optimizar el sistema (para decirlo en términos de economía). Aun así, siguen surgiendo conflictos entre sus miembros. «Alineado» significa que todo el mundo juega para ayudar al equipo a ganar, independientemente de sus indicadores de rendimiento locales. Pero eso no significa que todos estén de acuerdo en cuál es el mejor rumbo o en qué debe hacer cada persona para ayudar a alcanzar el objetivo común. Como cada individuo cuenta con información distinta y hace inferencias diferentes, a menudo estarán en desacuerdo como grupo en las decisiones estratégicas. Lo que es todavía peor, si cada persona asume que tiene razón y que la otra parte está equivocada, los choques irán cada vez en aumento y acabarán por romper la organización.

Yo denomino a este problema «desinformación». La desinformación hace que sea imposible que un individuo trabaje coordinadamente con otros para conseguir el objetivo a gran escala de la organización, incluso si todo el mundo está de acuerdo en cuál es el objetivo. Los problemas de la «desorganización» hacen que los individuos no estén alineados en el objetivo común y que se dediquen a perseguir sus KPI locales; el problema con la «desinformación» es que los individuos están alineados respecto al objetivo principal pero no se ponen de acuerdo en cuál es la mejor estrategia para lograrlo. Esto se debe a que las personas solo pueden ver una fracción del impacto posible de sus acciones en el objetivo global, así que no saben cómo afectarán sus acciones a otras partes de la empresa. Aunque pueden percibir las oportunidades y riesgos que aparecen en su entorno local, no tienen ni idea de las oportunidades y riesgos que hay en otras partes.

Para empeorar las cosas todavía más, la mejor estrategia para la organización en conjunto no suele ser del agrado de nadie. Pensemos en el problema de fijar la temperatura objetivo de un termostato en una habitación donde cada una de las cuatro personas que hay en ella prefiere una temperatura distinta (por ejemplo, 18, 19, 21 y 22 grados centígrados).

La temperatura que maximizaría la comodidad general sería la media, 20 grados centígrados. Pero, en ese punto, nadie está totalmente satisfecho; es muy probable que cada persona quiera regular el termostato para adaptar la temperatura a la que le sea más agradable. Si no se ponen todos de acuerdo en el objetivo y exponen con sinceridad sus preferencias, no serán capaces de tomar una buena decisión colectiva.

La desinformación es un problema serio en sí mismo. Impide la coordinación y la toma de decisiones racionales, y crea conflictos entre individuos incluso cuando están alineados tras un objetivo común. Pero es letal en combinación con la desorganización. Estas dos dinámicas juntas producen un patrón contraproducente e incoherente de comportamiento organizacional. En el mundo real (donde las personas están desalineadas e incluso, motivadas por sus KPIs locales, y privilegian el rendimiento local en sus informes) la desorganización es más que suficiente para socavar una organización. Pero por si esta no termina el trabajo, la desinformación le propinará el golpe de gracia, impidiendo la efectividad, el éxito, la sostenibilidad e incluso la supervivencia de la organización.

UNA LECCIÓN PASADA POR AGUA

Cuando nos centramos solo en nuestro entorno y experiencia inmediatos, perdemos de vista el entorno general y podemos tomar decisiones terribles, poniéndonos en riesgo a nosotros mismos y a los demás. Yo descubrí los peligros de la «visión túnel» mientras buceaba en las Islas Galápagos en busca de tiburones ballena. Casi pagué esa lección con mi vida.

El tiburón ballena es el pez más grande del mundo. (Las ballenas son más grandes, pero son mamíferos, no peces). Puede llegar a medir casi diecisiete metros y pesar hasta veintisiete toneladas. La boca tiene más de un metro ochenta de anchura. Por suerte, este simpático gigante solo come plancton y no tiene dientes. Aun así, puede matarte con un golpe de su potente cola.

LA REVOLUCIÓN DEL SENTIDO

Los buceadores sueñan con ver de cerca a un tiburón ballena, pero como son una especie pelágica (migratoria), nunca puedes estar seguro de encontrarlo en un lugar concreto. Mientras contemplaba las profundidades desde la cubierta del barco de buceo, me pregunté si ese día iba a tener suerte. Pero para poder siquiera ver un atisbo de tiburón ballena, antes tendría que pasar a través de los cientos de tiburones martillo que nadaban en círculos perezosamente bajo el casco. «¡Mmmh! ¡Ya viene el desayuno!», me imaginé que pensaban al verme. «¡Un humano envuelto en neopreno! Nuestro plato favorito». Pero no había hecho el viaje entero hasta las Galápagos para echarme atrás ahora.

—¡Tened cuidado por ahí abajo! —nos dijo el instructor de buceo a mí y a mis seis compañeros, instantes antes de meterse el regulador en la boca y saltar por el lateral del barco. Lo seguimos, adentrándonos en las aguas frías, revueltas e infestadas de tiburones.

Seguí las instrucciones del instructor de buceo, bajando poco a poco, listo para ascender a la menor señal de comportamiento agresivo por parte de los animales. Pero los tiburones martillo reaccionaron con completa indiferencia. Ante sus ojos, lo mismo podríamos haber sido troncos hundiéndonos. Nos ignoraron y siguieron nadando con su elegante y relajado contoneo. Uf, qué alivio.

Unos minutos más tarde, me sobresalté y me puse en guardia tras oír a alguien golpeando su tanque de buceo. Era la señal de que alguno había avistado a un tiburón ballena. Miré a mi alrededor en busca de la enorme silueta, orientándome en dirección al ruido. Y entonces lo vi: una criatura increíble, majestuosa, que cortaba el aliento. Sentí emoción y alivio al ver que el viaje no había sido en vano. Desde lejos, parecía que el tiburón ballena a duras penas se movía, pero en cuanto me acerqué un poco advertí que la enorme criatura estaba alejándose rápidamente de nosotros.

Empecé a patalear con las aletas a toda velocidad, totalmente ajeno a cualquier otra cosa que no fuera ese fascinante animal. No me di cuenta de que estaba dejando a mi compañero de inmersión (buddy) atrás (un pecado mortal entre los submarinistas que supone poner en riesgo la vida de ambas personas). En pocos minutos conseguí llegar justo al lado del tiburón ballena. Me puse debajo de él, me giré boca-rriba y nadé un par metros debajo de su enorme barriga, con los brazos tendidos a los lados. Se me inundaron los ojos de lágrimas. Me encontraba en un estado alterado de conciencia, totalmente conectado a esta forma de vida increíble en su entorno natural.

Mi fascinación con el tiburón ballena se desvaneció cuando caí en la cuenta de que me costaba cada vez más aspirar aire de mi tanque de buceo. Me pregunté qué podía estar pasando. Llevaba menos de treinta minutos bajo el agua, así que me parecía que todavía me debía de quedar mucho aire. Miré el manómetro. Me quedé helado. Me quedaban menos de 100 PSI. Es decir, que el tanque estaba prácticamente vacío.[1] Y lo peor de todo es que estaba completamente solo, sin otros buzos alrededor con los que compartir aire. Respiré los pocos restos de aire que pude sacar de la botella; tenía la sensación de estar succionando un tubo de pasta de dientes desde el interior. «Relájate», me dije, «tienes suficiente como para llegar a la superficie».

En el buceo recreativo, si te quedas dentro de los límites de tiempo y profundidad, puedes salir a la superficie sin tener que detenerte para dejar que se elimine el nitrógeno acumulado en tus tejidos. Si superas esos límites y no te detienes a descomprimir, el nitrógeno condensado en tu cuerpo al respirar a mucha profundidad puede, literalmente, hacerte burbujear la sangre. Esto puede tener consecuencias bastante desagradables, que pueden ir desde dolor en las articulaciones hasta la muerte. Incluso cuando no te sales de los límites, los buceadores recreativos hacen una parada de seguridad de tres minutos a una profundidad de entre cuatro y cinco metros, para permitir que el nitrógeno acumulado salga del cuerpo como precaución extra. Aunque recomiendan encarecidamente que la hagas, esta parada de seguridad no es obligatoria. «Pues parece que ahora voy a descubrir si la parada de seguridad es realmente opcional», pensé lúgubremente. Ascendí tan rápidamente como me atreví, ignorando los pitidos airados de mi ordenador diciéndome que redujera la velocidad e hiciera la parada de seguridad.

Finalmente conseguí llegar a la superficie, me llené los pulmones de aire fresco y me puse el tubo de "snorkel". (El tamaño de las olas me hacía difícil respirar sin él). Miré alrededor y vi que la corriente me había alejado del bote y del grupo. Estaba completamente solo, flotando en una dirección desconocida, entre unas olas que me impedían ver cualquier cosa o que me pudieran ver a mí.

Metí la mano en mi dispositivo de control de flotabilidad (una especie de chaleco inflable) y activé la radiobaliza que me habían dado para usar en caso de emergencia. También inflé mi "salchicha", que es como un globo naranja, grande y alargado que sobresale casi un metro de la superficie, y esperé que alguien del equipo de rescate me encontrara. Tras lo que me parecieron los diez minutos más largos de mi vida, oí el motor de la Zodiac acercándose. Dos miembros de la tripulación me ayudaron a subir a la lancha y volvimos al barco.

El instructor de submarinismo me estaba esperando.

—¿Qué les dije a todos antes de meternos en el agua?

—Que fuéramos con cuidado —respondí, avergonzado—. Y he ido con cuidado. He prestado mucha atención a los tiburones martillo y no he visto que ninguno hiciera movimientos agresivos o repentinos.

—¡No es a los tiburones martillo a los que tienes que prestar atención, zopenco! —me amonestó—. Esos no son peligrosos. Los accidentes pasan cuando la gente está tan enfocada en los tiburones que dejan de prestar atención a su compañero, grupo, aire, profundidad y ubicación. ¡Eres el vivo ejemplo de cómo *no* hay que hacer buceo!

Ese día aprendí una lección muy importante. Estaba tan obsesionado con los tiburones martillo y el tiburón ballena que no le presté atención a la información más vital. Estaba tan cautivado por los riesgos y oportunidades extraordinarios que me olvidé de las precauciones ordinarias, con consecuencias que podrían haber sido fatales.

Hay una máxima que dice: «Lo que te mata no es lo que no sabes, sino lo que crees que sabes pero no es cierto». Yo «sabía» que tenía suficiente oxígeno en la botella, ya que no llevaba más de media hora bajo el agua. Pero lo que creía saber resultó no ser cierto. En mi emoción al ver al tiburón ballena y ponerme a perseguirlo a patada viva, había consumido el aire de mi tanque al doble de velocidad.

Este episodio me hizo ser dolorosamente consciente de lo a menudo que los dirigentes de una empresa se obsesionan tanto con los riesgos y oportunidades que perciben en sus entornos locales que acaban por ignorar información vital sobre otras partes del sistema. Dicho de otro modo: tendemos a dedicar toda nuestra atención a los «tiburones» (los objetos de nuestra aversión o ambición) y nos volvemos ciegos ante la forma en que nuestro comportamiento afecta al resto de la organización.

Esta tendencia a centrarnos en nuestros propios intereses y experiencias crea problemas tremendos. En un sistema complejo y altamente interconectado, el comportamiento de cualquier persona tiene un impacto significativo sobre las demás. Aun así, como la mayoría de nosotros solo tenemos en cuenta las consecuencias a corto plazo de nuestras acciones y no nos paramos a pensar en el impacto global a largo plazo, tomamos decisiones terribles que nos ponen en riesgo, tanto a nosotros como a nuestras organizaciones.

¿QUIÉN TIENE LA RAZÓN?

—¡Así la gente se va a morir! —gritó Bruce, el ingeniero en jefe del vehículo—. ¡Me importan un comino tus cifras de ahorro de combustible! El carro ya es demasiado ligero. Si le quitamos todavía más masa, ¡vamos a acabar construyendo ataúdes motorizados!

Larry, el ejecutivo encargado del cumplimiento regulatorio, sacudió la cabeza enérgicamente.

—Si nuestra flota no cumple con los estándares de consumo de combustible promedio corporativo, las consecuencias serán gravísimas. Puede que a ti las regulaciones no te importen un comino, pero al Gobierno sí.

—Pues vas a tener que buscarte el cumplimiento en otro coche —repuso Bruce—. ¡Este a duras penas podrá aguantar un choque!

—Mira, este vehículo no pasará a producción sin mi autorización. Si no lo haces más ligero, ya puedes irte despidiendo de él...[2]

Escuché sin querer esta discusión en los 90, cuando actuaba como consultor de uno de los principales fabricantes de automóviles. Estaba ayudando a la empresa con los aspectos culturales de lo que ellos denominaban el sistema VLE de ejecutivos de línea de vehículos. Se trataba de un intento de imitar a Toyota en su organización de la producción bajo gerentes de proyecto "peso pesado" (que en Toyota denominaban «shushas»). En Toyota, el *shusha* es el jefe del coche, con lo que él siempre tiene la última palabra respecto al vehículo. Eso le permite equilibrar el peso de los líderes funcionales (o sea, los vicepresidentes sénior) que pretenden optimizar el proceso para cada uno de sus áreas.

Por ejemplo, los departamentos de diseño optimizan para maximizar el «estilo» (elegancia); los de ingeniería, para la tecnología; los de producción, para las horas requeridas por cada vehículo; los de compras, para el costo de materiales... Siguiendo esta idea, los ingenieros de seguridad tienen órdenes de salvar vidas mientras que los ingenieros de economía de consumo se centran en ahorrar combustible.

Para los ingenieros de seguridad, el objetivo es hacer que los coches sean tan resistentes a los choques como sea posible para proteger a sus ocupantes en caso de accidente. Hay ciertas cosas que tienen un impacto relativamente pequeño sobre el resto del vehículo (como, por ejemplo, los cinturones de seguridad). Pero la mayoría de las decisiones afectan significativamente al vehículo entero. Por ejemplo, una forma de hacer que el vehículo sea más seguro es aumentar su masa. Un tanque, para irnos a un extremo, es el vehículo en el que estarás más protegido ante un choque, mientras que en una moto es donde estarás más indefenso.

Pero la masa «sale cara» por muchos motivos. Además de su costo directo, tanto el consumo de combustible del vehículo como sus costos operativos aumentan. También aumenta la polución, lo que puede crear problemas de conformidad regulatoria por los límites de eficiencia en el consumo. Lo que es más, un vehículo más pesado requiere un motor más potente, además de una suspensión más fuerte. Por lo tanto, la conducción será más rígida (debido a una suspensión más dura) o con más sacudidas (debido a una suspensión más blanda). Este peso también hará que el coche tarde más en acelerar y, lo que es quizá más importante, en frenar. Así que incluso aunque la masa extra haga que el vehículo sea más seguro ante un choque, puede que acabe siendo en general menos seguro debido al tiempo y a la distancia añadidos que necesita para frenar.

Tanto Larry como Bruce perseguían objetivos importantes. Bruce quería proteger a los ocupantes del vehículo, y Larry, al medio ambiente. Pero ambos habían llegado a un punto muerto y parecía imposible alcanzar una solución a tiempo. Mientras Larry y Bruce estaban discutiendo qué hacer, la empresa perdía mucho dinero por cada semana que pasaba sin que tomaran una decisión.

COMPLEJIDAD MASIVA

Por supuesto, aquí surge de forma natural una pregunta: ¿no es acaso responsabilidad de los directivos solucionar este tipo de disputas? Al fin y al cabo, su trabajo es procesar toda la información disponible y tomar decisiones objetivas e informadas por el bien del conjunto. Es por eso por lo que tienen la autoridad que tienen y por lo que se les paga tanto dinero.

El problema es que la experiencia de cada «ciego» sobre la parte del «elefante» que está palpando es tan compleja y detallada que es prácticamente imposible describirla con precisión. Una descripción real de la paquidérmica organización tendría que incluir toda la información relevante sobre la empresa en sus estados presentes y potencialmente futuros: ¿cómo se estructura? ¿Cuáles son sus procesos? ¿Quiénes son sus empleados, clientes, proveedores, contratistas y consultores? ¿Qué recursos tiene (como materias primas, propiedades, plantas, maquinaria, productos acabados y semiacabados, piezas de componentes, efectivo, líneas de crédito y demás)? ¿A qué peligros se enfrenta? La lista sigue y sigue. Además, todo esto supone menos de la mitad de la información, ya que la lista también tendría que incluir el entorno organizacional en sus estados presentes y potenciales.

Para poder transmitir lo que sabe, lo que podría hacer, lo que podría necesitar y lo que podría pasar, cada persona de la organización tendría que simplificar hasta el extremo, lo que acabaría por hacer que la información fuera casi inservible. Los ciegos solo pueden comunicar una pequeña fracción de su conocimiento a sus superiores, los encargados de la toma de decisiones globales. Esto no es suficiente para poder tomar decisiones racionales sobre cuál es el mejor curso de acción. (Y recordemos que estamos presuponiendo, heroicamente, que todas estas personas están perfectamente alineadas en pro de un objetivo global y que ningún departamento local está intentando inclinar la decisión en su favor en contra de los demás. Si estas personas, además, tienen el incentivo de alcanzar sus KPIs, puede que su información no sea de fiar debido a su tendencia natural a intentar sacar provecho para sí mismos).

Puede que, por ejemplo, los encargados de mantenimiento sepan que la planta no puede seguir funcionando mucho tiempo más en tres turnos. Quizá los vendedores saben que los clientes están enfadados porque no hay suficiente inventario para suplir la demanda. En el Departamento de Compras saben que hay un posible proveedor en China que ofrece productos semiterminados. Quizá en el equipo de ingenieros sepan que, para poder procesar los productos chinos, tendrían que adaptar la maquinaria de la planta. Y quizá en el Departamento de Relaciones Gubernamentales sepan que a los reguladores no les haría demasiada gracia la importación de China. Y así constantemente, con cada nivel y departamento, hasta extremos que nos dejarían aturdidos. Ninguna persona, ni siquiera el director ejecutivo, puede evaluar toda la información necesaria para crear la mejor estrategia global. Nadie sabe cuál es la mejor decisión para ayudar al equipo a ganar.

No solo es imposible integrar toda esta información en un medio común para poder evaluar completamente las alternativas, sino que las circunstancias cambian constantemente. La frecuencia y el sentido de estos cambios requiere modificar los planes de forma sustancial y continua. Tan pronto como se comunica el conocimiento, este ya ha quedado obsoleto, lo que causa estragos en el proceso de planificación regular de la empresa.

Además de esto, no hay nadie capacitado para entender y procesar el vasto conocimiento inherente en una organización. Es imposible llevarse una imagen completamente precisa y en conjunto del enorme animal que supone la empresa, incluso para aquellos que se sientan en su cúspide. Del mismo modo que los ciegos que tocaban el elefante extrapolaron su experiencia incorrectamente (y con arrogancia) para describir el elefante entero, los ejecutivos sénior, viendo el elefante de lejos, piensan erróneamente (y con arrogancia) que pueden descifrar y considerar las características de sus partes individuales. Y lo que es más, creen que pueden controlar a los empleados a través de ordenanzas, zanahorias y palos. El premio Nobel Friedrich Hayek denominó a esto «la fatal arrogancia».[3] Más de una organización (y una nación) ha muerto debido a la planificación central y la microgestión autoritaria.

NO PUEDES HACER FELIZ A TODO EL MUNDO

Cuando era pequeño, en Argentina, jugaba al fútbol. Mi posición era mediocentro. Mi función era pasarle la pelota al jugador que estuviera mejor colocado para marcar. Los delanteros siempre levantaban sus manos y me gritaban «¡Estoy solo!» o «¡Aquí!» para captar mi atención. Solo le podía pasar la pelota a uno, así que me tocaba decidir cuál de mis compañeros tenía más posibilidades de ayudar al equipo a ganar.

Fuera cual fuera mi decisión, siempre había alguien que se enfadaba conmigo por no haberle pasado la pelota, quejándose de que estaba bien colocado para marcar. No entendían que mi desafío no era pasarle la pelota a un jugador que estuviera bien posicionado, sino al que estuviera *mejor* posicionado desde mi perspectiva.

Como equipo, estábamos todos alineados, pero teníamos muchas discusiones sobre mis decisiones de pase. En algún punto, caí en la cuenta de que, eligiera a quien eligiera pasarle la pelota, siempre habría muchos otros jugadores que estarían descontentos con mi decisión. Solo veían su oportunidad; eran incapaces de compararla con las de los demás.

Muchos años más tarde, cuando me puse a escalar montañas, descubrí lo que pasa cuando uno sufre hipotermia. Si la temperatura del cuerpo desciende peligrosamente, el organismo extrae la sangre de las extremidades y la envía al tronco para mantenerlo caliente. Eso protege los órganos vitales a costa, primero, de los dedos de las manos y de los pies. Después se cobra las manos y los pies y, finalmente, los brazos y las piernas. Enviar sangre al tronco puede ser la mejor estrategia para tu supervivencia, pero creo que si los tejidos de las extremidades pudieran expresar su opinión, preferirían disminuir un poco la posibilidad general de supervivencia y hacer que les llegara algo de sangre para que ellos, también, pudieran sobrevivir. Si la respuesta ante la hipotermia pudiera someterse a negociación y voto, las extremidades seguramente querrían llegar a «un punto medio» que las hiciera seguir siendo viables. Pero los organismos que cayeron en esta trampa desaparecieron del acervo genético. Lo mismo puede aplicarse a las organizaciones complejas que intentan funcionar democráticamente.

EL ALMUERZO GRATIS NO EXISTE

Incluso si pudiéramos calcular la suma global de cada impacto local, actuales y futuros, nos sería imposible saber a qué otras oportunidades hemos renunciado en otros lados, ya que siempre existen «costos de oportunidad». Básicamente, esto significa que cada vez que decimos que sí a algo, decimos que no a cualquier otra opción que podríamos haber buscado invirtiendo los recursos que hemos asignado a la cosa a la que hemos accedido. Incluso el hecho de que alguien nos invite a almorzar tiene un costo de oportunidad. Si aceptas mi invitación a comer, no podrás usar ese tiempo para responder correos electrónicos, disfrutar de un libro, hacer ejercicio, llamar a un amigo o a un familiar, o salir a dar un paseo.

El costo de oportunidad es el valor de la mejor opción que no has perseguido. Cada vez que tomas una decisión entre muchas alternativas mutuamente exclusivas, sufres el costo de oportunidad, que es el beneficio que podrías haber disfrutado al tomar la mejor decisión alternativa. Digamos que tienes tres proyectos: A, B y C. Cada uno de ellos requiere la misma inversión de 200 dólares. Supón que eliges el proyecto A en detrimento de los proyectos B y C porque no tienes más recursos para invertir en ellos. Imagina que, además, el proyecto A acaba por producir 300 dólares, lo que supone una ganancia de 100 dólares. ¿Dirías que has tomado una buena decisión?

Para responder a esta pregunta, tendrías que saber qué ganancias podrían haber supuesto los proyectos B y C. Optar por el proyecto A habría sido una buena decisión solo si los proyectos B y C hubieran producido unas ganancias inferiores. Y eso puede ser extremadamente difícil de determinar. Los proyectos B y C no se han materializado, así que solo puedes hacer un cálculo aproximado de las ganancias de forma hipotética. Si seguimos con la historia de los ciegos, las personas de las organizaciones no solo intentan descubrir cómo es el elefante tocando solo una parte; lo que intentan es determinar una onda de probabilidades de «elefantes cuánticos» que acabarán por materializarse en el futuro en un «elefante de partículas» (en mis talleres lo denomino «el elefante de Schrödinger»).[4]

Es extremadamente difícil comparar los beneficios sistémicos de un curso de acción concreto en comparación con las demás alternativas que podrían haber aprovechado los mismos recursos. El conocimiento de las opciones disponibles y de su valor está distribuido por todo el sistema, en posesión de distintos miembros organizacionales que puede que no lo revelen para poder perseguir sus intereses. Lo que es más, los costos de las oportunidades serán enormemente difíciles de computar, incluso de una forma aproximada, debido a la complejidad del sistema. Y ese es el motivo por el que solemos tener en cuenta los gastos reales en vez de los costos de oportunidad. Pero esta aproximación es errónea, de una forma similar a la del borracho que busca las llaves que ha perdido únicamente bajo la luz de la farola porque ahí puede ver bien, pero no las busca en el lugar donde se le han caído porque está oscuro.

EL PROBLEMA DE LA DOBLE LEALTAD

Para ganar en el juego de los negocios es necesario que la estrategia organizacional (global) sea la base para las tácticas locales y que, a la vez, se base en la información local. Llegar a la interacción correcta entre estrategia y táctica es muy difícil. Como he comentado en el capítulo anterior, los equipos locales a menudo tienen incentivos para optimizar sus departamentos o divisiones y competir con otros equipos. Además, cada gerente, excepto el director ejecutivo, tiene dos lealtades.

Pongámonos en la piel de una gerente: para sacar lo mejor de sus empleados, debe conseguir ganarse su compromiso interno. Tiene que conseguir que se impliquen en los objetivos del equipo y, para ello, les transmite que su trabajo tiene un sentido y que pueden sentirse orgullosos de hacerlo bien. También tiene una relación emocional de confianza con sus subalternos y ha fomentado que se relacionen del mismo modo entre ellos. Además, les ofrece oportunidades para que se sientan realizados, autónomos y que dominan su trabajo, y también respalda la trayectoria profesional de cada uno.

Por otro lado, tiene que subordinar los objetivos, procesos e incluso bienestar de su equipo a la misión organizacional. Eso significa que ella se compromete a dar lo mejor de sí misma para alcanzar el objetivo de mayor nivel de su equipo global, es decir, el objetivo de su propio dirigente. Por ejemplo, si LinkedIn tiene que funcionar a pleno rendimiento, los gerentes de cada unidad de la empresa, que están compitiendo entre sí por los escasos recursos, tienen que pasar a trabajar con la empresa en mente y compartir información con sinceridad, aunque esto pueda reducir la posibilidad de recibir recursos para sus planes locales e, incluso, pueda implicar que algunos de sus empleados pierdan sus puestos. Aunque a veces los gerentes tienen que sacrificarse por el equipo (de la empresa global), los que más a menudo tienen que cargar con las consecuencias son sus subalternos: personas de su división, departamento o equipo.

En la mayoría de las empresas, los gerentes que se comprometen con sus equipos intentan defender los intereses de este ante sus superiores. Pero esto puede entorpecer la efectividad y colaboración de la organización. Cada nivel de la organización puede acabar funcionando como un congreso, donde los representantes creen que su papel es defender los intereses de sus votantes. Como podemos ver en la política, un colectivo en el que cada persona representa un interés distinto lleva a todo tipo de conflictos y funciona de forma incoherente. Si esta directiva se centra en su función como miembro del equipo de su dirigente y pone en segundo lugar el equipo que dirige, corre el riesgo de romper ese lazo emocional que comparte con sus subalternos. Puede que consideren que les es «desleal» o que «los ha vendido» para beneficio de su trayectoria profesional como gerente. Eso provocaría un sentimiento de desvinculación y desilusión.

Es un dilema terrible para los gerentes. Si optimizan el sistema, salen perdiendo, porque tendrán que suboptimizar sus departamentos y sus empleados se sentirán traicionados. Y si defienden los intereses de sus empleados, tampoco salen ganando, porque al optimizar su propio departamento, suboptimizan a la empresa en general. Y entonces los que se sentirán traicionados serán sus propios gerentes y colegas. La forma de solucionar esta disyuntiva, como explicaré en la segunda parte, es mediante un liderazgo trascendente.

CENTRALIZAR O NO CENTRALIZAR, ESA ES LA CUESTIÓN

Como las organizaciones deben adaptarse rápidamente a los cambios de circunstancias, es mejor dejar las decisiones en manos de las personas que conocen mejor estas circunstancias y las que saben más sobre los cambios que deben hacerse y los recursos necesarios para ello. «No podemos esperar», explicó Friedrich Hayek, «que este problema se solucione comunicando todo ese conocimiento a un comité central [de planificación] que lo integre antes de emitir sus órdenes». Hayek parece estar argumentando en pro de la descentralización. Aun así, para intentar averiguar qué es el elefante, los ciegos lo tienen algo más complicado. «Pero el "hombre sobre el terreno"», prosigue, «no puede decidir únicamente sobre la base de su limitado aunque íntimo conocimiento de los hechos de su entorno inmediato. Queda todavía sin resolver el modo de comunicarle cuanta información necesite para que sus decisiones se adapten a la norma general que gobierna los cambios y que caracteriza al sistema (organizacional) en toda su extensión».[5]

Dicho de otro modo, el conocimiento local es demasiado complejo como para comunicárselo de forma efectiva a los encargados de la toma de decisiones globales, así que es mejor que las decisiones las tomen aquellas personas "en la línea" que poseen este conocimiento. Tomemos, por ejemplo, la guerra. Los comandantes sobre el terreno saben mucho mejor que los generales lo que está pasando en su ámbito de operación, así que tiene sentido capacitarlos para que puedan tomar decisiones. Pero el conocimiento local es insuficiente para evaluar el impacto global de cualquier decisión. Las guerras no se ganan con una miríada de éxitos tácticos; un ejército necesita que todas las decisiones tácticas de sus unidades encajen dentro de una estrategia integrada.

Pasa lo mismo a la inversa: el conocimiento global es demasiado complejo como para comunicarlo efectivamente a los encargados de toma de decisiones locales. Los generales ven el panorama general mucho mejor que los comandantes sobre el campo, así que tiene sentido permitirles tomar decisiones estratégicas. Pero el conocimiento global es insuficiente para evaluar las mejores tácticas en un lugar y momento concretos. Las guerras no se ganan solo con estrategias brillantes; un ejército tiene que llevarlas a cabo mediante operaciones tácticas específicas.

Hayek escribió en el contexto de lo que en economía se denomina «debate sobre el cálculo económico en el socialismo». Se trataba de una disputa entre los economistas marxistas y del mercado libre sobre si era posible asignar recursos racionalmente en una economía con una planificación central. Para los miembros de la escuela austríaca, como Ludwig von Mises y Hayek, la respuesta era un «no» categórico. Defendían que el único modo de lograr esto era a través del mecanismo de formación de precios del mercado libre, donde las decisiones individuales determinaban la cantidad de un bien o servicio que debería producirse, además de a quién debería distribuirse según su disposición a pagar por ello.

Hayek demostró que los precios del mercado libre les dan a las personas la información y los incentivos que necesitan para hacer cálculos económicos y actuar en consecuencia. Para Hayek, el sistema de precios es como un tablero de control desde el que los consumidores y productores individuales pueden observar meramente el movimiento de algunos indicadores para poder ajustar sus actividades en consecuencia. Mises, por otro lado, argumentaba que el sistema de precios en una economía socialista no puede funcionar porque el gobierno controla los medios de producción. Y como ese es el caso, no es posible establecer precios de mercado para bienes de equipo. La famosa conclusión de Mises fue que «la actividad económica racional es imposible en una comunidad socialista».[6] Él defendía que esto no solo se debía a los problemas de incentivos (desorganización) sino también a los problemas de información (desinformación).

Por desgracia, esto no ayuda a las organizaciones elefantinas. A medida que crecen, las organizaciones sustituyen la mano invisible del mercado por la mano visible de los gerentes, en palabras del historiador económico Alfred D. Chandler.[7] Dentro de la organización, los departamentos no fijan precios para sus servicios. Si trabajo en el Departamento de Relaciones Públicas, no cobraré nada por un comunicado de prensa sobre uno de nuestros nuevos centros de investigación y desarrollo. En este sentido, una organización capitalista se parece a una economía socialista. Otro economista, Murray Rothbard, explicó cómo este problema de toma de decisiones se debe a la falta de precios de mercado para transacciones dentro de la misma organización. Ante la ausencia de un mercado, es imposible calcular el precio. Y sin este cálculo, solo hay irracionalidad económica y caos.[8]

Algunas empresas, al igual que ciertas economías socialistas, intentan simular un mercado usando precios de transferencia entre centros de beneficios, pero este sistema no puede emular del todo un mercado real. Los dirigentes no son emprendedores reales con derechos de propiedad y derechos residuales sobre los beneficios económicos de sus centros, así que no están realmente incentivados a maximizar los beneficios. Dentro de la empresa no hay un mercado de producción de recursos y, por lo tanto, tampoco hay precios. Sin precios, el cálculo económico es imposible. Nadie, especialmente los encargados de planificación, puede tomar decisiones racionales.

Aunque las grandes corporaciones son de propiedad privada y operan en una economía de mercado, sus directores ejecutivos y equipos directivos se suelen encontrar en situaciones análogas a las de las juntas de planificación soviéticas (o los personajes de *La máquina que ganó la guerra*, una historia de Asimov)[9], intentando tomar decisiones a partir de información muy poco precisa. Imagínate que estás intentando dirigir una empresa sin precios de mercado, sin cuentas de pérdidas y ganancias y sin balances financieros. Sería un ejercicio de adivinación, a la altura de la lectura de la borra de café. Tristemente, es así como la mayoría de grandes empresas toma decisiones estratégicas.

¿EN QUÉ LUGAR DEJA TODO ESTO A LOS LÍDERES?

Como líder también debes ganarte el compromiso interno de todos y cada uno de los miembros de tu equipo (y organización) de cooperar con todos y cada uno de los miembros restantes de tu equipo (y organización) para cumplir con la misión colectiva. En otras palabras, si las personas cuentan con un compromiso compartido de trabajar juntas por el bien del equipo, entonces los problemas de desinformación y desorganización provocados por los incentivos pueden gestionarse mucho mejor que si ese compromiso no existe.

Eso implica que los líderes necesitan el permiso de su gente (debido a su autoridad moral, no solo formal) para tomar la decisión que les parezca mejor. Necesitan tener un «consenso de proceso», como en una democracia, donde las personas no tienen por qué querer el mismo presidente pero sí que están de acuerdo en cuál es el proceso que debe seguirse para elegirlo. Si los líderes recopilan la información que les dan los miembros de su equipo (que están alineados para perseguir el objetivo de ayudar al equipo a ganar) y toman decisiones a través de un proceso que estos miembros consideran justo (y que, además, se comprometen a poner en práctica), estos líderes pueden tomar mejores decisiones globales que sus competidores. Pueden integrar más información bajo sus derechos de decisión y considerar mejor las ventajas y desventajas. Esto permite a los miembros del equipo «estar en desacuerdo y comprometerse» sin que haya mala sangre entre ellos.

El líder tiene que conseguir que su gente le transmita la información que poseen sobre beneficios, costos, riesgos y oportunidades locales, de modo que puedan comparar las alternativas y tomar una decisión racional. Para ello los líderes tienen que dejar sus egos a un lado y adoptar una posición de humildad, apertura y servicio a una causa superior. Al hacer esto, se convierten en un ejemplo para su equipo, de modo que ellos también puedan dejar su ego a un lado y dar lo mejor de sí para implementar una decisión que, si dependiera de ellos, no habrían tomado. Cada miembro del equipo necesita redefinir lo que significa «ganar», de modo que ganar no sea tener la razón o tener más influencia, sino colaborar con los demás para tomar la mejor decisión, la más informada y la más racional en estas circunstancias, la opción que es más probable que ayude al equipo a ganar. (En *La empresa consciente*, a esto lo denominé «actuar como aprendiz»).

Si se piensa fríamente parece lógico, pero es algo que va en contra de los impulsos más básicos de los seres humanos. Queremos tener la razón para sentirnos inteligentes. Queremos dominar a los demás para sentirnos poderosos. Queremos salirnos con la nuestra para sentirnos validados. Queremos ganar (incluso contra los miembros de nuestro equipo) para sentir que somos mejores (que ellos). Queremos proteger y favorecer a las personas más cercanas a nosotros (nuestros votantes). En resumidas cuentas, queremos demostrarnos a nosotros mismos, a nuestros seguidores y a los demás que valemos la pena, y lo hacemos mediante comportamientos que son exactamente opuestos a los que hacen falta para trabajar bien en equipo.

En el capítulo 9, «Colaboración», definiré un proceso para gestionar estos desafíos mucho mejor de lo que lo hacen actualmente la mayoría de las empresas. Llevo más de veinticinco años refinando esta técnica con mis clientes, así que puedo garantizar que funciona. Pero hay una condición: funciona solo si, cuando llegas a la cabeza de la empresa-elefante, palpas y descubres que hay allí un líder trascendente.

Capítulo 5
DESILUSIÓN

¿ADÓNDE SE HAN IDO TODOS LOS LÍDERES?

Lo que haces habla tan alto, que no puedo oír lo que dices.

—Ralph Waldo Emerson

Martin Winterkorn, el anterior director ejecutivo de Volkswagen, nació en 1947, hijo de dos refugiados alemanes que huyeron a Hungría tras la Segunda Guerra Mundial.[1] La vida de sus padres fue, sin lugar a duda, muy dura, pero su hijo era una persona sobresaliente, inteligente y ambiciosa. Winterkorn acabó obteniendo un doctorado en Física en el ilustre Instituto Max Planck, en Alemania, y empezó una trayectoria profesional en Bosch que acabó desembocando en Audi. Fue ascendiendo en la escala jerárquica hasta que acabó convirtiéndose en el director ejecutivo de Volkswagen en 2007.[2]

Los alemanes están extremadamente orgullosos de sus ingenieros, especialmente en la industria automotriz, donde han producido marcas estelares de exportación como Daimler, BMW o Porsche. Cuando se convirtió en director ejecutivo, Winterkorn ansiaba convertir a VW en el mayor fabricante de automóviles del mundo. Esto implicaba volver a conquistar el mercado estadounidense, donde los objetivos de venta eran súmamente retadores.

Winterkorn podía mostrar un carácter crítico, autoritario y estricto. También era famoso por ser exigente y preciso a la vez, y por obsesionarse con la dimensión «Eso». El periódico *The Guardian* relató una ocasión en la que, en el verano de 2013, Winterkorn encontró un minúsculo bulto en la pintura de un coche. «El grosor de la pintura superaba los estándares de la empresa en menos de un milímetro, pero, aun así, Winterkorn les echó la bronca a los ingenieros por el despilfarro que suponía», comentaba el artículo.[3]

Winterkorn tenía la costumbre de criticar a los demás y reprenderlos, incluso en público Como resultado, los ejecutivos le tenían miedo, y ¡ay de aquel que le dijera algo que no quisiera oír! «Si te tocaba darle una mala noticia», explicó un empleado a Reuters, «la situación podía volverse bastante desagradable, violenta y humillante».[4] Así que cuando VW reconoció en 2015 un fraude a gran escala en el que once millones de sus vehículos en todo el mundo, incluyendo casi quinientos mil en Estados Unidos, habían superado las pruebas de emisiones a pesar de emitir muchísimo más óxido de nitrógeno del permitido por el límite legal, personas de alrededor de todo el mundo (y en especial los orgullosos alemanes) se escandalizaron. Winterkorn afirmó que él también estaba estupefacto. Aunque asumió la responsabilidad de los problemas y se disculpó repetidas veces, afirmó que él, por su parte, no había tenido conocimiento de estas acciones ilegales. Echó rápidamente la culpa a sus empleados de Estados Unidos y renunció a su puesto para «dejar vía libre a la empresa para empezar de cero».[5]

Tras admitir estas acciones ilegales en septiembre de 2015, las acciones de Volkswagen cayeron un 30 %, lo que supuso pérdidas de 18.000 millones de dólares en capitalización bursátil.[6], [7] Además, el fabricante de automóviles aceptó pagar 4.300 millones de dólares en multas civiles y criminales, lo que supuso, solo en Estados Unidos, un costo de 20.000 millones de dólares.[8] Durante la primera mitad de 2016, la cuota de mercado de Volkswagen en el mercado automovilístico europeo cayó un 10 % hasta llegar a su índice más bajo desde la crisis financiera de 2008. Esta caída se achacó a la reacción negativa de los consumidores tras el escándalo de las emisiones.[9]

Y las pérdidas no fueron solo económicas. Según los científicos del Instituto Tecnológico de Massachusetts, es posible que miles de personas en Europa mueran antes debido a la contaminación de los coches equipados con dispositivos ilegales para superar las pruebas de emisiones.[10] Los directores de la empresa afirmaron que los infractores habían causado a Volkswagen un «daño incalculable» y pidieron que se procesara a los responsables.[11] Y así fue: los fiscales federales de los Estados Unidos presentaron cargos criminales contra seis ejecutivos de Volkswagen y encarcelaron al único que pudieron atrapar en Florida (los demás se quedaron en Alemania).[12]

Es posible que Winterkorn sea inocente de estas acciones erróneas, pero sí que es culpable de un liderazgo erróneo. Era un líder arrogante, controlador y desmotivador que promovía los comportamientos que acabaron por precipitar a VW al abismo. Acabó dimitiendo bajo una avalancha de críticas y acusaciones, y abandonó su empresa obligándola a enfrentarse a multas de miles de millones de dólares e investigaciones criminales en Alemania, Estados Unidos, Reino Unido, Corea del Sur, India, Brasil, Australia, Francia, Italia, Suráfrica y Noruega.[13]

Cuando las personas tienen miedo de decir lo que piensan y enfrentarse a sus superiores, los errores acaban convirtiéndose en catástrofes.[14] Cuando los empleados tienen miedo de perder su trabajo, mentirán y actuarán incorrectamente para llegar a sus objetivos.[15] Los exigentes estándares de Winterkorn, su incapacidad para escuchar y las críticas públicas que hacía de sus propios trabajadores influyeron para que algunos de ellos tomaran atajos ilegales y para que muchos otros ocultaran información crucial. Estoy seguro de que todos temían su ira. Él era el que marcaba el ritmo en la empresa mientras que el resto marchaba a su son.

Seguramente no me equivoco al inferir que Winterkorn no es el tipo de persona que dedica mucho tiempo a examinar su interior, aunque puede que quizá después de la debacle sí que esté empezando a hacerlo. Quizá a través de esta reflexión descubra el papel que ha tenido su liderazgo en el drama de VW. Pero ahora es demasiado tarde para él y para su antigua empresa.

Por desgracia, el estilo de liderazgo de Winterkorn no es singular. Los empleados y clientes de Uber, la omnipresente empresa de transportes automovilísticos, sufrieron profundamente bajo el liderazgo de su impulsivo fundador y director ejecutivo, Travis Kalanick.

En un vídeo de 2010 aparece él discutiendo con uno de los conductores de su empresa sobre las tarifas.[16] En octubre de 2014, la organización Better Business Bureau calificó a Uber con la peor nota de su escala debido a sus precios inesperadamente elevados y a la falta de respuesta ante las quejas de los clientes.[17] En 2017, una ingeniera y antigua empleada de Uber llamada Susan Fowler se quejó de sufrir acoso sexual por parte de su gerente, pero la empresa no hizo nada al respecto; resultó que este acoso estaba extendido por toda la organización.[18] En junio de 2016, la empresa despidió a veinte empleados como resultado de la investigación. Ese año, la empresa perdió 2.800 millones de sus 6.500 millones de ingresos. Tras estar una temporada de permiso, Kalanick se vio obligado a dimitir.[19, 20]

Las quejas de los empleados, como informó el *New York Times* en febrero de 2017, eran impactantes. «Un directivo de Uber manoseó los pechos de una compañera de trabajo en un retiro de la empresa en Las Vegas. Un director le soltó un insulto homofóbico a un subordinado durante una acalorada discusión en una reunión. Otro directivo amenazó con darle una paliza con un bate de béisbol a un empleado que no estaba rindiendo correctamente». El artículo ofreció esta evaluación: «Este enfoque de presionar para obtener el mejor resultado también ha impulsado lo que los empleados y exempleados de Uber describen como un ambiente hobbesiano en la empresa, donde a veces se enfrenta a los trabajadores entre sí y donde se hace la vista gorda ante las infracciones de los empleados de mejor rendimiento».[21]

Kalanick y su pandilla empezaron como una nave pirata. Les fue realmente bien con sus métodos poco convencionales, a los que Reid Hoffman, fundador de LinkedIn, denominó *blitzscaling*, «crecer a la velocidad del rayo». Se adueñaron del mercado superando a Lyft, líder hasta entonces, pero no fueron capaces de organizarse a sí mismos como una flota disciplinada. Aunque esto se debió a muchos motivos, yo me quedo con la sencilla explicación de que lo que pasa arriba se contagia abajo. Opino que el fracaso de la organización no es más que un reflejo del fracaso del equipo directivo.

«APLASTADO IGUAL QUE UVA»

En la película *Karate Kid* de 1984, un anciano maestro de karate japonés llamado Miyagi acoge bajo sus alas al adolescente Daniel, al que acosan unos matones. Cuando Miyagi le pregunta a Daniel si quiere aprender karate, el chico responde, sin demasiada convicción:

—Supongo que sí.

Miyagi lo hace sentarse.

—Daniel-san, tú y yo hablar —le dice con severidad—. Tú vas carretera. Vas lado derecho, seguro. Vas lado izquierdo, seguro. Vas medio, antes o después tú aplastado igual que uva. Karate misma cosa. O tú karate hacer sí, o karate hacer no. Tú karate hacer supongo, [aplastado] igual que uva. ¿Entiendes? [22]

Mi consejo para los líderes es el mismo. «O tú liderazgo hacer sí, o tú liderazgo hacer no. Tú liderazgo hacer supongo, [squish] igual que uva».

Cuando las personas siguen a un líder, le dan permiso para entrar en su santuario. Le dan poder para influir profundamente en la forma en que piensan, sienten y actúan. Y lo hacen porque confían en que su líder usará ese poder de una forma justa y compasiva. Creen que su líder les ayudará a suplir sus necesidades más fundamentales en las dimensiones Eso, Nosotros y Yo.

Por eso, no hay nada más peligroso que un seguidor desilusionado. Si los seguidores sospechan que su líder ha traicionado su confianza, se cobrarán una venganza terrible contra él y contra la empresa, independientemente de si sus sospechas están bien fundadas o no. Los líderes que quieren inspirar a sus empresas a través de una visión y unos valores hacen una apuesta de doble o nada. Si tienen éxito, sus empleados se comprometerán por completo y la empresa tomará vuelo. Pero si fallan, los trabajadores se desvincularán activamente y la organización se hundirá.

La desilusión es como un agujero negro: tiene una fuerza gravitatoria tremenda. Y casi todos los esfuerzos que haga el equipo directivo, independientemente de lo bienintencionados que sean, están destinados a caer en su horizonte. Si no consigues reunir la energía necesaria para escapar, este agujero negro te tragará por completo a ti y a tu organización también.

ENTRA BAJO TU PROPIA CUENTA Y RIESGO

Cuando me piden ayuda con una iniciativa de cambio de cultura, yo advierto al equipo de liderazgo del tremendo riesgo que están a punto de correr. He visto a demasiados líderes saltar al ruedo despreocupadamente sin haberse comprometido lo suficiente como para llegar al final. E, inevitablemente, su iniciativa acaba cambiando la cultura para peor.

Por ejemplo, trabajé con una empresa de servicios financieros de la lista Forbes 50 durante varios años con el objetivo de crear una cultura más constructiva. Al inicio del proyecto, avisé a los ejecutivos de que el liderazgo y las iniciativas de cultura de empresa son como jugar en el mercado de futuros: el riesgo no está limitado por la inversión. Expliqué que su participación en un programa así no solo significaba asistir a los talleres o expresar su respaldo públicamente, sino dedicar de verdad el tiempo necesario a resolver problemas significativos de la empresa aplicando los valores y las prácticas de la cultura que perseguían para la compañía. «Si no lo hacen», les advertí, «acabarán causando estragos precisamente en la cultura que quieren mejorar».

También expliqué que, a pesar de que estábamos dedicando mucha atención a los talleres y al programa de cambio de cultura empresarial, los mensajes más importantes para sus trabajadores los iban a transmitir a través de sus acciones, tanto como líderes individuales como a nivel de equipo directivo. Así que acordamos que no solo iban a invertir tiempo en participar en los talleres (cosa que hicieron admirablemente) sino que, lo que era más importante, también iban a aplicar los conceptos de los talleres, con mi ayuda como *coach*, a los desafíos tácticos y estratégicos a los que se enfrentaba la empresa.

Pero no cumplieron con la última parte del trato. Y mis peores miedos se acabaron convirtiendo en realidad. Durante los cientos de horas que dediqué al proyecto, asistí a las reuniones de trabajo del equipo directivo exactamente... cero veces. No resulta sorprendente que, a pesar de que declararon que el programa había sido un éxito, las puntuaciones de vinculación de sus empleados volvieran a bajar a niveles históricos con el paso del tiempo. Como los líderes no predicaron con el ejemplo, los empleados acabaron por desvincularse de la empresa. Quizá no físicamente, pero sí emocionalmente. (Y, hasta donde yo sé, la empresa no ha hecho nada más desde entonces en el ámbito de liderazgo y cultura).

Resulta vergonzoso confesar este fracaso. Me siento tentado a mostrarme de acuerdo con la versión oficial de la empresa, que afirmó que el proyecto había sido un éxito porque cumplió con sus KPIs. Pero he visto demasiadas organizaciones que, tras implementar programas a gran escala para vincular a sus empleados, acaban siendo dirigidas por «zombis trabajadores», personas indiferentes que han perdido toda su vitalidad. Y ese es el motivo por el que no puedo dejar de remarcar la importancia de la integridad en la práctica del liderazgo. Si tu forma de actuar no va de acuerdo con lo que afirmas, en vez de ganarte el compromiso interno de los demás acabarás provocando su desconfianza y resentimiento.

Ninguna iniciativa para vincular a los trabajadores funcionará si no empieza por el «¿por qué?» adecuado. Imaginemos a un hombre pidiéndole a su novia que se case con él. Se arrodilla, le ofrece un anillo de compromiso y le pregunta:

—¿Quieres casarte conmigo?

—¿Y por qué quieres casarte conmigo? —le pregunta ella.

—Pues porque los hombres casados tienen una esperanza de vida más larga que los hombres no casados —responde él.[23]

¿Cómo te sentirías si fueras esa mujer? ¿Qué harías? Cuando les pregunto esto a los participantes de mis talleres, siempre responden del mismo modo: la respuesta les sentaría muy mal y no se querrían casar con ese hombre. Su respuesta es totalmente egoísta y demuestra una insensibilidad que lo hace ser inadecuado como cónyuge. No muestra amor por su novia ni preocupación por su bienestar, su crecimiento y su felicidad. Para él solo supone un recurso, valioso únicamente como un medio para conseguir su objetivo.

—Si yo fuera ella —me dijo, memorablemente, una participante— estaría pensando: «¿Y si más adelante resultara que puedes vivir incluso más tiempo dejándome? ¿Te quedarías conmigo, aunque para ti fuera menos conveniente? ¿Y qué pasa con la parte de "en la fortuna y la adversidad"?».

Esto es incómodamente similar a la situación de la amplia mayoría de líderes que intentan mejorar el rendimiento de la organización mediante programas para vincular a sus trabajadores. Aunque los empleados rara vez preguntan explícitamente a su jefe: «¿por qué quieres que me comprometa en el trabajo?», no tengas ninguna duda de que se lo preguntan de forma implícita. Y, tristemente, la respuesta que suponen que les dan es: «Porque obtener una mejor puntuación en la encuesta de vinculación de Gallup hará que yo tenga más éxito (y la empresa también)».

¿Cómo te sentirías si creyeras que tu empresa quiere que te vincules más para poder explotarte? ¿Cómo responderías a un programa que intentara crear un entorno positivo para que rindieras más como «recurso humano»? ¿Te comprometerías o te enfadarías? Todas las personas a las que les he preguntado esto se inclinan hacia la segunda opción. Este tipo de razonamiento resulta egoísta y objetificante. Incluso en el contexto empresarial, a las personas les parece una manipulación. Los intercambios materiales, como un salario a cambio de un servicio, no llevan a nada más que el simple cumplimiento. La vinculación requiere compromiso y solo puede surgir a partir de un intercambio emocional.

En la comunidad de los consultores es un secreto a voces que, aunque los programas para vincular a los empleados resultan bastante provechosos para las consultoras, pocas veces lo son para las empresas que las contratan. Pero aun así, como una danza de la lluvia, siempre que las encuestas de vinculación revelan un problema de base, la reacción es aplicar esta solución sintomática. Eso no funciona. El cáncer no se cura con placebos.

LO QUE TÚ DICES NO ES LO QUE ELLOS OYEN

Desde que somos niños sabemos que hablar es gratis. Al crecer descubrimos que es posible decir una cosa y creer otra o actuar de modo distinto. Vemos las contradicciones entre los valores proclamados (lo que alguien afirma que debe hacerse) y los valores en acción (lo que esta persona realmente hace). Aprendemos que la mentira nos hace poderosos cuando somos nosotros los que mentimos a los demás, pero que nos hace vulnerables cuando nos mienten a nosotros. Nos damos cuenta de lo fácil que es proclamar valores elevados sin tener que comprometernos realmente con ellos.

Cuando estaba en la escuela primaria, recuerdo haber ido a visitar a un amigo un fin de semana. Mi amigo se peleó con su hermano pequeño porque este no nos dejaba jugar tranquilos. La enésima vez que su hermanito nos interrumpió, mi amigo le pegó. El pequeño empezó a llorar. El padre de mi amigo intervino y le dio unos azotes a mi amigo, delante de mí.

—¡Así aprenderás a no pegarle a tu hermano pequeño! —le dijo a mi amigo tras arrearle un tortazo.

Yo me quedé estupefacto. Mi padre jamás me había puesto el dedo encima y yo nunca había visto a un adulto pegándole a un niño. A lo largo de los años nunca pude olvidar la escena, porque había algo en ella que me incomodaba profundamente. A medida que me hacía mayor, me di cuenta de que lo que más me disgustaba era la hipocresía de la situación. Si no estaba bien que mi amigo le pegara a su hermano, ¿por qué sí que estaba bien que su padre le pegara a él?

Para sobrevivir en un entorno plagado de este tipo de contradicciones, la mayoría de nosotros nos volvemos escépticos ante las declaraciones idealistas, al menos hasta verlas convertirse en comportamientos coherentes a lo largo del tiempo. Aprendemos los valores de nuestras familias observando las acciones de nuestros padres en vez de escuchando sus palabras. Lo que dicen importa mucho menos que lo que hacen, especialmente cuando están sometidos a estrés y no son conscientes de que los estamos observando.

Hablar es gratis pero los comportamientos cuestan; eso es lo que hace que el comportamiento sea una señal creíble. Es muy fácil proclamar valores elevados, pero comportarse de acuerdo con esos valores requiere tomar decisiones difíciles y aceptar sus consecuencias.

Todavía recuerdo cómo, de pequeño, solía intentar negociar con mi madre diciéndole: «Si me prometes que no te vas a enfadar conmigo, te cuento una cosa». Entre la risa y la resignación, mi madre me respondía: «Vale, dime qué ha pasado. No me enfadaré». Yo estaba dispuesto a ser sincero siempre que no tuviera que pagar el precio de mi sinceridad. Cuando tienes cuatro años es adorable; cuando tienes cuarenta y cuatro, es miserable.

Aquellos que tienen poder sobre nosotros marcan los estándares con su ejemplo. La forma en que nuestros padres ponían sus valores en práctica nos transmitió lo que era realmente importante en nuestras familias. El comportamiento de nuestros profesores nos hizo saber qué normas teníamos que respetar para sobrevivir y prosperar en la escuela. Pasa lo mismo con los líderes; sus acciones nos dicen lo que es realmente importante en nuestras organizaciones y cómo tenemos que actuar para ser miembros de nuestra comunidad, para ser «uno de nosotros». A menos que los líderes de la empresa ejemplifiquen los valores que predican en su día a día y, lo que es más importante, en las circunstancias que ponen a prueba su temple, sus declaraciones serán, en el mejor de los casos, irrelevantes; y en el peor de los casos, destructivas. La única forma de que tu empresa esté comprometida y alineada es ser un ejemplo del comportamiento que esperas ver en todos los demás

UNA DINÁMICA INJUSTA

El liderazgo no es justo. Tener un comportamiento ejemplar es necesario, pero no suficiente como para vincular a los empleados. Y esto es así porque las personas perciben e interpretan tus comportamientos a través de los filtros de sus modelos mentales. Incluso aunque lo hagas todo bien, es posible que les parezca insuficiente.

Supongamos que eres un líder perfectamente alineado con los valores que predicas. Deberías estar en terreno seguro, ¿no? Pues te equivocas. Incluso con un historial impoluto e incluso si eres perfectamente coherente y constante, los empleados pueden sentirse desilusionados.

Cuando las personas han estado atrapadas bajo las garras de padres, profesores o jefes que dejan mucho que desear (¿a quién no le ha pasado?) sufren un tipo de ansiedad postraumática. Tras sentirse traicionados por figuras de autoridad que les hicieron crearse grandes esperanzas solo para destrozarlas sin piedad, tienen miedo de que otras personas vuelvan a aprovecharse de ellos.

Lo que es más, al igual que un animal que detecta un peligro inminente, se les eriza el vello cuando oyen a alguien proclamar a los cuatro vientos sus «nobles propósitos» y «valores eticos». Uno de sus mecanismos de protección es ser escépticos ante los discursos exaltados. ¿Y cómo vamos a echarles la culpa por ello? No quieren que nadie los vuelva a engañar. Así que cualquier comportamiento de un líder que no les parece perfectamente alineado con sus palabras pasa a ser prueba concluyente en su contra. «Cuando los líderes se comportan de modo que a sus seguidores les parece que va en contra de sus valores organizacionales proclamados», escribe Jennifer Chatham, profesora de dirección de la Universidad de California en Berkeley, «los empleados llegan a la conclusión de que el líder ha fallado, a nivel personal, a la hora de "predicar con el ejemplo". En resumen, las personas de una organización detectarán la (inferida) hipocresía, y su compromiso, ganado con mucho esfuerzo, se verá sustituido por un cinismo que supondrá una amenaza para su rendimiento».[24]

Es imposible que los seguidores conozcan todos los aspectos de una situación en la que el líder debe tomar una decisión. Tampoco pueden leer la mente del líder para saber qué piensa y siente, así que suplen esa falta de información con historias inventadas, atribuyendo su comportamiento a causas dudosas. Y cuando su historia presenta al líder como «el malo», los seguidores retiran la confianza que habían depositado en él. Empiezan a ser cínicos y cada evento negativo subsecuente refuerza todavía más su punto de vista. Incluso aunque el líder actúe de forma razonable, los seguidores extremadamente susceptibles y críticos pondrán sus motivos en entredicho.

ERROR DE ATRIBUCIÓN

«Tenemos demasiada tendencia a juzgarnos a nosotros mismos por nuestros ideales y a los demás por sus actos», afirmó en 1930 Dwight Morrow, embajador de los Estados Unidos en México.[25] Nos evaluamos a nosotros mismos bajo el filtro de nuestras intenciones, pero evaluamos a los demás por su comportamiento y por el modo en que nos afecta. Siempre que hacemos algo que no coincide con nuestros valores proclamados, lo racionalizamos, explicando que no era nuestra intención o que lo hemos hecho por un buen motivo. Pero cuando los demás hacen algo que parece contradecir sus valores proclamados, afirmamos duramente que están equivocados, que son estúpidos, perversos y, en casos extremos, malvados. Tenemos tendencia a hacer esto automáticamente, sin indagar sus motivos, intenciones o ideales y sin plantearnos cuáles son las circunstancias externas que influyen en ellos.

El «error de atribución»[26] es el prejuicio psicológico que nos hace juzgarnos a nosotros mismos con mucha más benevolencia que la que tenemos cuando juzgamos a los demás, porque mientras nosotros sabemos qué pensamos, qué sentimos y a qué opciones nos enfrentamos, no sabemos qué piensan o sienten los demás, ni las opciones a las que se enfrentan ellos. Así que nos inventamos historias que aumentan nuestra autoestima y demuestran que somos mejores que los demás. Por ejemplo, si voy en coche y me estampo contra un árbol, le echaré la culpa del accidente a las circunstancias, como intentar evitar atropellar a un perro. Pero si eres tú quien choca con un árbol, seguramente lo achacaré a que conduces de forma temeraria. O, por ejemplo, si yo pescara un pez de cuatro quilos y te dijera que pesa cinco, excusaría mi exageración como una mentirijilla sin importancia. Pero si eres tú quien lo hace, seguramente te llamaría fanfarrón.

Las supuestas incoherencias en el liderazgo de alguien pasan a ser algo «indiscutible» porque los seguidores de este líder solo comparten sus conclusiones con las personas que están de acuerdo con ellos. Los seguidores temen enfrentarse a sus líderes (y con razón) de un modo en que estos tengan la oportunidad de explicar que, en realidad, esa incoherencia no es tal, o de reconocer que se han equivocado y que tienen que enmendar el error. Los seguidores justifican su fallo criticando a los líderes por no «estar abiertos al *feedback*». Un diálogo entre ellos podría ser algo así:

—*Es mejor que no te enfrentes a esta gente. No reaccionan nada bien ante las críticas.*

—*¿Y cómo lo sabes?*

—*No hay más que verlo. Nadie los critica. ¿Te acuerdas de Joe? Lo despidieron.*

—*¿Y por qué?*

—*Pues no sé, les habrá plantado cara.*

A medida que esta dinámica se va repitiendo, las personas se resignan. Aprenden a sentirse indefensos. Y lo que es más, llevan la desconfianza que tienen con sus líderes a otras organizaciones, donde ya empiezan con un prejuicio negativo. Esto les pone las cosas todavía más difíciles a los líderes para enfrentarse a sus empleados. Es un ciclo terriblemente vicioso que acaba por traducirse en una experiencia negativa en el lugar de trabajo para demasiadas personas.

Esta dinámica desafortunada e injusta hace que tu trabajo como líder sea mucho más difícil. En primer lugar, como el resto del mundo, tú te evalúas a ti mismo por tus intenciones y excusas tus propias acciones, así que es probable que proyectes tus creencias en tus seguidores y seas incapaz de percibir lo que les preocupa. Aun así, tus seguidores solo te evalúan bajo el filtro del impacto de tus comportamientos sobre ellos (que tú no puedes entender por completo) y de sus inferencias sobre tus motivos (inferencias que no tienen en cuenta tus circunstancias internas y externas). En segundo lugar, si crees que los demás te juzgan injustamente, tendrás más tendencia a descartar sus preocupaciones. Tendrás más propensión a ignorar las preguntas sobre tus acciones porque, desde tu punto de vista, es obvio que tú tienes razón y es obvio que ellos están equivocados. Si sientes que te están criticando injustamente, es muy fácil que evites la relación con estas personas, que te pongas a la defensiva y que te vuelvas agresivo y poco dispuesto a colaborar.

Yo mismo experimenté este impulso de ponerme a la defensiva durante un taller a gran escala que impartí durante una semana entera. Entre mis objetivos, como expliqué a los participantes, estaban intentar conocer a todo el mundo mejor a través de conversaciones profundas en grupos reducidos durante la hora de comer. Por desgracia se apuntaron al taller diez participantes más de lo que me habría permitido hacer factible este plan diario, así que tuve que buscar un horario alternativo.

Para compensar la diferencia, pensé que podría ser una buena idea sentarme con las personas con las que no había podido hablar a la hora de comer durante la fiesta al final del penúltimo día. Esto resultó ser una mala idea, ya que había mucho ruido y la música estaba muy fuerte, además de no haber ni mesas ni sillas. La cena era aperitivos que se comían de pie. Había un área reservada para las personas con las que yo iba a cenar, pero, con la música a todo volumen y las personas bailando a nuestro alrededor (además de un par de copas de champán), acabé por olvidarme completamente de intentar conocer a mis compañeros de cena a un nivel profundo. Ajeno a la situación, charlé superficialmente con la gente, pero no llegué a tener con ellos la conversación que había tenido con todos los demás.

A la mañana siguiente, cuando estaba a punto de empezar el taller, un miembro de mi equipo me dijo que esas personas con las que había charlado tan agradablemente la noche anterior se habían quejado de que yo no había cumplido con mi compromiso de tener una conversación profunda con ellos. Tenían razón, desde luego, pero yo estaba muy sorprendido por el hecho de que nadie había dicho nada sobre eso en ningún momento de la cena. Solo me enteré de lo que sentían porque uno de ellos se lo dijo a uno de mis colaboradores quien, a su vez, me lo trasladó a mí.

Y lo que es peor, el día anterior había estado comentando con todo el grupo la importancia de cumplir las promesas que se hacen y de exigir a los demás que cumplan las suyas. Mi impulso inmediato fue confrontarles delante del grupo diciéndoles algo así como: «Oigan, ¿por qué no me dijeron nada ayer sobre esto? Con solo recordarme mi compromiso, habría buscado alguna forma de cumplirlo. ¿Y por qué fueron a quejarse a otros en vez de acudir a mí? Puede que jamás me hubiera dado cuenta de que había roto mi promesa, y ustedes nunca se habrían podido enterar de cuánto me importan y cuánto me importa cumplir con mi palabra. Les debo, sin ninguna duda, una disculpa. Pero ¡ya me podrían haber puesto las cosas más fáciles!».

Ese fue uno de esos «momentos de integridad» que pueden marcar un antes y un después en un seminario entero o en toda una empresa. Por suerte, mi práctica de meditación acudió al rescate. Inspiré profundamente, cerré los ojos y recobré la compostura. Caí en la cuenta de que, si expresaba cualquiera de estos comentarios defensivos al grupo, traicionaría mis propios valores, perdería su confianza y el seminario se iría al traste. Tras calmarme, entré en la sala, subí al escenario y, en vez de lo anterior, dije esto:

—Me han hecho saber que no cumplí con el compromiso de mi cena en grupo ayer por la noche. Me avergüenza tener que confesar que me olvidé por completo. Pido disculpas por este error y quiero pedir a aquellas personas a las que he decepcionado que, por favor, se reúnan conmigo al final de este taller. Les agradecería muchísimo que me dieran la oportunidad de recuperar la ocasión que hemos perdido.

Tras el taller de ese día pude tener un diálogo muy constructivo con mis compañeros de cena de la noche anterior. En un punto de la conversación, les pregunté:

—Les quiero hacer una pregunta, sin querer poner excusas y para que tanto yo como ustedes aprendamos algo: ¿por qué no me recordaron, ayer por la noche, que teníamos una conversación pendiente? ¿Me he comportado acaso de un modo que les hiciera sentir incómodos diciéndomelo?

Todos se rieron.

—Pensamos que no te interesaba tener una conversación seria con nosotros después de un día agotador —respondió uno de ellos.

Estoy contento de que se quejaran a mi colaborador y de que la situación acabara por resolverse. Pero me estremezco con solo pensar en la cantidad de veces que he decepcionado a las personas y no me he enterado de ello, con lo que nunca he podido enmendar la situación.

Cuando los líderes perciben que las personas de su alrededor los juzgan duramente y no les dan ninguna oportunidad de explicarse, puede que se pongan a la defensiva y que incluso acaben tornándose maquiavélicos. He tenido que convencer a muchos líderes para que, después de leer evaluaciones de sus subordinados, «entierren el hacha de guerra», ya que tienen la sensación de que se les está criticando injustamente a partir de las declaraciones que yo he ido recopilando. Su primera reacción suele ser convocar una reunión y enfrentarse a aquellos que los han evaluado. Recuerdo a un airado vicepresidente que se puso a gritarme:

—¡¿Se puede saber quién demonios ha dicho esto?!

Yo entendía a la perfección que se sintiera así; él veía que los demás sacaban conclusiones sin darle la oportunidad de explicarse. Le recordé que había aceptado mantener las respuestas anónimas. Eso lo enfureció todavía más.

—Pues muy bien —rugió—. Ya averiguaré yo quién ha sido.

Yo le expliqué que si los demás percibían el menor indicio de que había salido a la caza del culpable, su reputación quedaría completamente destruida. Finalmente acabó por calmarse, pero la situación fue bastante delicada durante un tiempo.

LA PARADOJA DEL PODER

Si quieres convertirte en un líder trascendente, tras aniquilar la desvinculación, la desorganización y la desinformación, tendrás que enfrentarte al mayor y más temible adversario que hay: tu propio poder.

En su obra maestra *El señor de los anillos*, J. R. R. Tolkien cuenta la historia de la misión para destruir el Anillo Único. El Anillo no solo proporciona poder, sino que somete a servidumbre a cualquiera que se lo ponga. Es una alegoría de lo que realmente pasa en nuestro mundo cada día: los líderes poderosos, incluso los más idealistas y que tienen la mejor de las intenciones, sucumben ante el ansia de convertirse en personas más importantes, más respetadas y más admiradas. En resumen, en personas más poderosas.

Para Tolkien, el poder es siempre malvado. La mayoría de sus personajes buenos preguntan si el Anillo podría usarse con un objetivo bueno. La respuesta de Tolkien es un no rotundo; el mal solo puede causar mal, independientemente de si las intenciones iniciales son buenas o no. Y esa es la razón por la que, cuando Frodo le ofrece el Anillo, el sabio Gandalf responde, gritando:

«—¡No, no! Mi poder sería entonces demasiado grande y terrible. Conmigo el Anillo adquiriría un poder todavía mayor y más mortal. ¡No me tientes! Pues no quiero convertirme en algo semejante al Señor Oscuro. Todo mi interés por el Anillo se basa en [...] [mi] deseo de poder hacer el bien».[27]

La alegoría de Tolkien no va nada desencaminada. Las investigaciones han demostrado que el poder excita los mismos centros neuronales que responden a la cocaína.[28] La sensación de poder aumenta los niveles de testosterona y de su derivado, el androstenediol-3α, tanto en mujeres como en hombres. Esto, a su vez, lleva a mayores niveles de dopamina, lo que engaña a los circuitos neuronales de recompensa y produce un placer espectacular a corto plazo, aunque, a largo plazo, lleva a una adicción miserable. En otras palabras, literalmente, el poder se te sube a la cabeza. Es adictivo y, si sucumbes a él, puede acabar destruyendo tu vida.

Tómate esto como un aviso muy serio. Si eres capaz de ganarte la confianza y el compromiso de tus seguidores, conseguirás un poder tremendo. Pero este mismo poder hará que te conviertas en alguien que no es de confianza. El psicólogo americano Dacher Keltner lo denomina «la paradoja del poder». «Ser una persona agradable es el mejor camino hacia el poder», escribe, «pero, con certeza, lograr poder hace que las personas se vuelvan desagradables. La seducción del poder nos lleva a perder precisamente esas habilidades que nos han llevado a conseguir el poder». En palabras de Lord Acton, historiador británico y amigo de Tolkien: «El poder corrompe; el poder absoluto corrompe absolutamente».

Muchas investigaciones de psicología social respaldan la afirmación de Acton: el poder lleva a las personas a actuar de modo impulsivo y a no tener en cuenta los sentimientos y deseos de los demás. El poder anima a los humanos a actuar a merced de sus propios caprichos, deseos e impulsos. Cuando los investigadores conceden poder a personas en experimentos, tienen más tendencia a tocar físicamente a los demás de forma inapropiada, a flirtear más agresivamente, a hacer decisiones y apuestas más arriesgadas, a hacer ofertas imprudentes en las negociaciones y a decir lo que piensan sin aplicar filtros sociales. Devoran las galletas como el Monstruo de las galletas de Plaza Sésamo, con las migas cayéndoles por la barbilla y el pecho.

Las personas que se sienten poderosas tienen más tendencia a tener aventuras amorosas, conducir de forma temeraria, mentir, hurtar en tiendas y argumentar que es justificable que ellos rompan reglas que los demás deberían seguir. El poder parece llevar al egocentrismo. En experimentos donde se les pide a las personas que tracen la letra *E* sobre su frente, las personas poderosas muestran más tendencia a dibujarla en la dirección de lectura para ellos, al revés de como la leería alguien que les observara; estas personas ya no ven el mundo desde el punto de vista de los demás.

Quizá resulta más preocupante la gran cantidad de pruebas que hay de que tener poder hace que las personas muestren más tendencia a actuar como psicópatas. Los estudios demuestran que un 20 % de los líderes empresariales y gubernamentales muestran tendencias psicopáticas y narcisistas, lo que supone más o menos la misma proporción que la que hay entre los presos; en comparación al 1 % de la población general.[29] Los individuos con mucho poder tienen más tendencia a interrumpir a los demás, hablar fuera de turno y no mirar a las personas que están hablando. También es más posible que hagan bromas humillantes y hostiles. Las encuestas en organizaciones muestran que la mayoría de los comportamientos desagradables (gritos, obscenidades, acoso sexual y críticas destructivas) vienen de individuos en posiciones de poder.

Keltner afirma que las personas con poder tienden a actuar como enfermos mentales con daños en los lóbulos orbitofrontales (la región de los lóbulos frontales que se encuentra justo detrás de las cuencas oculares), una enfermedad que parece causar un comportamiento excesivamente impulsivo e insensible. Sugiere que «la experiencia del poder es similar a que alguien te abra el cráneo y extraiga la parte de tu cerebro que es esencial para la empatía y el comportamiento socialmente adecuado». La paradoja es que el poder se concede a las personas confiables para avanzar al grupo hacia el bien común pero, en cuanto alguien lo recibe, esta persona tiende a abusar de él.

Hay mucha evidencia empírica en el mundo de los negocios para respaldar las conclusiones de Keltner. Un estudio de 2016 de investigadores de Stanford identificó las siguientes infracciones en 38 eventos que aparecieron en las noticias entre 2000 y 2015:

Un 34 % estaba relacionado con informes de que un director ejecutivo había mentido a la junta o a los accionistas sobre asuntos personales, como infracciones por conducción bajo los efectos del alcohol, antecedentes penales, falsificaciones de credenciales y otros comportamientos o acciones.

Un 21 % estaba relacionado con aventuras o relaciones sexuales con un subordinado, contratista o consultor.

Un 16 % estaba relacionado con directores ejecutivos que habían hecho uso de fondos de la empresa de un modo cuestionable, aunque no estrictamente ilegal.

Un 16 % estaba relacionado con comportamientos personales ofensivos o lenguaje ofensivo por parte de un director ejecutivo.

Un 13 % estaba relacionado con directores ejecutivos que habían hecho públicamente afirmaciones controvertidas ofensivas para los clientes o para grupos sociales concretos.[30]

Estas infracciones no salen baratas. Según *Fortune*, cuando un director ejecutivo se permite este tipo de comportamientos, el costo promedio para la compañía debido a pérdidas en la capitalización bursátil (caídas en sus acciones) supone 226 millones de dólares en solo tres días.

Hay una fábula que explica la situación: un escorpión quiere cruzar el río, pero como no sabe nadar, le pide a una rana que lo lleve al otro lado. La rana responde:

—Si te cargo a cuestas, me picarás.

—No lo haré; eso iría en contra de mis intereses y ambos acabaríamos ahogándonos —afirma el escorpión.

La rana le da vueltas al argumento y acaba por aceptar la propuesta. Se carga a la espalda al escorpión y desafía las peligrosas aguas del río, pero a mitad del camino nota un dolor ardiente en la espalda y advierte que el escorpión, a pesar de su promesa, la ha picado. Mientras ambos se hunden bajo las aguas, la rana grita:

—Pero, escorpión, ¿por qué me has picado? ¡Ahora nos ahogaremos los dos!

A lo que el escorpión replica:

—No puedo evitarlo; así es mi naturaleza.

Por desgracia, el poder tiene una naturaleza similar a la del escorpión. Incluso aunque las conductas narcisistas de la autoridad y el control sean tóxicas para sus intereses, la mayoría de las personas en una posición de poder no puede evitar comportarse así. De forma invariable, acabarán picando a sus seguidores y hundiéndose con ellos en un río de desilusión, desvinculación y desconfianza.

La regla de oro indica lo siguiente: «Haz a los demás lo que quieras que te hagan a ti, y no hagas a los demás lo que no quieres que te hagan a ti». La mayoría de las personas aceptan esto en teoría pero, a la hora de la verdad, no lo siguen. Y lo desoyen aún más abiertamente cuando están en posiciones de poder. ¿Es posible ejercer el poder del liderazgo organizativo sin ser corrompido por él? ¿O pasa lo mismo que con el Anillo de Tolkien, que esclaviza como siervo del mal a quien lo lleva puesto? Y, de forma más personal, si alcanzas este tipo de poder, ¿cómo puedes usarlo para el bien?

Si quieres estar al frente de una empresa comprometida, debes ir más allá de la comprensión intelectual. Necesitas tener una integridad heroica ante el poder corruptor y trabajar de forma honrada, respetuosa, justa, abierta, humilde, servicial e inspiradora. Sin esto, no tienes ninguna oportunidad de vincular a tus seguidores. Estos comportamientos no pueden fingirse. Si no son algo que surge de tus valores más arraigados y que se aplica con habilidad, tienes muchas posibilidades de fracasar. Y si no eres una persona disciplinada y consciente de sí misma a un nivel casi sobrehumano, corres el peligro de acabar por traicionar a tus seguidores en cuanto tengas que enfrentarte a las pruebas de la influencia corruptora del poder y a la actitud hipersensible e hipercrítica de tus seguidores.

TUS EMPLEADOS SON TU ESPEJO

Tus comportamientos de liderazgo no son solo tus acciones directas. Como líder, expresas tus valores a través de tus elecciones de sistemas, estrategias y procesos. Tienes el poder de definir (o, al menos, de influir significativamente) en la forma que tiene tu empresa de reclutar, seleccionar y contratar a las personas, de formarlas y hacerlas relacionarse con las demás, de premiarlas y ascenderlas, y de amonestarlas, rebajarlas de nivel e incluso despedirlas. Cada uno de estos procesos existe con tu aprobación y comunica a tu empresa qué es importante, adecuado y justo para ti. De un modo similar, todos los gerentes de tu organización tienen el puesto que tienen con tu aprobación, de modo que sus comportamientos reflejan tus valores y creencias mucho más de lo que tú escribas o digas (y quizá aún más de lo que tú mismo hagas).

A menudo oigo a gerentes quejarse por haber heredado una plantilla o empleado disfuncionales, o lamentándose de tener a una persona con un rendimiento excepcional (en la dimensión Eso) pero cuyas relaciones interpersonales dejan muchísimo que desear (lo que quiere decir que no tiene ningún tipo de capacidad de preocuparse por las dimensiones Nosotros y Yo). Puede que estas quejas estén bien fundadas, pero en el momento en que un líder acepta una posición con el poder de ascender, descender, contratar y despedir, ya no tiene excusa. Cualquier persona que esté en su equipo es alguien a quienes ellos han elegido, ya sea de forma explícita o implícita. Y esa aprobación es lo que transmite sus verdaderos valores al resto de la organización.

Los beneficios de la dimensión Eso de ser una máquina cascarrabias de hacer dinero son obvios, pero los costos en las dimensiones Nosotros y Yo no lo son. Por ejemplo, el comité de dirección de un bufete de abogados recibió un duro llamado de atención cuando advirtieron que el índice de renuncia de sus empleados estaba disparándose. Estaban perdiendo a algunos de sus mejores talentos. Tuvieron que enfrentarse a algunas decisiones complicadas cuando descubrieron que algunos de sus mejores abogados (según la opinión de sus clientes) eran algunos de los peores líderes (según la opinión de sus empleados). Al dejarse llevar por el entusiasmo de ofrecer un servicio excelente a sus clientes, los abogados exigían perfección a sus empleados. A corto plazo, la satisfacción y los ingresos del bufete aumentaron. Pero a largo plazo, los costos de los índices de renuncia acabaron por resultar todavía más elevados. Las personas se unían a la empresa debido a su fama, pero la abandonaban por sus directivos. Tras años considerando a las personas como recursos desechables, a las que contrataban y despedían constantemente, la empresa tenía muchos problemas. Me llamaron porque su pérdida de talento y una reputación cada vez peor en el mercado laboral amenazaban su viabilidad.

El comité de gestión me pidió que trabajara con algunos de sus casos más «problemáticos» para ayudarles a cambiar.

—¿Y para qué van a querer cambiar? —les pregunté, a modo de reflexión—. Están siendo premiados constantemente por sus resultados. Reciben ascensos por sus comportamientos agresivos por parte de líderes que eran tan exigentes con ellos como lo son ellos ahora con los empleados más recientes.

Tras un silencio incómodo, uno de los abogados confesó:

—Nosotros éramos... bueno, no, nosotros *somos* esos líderes exigentes.

Les sugerí que el primer paso para ellos era decidir con claridad el tipo de cultura que querían y hasta qué punto estarían dispuestos a llegar a la hora de cambiar *su* comportamiento para convertirse en modelos a seguir de esa cultura. Remarqué que predicar con el ejemplo en este tipo de casos implicaba, de forma crucial, definir los mecanismos de recompensa y ascenso de la empresa y aceptar que algunos de sus «mejores trabajadores», reacios a estos cambios, pudieran decidir irse del bufete.

En golf hay una variante de juego que se llama «*best ball scramble*». El jugador golpea dos bolas en cada hoyo. Hace dos golpes, elige el mejor, golpea dos bolas más desde ese punto y así sucesivamente hasta que mete una bola en el hoyo. Hay otra variante que se llama «*worst ball scramble*» que es exactamente todo lo contrario. El jugador hace dos golpes, elige el peor, golpea dos bolas más desde ese punto y así continúa golpeando desde la peor ubicación hasta que consigue meter dos bolas en el hoyo. El golf es difícil, pero el *worst ball scramble* es endiablado. No puedes permitirte golpes malos, ya que los efectos de cada error son acumulativos.

El liderazgo es como una partida de *worst ball scramble* en dos aspectos: en primer lugar, cada líder se evalúa según sus puntos más débiles. Para conseguir el compromiso interno de sus seguidores, un líder debe tener un dominio elevado y constante en las dimensiones Eso, Nosotros y Yo. Necesita mostrar capacidad para los negocios, inteligencia social e integridad personal. Cualquier error se irá acumulando para socavar el rendimiento en todas las demás áreas.

En segundo lugar, y lo que supone todavía una exigencia mayor, el liderazgo es un deporte de equipo. La autoridad de cada ejecutivo deriva del director ejecutivo quien, por lo tanto, suscribe y es el responsable último del comportamiento de todos los miembros de su equipo. Cualquier gerente que se comporte de forma incoherente con el propósito y los valores de la empresa mancha la reputación de todo el equipo directivo. Todos los gerentes tienen que actuar de la mejor forma posible en todo momento, ya que el equipo directivo se evaluará a partir del rendimiento de sus miembros más débiles.

Es obvio que, en los negocios, las personas empiezan en un puesto atraídas por la empresa y lo abandonan desmotivadas por los jefes.[31]

Pero incluso si las personas sienten que conectan con sus supervisores inmediatos, se desentenderán si la empresa asciende y conserva a los malos líderes. Del mismo modo que la puntuación en el *worst ball scramble* depende de los peores golpes, las puntuaciones de vinculación dependen del comportamiento de los peores líderes. Esto supone una carga mucho más pesada para cada líder. No solo deben dar lo mejor de sí mismos, sino que no pueden aceptar nada menos que la excelencia de cada uno de los miembros de su equipo directivo.

LA REGLA DE CERO TABÚES: ENFRENTARSE AL ESPEJO

En cuanto te comprometes a liderar de verdad, tu equipo y tú deben repasar su comportamiento con frecuencia. Tendrán que comprobar las señales que está recibiendo la organización por parte de todos ustedes para evitar contradicciones que destruyan la vinculación de los demás. (Recuerda que lo que importa no es tanto el mensaje que ustedes creen estar enviando, sino el que ellos crean estar recibiendo). Esto puedes conseguirlo capacitando y animando a tus empleados para que te avisen cuando vean cualquier diferencia entre tus valores proclamados y tus acciones (especialmente cuando no estás de acuerdo con ellos). Debes invitarles a hablar con libertad y darles las gracias por haberlo hecho. Para dirigir con efectividad, no puede haber temas tabúes.

Aquí tienes un ejemplo de lo que yo denomino «enfrentarse al espejo». Unos pocos meses después de unirme a LinkedIn, Jeff Weiner, el director ejecutivo, me pidió que lo ayudara a convertirse en el mejor líder que pudiera llegar a ser.[32] Le sugerí que empezáramos por una evaluación de 360 grados. Hice una en profundidad no solo con instrumentos cuantitativos, sino con entrevistas abiertas con veinte personas que interactuaban con él (miembros de la junta, subalternos directos, empleados de nivel medio...). Este tipo de evaluación es muy intensa, ya que hago preguntas difíciles y le proporciono al cliente fragmentos de las respuestas como datos sin procesar que analizamos juntos.

126

En el caso de Jeff, algunas de las preguntas que hice a los entrevistados fueron:

¿Qué es lo que más te gusta de Jeff como líder?

¿Puedes decirme algo que Jeff pudiera cambiar para ser un mejor líder?

¿Ves alguna diferencia entre los valores proclamados por Jeff y lo que hace en realidad?

¿Qué cosa te gustaría comentar con Jeff pero tienes miedo de que pueda enfadarse?

El objetivo de este trabajo era ayudar a Jeff a advertir que los comentarios positivos que oía a menudo no eran la totalidad de lo que los demás decían de él, especialmente cuando él no estaba delante. La evaluación serviría para ayudarle a hacerse una idea de la percepción que tenían las partes interesadas sobre sus puntos fuertes y los que podría mejorar, además de ayudarle a iniciar conversaciones con las personas que lo rodeaban sobre temas que quizá podría costarles abordar. El informe era una oportunidad para comentar cualquier cosa que pudiera servirles para trabajar mejor juntos.

Jeff llevaba oyendo mis hipótesis sobre la desvinculación, desorganización, desinformación y desilusión desde que nos habíamos conocido, en 2006. Comprendía lo peligrosas que son estas dinámicas para cualquier organización y se había comprometido a refrenarlas (como corresponde a un líder trascendente). Ese era el motivo por el que quería aprender a seguir desarrollando sus comportamientos constructivos y resolver cualquier incoherencia que pudiera percibirse entre sus declaraciones y sus acciones o las lagunas que hubiera entre sus intenciones y la experiencia que tuvieran los demás con él, y hacer que esos temas se convirtieran en un tema de conversación.

El lado positivo era que los demás admiraban la energía inspiradora de Jeff y su capacidad de trazar una visión muy amplia y, a la vez, comprender los detalles tácticos cruciales necesarios para materializar esta visión. Creían que Jeff contaba con una mente voraz que podía organizar grandes cantidades de información, hacer buenas preguntas y ofrecer indicaciones convincentes. Se sentían agradecidos por su forma de alentarlos y de dirigir con compasión.

Sonsacarles información sobre los puntos débiles de Jeff fue algo más complicado. Expliqué a los entrevistados que el objetivo era ayudar a Jeff a crecer y que, para eso, yo tenía que averiguar cómo podía satisfacer su deseo de estar en constante mejora. Las respuestas me proporcionaron un material bastante bueno. No me resultó sorprendente descubrir que las debilidades de Jeff eran el lado oscuro de sus puntos fuertes.

Por ejemplo, la forma de interactuar de Jeff, que según cómo podía percibirse como una interrogación intensa, a veces se entendía como una reluctancia a aceptar información que lo contradijera. Este hábito disuadía a los demás de presentarle información, ya que no querían tener que enfrentarse a su aguda mente. Otro problema era que, a veces, sus preguntas podían parecer retóricas. Sus colaboradores creían que, en ocasiones, Jeff ya había decidido de antemano lo que quería pero que, en vez de dejar claro lo que pensaba, esperaba que los demás lo descubrieran mediante un cuestionamiento socrático. Este comportamiento podía parecer condescendiente y estrecho de miras para los demás. Otro (sorprendente) descubrimiento fue que, dada la intensidad de Jeff, su amabilidad a veces podía llegar a parecerle de mal agüero a los demás. «Cuando es tan "amable", queda claro que tú has metido la pata y que él se está conteniendo», explicó uno de los entrevistados. Y otra crítica fue que la energía, el carisma y el entusiasmo de Jeff podían llegar a distorsionar la realidad de los demás. «Jeff es tan intenso que los demás se dejan arrastrar por su pasión y acaban perdiendo su propia perspectiva», afirmó alguien.

La solución para equilibrar a un buen líder no es atenuar su luz sino, en vez de ello, complementar su sabiduría con compasión. Los resultados del informe se convirtieron en los temas de las conversaciones individuales entre Jeff y cada uno de los miembros de su equipo, además de hablarlo en grupo con todo el equipo directivo. Por petición de Jeff, le dieron ejemplos concretos de áreas en las que hubiera malentendidos para que él pudiera identificar los comportamientos específicos (y su estado interior cuando actuaba así) que creaban barreras entre él y los demás a su alrededor. Esto también le permitió explicarle a su equipo lo que quería conseguir cuando se comportaba de estas formas. Con toda esta información, Jeff y su equipo buscaron formas mejores de suplir las necesidades de todos.

Los entrevistados necesitaron una actitud valiente y muy abierta para poder transmitirle sus valoraciones a Jeff, y Jeff también necesitó tener la misma cantidad de valentía y apertura mental para reflexionar sobre todo esto y abordarlo con ellos de forma pública. Pero la recompensa fue significativa. Cada uno de los ejecutivos sénior indicó más adelante que el de Jeff fue el mejor equipo directivo del que habían formado parte.

Para añadirle otro vuelco a la historia, antes de tener la última sesión para comentar los resultados con Jeff, el consejo de directores de LinkedIn le pidió al vicepresidente sénior de talento que redactara una evaluación de rendimiento del director ejecutivo. Este tipo de evaluaciones suelen hacerlas consultorías externas y examinan mayoritariamente las habilidades técnicas (la dimensión Eso). Puede que se aborden algunos puntos sobre capacidades de liderazgo, pero se centran en su inteligencia para los negocios.

Cuando el vicepresidente sénior nos planteó el tema, Jeff sugirió (en lo que a mí me pareció una maniobra muy atrevida) presentarle al consejo el informe que yo ya estaba preparando para él. Yo me opuse a la idea porque mi diagnóstico estaba hecho para el desarrollo de su liderazgo, no para su evaluación. Es algo demasiado personal e íntimo como para compartirlo con nadie (y ya ni hablar de consejo directivo). De hecho, ni siquiera le doy el informe por adelantado al sujeto en cuestión, ya que he aprendido que la mayoría de las personas necesitan ayuda para procesar la información retadora que generalmente contiene.

Pero como Jeff insistió, creé un informe resumido para el consejo que presenté con Jeff presente. Como había pasado ya con su equipo, el informe llevó a una conversación muy productiva sobre cómo Jeff y el consejo podían trabajar mejor juntos y, además, de qué modo Jeff se iba a centrar en ser un líder todavía mejor a partir de los resultados de la evaluación. Varios miembros del consejo alabaron a Jeff por su transparencia y comentaron que su evaluación como director ejecutivo había sido la más constructiva en la que habían participado.

Martin Winterkorn y Jeff Weiner representan los extremos opuestos del amplio espectro del liderazgo. Winterkorn era incapaz de mirar en el espejo metafórico y tener el tipo de introspección profunda necesaria para convertirse en un líder inspirador. Era incapaz de oír malas noticias y de tolerar las críticas; en vez de atribuir las malas consecuencias a su mal comportamiento, achacaba la culpa a los demás. Creó una cultura de miedo que llevó a unos resultados desastrosos. En comparación, Jeff tuvo la valentía de examinarse a sí mismo con la comprensión de que hacerlo es un requisito esencial para el liderazgo. Y al hacerlo, fomentó una cultura de transparencia e integridad radicales en LinkedIn. Las personas con más talento del mundo seguramente no darían lo mejor de sí para una persona como Winterkorn, pero en 2016, votaron a Jeff como el líder más admirado de Silicon Valley.[33]

En una ocasión, mientras el tren en el que iba Gandhi salía de una estación, un reportero europeo corrió a la ventana de su compartimiento.

—¿Tiene usted un mensaje que yo pueda transmitir a los británicos? —le preguntó.

Era el día de silencio de Gandhi, un descanso vital de su repleta agenda de charlas y discursos, así que este no contestó. En vez de eso, garrapateó estas palabras en un trozo de papel y se lo tendió al reportero: «Mi vida es mi mensaje».

La idea no es únicamente que no puedes limitarte a «decir» cuáles son tus valores; ni siquiera puedes solamente «ponerlos en práctica» (como un comportamiento puramente laboral). Si quieres evitar las aflicciones de la desvinculación, la desorganización, la desinformación y la desilusión, debes «vivir» completamente tus valores de un modo que transmitas a todo el mundo, en todo momento, que este es el compromiso que define tu vida.

PARTE 2
SOLUCIONES BLANDAS

Capítulo 6
MOTIVACIÓN

PROPÓSITOS, PRINCIPIOS Y PERSONAS

Si quieres construir un barco, no empieces por juntar personas y asignarles tareas y trabajos. Más bien, enséñales a anhelar la infinita inmensidad del mar.

—Antoine de Saint-Exupéry

Un economista y una persona que no es un economista van caminando por la calle. El que no es economista dice:

—¡Mira! ¡Hay un billete de veinte dólares en la acera!

El economista responde:

—Eso es imposible. Si fuera realmente un billete de veinte dólares, a estas alturas ya lo habría recogido alguien.

Del mismo modo que la naturaleza aborrece el vacío, los economistas aborrecemos a las oportunidades inexplotadas. Nos parece un sinsentido que haya un billete de veinte dólares en la acera; alguien lo habría recogido instantes después de que cayera.

Involucrar a los empleados es un potenciador increíble de la productividad; es como recoger billetes de mil de dólares de la acera. Pero la vasta mayoría de los líderes se limita a desaprovechar a sus empleados, dejándolos tal como están: desmotivados e indiferentes. Esto no tiene ningún sentido económico. Si las empresas estadounidenses están perdiendo aproximadamente 300.000 millones al año en productividad,[1] además de las pérdidas adicionales de talento, participación de mercado y beneficios por culpa de la desvinculación, ¿por qué los líderes que buscan mejores resultados no hacen nada al respecto? Y si ellos no hacen lo suficiente, ¿por qué la competencia del mercado no acaba por reemplazarlos?

Hagamos un experimento mental para entender la enorme ventaja competitiva de la que disfrutan las organizaciones que vinculan a sus trabajadores. Vamos a asumir que trabajas para una de estas empresas. Imagínate que otra compañía, famosa por su cultura tóxica, empleados disfuncionales, trabajo aburridísimo, liderazgo obsesivo y controlador y una marca terrible te contacta. ¿Cuánto dinero adicional debería ofrecerte para conseguir que dejaras tu puesto actual y fueras a trabajar para ella? ¿Y cuánto más tendrían que pagarte para que trabajaras igual de comprometido, cooperativo y creativo como ahora? La mayoría de las personas a las que les hago esta pregunta se niegan a darme un número; simplemente, no se irían. Hay cosas que el dinero no puede comprar.

Dada la enorme ventaja que supone una fuerza de trabajo comprometida, lo lógico sería suponer que, cuando un gerente no motiva a sus trabajadores, su supervisor inmediato lo presionará para conseguir que cambie. Y si este gerente no cambia, el supervisor se pondrá a buscar un sustituto mejor («O la gente cambia, o cambias a la gente», como reza el dicho); y así sucesivamente, subiendo por la jerarquía, hasta llegar al director ejecutivo y al consejo. Si no hacen esto, el valor de la empresa iría disminuyendo hasta ser absorbida por otra o hasta que deban cerrar y otras organizaciones (que involucren más a sus trabajadores) acaben adquiriendo sus activos.

Y aun así, un 90 % de la mano de obra de todo el mundo (y hasta un 98 % en algunos países)[2] sigue sintiéndose alienada de su empresa. Qué desconcertante, ¿no? Una organización con trabajadores alienados que compite contra otra que involucra a sus trabajadores es como un mulo compitiendo con un purasangre. ¿Cómo es posible que siga habiendo empresas, gerentes y culturas que no comprometan a sus trabajadores? Deberían ya haberse extinguido.

Esta incongruencia darwiniana tiene dos razones. La primera es la creencia, tan extendida como errónea, de que lo que las personas quieren por encima de todo es dinero; una creencia que está profundamente arraigada en el modo de dirigir las empresas. La segunda es una cárcel psicológica en la que están atrapados la mayoría de los seres humanos. En la segunda parte, que empieza con este capítulo, describo la creencia errónea y sugiero formas de corregirla. Y aunque esto no es para nada tarea fácil, es la más sencilla. En la tercera parte describo la cárcel psicológica y cómo liberarnos de ella.

Los líderes trascendentes saben que, una vez cubiertas sus necesidades básicas, los seres humanos no se mueven por dinero sino por un propósito significativo, unos principios éticos, personas que les importan y el empoderamiento personal. Son conscientes de que no pueden tentarlos con una zanahoria o amenazarlos con un palo y obtener algo más que su obediencia mecánica.

Tras treinta años de intentar solucionar los problemas de la desvinculación, la desorganización, la desinformación y la desilusión a través de las herramientas económicas típicas, me doy por vencido. Estos problemas hay que abordarlos por el lado personal. La pregunta «¿Cómo puedo motivar a los demás?» aparenta pertenecer a la economía, pero en realidad pertenece a la psicología. Su respuesta está relacionada con la búsqueda humana de sentido y trascendencia. Cuando un líder se conecta a esta sed existencial, ofreciéndoles a sus seguidores la oportunidad de crear una identidad individual y colectiva, de convertirse en alguien de quien se sientan orgullosos, en un grupo del que se sienten igualmente orgullosos, entonces él consigue el recurso más precioso: seres humanos que se comprometen, de todo corazón con la misión organizacional.

MAL TRABAJO, BUEN TRABAJO

La organización Gallup llevó a cabo la investigación empírica más exhaustiva que jamás se ha realizado sobre el tema de la productividad y el compromiso. Examinó más de cuatrocientas organizaciones, entrevistó a ochenta mil directivos e hizo más de dos millones de encuestas. A partir de medidas de rendimiento quantitativas como ventas, beneficios, satisfacción del cliente, rotación de personal y opiniones de los empleados, distinguieron un buen entorno laboral de uno malo.[3]

Las dos primeras experiencias laborales de la hija de un amigo, una *millennial* que acababa de salir de la universidad, ilustran la investigación de Gallup. El primer trabajo de esta joven (llamémosla Amy) duró seis meses y fue de vendedora telefónica en una empresa de *software*. Su trabajo le importaba poco y sabía que no haría carrera dentro de la empresa, pero aceptó el puesto para poder pagarse el alquiler. Le pagaban 20 dólares por hora más un plus si llegaba a sus metas. Su trabajo era llamar por teléfono a personas que ya habían usado el *software* de la empresa para venderles un producto nuevo. El trabajo no tenía nada que ver con los deseos o talentos de Amy; ella no era más que un engranaje en la máquina.

Amy realmente no sabía qué objetivo tenía su trabajo más allá de empujar el producto de la empresa, que ella ni siquiera había usado. No sabía cómo este producto podía beneficiar a los clientes; se limitaba a repetir su charla promocional en una letanía que la dejaba atontada, hora tras hora. Lo único que sabía era que si llegaba a su cupo de ventas la premiarían y que si no alcanzaba su cuota dos meses seguidos, la echarían.

«Mi gerente jamás me felicitaba por mi trabajo, solo me criticaba», me dijo Amy. «Parecía que yo nunca hacía nada bien. Estaba estresadísima todo el tiempo. No tenía las herramientas necesarias para hacer bien mi trabajo. Y no quería preguntarle nada a algún supervisor ya que vi que, cuando mis compañeros pedían ayuda, acababan metiéndose en problemas. Me limitaba a agachar la cabeza y hacer lo que tuviera que hacer. Odiaba ese trabajo. Odiaba a mi jefe, a mis clientes, o los otros empleados y, con el tiempo, acabé por odiarme a mí misma».

Para el enorme alivio de sus padres, Amy acabó por abandonar ese trabajo horrible; y para su alegría, encontró otro donde se ha comprometido en cuerpo y alma. Ahora trabaja para una organización que conecta por Internet a vecinos del mismo barrio creando comunidad. Ella cree que esta organización hace algo bueno en el mundo. Se siente agradecida de poder participar en un objetivo noble, acompañada de personas que la respaldan. Entiende bien dónde encajan sus esfuerzos en la panorámica general de la organización y, además, sabe que su trabajo impacta en muchas vidas para mejor.

Amy sabe qué se espera de ella y sus superiores confían en que hará lo que tenga que hacer, sin necesidad de controlarla en cada pequeño detalle. Tiene mucha flexibilidad y autonomía a la hora de trabajar y coordinarse con sus compañeros. Sabe que su gerente está ahí para respaldarla y ayudarla a crecer. El gerente siempre está a su disposición y a menudo le pregunta a Amy si necesita herramientas, materiales o formación para poder hacer mejor su trabajo. Hablan con regularidad sobre la carrera profesional de Amy y él la anima a trazarse una trayectoria donde pueda sacarle el máximo provecho a sus talentos y pasiones.

Amy da lo mejor de sí y su supervisor le da el reconocimiento merecido por sus esfuerzos con abundantes elogios. Amy se siente útil y en sintonía con el trabajo que encaja mejor con ella. Las personas que la rodean se preocupan por ella. Algunos de sus mejores amigos son sus compañeros de trabajo. Ella les ayuda y los ve prosperar, y ellos a ella. Si hay algún desacuerdo dentro del equipo de Amy, analizan la situación y confían en que su inteligencia colectiva los llevará a una resolución sensata que integre las necesidades y perspectivas de todos.

Amy siente que forma parte de un equipo de alto rendimiento, donde todos se comprometen a hacer un trabajo de calidad. Se siente orgullosa de lo que hace, de cómo lo hace, de para qué lo hace y de con quién lo hace y para quién lo hace. En fin, se siente orgullosa de ella misma. Cambiar de trabajo ni se le pasa por la cabeza; quiere crecer en su organización y ayudarla a prosperar.

Según un estudio de 2014 de trescientas empresas, un 94 % de los *millenials* quiere usar sus habilidades para hacer algo bueno en el mundo.[4] Más del 50 % afirma que aceptarían cobrar menos para encontrar un trabajo acorde con sus valores.[5] Si no quieres dejar todos estos billetes de mil dólares tirados en la acera y comprometer al equipo que diriges, necesitas dejar atrás la ilusión de que las recompensas extrínsecas son lo que más importa a los empleados. Debes dejar de fijarte únicamente en los bienes materiales y centrarte en los espirituales.

LOS CUATRO PILARES DE LA MOTIVACIÓN INTRÍNSECA

Las organizaciones que consiguen implicar a sus empleados se basan en lo que yo denomino los «cuatro pilares» de la motivación intrínseca:

1. Propósito: Significatividad, sentido, impacto, servicio, trascendencia de uno mismo

2. Principios: Integridad, ética, moralidad, bondad, verdad, dignidad

3. Personas: Sentimiento de pertenencia, conexión, comunidad, reconocimiento, respeto, alabanzas

4. Autonomía: Libertad, creatividad, satisfacción, aprendizaje, dominio personal

EL DINERO NO MOTIVA

El problema de la empresa de *software* donde inicialmente trabajó Amy es que asume que el dinero es el principal motivo por el que trabajan las personas. Esta es una creencia errónea que se ha enquistado en nuestra cultura desde que Adam Smith describiera la productividad de la fábrica de alfileres en *La riqueza de las naciones*.[6] A los directivos se les ha enseñado que los incentivos monetarios y los controles del comportamiento son las herramientas esenciales (o las únicas que hay) para gerenciar a sus empleados. Esta presuposición es como un mandamiento sagrado e indiscutible.

A los humanos nos importan los bienes materiales, por supuesto, pero para la mayoría de nosotros ese interés solo llega hasta el punto de tener lo suficiente para nosotros mismos y nuestras personas queridas. Después, la importancia del dinero adicional y las cosas que con este se pueden adquirir cae en picada. Como podría decir un economista con una inclinación por el lenguaje críptico: «La utilidad marginal del ingreso decrece a tasa creciente».

Según Frederick Herzberg, psicólogo de administración de empresas, las recompensas materiales son un «factor de higiene».[7] Esto significa que, si faltan o son injustas, esto puede hacer que las personas se desvinculen de la empresa, pero su presencia no hace que se comprometan. Como el autor Daniel Pink comenta, en lo referente a la motivación el único motivo para poner el tema del dinero sobre la mesa es para poder quitarlo de la mesa.[8]

Entender incorrectamente este hecho sobre la naturaleza humana tiene consecuencias perversas. Por ejemplo, según una encuesta de Gallup de 2013, dos tercios de los trabajadores estadounidenses seguirían trabajando incluso aunque tuvieran diez millones de dólares.[9] Las personas tienen tantas ganas de trabajar que el dinero les importa poco. Pero cuando van a trabajar y se sienten desvinculados, a duras penas pueden esperar al final del día. La triste realidad es que las organizaciones están diseñadas, lideradas y gerenciadas para exprimir a los trabajadores al máximo en vez de inspirarles a dar lo mejor de sí, a pesar de la evidencia aplastante de que aquellos que intercambian calidad por cantidad en materia de esfuerzo terminan sin cantidad ni calidad.

Los premios y los castigos llevan, indudablemente, al cumplimiento. Si tu objetivo es conseguir que las personas te obedezcan, sobornarlas o amenazarlas da resultado. Pero si tu objetivo es ganarte su compromiso, entonces los premios y castigos son inútiles. De hecho, no solo son inútiles, sino que resultan contraproducentes.[10] Las personas no somos como ratas en un laberinto o como los perros de Pavlov que responden a una campana, aunque si se nos trata de este modo se nos induce a comportarnos así. Los incentivos monetarios no pueden inspirar las ganas de hacer lo mejor, de colaborar por un objetivo común o de apoyar la toma inteligente de decisiones. Los incentivos monetarios son emocionalmente inertes; pueden llenar los bolsillos, pero no el corazón. Lo que es más, los incentivos monetarios son fáciles de igualar, así que no suponen una ventaja competitiva para ninguna empresas a la hora de reclutar, retener y comprometer a los mejores seres humanos.

Si lo pensamos de forma lógica parece que dos formas de motivar a los empleados son mejores que una. Pero para la matemática del corazón, las razones no son aditivas. A veces, en vez de sumar, el motivo económico resta. De hecho, cuarenta años de investigaciones económicas y psicológicas demuestran que «añadir incentivos financieros a situaciones en las que las personas están motivadas a trabajar mucho y bien parece socavar en vez de reforzar los motivos que ya tienen estas personas», indica el psicólogo Barry Schwartz. «La motivación extrínseca, como el dinero, debilita la motivación intrínseca».[11] Cuanto más use una empresa las recompensas y sanciones materiales para impulsar un comportamiento determinado, menos motivación interna y discrecional invertirán los empleados.

Hay un estudio muy ilustrativo del economista Uri Gneezy, quien describió una guardería de Israel que quería incentivar a los padres a pasar a recoger a sus hijos con puntualidad.[12] Cada vez había más padres que llegaban tarde a buscar a sus hijos (Gneezy y su mujer incluidos), a pesar de las peticiones de la mujer que dirigía el centro. Así que esta directora decidió imponer una pequeña multa por tardanza a los padres para darles un motivo adicional para llegar a tiempo. Llegar tarde no solo implicaría romper con el compromiso de recoger puntualmente a sus hijos sino que, además, supondría un costo económico.

De forma sorprendente, los retrasos aumentaron a partir de esta decisión. Antes de imponer la multa, aproximadamente una cuarta parte de los padres llegaba tarde. Varias semanas después de empezar a aplicar la multa, un 40 % de los padres se retrasaba. Gneezy descubrió que los padres interpretaban la multa no como un castigo por su transgresión sino como un pago por un servicio de guardería ampliado. Y como la multa era muy baja, la pagaban con alegría. Habían perdido la noción de que esto fuera una infracción ética. Llegar tarde había dejado de ser «incorrecto» para convertirse en «conveniente». En esencia, las multas socavaban lo que hasta el momento había sido una conversación ética sobre la necesidad de los maestros de terminar a tiempo para llegar a sus casas y reunirse con sus familias.

Los incentivos financieros pueden reformular peligrosamente la pregunta en la mente de las personas de «¿Es esto correcto?» a «¿Es esto conveniente?». Una vez perdida, cuesta recobrar esta dimensión ética. Cuando decidieron quitar las multas en esta guardería israelí, el porcentaje de padres que llegaban tarde aumentó aproximadamente al 50 %. Económicamente hablando, esto tiene todo el sentido del mundo. Cuando la multa por este tiempo extra de guardería bajó a cero, la demanda aumentó. Llegar tarde había pasado a ser, sencillamente, cómodo y gratuito. La preocupación por las implicaciones éticas había desaparecido.

Hay un principio en economía que se llama la ley de Gresham. Esta ley afirma que el dinero «malo» acaba por expulsar el dinero «bueno». Por ejemplo, si hay dos formas de dinero mercancía en circulación (digamos, por ejemplo, monedas acuñadas en oro) que legalmente tienen el mismo valor nominal, la moneda con un mayor valor intrínseco (es decir, con más contenido en oro) desaparecerá de circulación a medida que las personas vayan haciendo acopio de ellas. Por lo tanto, si el dinero «bueno» y el dinero «malo» deben aceptarse, por ley, con el mismo valor, el dinero «malo» acabará por dominar la circulación. Las personas preferirán gastar las monedas «malas» en vez de las «buenas» y se guardarán las «buenas» para sí.[13]

En la motivación de los empleados hay una ley parecida: los incentivos económicos (malos) acaban por expulsar a los incentivos éticos (buenos), como lo muestra el ejemplo de la guardería. Cuanto más se base un líder en los incentivos materiales, menos podrá basarse en el compromiso de los empleados. Y cuanto menos pueda basarse en ese compromiso, más tendrá que utilizar los incentivos económicos. Es un ciclo vicioso y fútil, porque es imposible que los incentivos económicos puedan producir la excelencia. Los incentivos económicos nunca podrán motivar a las personas a hacer un buen trabajo porque quieran hacerlo, porque les importa y porque es lo correcto.

POR QUÉ EL SENTIDO GANA AL DINERO

Desde el punto de vista económico, el sentido gana al dinero por tres motivos. En primer lugar, como ya he explicado, los bienes materiales son exclusivos. Hay una cantidad limitada de dinero para repartir. Así que, si yo me llevo una mayor porción del fondo de incentivos como recompensa por mi rendimiento, a ti te quedará una porción menor. Si eres tú quien se lleva más, soy yo quien se queda con menos. Y si ambos nos llevamos más, entonces los accionistas se quedan con menos. El reparto de bienes materiales siempre corre el riesgo de que haya ganadores y perdedores: rivalidad, disputas territoriales, riñas, envidias y resentimiento.

Los bienes no materiales como el sentido, el propósito, el orgullo ético, la autonomía y la sensación de pertenencia no son exclusivos. Si te sientes inspirado por la misión de la empresa, esto no disminuye mi propia inspiración. Todo lo contrario: las recompensas no materiales hacen que haya más pastel para todos en vez de repartirlo cada vez en porciones más pequeñas. Las comunidades que comparten una misma visión disfrutan de un efecto de red que aumenta la inspiración y la sensación de pertenencia para cada uno de sus miembros. Si tú te sientes sinceramente orgulloso de los valores que sostiene nuestra organización y que ejemplificamos a través de nuestro trabajo, eso no disminuye mi orgullo por lo mismo. Y si ambos nos sentimos orgullosos de nuestra empresa, eso no restará nada al orgullo que puedan sentir a su vez los accionistas. De hecho, cada uno de nosotros hace que los demás se sientan incluso más orgullosos.

En segundo lugar, el valor de los bienes materiales está desconectado del modo en que se consiguen. Ya sea que yo reciba el dinero porque me lo merezco, porque todo el mundo recibe lo mismo o porque engaño al sistema, el dinero vale lo mismo para mí. En el sentido puramente económico, soy un «mercenario»; es decir, lo único que me importa es conseguir la máxima compensación con el mínimo esfuerzo.

Los bienes no materiales, por otro lado, dependen altamente del modo en que se consiguen. Si soy un mercenario, no me importa el noble propósito de mi empresa. Por lo tanto, el valor del aspecto no material de mi compensación es cero. Pero por otro lado, si eres un «misionario» te importará profundamente el propósito de la empresa. Por lo tanto, el aspecto no material de tu compensación será valioso para ti. Lo que es más, no podrás disfrutar de los bienes no materiales que no hayas ganado legítimamente. Para los misionarios, una recompensa no material inmerecida es como una moneda al rojo vivo que acaba de salir de la fundición: les quema en las manos.

En tercer lugar, los incentivos materiales son punitivos y dependientes de factores externos que van más allá del control de la empresa. «Si consigues los resultados que yo quiero, obtendrás una recompensa», le dice la empresa al trabajador. «Pero si no los consigues, independientemente de cuál sea el motivo, no obtendrás una recompensa y, además, puede que se te castigue» (mediante un despido o una pérdida de rango). Este tipo de discurso solo apela a dos emociones humanas sin refinar: el miedo y la codicia. Podemos comparar estos dos motivadores con la gasolina con plomo. Puede que impulse a tu vehículo, pero terminará por atascar el motor y contaminar el medio ambiente.

En comparación, los bienes no materiales no dependen de factores externos. Lo que te aporta sentido es perseguir un noble propósito a la vez que expresas tus principios éticos en comunidad con personas a las que aprecias y que te aprecian. Estos bienes no dependen de ninguna fuerza externa, solo de las acciones de aquellos que las realizan.

En mi obra anterior hablé de la diferencia que hay entre perseguir el éxito, que depende de alcanzar objetivos en un futuro incierto que depende de variables fuera de tu control, y asegurarse el éxito más allá del éxito, que se deriva del compromiso de manifestar valores en el presente que depende solo de ti.[14] El éxito produce un placer inmediato, fugaz y sujeto a la ansiedad de la posible pérdida futura. Puede que hayas ganado este campeonato, pero quizá pierdas el título en el siguiente. El éxito más allá del éxito produce tranquilidad. Puede que ganes o puede que pierdas, pero siempre puedes dar lo mejor de ti, jugar límpiamente y demostrar tus valores.

Me gusta considerar el sentido, la integridad y la sensación de pertenencia a una comunidad como un arnés en tu ataque a la cumbre del éxito. Te proporcionan una sensación de seguridad y confianza en tí mismo, porque puedes confiar en que, incluso aunque un desafío resulte demasiado difícil para tus capacidades actuales, no te caerás. Aferrarte con fuerza a estos valores te permite comprometerte, entusiasmado, con propósitos nobles, a sabiendas de que tienes garantizado el éxito que va más allá del éxito material. Este conocimiento te permite involucrarte por completo, sin miedo, con perspectiva, de modo que no te abrumen las pequeñas derrotas. Te permite, también, aprender de tus errores sin recriminarte a tí mismo.

En la *Odisea* de Homero, Ulises les pide a sus marineros que lo aten a un mástil, de modo que pueda escuchar la canción de las sirenas sin que le afecte. El sentido, la integridad y la sensación de pertenecer a una comunidad son como ese mástil. Te dan la seguridad necesaria para rechazar las peligrosas canciones de las sirenas que te hundirán, a ti y a tus seguidores, en un mar de miseria. Son un dispositivo de seguridad para mantenerte en el camino recto, rechazando las llamadas de tus más bajos instintos. Estos valores son la base de la buena vida, una vida bien vivida, la vida que Aristóteles denominaba *eudaimonia* o «actividad según la virtud».[15]

En el capítulo 1 he usado la analogía de la manta que es demasiado corta para explicar la contradicción entre los incentivos globales para promover la cooperación y los incentivos locales para promover la responsabilidad personal. Si te arropas con la manta hasta el pecho, se te destapan los pies; si prefieres calentarte los pies, acabas teniendo frío en el pecho. No hay suficiente manta como para tapar ambos extremos de tu cuerpo a la vez. Aun así, a través del propósito, los principios, las personas y la concesión de autonomía, hay una forma no material de «electrizar» esta manta para abrigarte a ti y darle energía a tu organización.

EL TRABAJO DEL LÍDER

Lograr el compromiso interno de los empleados para perseguir un objetivo común es el trabajo de todo líder. ¿Cómo puedes hacerlo? Tendiéndoles una oferta trascendente que les demuestre que su trabajo (y su vida) tiene sentido: «Si le das lo mejor de ti a nuestra misión», propone el líder, «no solo conseguirás recompensas materiales, sino que, además, experimentarás orgullo, compañerismo, libertad y significado. Irás más allá de ti mismo y conectarás con algo mayor y más perdurable que tu existencia física». Y a medida que vayas predicando con el ejemplo y proporciones a tus empleados oportunidades para que crezcan, ellos irán recompensando a tu empresa con su mejor esfuerzo. Cosa que, aprovechada correctamente, acabará produciendo un crecimiento y unos beneficios extraordinarios.

Un líder trascendente busca lo que no puede exigir: el compromiso interno en vez del mero cumplimiento, el entusiasmo en vez de la obediencia, el amor en vez del temor. Son regalos preciosos que solo recibe el líder que es digno de ellos y que corresponde con un regalo igualmente precioso: el sentido.

Para convertirte en un líder trascendente, necesitas plantearte qué es lo que realmente motiva a las personas. Si eres un líder, invita a tu organización entera a responder estas preguntas:

PROPÓSITO

- ¿Por qué existimos como organización?
- ¿Cuál es nuestra contribución única a nuestros clientes y al mundo?
- ¿Por qué habría de importarle a cualquier persona fuera de nosotros, que tengamos éxito?
- ¿Por qué merece nuestra organización nuestros mejores esfuerzos?
- ¿Comprende cada uno de nosotros cómo aporta su esfuerzo individual al propósito que compartimos?

PRINCIPIOS

- ¿Qué valores queremos expresar?
- ¿Cómo podemos demostrar una forma de ser y de relacionarnos (entre nosotros y con los demás) que queramos extender a toda la humanidad?
- ¿Qué comportamientos nos llenan de orgullo, independientemente del resultado de nuestros esfuerzos?

- ¿La verdad, la bondad y la justicia se manifiestan en todo lo que hacemos?
- ¿Qué comportamientos promoverán la colaboración a la vez que maximizarán la responsabilidad y la libertad individuales?

PERSONAS

- ¿Cómo podemos crear un entorno inclusivo donde todos aquellos que comparten nuestra misión y valores sientan que pertenecen?
- ¿Cómo podemos conectar unos con otros de forma auténtica?
- ¿Cómo nos aseguramos de que todos nuestros compañeros se sientan reconocidos, respetados y apreciados como miembros de esta comunidad?
- ¿Cómo podemos reforzar nuestros lazos de confianza y solidaridad?
- ¿Cómo podemos respaldarnos mejor unos a otros para aprender y crecer?

AUTONOMÍA

- ¿Cómo podemos promover las decisiones informadas y el compromiso interno de modo que cada uno de nosotros pueda actuar con autonomía en pro de nuestra misión?
- ¿Cómo podemos ser cada vez mejores en las cosas que nos importan?
- ¿Qué desafíos aceptamos para poner a prueba y aumentar nuestras capacidades?
- ¿Qué actividades pueden ayudarnos a todos y cada uno de nosotros a aprender y crecer?
- ¿Qué mecanismos de retroalimentación pueden respaldar nuestros esfuerzos para mejorar?

PROPÓSITO

Cuando mi hija Michelle («Michi») tenía unos siete años, me vio haciendo las maletas para un viaje de negocios. Tenía que ir a la sede de la aseguradora Axa, en París. Michi empezó a suplicarme que me quedara.

—¡Por favor, papi, no te vayas! —imploraba; se me rompía el corazón oyéndola.

Me sentí tentado a darle una respuesta superficial, del estilo «Ojalá pudiera, mi amor, pero papi tiene que trabajar», pero no lo hice. Si hubiera respondido así, habría parecido que unas fuerzas que escapaban a mi control me obligaban a emprender este viaje. Y eso no era verdad. En vez de eso, opté por darle una respuesta más en la línea de mi filosofía de respons(h)abilidad, una respuesta basada en lo que, en esencia, Axa ofrecía a sus clientes: yo había decidido ir porque era importante. Así se lo expliqué a mi hija:

—Si yo muriera, Michi, sería muy triste —dije—. Te echaría muchísimo de menos. No podría verte crecer. Y tú también me echarías de menos. Nos perderíamos muchas cosas divertidas que tengo preparadas para que hagamos juntos en los próximos años.

Michelle asintió con la cabeza, sus grandes ojos llenos lágrimas.

—Pero si yo muriera, las cosas serían incluso peor —proseguí.

—¿Por qué, papi?

—No solo yo ya no estaría contigo —le expliqué—, sino que mami y tú pasarían por dificultades económicas. Mami tendría que trabajar muchas más horas para poder pagar ella sola la comida, la casa, el coche, tu escuela y muchas otras cosas más.

A esta altura de la conversación, Michelle estaba realmente angustiada.

—Pero yo he hecho algo para hacer que todo esto sea menos malo —le dije—. Aunque no pueda prometerte que la primera parte no vaya a pasar, las gente de Axa con la que voy a trabajar en este viaje, se asegurarán de que tú y mami estén bien. He hecho un trato con ellos para que, si me pasa algo, ellos le den a mamá dinero suficiente como para comprar todas las cosas que necesitará para cuidarte a ti sin tener que trabajar más horas. La gente de Axa saben que la gente como yo quiere proteger a sus seres queridos en caso de que les pase algo, así que les pago un poquito de dinero cada mes y, a cambio, ellos le pagarán a mamá el dinero que necesite si yo me muero. Se llama «seguro de vida» y es una cosa muy hermosa. Gracias a esto, yo y muchas otras personas (que también aman a otros que dependen de ellas) podemos salir con tranquilidad a un mundo que a veces da miedo. Yo me siento agradecido con ellos y orgulloso de ayudarlos a cuidar a más y más personas.

Mi hija todavía tenía lágrimas en los ojos, pero sonrió y me dijo:

—¡Dale papi, ve!

Durante mi reunión en el 25 de la avenida Matignon de París les conté la anécdota a los ejecutivos de Axa.

—Tienes razón, Fred —comentó uno de ellos—. Nosotros no vendemos seguros; vendemos amor.

• • •

En el fondo, cada empresa tiene un propósito noble; solo tiene que encontrarlo. Yo me sentía orgulloso de ayudar a Axa a permitir que las personas pudieran cuidar de sus seres queridos incluso más allá de su existencia física, lo que les permite enfrentarse a un mundo riesgoso con confianza y tranquilidad. Aún sin ser empleado, este propósito me inspiró a mí a dar lo mejor de mí. Me sentí orgulloso de explicarle a mi hija lo que realmente hacía. Podría haberle dicho que iba a trabajar para ganar dinero; Axa, desde luego, me pagaba por mis servicios. Pero eso solo habría sido una verdad a medias y, además, la parte menos importante de esa verdad. La verdad más significativa era que yo estaba cumpliendo mi misión personal al colaborar con una empresa que ayudaba a los demás a cuidar a sus seres queridos y vivir con mayor paz interior.

En mis talleres de liderazgo hago esta pregunta a los participantes: «¿Cómo le describirías a tu hijo de siete años qué hace tu empresa, de modo que él se sienta orgulloso de ti?». Los animo a tener esta conversación con sus compañeros de trabajo en cuanto vuelvan a sus empresas. Al descubrir la necesidad humana que suple el producto o servicio de tu empresa, puedes conectar a tus empleados con un propósito noble, un objetivo que puede aportarles sentido y orgullo a ti, a tus compañeros y a sus familias. ¿Cómo responderías a la pregunta? ¿Qué diría tu gerente? ¿Y tus compañeros de trabajo? ¿Tus empleados? ¿Tus clientes?

Todos queremos trabajar para organizaciones que saben cómo desplegar su tecnología, recursos y talento para un propósito superior. Todos queremos crear valor, provocar cambios positivos en la sociedad y el medio ambiente, y hacer que aquellos que nos importan disfruten de más oportunidades. Nadie aspira a trabajar para una empresa que perjudica a sus clientes con sus productos o que hace daño al medio ambiente con sus procesos. Lo que esto supone es que los líderes que quieren comprometer a sus empleados tienen que pensar en cómo van a hacer una diferencia positiva en el mundo.

Si quieres el compromiso de tus compañeros de trabajo, ellos (y sus familias) deben creer que el producto o servicio que ofreces es realmente bueno para la vida (y que también lo es el proceso mediante el que lo produces). Esto requiere empatizar con tus clientes y comprender qué es lo que les importa. ¿Cómo los ayudará esto que les ofreces a suplir sus necesidades? También tienes que empatizar con tus empleados y entender qué es significativo para ellos. ¿Cómo el trabajo que les ofreces ayudará a tus empleados a satisfacer sus necesidades?

Paul Polman, director ejecutivo de Unilever, se planteó en una ocasión tomar los hábitos y dedicar su vida a ser un líder espiritual. Esto no es sorprendente: Polman, jefe de la tercera mayor empresa de bienes de consumo del mundo, se ha ganado la reputación de ser un líder empresarial con conciencia. Holandés, alto, de cara redonda y ojos chispeantes, Polman es un abanderado del propósito noble en el mundo empresarial.

Cuando Polman tomó el mando de la empresa en 2009, prometió reducir la huella ecológica de Unilever a la mitad para 2020 y, a la vez, doblar el tamaño de la empresa y ayudar a mil millones de personas a disfrutar de más salud y bienestar. Son unos objetivos que intimidan (hay quien los calificaría de locos), pero Polman cree en lo que Jim Collins y Jerry Porras denominan «objetivos grandes, peliagudos y audaces» (BHAGs, por sus siglas en inglés). También insiste en que «si crees en algo, tienes que luchar por ello y tener la valentía de tomar las duras decisiones que ello requiere».[16]

La esencia del pensamiento de Polman es su deseo de ofrecer un ejemplo concreto de la sostenibilidad que es posible en una empresa. Por ejemplo, colaboró con el ex secretario general de las Naciones Unidas, Ban Ki-moon, para examinar cómo las empresas pueden trabajar más efectivamente con las Naciones Unidas, y ayudó a crear el Foro de Bienes de Consumo, que ha acordado, entre otras cosas, dejar de comprar aceite de palma, soja o ternera de áreas deforestadas ilegalmente para 2020. «Intentamos demostrar que puedes tener éxito como empresa y, a la vez, mostrar a la comunidad financiera que la sostenibilidad debería ser uno de los mejores motivos para la inversión», explica Polman. «Estamos creciendo y el precio de nuestras acciones va bien. Así ganamos credibilidad. Cuanto más podamos reforzar esta relación entre una cosa y la otra y más la podamos demostrar a los demás, más podremos impulsar a otros a hacer el bien en este mundo. Esto es el éxito.»[17]

Polman ha puesto a su enorme empresa multinacional al servicio de un objetivo noble. «Convertir la sostenibilidad en una estrategia y en un modelo operativo abre puertas que van mucho más allá de lo que la gente puede imaginar», añade. «¿Quién rechazará este camino? ¿Quién rechazará subirse al tren hacia un mundo mejor?».

Un propósito noble, gestionado con constancia, alcanzado y puesto en práctica por líderes trascendentes, puede impulsar proyectos individuales y organizacionales de modo que "como guiados por una mano invisible" (en palabras de Adam Smith), resulten en grandes beneficios para la sociedad. Una empresa con un proyecto significativo como el de Unilever, no está diseñada para «destruir a la competencia» o «ser la número uno», sino para crear valor económico (que es valor humano) mediante intercambios mutuamente favorables con clientes, empleados, accionistas, prestamistas, proveedores y otras partes interesadas.

PRINCIPIOS

«You, who are on the road, must have a code, that you can live by.» (Tú, que estás en el camino, debes tener un código, de acuerdo al que vivir), cantaban Crosby, Stills y Nash en la canción *Teach your children* [Enseña a tus hijos]. Aunque se referían a padres e hijos, esto se aplica perfectamente a líderes y seguidores. Los humanos somos animales éticos. Nos preocupamos profundamente de qué es bueno y qué es justo. Pregúntale a cualquiera por qué ha hecho algo y obtendrás una justificación ética. Desde el «¡Él me pegó primero!» de un niño de cinco años hasta el «¡Es mi derecho!» de un hombre de cincuenta y cinco, todos buscamos legitimar nuestras acciones apelando a principios morales. Para comprometernos con un proyecto, necesitamos que se ajuste al código moral que rige nuestras vidas para que nos podamos enorgullecer. Como arquitecto de una cultura, cada líder trascendente debe definir los principios morales de la organización.

En su libro *The Moral Landscape* [El paisaje moral], Sam Harris, neurocientífico y filósofo, propone que «las preguntas sobre los valores [...] son realmente preguntas sobre el bienestar de criaturas conscientes».[18] El bien es aquello que promueve el desarrollo y prosperidad de los seres conscientes y lo que dirige nuestra atención hacia el conjunto de actitudes, decisiones y comportamientos que influyen positivamente en nosotros mismos. Harris afirma que las ciencias humanas pueden ayudarnos a entender lo que cualquier persona debe valorar, querer y hacer para poder vivir la mejor vida posible a la vez que ayuda a los demás a vivir lo mejor posible. Para él, hay respuestas correctas e incorrectas a las preguntas morales, igual que hay respuestas correctas e incorrectas a las preguntas sobre las leyes de la física. Los principios morales que han demostrado ser más efectivos al promover el desarrollo humano son el respeto por los derechos de autodeterminación y propiedad. Los padres fundadores de los Estados Unidos predicaron, como una verdad autoevidente, que cada ser humano cuenta con derechos inalienables a la vida, la libertad y la persecución de la felicidad (a lo que yo querría añadir la búsqueda de sentido). Los líderes trascendentes consideran que estas verdades son los principios básicos de sus culturas organizacionales. Su código se basa en el respeto incondicional por cada ser humano como un fin en sí mismo, no como un medio para otros fines.

Los líderes trascendentes establecen principios morales que respetan la autodeterminación de los individuos. Ofrecen a empleados de todo nivel, clientes, proveedores, inversores, etc., la oportunidad de tomar decisiones libres e informadas para perseguir su felicidad y buscar su sentido de vida, con la única limitación del mismo derecho a la vida, la libertad y la propiedad que posee el resto de las personas.

También establecen principios efectivos que comprometen a los empleados en perseguir un propósito común y usar su conocimiento disperso de una forma inteligente. Como ya he indicado, esto es preciosamente raro. La mayoría de las personas en posiciones de autoridad creen que la mejor forma de conseguir el compromiso es a través de la motivación y el control extrínsecos. Estos gerentes creen que su trabajo es interponerse entre el caos y el buen funcionamiento de la organización. Diseñan estructuras, crean procesos, establecen reglas y lo refuerzan todo a través de sanciones. Esto no funciona; es un error. Reitero: el trabajo de un líder es lograr el compromiso interno de las personas para colaborar en alcanzar el objetivo organizacional.

Una organización efectiva funciona como resultado del compromiso individual de los empleados, independientemente de la voluntad de aquellos que están al poder. Esto le permite tener orden sin control; de hecho, una cierta medida de autoorganización es esencial para que la empresa pueda mantener la coherencia en un entorno ambiguo, complejo, impredecible y volátil. Dee Hock, fundador y anterior director ejecutivo de la asociación de tarjetas de crédito Visa, resumió así sus ideas sobre los sistemas que se autoorganizan: «Un propósito y unos principios claros y sencillos dan lugar a comportamientos inteligentes y complejos. Unas normas y unas regulaciones complejas dan lugar a comportamientos simples y estúpidos ».[19]

Demasiados líderes intentan, de forma arrogante (e inefectiva), moldear el entorno que los rodea en vez de permitir que el entorno los ayude a informar y dirigir sus decisiones. En comparación, los líderes trascendentes son extremadamente conscientes de sus limitaciones, lo que los hace ser humildes. No buscan imponer con su voluntad la forma que quieren que adopte la empresa. En vez de ello, se convierten en abanderados de los principios que promueven la alineación, la colaboración y el uso del conocimiento para llevar incluso más lejos la misión organizacional.

Netflix, por ejemplo, ha simplificado sus reglamentos hasta convertirlos en inexistentes. «Las normas nos molestan», anuncian. «Las normas van filtrándose en la mayoría de las empresas cuando intentan evitar los errores que puedan cometer aquellos empleados que no sean estelares. Pero las normas también inhiben la creatividad y el espíritu emprendedor, lo que lleva a la falta de innovación. Con el tiempo, esto hace que las empresas sean menos divertidas y tengan menos éxito. En vez de ir añadiendo reglas a medida que crecemos, nuestra solución es que la concentración del talento crezca más rápidamente que la complejidad del negocio. Las grandes personas toman muy buenas decisiones y tienen menos errores, a pesar de la ambigüedad que pueda haber. Creemos en la libertad y la responsabilidad, no en las normas».[20]

PERSONAS

Entre las fuentes más significativas de bienestar en el trabajo (y, en general, en la vida) están las buenas relaciones con las personas que nos rodean. Durante gran parte de nuestra existencia, los humanos nos hemos relacionado más estrechamente con aquellos que se parecen más a nosotros (una productiva estrategia darwiniana para replicar nuestros genes).[21]

Gracias al lenguaje abstracto, como explica el historiador israelí Yuval Noah Harari,[22] hemos podido aumentar enormemente el alcance de nuestras comunidades, permitiendo la cooperación y la acción colectiva a una escala mucho mayor, que llega a los miles de millones. Esta similitud «memética», para usar el término popularizado por el biólogo Richard Dawkins para referirse a los genes mentales,[23] permite que un gran número de personas sienta que pertenece al mismo grupo, creando una percepción de identidad que trasciende cualquier distinción racial o familiar. Por ejemplo, personas de distintos orígenes étnicos se definirán como «estadounidenses», del mismo modo que también lo harán aquellos que llegaron a los Estados Unidos provenientes de diversos trasfondos religiosos, culturales o nacionales.

Pasa lo mismo con las empresas. Como argumenta Harari, el *Homo sapiens* consiguió dominar el mundo porque es el único animal que puede cooperar de forma flexible en grandes grupos. Esto se debe a nuestra capacidad exclusiva de concebir objetos que existen puramente en nuestra imaginación y creer en ellos, como dioses, naciones, dinero y sociedades de responsabilidad limitada. Harari afirma que todos los sistemas de cooperación humana a gran escala (incluyendo las religiones, los gobiernos, las redes de comercio y las organizaciones empresariales) derivan de nuestra capacidad cognitiva distintiva para imaginar entidades ficticias: «Una gran cantidad de personas desconocidas entre sí pueden cooperar con éxito si creen en mitos comunes. Cualquier cooperación humana a gran escala, ya sea un estado moderno, una iglesia medieval, una antigua ciudad o una tribu arcaica, tiene sus raíces en los mitos comunes que solo existen en la imaginación colectiva de las personas».[24] Una gran cantidad de personas desconocidas entre sí pueden cooperar con éxito porque, al creer en mitos comunes, dejan de sentir que son desconocidos.

Los líderes trascendentes son capaces de crear lazos sociales basados en una narrativa común. Bob Chapman, director ejecutivo de Barry-Wehmiller, eligió la narrativa de la familia. Chapman no empezó intentando ser un líder trascendente. Tomó la dirección de la empresa de servicios y fabricación de tecnología de su padre en 1975, cuando este murió súbitamente de un ataque al corazón. Chapman había recibido una formación tradicional; era un hombre de negocios para quien los beneficios eran lo más importante y las personas eran un simple medio para conseguir beneficios.

Así siguió pensando así hasta el día en el que experimentó una repentina epifanía en una boda a la que había asistido con su mujer. Al ver el amor con el que las familias de la novia y el novio apoyaban esa unión, cayó en la cuenta de que cuidar a los empleados del mismo modo en que se cuida a la familia es el trabajo de un líder. Así que se propuso tratar a cada empleado de Barry-Wehmiller y de sus subsidiarias de este modo.[25] «La esencia de la filosofía de Barry-Wehmiller es la creencia de que los líderes no dirigen a las personas, sino que se convierten en sus aliados», afirma Chapman. «Al fin y al cabo, ¿a quién "diriges"? ¿A tu cónyuge? ¿A tus hijos? No, lo que haces es preocuparte por ellos y cuidarlos. Eres consciente de la profunda responsabilidad que tienes hacia ellos». Chapman llegó a una alarmante conclusión: «En este país medimos el éxito de forma equivocada. Lo medimos a partir del crecimiento y rendimiento económico de una empresa pero, aun así, la forma de funcionar de muchas compañías destruye a diario la vida de las personas». Así que, a partir de esto, tomó la decisión básica de su filosofía: «Nosotros vamos a medir el éxito a partir del modo en que transformamos la vida de los demás. De todo el mundo: los miembros de nuestro equipo, nuestros clientes, nuestros proveedores, nuestros banqueros. Para cada acción que hagamos, tendremos que comprender el impacto que tenemos sobre la vida de los demás». Y Chapman no se preocupaba únicamente por los intereses de las partes directamente implicadas de Barry-Wehmiller. «Si cada empresa hiciera esto», añadió, «el mundo sería un lugar mucho mejor de lo que es ahora».[26]

La sensación de comunidad en Barry-Wehmiller es palpable. «Quienes trabajan en [Barry-Wehmiller] hablan de su "amor" por la compañía y de los unos hacia los otros», escribe Simon Sinek en su libro *Los líderes comen al final*.[27] «Llevan orgullosos el logotipo o el nombre de la compañía como si fuera el suyo propio. Defenderán a la compañía y a sus colegas como si fueran su propia carne y sangre». Esta devoción ha dado sus frutos. Desde 1998 la empresa ha pasado de 38 millones de dólares a los 2.400 millones y ahora cuenta con más de ochenta compañías. Sinek también descubrió que Barry-Wehmiller «ha seguido teniendo un rendimiento superior a su competencia año tras año. Cuenta con un crecimiento compuesto del veinte por ciento año tras año durante los últimos veinte años».[28]

Yo entiendo el atractivo de intentar tener una relación y una sensación de pertenencia que duren toda una vida, pero me preocupa que, al hacerlo, los líderes puedan exponerse a malentendidos. En una familia, los padres no pueden despedir a sus hijos por motivos financieros o de rendimiento, o porque la empresa o la economía están pasando por una época de desaceleración. En una empresa, los dirigentes a veces despiden a empleados por estos motivos. Los empleados que creen en la analogía de la familia podrían sentirse traicionados. Y con razón.

Reed Hastings, director ejecutivo de Netflix, dice: «Somos un equipo, no una familia». Él propone a los dirigentes de su empresa que se hagan esta pregunta: «Si tus empleados quisieran abandonar Netflix para trabajar en un puesto similar en otra empresa, ¿por cuáles lucharías para conseguir que no se marcharan? Si no lucharías por alguien que hay en tu equipo, deberías despedirlo con una compensación generosa, de modo que su puesto quede libre y un trabajador estrella pueda ocuparlo».[29] Del mismo modo que el fundador de LinkedIn, Reid Hoffman, yo creo que un equipo deportivo es una mejor analogía para una empresa. Y con ello, me refiero a que tenga las siguientes características:

- Una *misión específica* (ganar los partidos y el campeonato) que una a los miembros del equipo.
- Una *composición flexible*. Los jugadores van cambiando con el tiempo, ya sea porque eligen irse o porque el entrenador decide que otra persona encaja mejor en esa posición.
- Unos *principios comunes* de confianza, inversión en los demás y beneficios mutuos, lo que da prioridad al éxito del equipo por encima de la gloria individual.
- *Éxito (o derrota) para todos.* Cuando el equipo triunfa (o fracasa), los jugadores individuales también.

> - Un *compromiso con ganar* (propósito) *juntos* (personas), jugando *limpio* (principios) y con un alto *rendimiento* (performance).

Esto no significa que una empresa no se preocupe por la relación con sus trabajadores. Aunque un equipo deportivo profesional solo ofrezca empleo limitado, la relación entre la empresa y el empleado sigue beneficiándose cuando se siguen los principios de la confianza, la inversión el uno en el otro y el beneficio mutuo. Los equipos ganan cuando sus miembros confían lo suficiente en los demás como para priorizar el éxito del equipo por encima de la gloria individual. Un enfoque así es perfectamente compatible con los incentivos individuales. El éxito del equipo es la mejor forma de que los individuos triunfen.

En vez de crear lazos de lealtad como en una familia, tanto los líderes como los miembros de un equipo deportivo buscan los beneficios de la alianza. «Como aliados, los empleados y las empresas intentan aportarse valor unos a otros», sugiere Reid Hoffman. «La empresa dice: "Si tú nos haces más valiosos, haremos que *tú* seas más valioso". El empleado responde: "Si tú me ayudas a crecer y prosperar, yo ayudaré a la empresa a crecer y prosperar". Los empleados invierten en la *adaptabilidad* de la empresa; la empresa invierte en la *empleabilidad* del empleado».[30]

Mi hijo Tomás me derrotó al Scrabble por primera vez cuando tenía siete años. Me sentí más contento y orgulloso por su triunfo que si hubiera ganado yo mismo. Me sentí más feliz de verlo ganar que si lo hubiera derrotado (cosa que había intentado hacer, desde luego).

Como amo a Tomás, me comprometo a respaldar su bienestar y su desarrollo. Ver florecer a una persona a la que amas es la mayor alegría que hay; una alegría que merece que inviertas esfuerzos intensos y corras grandes riesgos.

Los griegos denominaban a este tipo de amor *agape*.[31] «El amor *agape* está relacionado con la mente: no es simplemente una emoción que crece involuntariamente en nuestros corazones, sino un principio por el que vivimos deliberadamente». No somos responsables de nuestros sentimientos (no podemos evitar sentirnos como nos sentimos), pero sí que somos responsables de nuestro *agape*, ya que *agape* no es un sentimiento, sino un acto de la voluntad. *Agape* es un compromiso, independiente de lo que nos gusta o disgusta."

El *agape* de los líderes trascendentes va más allá de su familia y amigos; lo extienden a todos quienes están relacionados con su empresa y aún más allá. Esta es la clave para preservar los lazos personales en el lugar de trabajo sin caer en confusiones peligrosas entre las relaciones familiares y las profesionales.

AUTONOMÍA

Cada ser humano ansía la autonomía. Todos queremos ser soberanos de nuestras vidas. Cuando trabajamos para otros, podemos vender nuestra energía física e incluso nuestra energía mental, pero nunca vendemos nuestra energía emocional y espiritual. Puede que vendamos nuestros cuerpos y nuestras mentes, pero nunca vendemos nuestros corazones y almas. Todo esto solo lo entregamos como un regalo a aquellos que lo merecen. Cualquiera que intente limitar nuestra autodeterminación mediante la autoridad nunca conseguirá sacar lo mejor de nosotros.

Hay un poder tremendo en conceder a tus empleados autonomía y la oportunidad de decidir lo que les parezca mejor. Nordstrom, por ejemplo, resume su propósito en una sencilla frase para todos los empleados nuevos: «Estamos muy contentos de que estés en nuestra empresa. Nuestro objetivo número uno es proporcionar una atención espectacular al cliente ». A continuación presentan su reglamento, igualmente sencillo: «Regla número 1: Aplica tu sentido común para decidir lo mejor en cada situación. No hay más reglas. Siéntete con libertad para hacer cualquier pregunta que tengas al gerente de tu departamento, tienda o división general, en cualquier momento». Nordstrom no se basa en procedimientos y controles complicados para asegurarse de ofrecer un servicio de calidad. Se basan en contratar y formar a empleados que se preocupan por los clientes y, después, inspiran a esos empleados para que demuestren, con sensatez, la importancia que dan a los clientes.

Lee Cockerell, jefe de operaciones de Disney World durante muchos años, creó las reglas con las que funcionan los parques de atracciones de Disney. Los miembros del «elenco» tienen la responsabilidad de gestionar al momento las quejas de los clientes directamente en el parque, sin tener que acudir a un gerente. Tras aplicar esta norma, las quejas cayeron en picada y encantando a los clientes. Hubo algunos casos en los que se compensó al cliente en exceso, como una ocasión en la que un empleado le regaló a un cliente que estaba jugando al golf un set completo de palos como respuesta a una queja, pero esto fue parte de los «dolores de crecimiento» de esta transición de conceder a los empleados una responsabilidad mayor. Y la parte positiva fue un aumento enorme en el compromiso de los empleados y menos rotación de personal.[32]

En contraste con una dirección vertical, de control y comando, la autonomía de los empleados es una mina de oro; supone un motivador y un impulsor de la productividad mucho mejor que el dinero porque cada uno de nosotros quiere, por encima de todo, sentirse respetado y respaldado en su crecimiento. Permitir a los empleados tomar sus propias decisiones y aprender de las consecuencias los anima a comprometerse más en la empresa y serle más leales. Tener la oportunidad de diseñar su trabajo hace que las personas tengan una sensación de poder personal y de respeto por sí mismas. Se ven como seres autodeterminados que cuentan con el control de lo que hacen.

En 2005, a un par de consultoras de administración de empresas se les ocurrió la idea de un «Entorno laboral orientado a los resultados» (ROWE, por sus siglas en inglés), que se basa en la idea de que los empleados tengan total autonomía sobre dónde, cómo y cuándo trabajan. A los empleados solo se los evalúa a partir de los resultados que producen; no por la cantidad de tiempo que pasan en sus escritorios, la cantidad de reuniones a las que asisten y similares. En una organización ROWE, los empleados cuentan con total autonomía.

La idea ha demostrado su eficacia en empresas que requieren menos espacio físico y donde los empleados tienen una gran autodisciplina. Las organizaciones con certificado ROWE (SpinWeb, GAP Inc., American Family Insurance y otras)[33] indican que sus empleados piden menos días de vacaciones y tienen menos ausencias por enfermedad, ya que pueden compaginar su trabajo con citas médicas, enfermedades y otros eventos. Además, sus empleados tienen mejor salud, son más felices y tienen menos estrés relacionado con el trabajo. ROWE aumenta la satisfacción de los empleados y disminuye la rotación de personal, con lo que los costos de contratación y formación disminuyen y, además, la productividad aumenta de forma significativa.

«El salario no tiene el poder que poseía antaño cuando se compara con la ventaja superior de la autonomía: el control sobre tu tiempo», explica Jody Thompson, una de las creadoras de ROWE. «Esto nivela el terreno de juego y crea una fuerza de trabajo que se centra en lo que es relevante para la empresa. Es un lugar de trabajo para adultos. Los directivos gestionan el *trabajo* (resultados medibles y claros), no las *personas* (mi tiempo y ubicación)».[34] Cuando las personas están comprometidas con la empresa, gestionarlas no es necesario; cuando no lo están, no es suficiente. «La motivación autónoma implica comportarse con una sensación completa de voluntad y decisión», escriben los investigadores Edward Deci y Richard Ryan, «mientras que la motivación controlada implica comportarse con una experiencia de presión y demanda de resultados específicos que provienen de fuerzas percibidas como externas a uno mismo».[35]

Deci y Ryan, junto con Paul Baard de la Universidad de Fordham, llevaron a cabo un estudio de los trabajadores en un banco de inversiones estadounidense. Como explica Daniel Pink, los tres investigadores descubrieron mayor satisfacción entre los trabajadores cuyos jefes «respaldaban su autonomía». Estos jefes veían los problemas desde el punto de vista de los empleados, les daban información y opiniones valiosas, les ofrecían un amplio abanico de opciones sobre qué hacer y cómo, y los animaban a emprender nuevos proyectos. La mejora resultante en la satisfacción con el trabajo, a su vez, llevó a un mayor rendimiento . Los investigadores descubrieron que los beneficios que la autonomía ofrece a los individuos se extienden a sus organizaciones.[36]

Una organización ofrece a sus empleados mucho más que dinero cuando las personas que la conforman tienen un propósito significativo, autonomía, trabajo exigente, compañeros cooperativos y oportunidades para crecer y rebasar sus límites, a la vez que expresar sus valores en acción. Los negocios se basan en intercambios donde todo el mundo sale ganando, en negociar para un beneficio mutuo. Para conseguir que los empleados se comprometan en tu organización, debes darles algo que les parezca más valioso que cualquier otro uso alternativo de su energía vital.

Durante una de sus visitas al Instituto Tecnológico de Massachusetts tuve el honor de ser anfitrión de Russell Ackoff, profesor emérito de la Universidad de Wharton, teórico organizacional y padre fundador del pensamiento sistémico.[37] En una conversación informal me hizo un comentario que recuerdo, muchos años más tarde, como si hubiera sido ayer. «El dinero para una empresa es como el oxígeno para un ser humano. Si no tienes suficiente, tienes un serio problema. Pero si piensas que la vida se limita a respirar, le erraste al punto». Nadie quiere limitarse a respirar. Nadie quiere vivir para trabajar ni trabajar solo para sobrevivir. En el fondo, cada uno de nosotros quiere estar completamente vivo, aportar algo de valor al mundo y experimentar la enorme satisfacción que conlleva vivir con un propósito.

Los líderes trascendentes ven más allá de las ilusiones culturales y psicológicas que alienan a las personas. Comprenden que la gran mayoría de nosotros no nos movemos principalmente por el dinero. Nos mueven los propósitos significativos, los principios éticos y las conexiones con los demás. Valoramos la autonomía, la performance y el aprendizaje. Damos lo mejor de nosotros cuando tenemos una mentalidad creativa y alegre, cuando nos enfrentamos a desafíos emocionantes que nos obligan a superar nuestros propios límites. No vivimos de afuera hacia adentro, buscando cómo llenar nuestro vacío; en vez de ello, vivimos de adentro hacia afuera, buscando cómo expresar nuestra plenitud. Para sacar lo mejor de nosotros, las empresas deben reconocernos y tratarnos como corresponde a nuestra naturaleza real. Las conexiones que hay entre los comportamientos de liderazgo positivos, el bienestar de los empleados y la productividad tienen tanta base científica como la relación que hay entre los hábitos sanos y la salud. Pero si has desarrollado hábitos de liderazgo malsanos, adoptar los hábitos del líder trascendente es tan difícil como dejar de comer dulces. Por eso, para convertirte en un líder trascendente, necesitas pasar por la transformación personal que describiré en la tercera parte. No es dieta de verano; es una nueva forma de comer para toda la vida.

Capítulo 7
CULTURA
DEFINIR, DEMOSTRAR, DEMANDAR Y DELEGAR

La cultura es un segmento del infinito sin sentido [...] al cual los seres humanos confieren sentido.

—Max Weber

Entre las incomodidades que muchos de nosotros tenemos que soportar al volar, desde los malhumorados agentes de la Seguridad hasta los chicles pegados a los bolsillos de los asientos, los vuelos sobrevendidos ocupan un lugar especial. Las aerolíneas hacen esto porque asumen que algunas personas no llegarán a tiempo. Así que, en los casos en los que sí que se presentan todos los pasajeros, los auxiliares de vuelo deben que convencer a algunos pasajeros para que cedan sus asientos y cambien su vuelo por otro, persuadiéndolos con vales de viaje, tarjetas de regalo o dinero en efectivo. Este arreglo funciona si hay suficientes personas que tienen esta flexibilidad, pero ¿qué pasa si no es el caso?

El domingo 9 de abril de 2017 tuvo lugar un incidente horrible en el vuelo 3411 de United Airlines, completamente lleno, que se dirigía desde Chicago a Louisville, Kentucky. A pesar de las ofertas de hasta 1.000 dólares, los pasajeros se negaron a ceder voluntariamente sus asientos para que cuatro miembros de la tripulación, que no estaban de servicio, pudieran volar a Louisville para trabajar en otro vuelo al día siguiente. Cuando se seleccionó a cuatro pasajeros para que cedieran su puesto en contra de su voluntad, tres de ellos aceptaron salir del avión a regañadientes, pero el cuarto, un doctor vietnamita-americano de sesenta y nueve años llamado David Dao, se negó a bajar, argumentando que su presencia era necesaria en el hospital de Louisville. Y aquí fue cuando los empleados de United decidieron usar la fuerza bruta. La tripulación pidió al personal de seguridad que arrastraran de mala manera al doctor, que no paraba de gritar, y lo sacaran del avión. Los vídeos que otros pasajeros grabaron con sus teléfonos móviles muestran la cara ensangrentada de Dr. Dao mientras se le caían las gafas.[1]

El vídeo se tornó viral y fue visto por cientos de millones de personas alrededor de todo el mundo. La indignación que provocó fue universal. En todas partes se convocaban boicots a la empresa.[2] Twitter y Facebook estaban repletos de comentarios sarcásticos como «no hay suficientes asientos; o te vas o te reviento». El presentador y cómico Jimmy Kimmel creó un anuncio falso con una azafata de vuelo de United Airlines con nudillos de acero que decía: «Te daremos tal paliza que tu propia cara te servirá de chaleco salvavidas».[3] El desastre de relaciones públicas empeoró todavía más cuando el director ejecutivo de United, Oscar Muñoz, felicitó a la tripulación por su comportamiento al tratar con el pasajero, al que tildó de «alborotador y beligerante»[4] (seguramente por sus gritos mientras lo sacaban a rastras del avión) y después twiteó, eufemísticamente: «Pido disculpas por tener que reacomodar a estos pasajeros». (Alguien respondió que el uso que había hecho de la palabra *reacomodar* «parecía más bien querer decir que quería "reacomodar la cara de alguien a puñetazos"»).[5]

Después de este episodio, las acciones de United llegaron a bajar hasta un 4,3 %, o 3,10 dólares por acción, con lo que la compañía perdió más de 950 millones de dólares en capitalización bursátil. Menos de un mes después del incidente, Muñoz tuvo que presentarse ante el Congreso Estadounidense para dar explicaciones. Aceptó su responsabilidad definiendo el suceso como un «error épico», y expresó repetidamente su arrepentimiento. Aun así, no consiguió ganarse la simpatía de nadie con esta disculpa tardía. La marca de United sigue siendo una de las peor consideradas del sector aeronáutico (hecho que sus competidores explotan convenientemente), y el Congreso presionó fuertemente a Muñoz y al resto de ejecutivos del sector para que subsanasen la situación.

¿Por qué actuaron los empleados de United de un modo tan insensible? ¿Por qué no se preocuparon por los clientes? ¿Por qué no se pararon a pensar en el desastre de proporciones épicas que estaban a punto de causarle a la marca United? ¿Por qué no buscaron formas alternativas y creativas de llevar a su personal a Louisville, que está a solo cinco horas en coche desde Chicago? ¿Por qué pensaron que hacía falta pasar a la fuerza bruta? ¿Por qué no intervino el piloto? ¿Y por qué el director ejecutivo pensó que con lo que Jimmy Kimmel describió como un «discurso higienizado, falso, donde no se dice nada relevante y no se asume ninguna responsabilidad» conseguiría calmar a un público enfurecido?

La respuesta es, en pocas palabras, por una cultura disfuncional. En la estructura de valores de United, la toma sensata de decisiones, la autonomía y la responsabilidad, claramente no son prioridad. United parece haber adoctrinado a sus empleados para que sigan ciegamente las reglas y procedimientos en vez de formarlos para que piensen sobre la marcha y enfrenten las situaciones con sus propios recursos, haciendo lo que les parezca mejor para ayudar al equipo a ganar siguiendo valores éticos. Incluso si la atención al cliente no es un valor tan importante en la cultura de United como afirma la empresa, estoy seguro de que el rendimiento financiero sí que lo es. Las acciones de los empleados de United no solo fueron poco sensibles, sino contraproducentes. Destruyeron una cantidad tremenda de valor de marca sin ningún motivo real, excepto cubrirse las espaldas haciendo lo que sus superiores o normativas indicaban.

En la primera parte dije que el problema más duro de una organización es conseguir alinear a sus miembros e la búsqueda de un objetivo común. Esta dificultad se explica por el choque entre las dos teorías económicas. La «optimización no lineal», como la denominamos los economistas, ordena que los empleados deben evitar los intentos de mejorar sus indicadores de rendimiento personales o de su equipo (por ejemplo, ingresos por ventas, productividad, satisfacción del cliente, rotación de personal, periodos medios de cobro, rotación de inventarios, etc.) si estos indicadores chocan con los indicadores de rendimiento global de la organización (como beneficios, crecimiento y valor económico agregado). Para animarlos a «optimizar el sistema», para usar otro término de economía, su rendimiento tiene que medirse e incentivarse según estos indicadores globales.

Por otro lado, la «teoría de contratos óptimo» demuestra que, cuando empleados egoístas saben más que sus gerentes sobre las condiciones que los rodean, sus capacidades y sus esfuerzos, la única forma de motivarlos económicamente a esforzarse en su trabajo es responsabilizándolos, ajustando su compensación según sus indicadores de rendimiento individuales. Esto, por desgracia, incentiva a los empleados a hacer justo lo contrario de lo que indica la teoría de la optimización no lineal.

Por ejemplo, a los empleados de United se les promete una recompensa (mantener su empleo, ganar un bono o recibir una promoción) si siguen las instrucciones de sus gerentes, o un castigo (perder su empleo, perder un bono o la sufrir una democión) si no lo hacen. Esto incentiva a los empleados a hacer lo que les mandan sus jefes. Este acuerdo es muy útil y funciona bien en la mayoría de las circunstancias. Pero el mismo sistema también incentiva a las personas a no aplicar su conocimiento especial en una circunstancia concreta o a no pensar en las consecuencias que sus acciones pueden tener para la empresa. Cuando los miembros de la tripulación de United vieron que la situación iba de mal en peor con el doctor Dao, podrían haber considerado que quizá lo mejor para la empresa sería dejar al pobre hombre en su asiento. Pero como su trabajo era hacer simplemente lo que se les mandaba, decidieron ignorar estas consideraciones y acabaron ganándose un papel estelar en el infame vídeo viral.

En el capítulo anterior, expliqué cómo un líder puede alinear el interés de un individuo con la misión si apela a un propósito noble. En este capítulo explicaré que una herramienta igualmente importante para cualquier líder es una cultura efectiva. La cultura actúa como un campo de fuerza emocional que alinea a los miembros de la organización del mismo modo que los campos magnéticos alinean las limaduras de hierro. La cultura funciona sin necesidad de incentivos financieros basados en indicadores de rendimiento individuales. Esto es así porque los trabajadores observan las condiciones, el talento y el esfuerzo que ponen sus colegas en su entorno con mucha más atención que ningún directivo. Las normas culturales impuestas a través de las promesas de recompensas sociales como el reconocimiento, la inclusión y el compañerismo (o la amenaza de las sanciones sociales como la vergüenza, la exclusión y el aislamiento) son mucho más efectivas que los incentivos financieros a la hora de alinear una organización.

¿QUÉ ES LA CULTURA?

«La cultura se come a la estrategia de desayuno», dijo supuestamente Peter Drucker, el genial gurú de administración de empresas.[6] Aun así, la cultura parece un concepto abstracto para la mayoría de nosotros, difícil de comprender e imposible de diseñar. Pero ignorar la cultura es un error muy caro. Cuando Ram Charan y Geoffrey Colvin preguntaron por qué fracasan los directores ejecutivos,[7] descubrieron que era porque eran incapaces de ejecutar su estrategia. Lo que muchos directores ejecutivos no comprenden es que la cultura es la clave de la ejecución estratégica.

Yo veo a la cultura como un sistema operativo para comunidades humanas, un conjunto de instrucciones básicas que guía el comportamiento de los miembros de la organización. Como una plataforma de sistemas de información, la cultura ofrece las capacidades esenciales necesarias para ejecutar los procesos de la empresa y, lo que es más importante, ejecutar la estrategia. Si la cultura no es la adecuada, la estrategia no se ejecutará adecuadamente, del mismo modo que Microsoft Office para Windows no funciona en una Mac. Y cuando la estrategia no puede ejecutarse, el director ejecutivo y la organización fallan.

El profesor del Instituto Tecnológico de Massachusetts Edgar Schein definió la cultura como un patrón de suposiciones, creencias y expectativas compartidas que guían las interpretaciones y acciones de sus miembros, definiendo cuáles son los comportamientos adecuados dentro de la organización.[8] Yo prefiero definirla, simplemente, como el conjunto de creencias que tienen las personas sobre «qué valoramos y cómo se hacen las cosas por aquí». Estos valores y normas marcan expectativas sobre lo que «uno tiene que pensar, decir y hacer para ser uno de nosotros». Por otro lado, la cultura incluye asimismo el conjunto de creencias sobre que cosas uno *no* puede pensar, decir o hacer si quiere ser uno de nosotros. Es decir, los tabús. La cultura existe en las mentes de las personas que la viven. No es lo que dice alguien, sino lo que todos entienden. Es un mapa subconsciente sobre cómo actuar acorde a las normas del grupo y seguir siendo un miembro respetable de él.

Una cultura efectiva aborda los difíciles problemas organizacionales de la desvinculación, la desorganización, la desinformación y la desilusión. Consigue que los empleados se involucren con un propósito noble, unos valores éticos y unos objetivos significativos. Esto consigue su compromiso interno y ofrece una sensación de identidad colectiva e individual. También coordina las expectativas y comportamientos de los empleados. Lo que es más importante, una cultura efectiva hace esto sin tener que depender de sistemas de control formales ni reducir la autonomía necesaria para un rendimiento excelente en situaciones ambiguas, complejas y en cambio constante.

Las normas formales de «Haz esto» y «No hagas esto» nunca llevan a un rendimiento extraordinario. Obligar a los empleados a seguir procedimientos formales es como pedirles que hagan un dibujo uniendo los puntos. No hace falta demasiada originalidad, capacidad ni reflexión para hacerlo. Las reglas formales estandarizan el rendimiento, pero solo son útiles en situaciones predecibles recurrentes (como una rutina de inspección previa al vuelo de un avión) o en organizaciones de alto riesgo, como la atención de emergencias, la extracción petrolífera, o el manejo de centrales atómicas, donde seguir las normas puede significar la diferencia entre la vida y la muerte.

• • •

Para disfrutar de verdad de nuestro empleo, necesitamos tareas variadas y difíciles, que no solo nos permitan, sino que nos exijan, ser autónomos y tomar nuestras propias decisiones. De hecho, uno de los atributos más cruciales de las organizaciones más efectivas (como identifica Jeffrey Pfeffer en su libro *La ecuación humana*)[9] es que se basan en equipos autogestionados y toma de decisiones descentralizada. En otras palabras, a los empleados se les da mucha autonomía y capacidad de decisión.

Cuanto menos dirijen los líderes a los empleados, más responsabilidad asumen estos últimos y mejor rinden. En 1983, por ejemplo, Toyota adquirió una planta de montaje de General Motors en California que estaba en quiebra . Toyota no cambió ni la maquinaria ni los trabajadores. Lo único que cambió fue el sistema de producción, que pasó de estar basado en reglas formales a uno que concedía mucha más autonomía a los trabajadores. El resultado fue una mejora espectacular de productividad y calidad. Los costos de mano de obra se redujeron hasta casi el 50 %.

A diferencia de las normas formales, la cultura permite a los empleados actuar y pensar por sí mismos, lo que aumenta su implicación y estrecha sus lazos con los demás trabajadores. Decepcionar a sus compañeros les resulta mucho más preocupante que infringir las normas. Por lo tanto, los miembros de una organización no solo controlan su propio comportamiento, sino también el de sus compañeros cuando va en contra de los objetivos estratégicos de la organización. Esto libera a sus directivos, que no tienen que microgestionarles y que pueden, en vez de ello, centrarse en la importantísima tarea de liderar: evocar el compromiso interno de sus empleados para perseguir el objetivo de la empresa.

Las historias de la capacitación de los empleados de la aerolínea Southwest Airlines para atender a los clientes son legendarias. Para muestra, la siguiente anécdota de 2011. El nieto de un hombre de Los Ángeles recibió una paliza del novio de su hija y quedó en coma. El pobre niño estaba al borde de la muerte. La esposa de este hombre llamó a Southwest para reservar un vuelo hacia Denver a toda prisa, para que el hombre pudiera despedirse de su nieto. Pero el viaje hasta el aeropuerto de Los Ángeles fue complicadísimo y al hombre le fue incluso más difícil pasar por el control de seguridad: a los trabajadores de la Administración de Seguridad en el Transporte no les importaba un comino la situación. Finalmente, el hombre llegó a la puerta de embarque doce minutos después de la hora prevista de salida, pero, para su sorpresa, descubrió que el piloto había pospuesto el despegue para esperarle. El hombre se deshizo en agradecimientos hacia el piloto, a lo que este respondió: «No pueden ir a ninguna parte sin mí y yo no me iba a ninguna parte sin usted. Así que ahora ya puede relajarse. Lo llevaremos a su destino. Siento mucho que esté pasando por esta situación».[10] Compara este cálido trato con la forma en que United Airlines se comportó con el doctor Dao y te será muy fácil comprender por qué los clientes prefieren volar con Southwest.

Las empresas como Southwest, Nordstrom, Zappos y otras similares, que tienen una muy buena reputación por su atención al cliente,[11] son todas empresas que permiten que sus empleados hagan lo que haga falta para cuidar a los clientes. En cuanto estas empresas empezaron a funcionar, sus estrategias fueron evidentes para todo el mundo pero, aun así, nadie fue capaz de emularlas, ya que su cultura iba fortaleciéndose empleado a empleado, año tras año. (De igual manera, General Motors fue incapaz de copiar lo que Toyota hizo debajo de sus narices). Este tipo de empresas demuestran que la cultura es la fuente definitiva de la ventaja competitiva, ya que a cualquier competidor le llevará años poder imitarla. Y es por eso por lo que supone una barrera tan fuerte para la competencia.

LOS CUATRO PILARES DE LA CULTURA EFECTIVA

Una cultura efectiva se basa en cuatro pilares: *consenso, intensidad, contenido* y *adaptabilidad*.

El *consenso* es el grado de acuerdo entre los miembros de una cultura en sus valores y normas. La *intensidad* es la fuerza con la que los miembros mantienen estos valores y normas. Una cultura efectiva necesita tanto consenso como intensidad. Si la intensidad es elevada pero el consenso es bajo, la organización puede acabar dividiéndose en «facciones enfrentadas»[12] donde un grupo (como, por ejemplo, Ventas) se enfrenta a otro (como, por ejemplo, Ingeniería de Producto). Si el consenso es elevado pero la intensidad es baja, la organización se dejará arrastrar por la mediocridad. (En una cultura tan indiferente, los miembros están de acuerdo en qué es lo importante, pero a nadie le importa tanto como para dar lo mejor de sí para conseguirlo).

El *contenido* son los comportamientos y actitudes específicos definidos por las normas de conducta. Una cultura de consenso e intensidad elevados que cuenta con valores y comportamientos contraproducentes acabará por obstaculizar a la organización. Por ejemplo, pensemos en una empresa donde la forma de lograr estatus y poder es través de las artimañas políticas. En un lugar así, las personas se sabotean unas a otras y el estatus de alguien es más importante que lo que hace o lo que dice. En este tipo de cultura, el objetivo es demostrar que uno tiene razón y que los demás están equivocados, y la crítica destructiva es la mejor forma de ascender en la jerarquía de la empresa. Una organización así puede anunciar a bombo y platillo su cultura y predicar sus valores colaborativos, pero todo esto nunca se refleja en la realidad. Estas son las organizaciones que atraen a líderes y seguidores egocéntricos, hipócritas y narcisistas.

Hay dos tipos de contenido organizacional: plataforma y estrategia. Las normas de la *plataforma* son la base de cada interacción entre miembros de una organización y las partes interesadas externas. (En los capítulos siguientes describiré las tres normas de plataforma que considero esenciales para cualquier empresa: respons(h)abilidad, colaboración e integridad). Las normas de la *estrategia* son las que centran la atención de los empleados en las variables clave necesarias para ejecutar por completo la estrategia de la organización. Estas normas ayudan a negociar las prioridades y a tomar decisiones por el bien del objetivo común. Una cultura efectiva debe respaldar la ejecución de la estrategia; sus normas deben ser estratégicamente relevantes. De hecho, es imposible evaluar la efectividad de una cultura sin relacionarla con la estrategia de la organización.

Analicemos cómo Southwest respalda su estrategia con normas de plataforma. La sencilla estrategia de la aerolínea es ofrecer vuelos cortos y prácticos a bajo costo. Para ello, solo cuenta con un único tipo de avión (el Boeing 737) y elimina los asientos de primera clase. Como todos sus vuelos son directos, sin forzar a sus pasajeros a hacer escalas, las horas de llegada están cuidadosamente coordinadas (y además los viajeros no tienen el engorro de tener que embarcar y desembarcar repetidas veces). Sus precios no tienen tasas ocultas como, por ejemplo, la que pueda haber por el equipaje facturado. Como Southwest cumple las promesas que hace a sus clientes, su reputación es que ofrecen un servicio excelente.

Los valores de los empleados de Southwest Airlines son «un espíritu guerrero» (que la aerolínea describe como la intrepidez de concederles a sus empleados todo lo que necesiten para respaldar a los clientes), «un corazón de servicio» (tratar a los demás con respeto, seguir la regla de oro) y «un amor a la diversión» (fun-luving attitude).[13] Los empleados de Southwest saben que deben «hacer lo que sea necesario para que el cliente esté contento», incluyendo hacer chistes abiertamente por los altavoces (como, por ejemplo, «¡Hola! Les habla la capitana Amanda Smith. Sí, soy una piloto mujer y, como ventaja, si nos perdemos por el camino, no me costará parar y preguntar cómo llegar»).[14] Las normas les dan margen de maniobra para que puedan cumplir con la promesa de la marca. Saben cuáles son los objetivos de la empresa y las estrategias para lograrlos. Y les importa lo que sus compañeros puedan pensar de ellos si no cumplen con los valores y las normas de la cultura.

Southwest basa su cultura en equipos donde las personas se respaldan entre sí para ejecutar su estrategia de salidas y llegadas puntuales. Una escritora de *Forbes*, Carmine Gallo, lo describió así: «Como un equipo de boxes de élite en una carrera automovilística, cada miembro del equipo se siente responsable del éxito de sus compañeros». Un piloto le explicó esto a Gallo: «En nuestro equipo hay compañerismo de verdad. Cuando tus compañeros te caen bien, cuidas de ellos y ellos de ti. Te sacrificas por los demás». El fundador y anterior director ejecutivo de Southwest Airlines, Herb Kelleher, añadió esto: «La actitud es muy importante y hay que tenerla en cuenta junto con la experiencia y las habilidades de una persona. Una persona con un alto coeficiente intelectual que critica por la espalda a los demás es un desastre para la organización. Alguien extrovertido, altruista y que trabaja con alegría supondrá un recurso buenísimo».[15]

Cuando una cultura que confía en sus empleados respalda su estrategia de esta forma, las empresas que la poseen se convierten en líderes en su sector. Las empresas de ropa Nordstrom y Zappos, por ejemplo, se centran en una estrategia de «atención al cliente» respaldada por personas con la capacidad de poder hacer lo que sea necesario para hacer feliz al cliente. La estrategia de innovación de Apple está respaldada por empleados a los que se anima a pensar de forma creativa. Y como estos casos, muchos más. En organizaciones con culturas efectivas como estas, las normas de estrategia alinean a las personas con rapidez y fuerza detrás los factores de éxito más importantes.[16]

La *adaptabilidad* es la facilidad con la que las normas pueden cambiarse para mantener la viabilidad de la organización ante los cambios del entorno. Como dice Edgar Schein, la cultura debe abordar no solo la necesidad de la integración interna, sino también la necesidad de la adaptación externa.[17] Una cultura efectiva necesita tener una alta adaptabilidad para evitar los peligros de la conformidad rígida y para poder ser flexible, innovadora y creativa. La adaptabilidad funciona como un antídoto ante el tradicionalismo, promoviendo comportamientos divergentes como una parte de «lo que significa ser uno de nosotros». La adaptabilidad ofrece una aprobación social a las actividades exploratorias, creativas e innovadoras que atraen el cambio. Los investigadores han descubierto que el rendimiento de las organizaciones con un consenso elevado, una intensidad elevada y una cultura estratégicamente relevante acaba superando, a largo plazo, al de la competencia, siempre que tengan valores y normas que promuevan la adaptabilidad.[18]

Mientras que una cultura de consenso e intensidad elevados puede mejorar el rendimiento en un entorno estático, puede que lo empeore en un entorno más turbulento. Este tipo de cultura proporciona a sus empleados la voluntad, la disciplina y el consenso para perseguir los objetivos de la organización. Pero las normas estrictas pueden llevar a los miembros de la organización a adoptar siempre la posición del *status quo* y a reprender a aquellos que se desvían de él. Los grupos cohesivos toleran menos variación en el comportamiento de los miembros, de modo que es fácil que caigan en una mentalidad de pensamiento grupal (*groupthink*). En entornos turbulentos, esto restringe la capacidad de una organización para reaccionar ante nuevos desafíos. Por ejemplo, cuando los fabricantes de automóviles japoneses entraron en el mercado estadounidense en los años 70, las empresas locales los desestimaron basándose en la creencia de que «Los japoneses no saben cómo hacer coches», «Los americanos no comprarán coches japoneses de baja calidad», «Los americanos no comprarán coches pequeños», «El ahorro de combustible no es un factor significativo a la hora de elegir un coche», etcétera. Se aferraron a sus creencias de consenso elevado e intensidad elevada hasta que las empresas japonesas les pasaron por encima. Hoy en día, Honda, Toyota y Nissan fabrican más coches en los Estados Unidos que General Motors, Ford y Chrysler.[19]

Una cultura efectiva debe promover la libertad y el apoyo necesarios para que las personas puedan desafiar las presuposiciones, tomar riesgos, aprender y crecer.[20] Cuando las personas se sienten seguras, están mucho más dispuestas a ofrecer ideas, cuestionar el estado de las cosas, pedir *feedback* a los demás, experimentar, reflexionar sobre los resultados y comentar abiertamente errores o resultados inesperados. Si inculcas la percepción de que «correr riesgos inteligentes»[21], como decimos en LinkedIn, es «la forma en que hacemos las cosas aquí», las personas se sentirán más dispuestas a comentar problemas, desarrollar nuevas ideas y probar cosas diferentes.

CÓMO IBM CAMBIÓ SU CULTURA

En 2003, el año después de que Sam Palmisano relevara como director ejecutivo de IBM a Lou Gerstner (quien salvó a la emblemática empresa de la ruina total durante un cambio masivo en el mercado a mediados de los 90),[22] la empresa hizo un experimento de setenta y dos horas al que denominaron *Values Jam* [que podría traducirse como «sesión de improvisación de valores»]. El objetivo era que la inteligencia colectiva de los empleados de IBM ayudara a actualizar los valores corporativos centenarios de IBM (escritos en 1914 por el presidente Thomas Watson Sr. bajo el título «Creencias básicas»: «respeto por el individuo», «la mejor atención al cliente» y «la búsqueda de la excelencia»). Cincuenta mil de los 750.000 empleados de la compañía participaron en un foro hecho a través de la intranet de la empresa para responder a una pregunta: «¿Qué representa IBM?».

«Por desgracia, a lo largo de las décadas, las creencias básicas de Watson acabaron por distorsionarse y cobrar vida propia», explicó Palmisano a la revista *Harvard Business Review*.[23] «"Respeto por el individuo" se convirtió en la sensación de tener derecho a todo: no a un trabajo justo para todos, no a la oportunidad de decir lo que se piensa, sino derecho a un trabajo garantizado y a ascensos dictados por la cultura. "La búsqueda de la excelencia" se convirtió en arrogancia: dejamos de escuchar a nuestros mercados, a nuestros clientes y al resto de compañeros. Tuvimos tanto éxito durante tanto tiempo que éramos incapaces de ver otro punto de vista. Y cuando el mercado cambió, casi acabamos en quiebra».

Palmisano imprimió los doscientos mil comentarios de la *Values Jam*, se los llevó a casa y los leyó durante el fin de semana. Los empleados se habían desahogado de lo lindo, y había críticas furibundas. «La discusión electrónica era acalorada, explosiva y embrollada», explicó Palmisano. Incluso él mismo no se libró del aluvión de críticas, pero decidió dejar su ego a un lado («cosa nada fácil para un director ejecutivo», comentó). Para él, la *Values Jam* supuso una revelación valiosísima sobre lo que tenía que hacer a continuación: «O bien me ponía a pensar: "Ay, Dios, he abierto la caja de Pandora", o bien me decía a mí mismo: "Ay, Dios, ahora tengo este increíble mandato de impulsar más cambios en mi empresa"». El día siguiente, Palmisano sugirió a su equipo ejecutivo que leyeran todos y cada uno de los comentarios. «Si ustedes creen que esta empresa tiene las bases bien sentadas, quizá tengan que replanteárselo», les dijo.

Tras un largo y complicado proceso, la empresa se puso de acuerdo en tres valores que ya ha integrado en su estrategia: (1) «dedicación al éxito de cada cliente», lo que implica «dejar el alma para que el cliente tenga éxito»; (2) «innovación que importa para nuestra empresa y para el mundo», que quiere decir inventar y crear productos que puedan suponer una diferencia positiva en el mundo; y (3) «confianza y responsabilidad personal en todas las relaciones» (con empleados, proveedores, inversores, gobiernos y comunidades).

Estos valores no son solo decorativos; todas las decisiones estratégicas se toman de acuerdo con ellos. En la línea de su primer valor, «dedicación al éxito de cada cliente», IBM cambió su sistema de compensación a los directivos. Los bonos y aumentos de sueldo para los gerentes generales se basan en las evaluaciones de los clientes, y al considerarlas durante un tiempo más amplio generan un incentivo para satisfacer al cliente a largo plazo.[24] «Pienso que los valores traen un equilibrio al sistema de gestión y a la cultura de la empresa: equilibrio entre la transacción a corto plazo y la relación a largo plazo, equilibrio entre los intereses de los empleados, los clientes y otros *stakeholders*», explicó Palmisano. «En cada caso tienes que tomar una decisión. Los valores te ayudan a tomar estas decisiones no de forma *ad hoc*, sino de un modo consistente con tu cultura y marca, con quien eres como empresa».

Por ejemplo, los valores dictaron un nuevo sistema de precios que no solo consideraba el cuidado a los clientes, sino que también resolvió problemas de alineación interna. En vez de tener distintas unidades con distintas ofertas de *hardware*, *software*, servicios y financiación, IBM ahora ofrece un precio único para cada oferta integrada. «Para ser sinceros, los ejecutivos llevamos mucho tiempo debatiendo sobre el problema de los precios. Pero no habíamos hecho nada al respecto», comentó Palmisano.

«La iniciativa de valores nos obligó a enfrentarnos al problema, y eso nos dio el impulso necesario para hacer el cambio».

Ver que IBM realmente representaba su segundo valor, «innovación que importa para nuestra empresa y para el mundo», fue crucial para su personal inteligente. Las investigaciones de IBM han estado aventurándose fuera del reino de la informática y adentrándose en áreas como el sector de la salud. Por ejemplo, la empresa colaboró con Pfizer en el desarrollo de un sistema para pacientes con Parkinson que acelera los ensayos clínicos. Estos sensores y dispositivos móviles, disponibles para el público general, intentan definir la firma digital de los pacientes, detectan cómo se sienten y cómo reaccionan ante los medicamentos, y envían la información en tiempo real a investigadores y médicos. Después, un componente de inteligencia artificial busca relaciones y datos clínicos, como las dosis de los medicamentos.[25]

«En IBM hay el indudable anhelo de que seamos una empresa magnífica», concluyó Palmisano a partir de la *Values Jam*. «Ellos [los empleados] quieren formar parte de una empresa progresiva que marca una diferencia en el mundo. Quieren estar en el tipo de empresa que colabora en investigaciones que ganan premios Nobel, que cambia el modo en que las personas piensan sobre los negocios en sí mismos, que está dispuesta a adoptar posiciones firmes a partir de sus principios, aunque sean decisiones impopulares. No podemos ofrecerles la promesa de la riqueza instantánea, que quizá sí que podrían conseguir en una *start-up*, ni tampoco un trabajo para toda la vida, como sucedía antaño. Pero podemos ofrecerles algo en lo que vale la pena creer, y esforzarse para conseguir».

Otra cosa que hizo IBM fue asignar a los gerentes de primera línea un fondo anual de hasta 5.000 dólares que podían usar a su discreción para generar negocios, desarrollar y mejorar la relación con los clientes o reaccionar ante una emergencia. Confiar en que sus gerentes tomarían decisiones inteligentes a la hora de gastar este dinero dejó claro que IBM pone en práctica su tercer valor, «confianza y responsabilidad personal en todas las relaciones». «En vez de hacer que las personas pasen a la acción porque tienen miedo a fallar, tienes que conseguir que lo hagan a partir de la esperanza y la ambición», explicó Palmisano. «Les ofreces la oportunidad de volver a ser una gran empresa, la mejor del mundo, que es lo que era antes IBM. Y deseas que ellos sientan la misma necesidad, el mismo apremio que tú, para conseguir esto. Pues bien, creo que los empleados de IBM, hoy en día, sienten esa necesidad. Quizá la mejor aportación de la *values jam* fue dejarnos clarísimo esto a todos, sin lugar a duda, de forma muy visible, en público».[26]

DEFINIR EL ESTÁNDAR

Establecer normas de cultura es un proceso en cuatro pasos que yo denomino «las cuatro D's»: definir, demostrar, demandar y delegar. «Definir» significa acordar explícitamente los estándares de comportamiento esperado (por ejemplo, cuándo y cómo dejar una decisión en manos de personas de más rango, como explico en el capítulo 8). «Demostrar» significa comportarse según el estándar (por ejemplo, derivar un conflicto a un superior colaborando con la otra parte). «Demandar» significa exigir explicaciones a aquellos que se desvían del estándar (por ejemplo, enfrentarse a cualquiera que decida acudir a un superior por causa de un conflicto sin antes consultarlo con la otra parte). Y «delegar» significa requerir que todas las personas del equipo definan, demuestren y demanden ese estándar frente a sus subordinados (por ejemplo, que tengan una conversación similar con los equipos que dirigen sobre cuál es la mejor forma de escalar conflictos a sus superiores). Más allá de cualquier estándar, la norma definitiva de una cultura efectiva es que cada persona de la organización busque alcanzar sus propósitos de forma ética.

Tras establecer los valores y la misión a partir de las opiniones de las partes afectadas, como hizo IBM con la *values jam*, el paso siguiente es tener una conversación con tu equipo en la que todo el mundo se ponga de acuerdo sobre cuál es la mejor forma de ejecutar la estrategia de la organización, alcanzar su misión y representar sus valores. Más allá de esto, este diálogo debe establecer las formas de pensar y actuar que quieren ejemplificar ante el resto de las personas de la organización. Yo he descubierto que los mejores diálogos para establecer estándares siguen este patrón:

Proponer: Explica por qué crees que un estándar de comportamiento concreto puede mejorar el trabajo del equipo de un modo más efectivo y ético. Por ejemplo, yo empiezo mis talleres con esta propuesta: «Para poder trabajar mejor juntos y respetar la necesidad que puedan tener los demás de concentrarse en los materiales, les sugiero a todos que pongan sus móviles en silencio y que no los usen dentro de la sala. Si a alguien le es imprescindible responder a una llamada o consultar sus mensajes, puede salir para hacerlo».

Comprobar: Asegúrate de que todo el mundo está de acuerdo en que el estándar es factible, ético y mejora realmente la efectividad. Por ejemplo, tras hacer la propuesta sobre los móviles, hago la siguiente pregunta: «¿Les parece una buena forma de trabajar juntos?». Si responden que sí, proseguimos con el taller. Pero no es una pregunta retórica; es bastante posible que alguien pueda tener un problema con mi sugerencia. Si ese es el caso, ha llegado el momento de negociar.

Por ejemplo, en más de una ocasión un participante me ha dicho algo así como: «Lo siento, Fred. Estoy esperando un mensaje importante al que tendré que responder rápidamente. No me supone ningún problema salir de la habitación para leerlo y responderlo, pero sería muy engorroso tener que levantarme y salir cada vez que me vibre el móvil. Me gustaría poder echar un vistazo rápido a la pantalla y ver si es el mensaje que estoy esperando. Si lo es, saldré de la sala. Si no lo es, me esperaré al descanso para leerlo. ¿Te parece bien?».

Comprometer: Al final de la negociación, pídeles a los demás que adopten un compromiso. Las órdenes, normas , o acuerdos no tienen ningún valor si no se convierten en compromisos. Lo que ata a las personas a comportarse de un modo concreto es *su* palabra, no la mía. Conseguir una promesa es el paso crucial que uso para apelar a la integridad de las personas. Ese es el motivo por el que el estándar no puede ser solo una petición o, lo que es peor, una orden. Tiene que ser un compromiso colectivo. (Puedes obtener más información sobre esto en el capítulo 10, «Integridad»).

En mis talleres, después de la negociación, termino diciendo: «Todos hemos acordado que pondremos los móviles en silencio. Podemos mirarlos para ver quién llama o qué mensaje nos ha llegado, pero si necesitamos dedicarle más de unos pocos segundos, tendremos que salir de la habitación para hacerlo. ¿Podemos comprometernos todos a hacer esto?». No sigo adelante hasta que todas las personas presentes confirmen su compromiso.

DEMOSTRAR EL ESTÁNDAR

Del mismo modo que los niños aprenden la cultura de su familia observando a sus padres, los nuevos miembros aprenden la cultura de una organización observando a sus líderes. Cualquier persona que quiera un buen estatus imitará los comportamientos de aquellos que han llegado a la cima. Como líder trascendente, debes comportarte según los estándares que tú mismo has definido. Al fin y al cabo, tu comportamiento y el de los demás es la marca de la empresa.

Como ya he señalado en el capítulo 5, no hay nada que haga más cínicas a las personas de una empresa que un líder que dice una cosa y hace otra, especialmente cuando exige que los demás hagan lo que él dice. Imagina la impresión que daría si, cinco minutos después de acordar con los participantes de mi taller un estándar de comportamiento como «No usaremos los teléfonos móviles en esta habitación», de repente mi teléfono empezara a sonar y yo respondiera allí mismo. Sería devastador. Un comportamiento así por mi parte convencería a todo el mundo de que mi palabra no es de fiar. Cualquier comportamiento contradictorio de un líder destruye la confianza. Y sin confianza, la organización se desmorona.

El problema es que, incluso si un líder cree que su comportamiento no va en contra de lo que dice, otras personas pueden tener una visión distinta de cómo funciona un estándar en una situación determinada.

Es posible que creas estar actuando de acuerdo con el estándar pero que otros no lo vean así. Es por eso que es crucial discutir esta diferencia de opinión y tomar las acciones necesarias para resolver la tensión. Tener permiso para cuestionar a cualquiera que parezca estar rompiendo el estándar, especialmente si es el líder, es una norma crucial en sí misma.

En mis talleres animo a los participantes a expresar cualquier pregunta que puedan tener sobre mi comportamiento. Les explico que mi compromiso es firme, pero que en ocasiones puedo cometer un error o actuar de forma inconsciente, y que acepto por completo que los demás me cuestionen al respecto. Siempre estoy dispuesto a considerar si estoy o no cumpliendo las promesas que he hecho. Cualquier líder puede recuperarse de un error. Pero no existe recuperación posible si se niega a considerar un posible error: el estándar, su identidad y la confianza de la organización quedarán socavados para siempre.

No solo demuestras tus valores con tus acciones personales y directas. También los expresas a través de los sistemas y procesos formales que establezcas. El más importante de estos procesos es, quizá, el reclutamiento y la selección de personal. Como escribió Jim Collins: «Debes subir a las personas adecuadas al autobús incluso antes de saber a dónde se dirige este autobús».[27]

Los líderes inexpertos en gestionar la cultura centran sus esfuerzos de reclutamiento en lo bien que encaja la persona para el puesto de trabajo, sin tener en cuenta la importancia de encajar también en la cultura. La consecuencia inesperada de ignorar esto es que la cultura de la organización crecerá anárquicamente, como las malas hierbas, en vez de como una tierra cultivada. La cultura «se comerá a la estrategia para el desayuno», con lo que será imposible que la organización cumpla la estrategia.

Es evidente que, si un recién contratado encaja bien con la empresa, acabará adaptándose a otros trabajos dentro de la misma organización. Puede que estos trabajos requieran distintas habilidades, pero existirán dentro de la misma cultura organizacional. Así que es mejor contratar a personas que encajen con la cultura, aunque no tengan todas las habilidades necesarias para su primer trabajo. A las personas les es mucho más fácil aprender nuevas habilidades que incorporar nuevos valores y normas en la estructura de su personalidad.

La tienda de zapatos y ropa Zappos, que habitualmente está en la lista de «Mejores empresas para trabajar» de *Fortune*,[28] contrata a personas que se adapten bien a los valores principales de la empresa:

- Cautiva a los clientes a través de tu servicio
- Acoge e impulsa el cambio
- Sé divertido e incluso un poco rarito
- Sé aventurero, creativo y de mente abierta
- Busca el crecimiento y el aprendizaje
- Comunícate para crear relaciones sinceras y abiertas
- Fomenta un equipo positivo y un espíritu de familia
- Haz más con menos
- Sé entusiástico y determinado
- Sé humilde

El director ejecutivo, Tony Hsieh, también quiere que las personas que trabajen en la empresa sean altruistas. «Un montón de nuestros candidatos vienen de fuera de la ciudad, así que vamos a recogerlos al aeropuerto con un vehículo de Zappos, les damos una vuelta y después se pasan el día entero haciendo las entrevistas», le explicó Hsieh a un reportero. «Al final de todas las entrevistas, el reclutador va a hablar con el conductor del vehículo y le pregunta cómo lo ha tratado el candidato. Independientemente de cómo hayan ido las entrevistas, si no lo ha tratado bien, no contrataremos a esa persona».[29]

Todos los recién contratados, independientemente de sus habilidades y experiencia, tienen que trabajar en el centro de llamadas de atención al cliente durante un mes, una experiencia para que se sumerjan en la cultura. Tras la primera semana de formación, a los recién contratados se les ofrecen 3.000 dólares para abandonar la empresa, ya que si no encajan Zappos prefiere que se vayan. Si aceptan el dinero, no pueden volver a la compañía. Casi un 100 % de los recién contratados rechaza la oferta.[30]

La cultura también se refleja a la hora de reconocer y promover a los empleados. Las personas a las que premias y asciendes y las recompensas que les concedes transmiten un mensaje tremendamente importante a la organización entera sobre cuál es la forma correcta de comportarse. Tu elección de a quién concedes autoridad formal para gerenciar a las personas de tu organización es una de tus decisiones de liderazgo más fundamentales. Y lo mismo se aplica a aquellos a los que reprendes, censuras, penalizas, no contratas y despides. Si el director ejecutivo de United hubiera despedido a los auxiliares de vuelo y al piloto del vuelo 3411 en vez de elogiarlos, habría transmitido un mensaje contundente: «Nosotros no tratamos a ningún cliente de este modo».

En Zappos, los recién contratados reciben una cuidadosa inmersión cultural a través de la socialización (reuniéndose con diversos empleados, trabajando en el centro de llamadas, etc.). La socialización es el proceso a través del cual un individuo puede integrar los valores, capacidades, comportamientos esperados y conocimientos sociales que son esenciales para asumir un papel como miembro de la organización.[31] Los aspectos clave de la socialización incluyen asegurarse de que los empleados adquieren conocimiento cultural y de que traben lazos unos con otros.

En LinkedIn, los recién contratados tienen la oportunidad de revelar algo que no esté en su perfil de LinkedIn y demostrar un talento único o habilidad especial en la reunión general que dirige nuestro director ejecutivo cada dos semanas. Invitamos a los candidatos a mostrar un lado más personal de sí mismos a sus compañeros. Esto tiene la ventaja de romper el hielo.

DEMANDAR EL ESTÁNDAR

Demostrar los estándares no es suficiente. Como líder, también debes enfrentarte a las personas que parecen estar desviándose de ellos. Si un participante respondiera a una llamada o empezara a mandar mensajes durante mi taller y yo no dijera nada al respecto, sería tan malo como si fuera yo mismo quien actuara así. Ambas acciones serían igualmente perjudiciales para la cultura que intento establecer para el taller.

Las personas tienen distintas interpretaciones sobre lo que puede implicar un compromiso concreto en una situación específica. Puede que una persona del equipo crea estar comportándose de acuerdo con el estándar, mientras que tú piensas que no es así. Es imperativo aclarar esta diferencia de forma colaborativa y es por eso por lo que yo sugiero que, antes de confrontar a la persona que parece estar infringiendo el estándar, le preguntes cuál es su punto de vista al respecto.

Demandar que se cumpla un estándar no está exento de riesgos. Los problemas de autoestima e imagen pública pueden suponer trabas insalvables incluso para los intentos más hábiles. No puedo remarcar suficientemente el cuidado extremo con el que debe actuar un líder cuando quiere aumentar la conciencia de su equipo para que actúe de forma impecable. Uno de mis recuerdos profesionales más tristes es precisamente una ocasión en la que fui incapaz de hacer esto correctamente.

Decidí llamar la atención de todos los presentes. Todo el mundo había vuelto a tiempo, excepto Max, el líder del equipo. Pregunté a todos los que estaban en la habitación si Max había avisado a alguien de que llegaría tarde. El silencio abochornado significaba que mi plegaria secreta no se había visto respondida.

Este equipo de *marketing* de producto tenía la reputación entre sus clientes internos de ser poco confiable. Ese era el motivo por el que Max me había contratado para que los ayudara. El taller giraba en torno al tema del compromiso. Justo antes del descanso habíamos estado comentando la importancia de cumplir con los compromisos. Acordamos hacer del taller un experimento para crear una cultura de confianza.

—Para poder funcionar con eficiencia y respeto por los demás, les pido a todos que vuelvan del receso puntualmente —les había solicitado yo antes—. ¿Pueden comprometerse a hacer esto?

Todos asintieron con la cabeza.

—Si por algún motivo durante el receso ven que necesitarán más tiempo —añadí—, por favor, háganselo saber a alguien para que se lo diga al resto del grupo. Vamos a establecer el estándar de que no pasa nada por llegar tarde si nos lo hacen saber a los demás con tiempo, pero no ser puntuales y no avisar sí que supone un problema. ¿Les parece bien a todos?

Todos asintieron con la cabeza de nuevo.

—Perfecto —repuse—. Me tomaré sus gestos de asentimiento como un «sí». Hemos definido una nueva norma cultural. Ahora vamos a hacer la pausa y a demostrar esta norma al volver.

Corriendo el riesgo de parecer compulsivo, yo había remarcado enfáticamente lo necesario que es cumplir con los compromisos de forma impecable, especialmente aquellos que definen normas del grupo. Yo quería que las personas de la habitación sintieran el estrés de tener que controlar el tiempo durante el receso, fueran al baño antes del último minuto o incluso tuvieran que dejar una conversación interesante a medias o no hacer una última llamada por teléfono para poder volver a tiempo al taller. Preparándome para lo peor e intentando que nadie se sintiera mal por cometer un error, les dejé una vía de escape:

—Si pasa algo importante —expliqué—, pueden honrar su compromiso incluso aunque no cumplan con él. Si hay algo que les impida volver a tiempo y no encuentran a nadie para hacérselo saber a los demás, discúlpense cuando vuelvan y, simplemente, expliquen que tenían que encargarse de algo y no pudieron encontrar un modo de informar a los demás.

Yo estaba seguro de que, después de todo este énfasis (excesivo, como parecían indicar las caras de algunos participantes), todos estarían de vuelta a la hora acordada, avisarían a alguien de que llegarían tarde o, al menos, se disculparían al entrar en la sala a deshora. No esperaba que hubiera alguien que fallara y mucho menos el mismísimo Max. Así que me sentí muy perplejo cuando vi que Max no había vuelto a tiempo y no había avisado a nadie de que llegaría tarde. Yo no sabía cómo iba a terminar esto, pero pasé al siguiente tema: demandar los compromisos que adquieren los demás.

Quince minutos más tarde, Max entró en la sala y se sentó silenciosamente detrás del todo. Me quedé callado para dejar que se disculpara. Mi última esperanza era que Max pidiera perdón y explicara que durante la pausa había tenido una emergencia y que, además, no había podido encontrar ninguna manera de informarnos. Hacerse responsable de la situación, explicar lo que había pasado y renovar su compromiso habría honrado su promesa y le habría permitido conservar la confianza del grupo. También me habría facilitado muchísimo mi trabajo como facilitador del taller.

Pero no me sonrió la suerte. Max no abrió la boca. No creo que estuviera poniéndome a prueba; parecía no ser consciente de que su llegada tarde requería que pidiera disculpas. Para empeorar las cosas, nadie parecía esperar algo distinto, ni advertir que hubiera algún tipo de problema con el comportamiento de Max. No me extraña que el equipo tuviera tan mala reputación.

Inspiré profundamente. Yo quería ser un maestro sabio y compasivo, y mostrarle a Max y a su equipo cómo exigir normas culturales como una muestra de respeto ante la misión y los valores del equipo. Aun así, mi miedo era ponérmelos en contra si le demandaba responsabilidad a Max delante de su equipo. Estaba entre la espada y la pared. La otra opción era no decir nada, pero entonces yo perdería credibilidad (al menos ante mis ojos, aunque a ellos pudiera darles igual). Como precisamente había sido Max quien me había contratado para que su equipo fuera más consciente de sus propios compromisos, yo iba a romper mi propia promesa de ayudarles si me limitaba a ignorar el problema.

—Max —empecé, algo vacilante—, llegas tarde.

—Ay, sí, lo siento. He tenido que hacer una cosa —repuso él, despreocupadamente.

—Ya, lo entiendo —proseguí—, pero habíamos acordado que si pasaba algo así, se lo haríamos saber a alguien.

—Cierto. Disculpa. Es que estaba en la oficina.

Yo no sabía si preguntarle si no podría haberle dicho a su asistente que nos avisara o por qué no se había disculpado cuando entró en la habitación, pero uno de los participantes se me adelantó de golpe. Aunque quizá debería decir que se me adelantó *con* un golpe.

—¿Se puede saber qué intentas con esto? —me preguntó el participante—. ¿Por qué le faltas el respeto a Max?

—Sí, ¿por qué le faltas el respeto a Max? —añadió otro—. Solo ha llegado unos minutos tarde.

La cosa se descarriló rápidamente.

—No quiero faltarle el respeto a Max —expliqué—. Lo que intento es insistir en los compromisos y las normas de grupo, que son la esencia de este taller.

Una de las premisas del taller, expliqué, es que la forma en que manejamos cualquier compromiso es un buen indicador del modo en que manejamos todos los compromisos.

—Ustedes me pidieron que viniera aquí porque quieren mejorar su confiabilidad y merecer más confianza como equipo —dije—. Así que necesitamos examinar y cambiar los comportamientos de los que se quejan sus clientes internos. Creo que podemos convertir este error en un tesoro si lo aprovechamos como una experiencia de aprendizaje.

Vi cómo las serias caras de los participantes empezaban a enrojecerse, pero como ya me había arriesgado demasiado como para volver atrás, decidí seguir adelante.

—Todos hemos acordado que volveríamos puntuales después de la pausa. También hemos dicho que, si nos surgía cualquier imprevisto, se lo haríamos saber a alguien. Max no ha hecho ninguna de estas cosas. Es más, ha entrado en la habitación y se ha sentado sin disculparse. Cuando le he preguntado al respecto, su respuesta ha parecido bastante despreocupada. Ahora todos ustedes están enfadados conmigo porque estoy señalando que, claramente, no ha cumplido con el compromiso. Si yo fuera un observador externo, no confiaría en los compromisos de este equipo. ¿Y ustedes?

«Bien está lo que bien acaba», escribió Shakespeare, pero en este caso las cosas no acabaron bien. Hicimos el resto del taller incómodamente, pero esa fue mi última interacción con el equipo de Max. Unos meses más tarde me enteré por otra persona de la empresa que Max ya no trabajaba ahí. No sé si fue porque dimitió o porque lo echaron, pero sí sé que hizo falta un nuevo líder para que ese equipo recobrara su credibilidad.

Muchos años después me encontré con uno de los participantes del fatídico taller; esta persona todavía recordaba el incidente. Por desgracia, la lección con la que se quedó fue que yo había sido tan estricto sobre la puntualidad que acabé peleándome con su antiguo jefe. Yo me sentí decepcionado ya que, desde luego, esa no era la lección que buscaba enseñarles ese día ni el modo en que quería que me recordaran. Me di cuenta de que no me había ganado la autoridad moral necesaria como para guiarlos en un tema tan delicado como la integridad y la confianza. Me había extendido más allá de su permiso como facilitador y había perdido la oportunidad de ayudarles a crecer.

EXIGE DOBLEMENTE EL ESTÁNDAR

Si quieres ser un líder en una cultura sana y que funciona, tienes que convertir tus estándares en normas sociales. Eso significa que cada miembro de tu equipo debe sentirse personalmente responsable de que se respeten estos estándares, lo que incluye exigir que los demás también cumplan con ellos.

Por ejemplo, cuando trabajo con un equipo directivo, establezco el estándar que requiere que todo el mundo escuche con atención a los demás sin interrumpirles. Siempre hay alguien que acaba infringiendo esta norma.

Yo facilito este tipo de situaciones del modo siguiente: digamos que «Rob» interrumpe a «Rachel» en mitad de una frase. En vez de decirle que lo que ha hecho no es correcto, me quedo callado. Y, casi siempre, todo el mundo hace lo mismo. Cuando Rob termina de hablar, pregunto:

—¿Alguien se ha dado cuenta de que Rob ha interrumpido a Rachel?

Está claro que todo el mundo lo ha advertido; la mayoría asienten, incómodos. Y es ahí donde disparo la pregunta crucial:

—¿Y por qué nadie le ha dicho nada a Rob?

Después les recuerdo que no interrumpir es un estándar que hemos decidido entre todos; no era una norma que les he impuesto ni un compromiso que todos han hecho conmigo. No interrumpir es un compromiso que tenemos todos con todos los demás. Yo aclaro que no solo demando que los demás sigan el estándar; lo que espero, y exijo, es que ellos también lo demanden al resto del equipo.

—No quiero ser el «poli malo» que tiene que estar constantemente vigilando que todos nos comportemos bien —añado—. Lo que busco es que cada uno pueda exigir al resto (yo incluido) que cumpla con su compromiso de escucharnos unos a otros con respeto. ¿Están listos para compartir esta responsabilidad conmigo?

En un artículo para el *California Management Review*, Jennifer Chatham, profesora de la Universidad de California en Berkeley, describió (en tercera persona) su experiencia de ir a comprar zapatos en una tienda Nordstrom. Un vendedor llamado Lance le enseñó nueve pares de zapatos. Ninguno era del color ni el estilo que estaba buscando. «Cuando ella ya se iba de la tienda», escribió Chatham, «otro vendedor, Howard, se le acercó y le sugirió que él podía llamar a otras tiendas Nordstrom para encontrar los zapatos que quería. Diez minutos más tarde, Howard le informó, emocionado, que aunque no había podido encontrar los zapatos en otra tienda Nordstrom, sí que había podido encontrarlos en una tienda cercana de la cadena Macy's (una de las principales competidoras de Nordstrom).

»En vez de simplemente decirle que se fuera a buscarlas a Macy's, Howard ya había gerente los zapatos para que se los enviaran por correo a su casa para el día siguiente. "Por supuesto, Macy's le cobrará a usted por los zapatos", le explicó Howard, "pero Nordstrom se encargará de pagar el precio del envío". Howard comprendió la importancia de la atención al cliente y estuvo dispuesto a hacer mucho más de lo necesario para asegurarse de que incluso la clienta de Lance se fuera satisfecha. Y lo que es más, al salir de Nordstrom, Chatham oyó sin querer una conversación que, claramente, no debería haber oído.

Howard se fue hasta donde estaba Lance y le dijo: "No puedo creer que no te hayas esforzado más en intentar encontrar los zapatos. Nos has defraudado". Howard no era el jefe de Lance (ambos eran vendedores) pero, aun así, las normas que alientan a los empleados de Nordstrom a atender a los clientes lo mejor que puedan son tan fuertes que están dispuestos a amonestar a otro, independientemente de su cargo, por no haber cumplido con ellas».[32]

DELEGAR EL ESTÁNDAR

Como líder, además de demandar que cada uno de los miembros de tu equipo demuestre los estándares y exija a los demás su cumplimiento, también debes insistir en que ellos, a su vez, demuestren y exijan los estándares a los miembros de sus propios equipos y pedirles que deleguen lo mismo al nivel que tengan por debajo. La delegación es lo que hace que los estándares se vuelvan virales. Si esto no pasa, la norma cultural nunca se extenderá a toda la organización.

En muchas empresas a las que he ayudado, cuando los equipos directivos se reúnen definen unos estándares excelentes. La mayoría de ellos hace un gran trabajo a la hora de demostrar estos estándares y exigir a los demás que los cumplan. El fallo que más veces he visto es este último paso de delegar. Quienes reportan a estos líderes son incapaces de llevar este diálogo a sus equipos y lograr que los estándares vayan extendiéndose hasta llegar a la base de la jerarquía de la empresa. Esto crea una división en la compañía, ya que hay un grupo «de élite» que cumple con los estándares y un grupo de «marginados» que no sabe ni comprende por qué cuando los dirigentes se reúnen entre sí se comportan de forma inusual (como, por ejemplo, cuando se enfadan con sus empleados por cosas que antes les parecían bien).

Cuando un sistema de información es incapaz de producir el producto esperado, los programadores examinan primero el programa que han ejecutado para corregir los errores que pueda haber. Si el programa está bien, pasan al próximo nivel y comprueban el sistema operativo, ya que puede que no cuente con las capacidades de proceso necesarias.

Como líder, tú también tienes que hacer lo mismo cuando tu organización no sea capaz de ejecutar la estrategia. Quizá la estrategia tenga defectos, pero muy a menudo ese no es el problema. El error en el sistema surge de una cultura inadecuada.

En los capítulos siguientes explicaré tres capacidades de proceso esenciales que son partes necesarias de cualquier cultura efectiva.

Capítulo 8
RESPONS(H)ABILIDAD
PARA SER PARTE DE LA SOLUCIÓN,
SÉ PARTE DEL PROBLEMA

La diferencia básica entre un hombre ordinario y un guerrero es que el guerrero se lo toma todo como un desafío, mientras que el hombre ordinario se lo toma todo como una bendición o una maldición.

—Don Juan, chamán mexicano

«Siento llegar tarde. La otra reunión se retrasó». ¿Cuántas veces has usado esta excusa?

Tácitamente, lo que quieres decir es: «No me eches la culpa. Si la reunión anterior hubiera terminado antes, habría llegado a tiempo». Puede que esta justificación sea cierta, pero te quita tu poder. ¿Por qué? Porque al afirmar que no es tu culpa llegar tarde, también tienes que afirmar que llegar a tiempo no estaba en tus manos. El precio de la falsa inocencia es la impotencia.

El hecho de que la otra reunión se haya extendido más de lo previsto es simplemente eso, un hecho. No "hace" que llegues tarde, tú eres quien te hace llegar tarde. Tú has tomado la decisión, deliberada o inconscientemente, de quedarte en la reunión en vez de salirte. Puede que no seas responsable de que la reunión haya durado más de lo previsto, pero sí que eres responsable de tu decisión cuando llegó la hora de terminar y la reunión siguió en marcha.

«¡Pero no es mi culpa!», puede que digas. «Me *tuve* que quedar en la otra reunión porque era más importante que esta. Decir que la reunión anterior se extendió es, en realidad, una forma cortés de decir que la segunda reunión no era tan importante para mí como la primera».

No digo que sea tu culpa. Ni tampoco digo que hayas tomado una mala decisión o que deberías haberte ido de la primera reunión anterior para llegar a tiempo a la segunda. Se me ocurren varias circunstancias por las que yo también tomaría racionalmente la decisión de llegar tarde. Lo que digo es que es cuestión de *tu* decisión y que, si quieres establecer una cultura de responsabilidad, debes asumir completamente el hecho de que tu has decidido esto. Como líder, debes que ser el ejemplo de lo que quieres ver.

Es más, necesitas asumir la responsabilidad de minimizar las consecuencias negativas para las personas que esperaban que tu cumplieras con mi compromiso. En este caso, puede que tengas una justificación razonable para haber llegado tarde; por ejemplo, quizás estabas en una reunión importantísima con el director ejecutivo. Pero es mucho más complicado encontrar una justificación razonable para el hecho de no haber enviado un mensaje rápido a las personas que te están esperando en la siguiente reunión. Como veremos en el capítulo 10, a veces tienes que romper una promesa y causar dificultades, pero siempre puedes hacérselo saber a los demás de inmediato, pedir disculpas y minimizar las consecuencias.

Puede ser tentador aparecer como una «víctima» para esquivar la responsabilidad y evitar la vergüenza, pero el precio de esta excusa es muy alto. Si quieres ser un líder trascendente, tienes que aceptar la responsabilidad total de tus acciones en la circunstancia que sea, incluso cuando estas circunstancias no son culpa tuya. Eso significa elegir conscientemente tu respuesta ante cada situación en vez de soltar una excusa para justificarte explicando que la situación ha podido contigo. Si quieres que tu organización controle su destino, debes predicar con el ejemplo en primera línea. En vez de verte y presentarte como una víctima de fuerzas que escapan a tu control, debes verte y presentarte como un guerrero que responde a un desafío. Solo entonces tendrás la autoridad moral de exigir a todos los demás que hagan lo mismo.

En una ocasión estaba escalando una montaña con Leslie, una colega que también es instructora de Outward Bound, y de repente se nos echó encima una tormenta. Yo maldije el mal tiempo. Leslie soltó una risa y me dijo su lema favorito: «No hay mal tiempo, solo mal equipo». Esta frase me hace pensar en otras ocasiones donde me he quejado de cosas que escapan a mi control y en lo improductivo que es hacer esto. A la tormenta le da igual si estoy contento o triste, si vivo o muero. La tormenta es, simplemente, una fuerza de la naturaleza. Es lo que es, exactamente como es, perfecta como es. Es a mí a quien le toca vestirse adecuadamente y enfrentarse a la situación. Desde ese día con Leslie he decidido adoptar una nueva práctica. Cuando me enfrento a una «persona complicada», alguien que supone un desafío al que no sé (aún) responder adecuadamente, adopto la «mentalidad Outward Bound». Veo a esa persona como una fuerza de la naturaleza. Esa persona es quien es, exactamente como es y perfecta como es. Es a mí a quien le corresponde equiparme adecuadamente para enfrentar la situación.

Le conté esta historia a mi colega y amigo, Kip, que fue mayor de las fuerzas especiales de Nueva Zelandia. Kip me compartió una memoria de su entrenamiento básico. Durante unas maniobras en una zona particularmente húmeda del sudeste asiático, los reclutas estaban bajos de ánimo. Luego de una semana de lluvia torrencial, estaban calados hasta los huesos. Una mañana, mientras salían de las carpas, encontrando el aguacero a los gemidos, vieron al capitán a cargo de la tropa pasearse con una inmensa sonrisa. "!Amo la lluvia…", gritó con gusto, "porque destruye la moral del enemigo!" Este es el secreto del guerrero: no es la lluvia, sino la actitud del que esta moja, lo que hace la diferencia.

Para un guerrero, no existen problemas "difíciles"; solo hay situaciones que soy incapaz de resolver, aún. Si no puedo levantar una pesa, no es porque sea "muy pesada", sino porque mis músculos no son lo suficientemente fuertes (al menos en este momento). Desde luego que hay pesos que nadie puede levantar, pero eso no contradice la idea. Mi argumento es que siempre tenemos más poder cuando adoptamos el papel del guerrero: cuando fallo, es porque todavía no sé cómo responder efectivamente a los desafíos a los que me enfrento. E igual para ti, si estás dispuesto a abandonar la falsa inocencia para recuperar tu potencia.

La respons(h)abilidad es la base del liderazgo trascendente. Piensa en estas dos formas en las que las personas de tu organización pueden explicar el motivo de un retraso: (a) «El proyecto era demasiado difícil. Había demasiadas dificultades y nadie nos dió una mano». (b) «El proyecto era complicado y no sabíamos cómo abordar estos desafíos de forma efectiva. No hemos sido capaces de pedir ayuda de modo que los demás se comprometieran a darnos una mano. Y estábamos tan centrados en terminar a tiempo que no hemos hecho saber a los demás que nos retrasaríamos con el tiempo suficiente como para evitar los inconvenientes que hemos causado».

En este capítulo demostraré que lo que yo denomino la «respons(h) abilidad» absoluta es una filosofía empoderadora de negocios, de liderazgo y de vida. Ser un ejemplo de respons(h)abilidad como líder y exigirla a los demás te permite convertir los comportamientos defensivos en creativos, y hacer que los sentimientos de resignación y resentimiento pasen a ser de entusiasmo y compromiso.

UN VUELO TURBULENTO

Una soleada mañana de noviembre de 2010, el vuelo 32 de Qantas Airways despegó de Singapur en dirección a Sídney. Justo antes de alcanzar los dos mil quinientos metros, los pasajeros oyeron un fuerte estruendo y, acto seguido, un chirrido escalofriante. Uno de los motores se había incendiado. La explosión siguiente arrancó fragmentos de toda la parte inferior del avión. Una alarma empezó a parpadear en rojo en el panel de control del piloto. La sirena, ensordecedora, retumbaba en la cabina de mando. El avión empezó a temblar. De repente, todo empezó a fallar: las bombas de combustible, los sistemas eléctricos y los sistemas hidráulicos. Veintiún de los veintidós sistemas principales de la nave quedaron dañados o completamente desactivados.

El piloto, Richard de Crespigny, dio media vuelta, volviendo a Singapur. Durante el descenso de emergencia, el ordenador de a bordo le indicaba que detuviera el avión, pero de Crespigny ignoró las órdenes automatizadas y siguió concentrado en su tarea.

La pista tenía la longitud justa para el aterrizaje; si el capitán no calculaba bien y dejaba el asfalto atrás, el avión acabaría estampándose contra las dunas de arena. El avión se deslizó sobre el suelo hasta quedar completamente detenido, a solo cien metros de las dunas. Fue entonces cuando de Crespigny encendió los altavoces y dijo a los pasajeros: «Damas y caballeros, bienvenidos a Singapur. Son las 11:50, hora local del jueves 4 de noviembre, y creo que todos estaremos de acuerdo en que este aterrizaje ha sido uno de los más bellos que hemos tenido desde hace tiempo».

Los investigadores, más tarde, dijeron que el vuelo 32 de Qantas fue el Airbus A380 más dañado que había conseguido aterrizar nunca. De Crespigny fue declarado un héroe.[1]

En mis talleres pido a las personas que se imaginen que están conmigo en ese mismo vuelo y que, de repente, oímos la explosión y vemos cómo vuelan por los aires piezas del motor. Un minuto más tarde vemos al piloto saliendo de la cabina de mando y sentándose con los pasajeros. Absolutamente aterrorizados, le preguntamos qué pasa. Él responde que ha habido un fallo catastrófico en uno de los motores.

—Entonces, ¿qué demonios hace aquí? —le preguntamos—. ¿Por qué no está en la cabina de mando?

Escuchamos su respuesta, desconcertados:

—Porque arreglar este problema no es mi trabajo; este es un problema de mantenimiento.

En ese punto pregunto a los participantes qué le dirían al piloto. Tras debatirlo un poco, el grupo siempre llega a la conclusión de que no importa quién o qué ha causado el problema. Lo que importa es la responsabilidad absoluta que tiene el comandante de la nave respecto a la seguridad de los pasajeros y la tripulación. Cualquier cosa que pase durante el comando del piloto es *su* responsabilidad. ¿Por qué? Porque ese es el compromiso fundamental de un comandante.

Yo mismo he tenido que aplicar esta difícil lección muchas veces como capitán de mi velero, Satori. Todo lo que pasa durante el viaje es mi responsabilidad. Si una tormenta me sorprende, es porque no me he fijado suficientemente en el pronóstico meteorológico. Si algo se rompe, es porque no lo he inspeccionado con suficiente atención. Si alguien de mi tripulación hace algo que no es seguro, es que no lo he entrenado lo suficiente. Si uno de mis pasajeros se lastima, es porque no le he dado las suficientes instrucciones o no he comprobado que las entendía y era capaz de cumplir con ellas. Todo lo que pasa en mi barco es mi responsabilidad.

Si quieres ser el capitán de tu negocio y de tu vida, debes aceptar plena responsabilidad y asumir las consecuencias de todo lo que pasa en ellos. En vez de ser una víctima de las circunstancias externas, debes ser el dueño de tus acciones: la persona que toma las decisiones y genera sus consecuencias con la respons(h)abilidad definitiva.

En la película titulada «Tu vida», tú eres el personaje central. No eres un espectador, eres el guionista, director y actor. Eres quien hace que se produzcan eventos y eres quien moldea el futuro, siempre. Como guerrero, estás *en* el campo; tú influyes significativamente en el resultado. Como víctima, estás fuera del campo, a merced de aquellos a quienes has cedido el poder. ¿Qué tipo de líder quieres ser? Y lo que es más importante: ¿qué tipo de líder te comprometes a ser?

¿QUÉ ES LA RESPONS(H)ABILIDAD?

Defino la «respons(h)abilidad» como la habilidad o capacidad que tiene uno de elegir su respuesta ante una situación. La idea es centrarse en los aspectos de la realidad sobre los que puedes influir en vez de sentirte víctima de circunstancias que no puedes controlar. Se trata de ser el personaje principal de tu propia vida. En vez de preguntarte «¿Por qué me pasa esto a mí?», una persona con respons(h)abilidad se pregunta: «¿Qué puedo hacer cuando pasa esto?». La respons(h)abilidad significa que no te tomas nada de forma personal. No es que te esté cayendo un chaparrón encima; simplemente está lloviendo. En vez de echarle la culpa a la lluvia, llévate un paraguas para no mojarte cuando llueva. Y, si te mojas, sabrás que es porque no has traído un paraguas, porque no estabas preparado.

Lo mismo se aplica a tu equipo y a tu organización. Tú y tus compañeros tienen la capacidad de elegir su respuesta ante cualquier situación. Puedes centrarte en qué puedes hacer en vez de lo que escapa a tu control haciéndote esta pregunta: «¿Cómo vamos a cumplir nuestra misión expresando nuestros valores a pesar de este desafío?».

Muchas personas confunden la capacidad de elegir una respuesta con la capacidad de elegir un resultado. La respons(h)abilidad no equivale a éxito(h)abilidad. No hay ninguna garantía de que las acciones que tú y tu equipo tomen produzcan los resultados que buscan. La única garantía es que tú puedes responder a tus circunstancias de una forma consecuente con tus objetivos y valores. Eso es lo mejor que podemos hacer como seres humanos; y no es poca cosa. Nuestra respons(h)abilidad es una expresión directa de nuestra conciencia y libre albedrío. Para ser un líder efectivo (y, de hecho, para ser completamente humano) debes tener completa respons(h)abilidad.

Cuando juegas a las cartas, por ejemplo, no tienes ningún control sobre las que te tocan. Si te pasas todo el rato quejándote y poniendo excusas por tus cartas, te sentirás impotente y es bastante probable que pierdas la partida. Pero si te ves como alguien que tiene una decisión en cómo jugar las cartas que le han tocado, tus sentimientos cambiarán. Tendrás una sensación de contar con una posibilidad. Incluso si no ganas una ronda, siempre tienes la opción de jugar lo mejor que puedas con las cartas que te tocan, jugar limpio y mejorar tus posibilidades de ganar la partida general.

La responsabilidad no implica la culpabilidad. Tú no eres responsable *de* tus circunstancias; eres responsable *ante* tus circunstancias. Llevémoslo al extremo: tú no eres responsable de la pobreza. Tú no la has creado; no es por un error tuyo ni se te puede echar a ti la culpa. La pobreza existe independientemente de ti. Estaba ahí antes de que nacieras y ahí estará después de que mueras. La pobreza no es un problema que has causado tú. Aun así, tú tienes la capacidad de responder ante la pobreza. Si naces pobre, puedes esforzarte y buscar soluciones que te saquen de esta pobreza. Si te preocupa la pobreza que ves a tu alrededor en la sociedad, puedes *convertirla* en tu problema. La pobreza es un hecho descarnado: puedes informarte, estudiar cómo aliviarla, donar tiempo y dinero a organizaciones y causas adecuadas, fundar tu propia organización o presentarte como voluntario a organizaciones de ayuda. Si quieres, puedes dedicar tu vida a ayudar a los pobres.

No somos autómatas sino autónomos: seres que se autodeterminan. Los hechos externos son información, no estímulos. No contestamos al teléfono *porque* suena. En vez de ello, decidimos contestar al teléfono *cuando* suena porque decidimos que es mejor responder a la llamada en vez de no hacerlo. Las circunstancias externas y los impulsos internos influyen en nuestro comportamiento pero no lo determinan. Puede que nos tienten, pero no «nos hacen hacer algo». Somos humanos, somos conscientes, somos libres.

La mayoría de las personas define la *libertad* como la capacidad de hacer lo que quieran. Quieren estar «libres de» ataduras. Este tipo de libertad depende de factores que escapan a su control. La libertad no significa hacer lo que quieres sin limitaciones ni consecuencias. Este tipo de libertad es una fantasía imposible. La libertad existencial es tu capacidad de responder ante una situación ejerciendo tu voluntad consciente. (Y la libertad política es tu capacidad de hacerlo sin sufrir agresiones contra tu vida, tu libertad y tu propiedad, siempre que respetes el derecho equivalente de los demás). Es tu derecho natural. La libertad es una característica básica de la existencia humana. Siempre tienes el poder de responder ante las situaciones como tú decidas. No puedes hacer que la realidad sea distinta a como es ni elegir las consecuencias de tus acciones. Pero sí que puedes elegir la respuesta más consecuente con tus objetivos y valores.

Cuando expresas tu libertad con respons(h)abilidad, inspiras a los demás a hacer lo mismo, tanto dentro como fuera de tu organización. Un líder trascendente ejemplifica el poder de la elección consciente de un modo que empodera a toda su organización para hacer lo mismo.

LA VÍCTIMA[2]

En *La empresa consciente* hice una distinción entre «víctima» y «protagonista». En los diez años que han pasado desde su publicación, miles de personas me han dicho que la distinción les aportó claridad, poder y control sobre sus vidas. Los líderes trascendentes y eficaces son protagonistas. Así que me gustaría presentarte un concepto central de ese libro (o, si ya lo has leído, volver a presentártelo). Aunque la distinción es muy fácil de comprender, es bastante difícil de aplicar, especialmente cuando es más relevante.

Una víctima presta atención exclusivamente a factores sobre los que no puede influir y se ve a sí misma como una persona que sufre las consecuencias de circunstancias fuera de su control. La víctima quiere evitar la culpa y proclamar su inocencia. Como cree que no tiene nada que ver con el problema, no es capaz de reconocer el papel que puede haber tenido en causarlo, o de creer que puede hacer algo para solucionarlo. Cuando las cosas van mal, la víctima busca echarle la culpa a cualquier otra persona o cosa. El problema es que, como la víctima no se ve como parte del problema, tampoco puede verse como parte de la solución.

Para la víctima, la vida es como un partido de fútbol y ella es un espectador. Su puesto es en la tribuna, no en el campo de juego. Le encanta criticar a aquellos que juegan. Pero sus opiniones desplazan por completo sus acciones. La víctima se siente segura porque, aunque no puede hacer nada para ayudar a su equipo, nadie le puede echar la culpa cuando su equipo pierde. Tiende a echarles la culpa a los jugadores, al entrenador, los árbitros, los oponentes, el tiempo, la mala suerte y demás. Aunque puede que sus explicaciones sean técnicamente correctas, le quitan el poder. Cuando le echa la culpa a algo, a la vez le está cediendo el poder.

Por ejemplo, un día de verano, mientras trabajaba en este capítulo, empecé a tener sed. Mi mujer, que estaba trabajando a mi lado, me preguntó si quería beber algo.

—Sí mi amor—respondí—. Un agua con gas por favor.

—Ya te la traigo, amor. Sólo déjame terminar este correo electrónico.

Mientras esperaba por lo que se me hacían largos minutos, empecé a sentir todavía más sed y un cierta frustración. Me di cuenta de que le estaba echando la culpa a ella por mi sed; estaba clavado en mi silla, sintiendo lástima por mí mismo. Ahí fue cuando me pregunté: «Si tengo sed y quiero agua ahora, ¿por qué no me levanto y voy a buscarla yo mismo?». Y eso hice. Cuando volví, mi mujer me preguntó:

—¿Por qué no esperaste a que terminara?

Entonces le expliqué mi tentación de víctima y mi necesidad de salir de ella. Le dí a leer este párrafo y nos reímos juntos.

Parece que los seres humanos estamos predispuestos hacia el victimismo, igual que tenemos predisposición a comer azúcar. Ambas cosas nos dan placer a corto plazo aunque ello implique dolor a largo plazo. Cuando eran pequeños, mis hijos se quejaban de que «el juguete *se* rompió». Nunca los oí decir *rompí* el juguete».

Del mismo modo que los niños pequeños, decidimos adoptar la posición de víctima, de «yo no fui», para protegernos de la culpa. No es inusual oír en las empresas que «El proyecto se atrasó» o «El cliente fue irrazonable» o «La empezaron ellos». Queremos quedar bien, proyectar una imagen de éxito o, al menos, evitar la mancha que supone el fracaso.[3] El victimismo es un intento de tapar nuestros errores para parecer más capaces de lo que realmente somos. Nos guste admitirlo o no, muchos de nosotros dependemos de la aprobación de otros. Por lo tanto, dedicamos muchísima energía a crear una identidad pública «sin culpa alguna».

Además de restarnos capacidad para poder reaccionar adecuadamente, hacernos la víctima impide que aprendamos. Siempre que nuestros problemas no sean culpa nuestra, tendemos a esperar (y demandar) que sean otros los que los resuelvan. Como líder y como protagonista, tienes que preguntarte qué necesitas aprender para poder responder mejor a la situación o evitarla en el futuro.

El victimismo es como una droga que nos relaja y, a la vez, nos estimula. Nos relaja porque, haya pasado lo que haya pasado, no es nuestra culpa. Nos estimula porque nos hace sentir que tenemos el derecho a echarles la culpa a los demás—y exigirles que nos compensen.

La indignación de la víctima es tan adictiva como la heroína. Nos da tranquilidad, pero nos impide mirarnos en el espejo y preguntarnos a nosotros mismos: «¿Qué tengo que hacer para dejar de contribuir a crear esta situación?».

En vez de preguntarte: «¿Quién se ha equivocado? ¿Quién se ha comportado injustamente conmigo? ¿Qué deberían haber hecho de otro modo? ¿Quién debería pagar por esto?», pregúntate qué puedes hacer para resolver el problema o evitar que vuelva a suceder. La culpa hace que perdamos perspectiva. Cuando las cosas van mal entre dos personas, cada individuo es co-responsable del problema. Pero no es así como la mayoría de nosotros ve las cosas. Como dice la frase: «El éxito tiene muchos padres, pero el fracaso es huérfano».

La verdad es que cada uno de nosotros comparte la responsabilidad ante cualquier mala situación que nos afecta. Todos somos responsables de encontrar un modo de mejorar las cosas. Sería mucho más fácil abordar la situación si todos los implicados se convirtieran en protagonistas y reconocieran su papel en el problema.

EL PROTAGONISTA

Los líderes son protagonistas. El protagonista presta atención a los factores que puede controlar. No niega que hay muchas otras cosas sobre las que no tiene el control, pero decide no centrarse en ellas, precisamente porque no las puede controlar. En vez de sentirse sobrepasado por las circunstancias externas, se ve a sí mismo como alguien que puede responder ante ellas. Basa su autoestima en dar lo mejor de sí, expresar sus valores y aprender a ser todavía más capaz. Si pasa algo que escapa a su control, sus explicaciones se centran en su propia participación en el suceso, ya que es consciente de que él mismo es el factor que define el resultado. «Para poder ser parte de la solución, tengo que verme como parte del problema», razona. «A no ser que reconozca mi aporte a una mala situación, no seré capaz de cambiarla». El protagonista opta por explicaciones que lo empoderan para tomar las riendas.

Para los líderes y los protagonistas, el mundo está lleno de desafíos que los llaman a responder como un «guerrero», como diría el chamán Don Juan. El protagonista no se siente omnipotente, sino que se enfrenta de una forma directa y realista a los desafíos y maneja sus emociones con ecuanimidad. El protagonista siempre se describe a sí mismo como una parte significativa de sus problemas. Es una persona dispuesta a aceptar el peso de su responsabilidad porque eso, a la vez, lo pone a cargo de la situación.

Como los protagonistas sienten que tienen el control, actúan y hablan con una autoridad moral que inspira confianza en los demás. Y las decisiones que toman (incluso cuando el resultado no es perfecto) siempre acaban valiendo la pena a largo plazo. Al comportarse con respons(h)abilidad, agregan bondades a sus vidas y a las vidas de aquellos que los siguen.

Adoptar la posición de protagonista implica un costo. La libertad y la responsabilidad son dos caras de la misma moneda. Si te apropias de tus acciones, das permiso a los demás de que te pidan cuentas sobre los motivos de tus decisiones y te exijan responsabilidad por sus consecuencias. El precio del poder es la responsabilidad.

APROPIACION EXTREMA

«La mente me corría a toda máquina», recuerda el comandante SEAL Jocko Willink en su relato sobre la lección de liderazgo más importante que aprendió jamás, y el precio insoportable que casi tuvo que pagar por ella. «Estábamos en nuestra primera operación de gran escala en Ramadi y la situación era un caos total».

Cuatro unidades de los SEAL en distintos sectores de la ciudad estaban colaborando con las fuerzas iraquíes y el ejército de los Estados Unidos para limpiar un barrio entero de insurgentes armados hasta los dientes, edificio a edificio. En total, casi trescientos soldados americanos e iraquíes (fuerzas amigas) estaban trabajando en la misma área de la ciudad, intensamente disputada. En el fragor de la batalla «reinaban la confusión, la información equivocada, las comunicaciones rotas y el caos».[4]

El puesto de mando de Willink había recibido dos peticiones de socorro, una de unos asesores de Estados Unidos insertos en el ejército iraquí y otra de un equipo de francotiradores de los SEAL. Ambos estaban cruzando fuego con insurgentes que contaban con armas pesadas. Willink decidió responder primero a la posición del ejército iraquí. Cuando llegó, un sargento de artillería estaba coordinando un ataque aéreo para barrer lo que creían que era un grupo de muyahidines de un edificio cercano.

—Estoy trabajando para tirarles unas cuantas bombas encima —le dijo el sargento.

A Willink esto le dio mala espina. Algo no acababa de encajar. Estaban muy cerca de la posición donde teóricamente se encontraba el equipo de francotiradores de los SEAL que también le habían pedido ayuda. Además, los soldados iraquíes habían entrado en el área antes de que los SEAL hubieran tenido la oportunidad de «asegurar la zona» (es decir, de determinar su ubicación exacta y comunicarlo al resto de unidades amigas en la operación). Willink no estaba seguro de si el fuego provenía del enemigo real o del equipo de francotiradores de los SEAL.

—Aguante un poco, sargento —le ordenó Willink—. Voy a ver quién está en ese edificio.

Se acercó a la puerta de la construcción, que estaba entreabierta. «Con mi rifle M4 preparado, abrí de una patada la puerta y me encontré cara a cara con uno de los jefes de sección de los SEAL. Se me quedó mirando con los ojos abiertos como platos de la sorpresa».

Willink y los SEAL del edificio rápidamente cayeron en la cuenta de que se trataba de un caso de "azul contra azul" o fuego amigo. Willink estaba estupefacto. «Me entraron ganas de vomitar. Uno de mis hombres estaba herido. Un soldado iraquí había muerto y otros estaban heridos».

El fuego amigo es lo peor que puede pasar, según Willink. «Que el enemigo te mate o te hiera en batalla ya es suficientemente malo», advirtió. «Pero que el fuego amigo te mate o te hiera porque alguien metió la pata es un destino horrible».[5]

Cuando los SEAL terminaron la última misión del día, Willink fue al centro de operaciones tácticas del batallón, donde tenía su ordenador de campo para poder recibir correos electrónicos de los centros de comando. «Tenía un miedo terrible a leer y responder las preguntas inevitables sobre lo que había pasado», recuerda. «Deseaba haber muerto en el campo de batalla. Tenía la sensación de que lo merecía».[6]

A medida que empezó a reunir información para la investigación oficial consiguiente, Willink descubrió que muchos individuos habían cometido errores muy graves, tanto durante la fase de planificación como en la ejecución en el campo de batalla: «Hubo cambios de planes pero no se notificó a nadie de ello. El plan de comunicación era ambiguo y, además, la confusión sobre la coordinación concreta de los procedimientos de radio provocó fallos críticos. El ejército iraquí había modificado sus planes pero no nos lo dijo. Los plazos se habían adelantado sin comunicarlo a los demás. No se había informado de las ubicaciones de las fuerzas amigas. La lista era interminable».

No todos los errores provenían de los iraquíes; el mismo escuadrón de los SEAL de Willink cometió otros similares. «La ubicación específica del equipo de francotiradores no se había transmitido al resto de unidades. La identificación positiva de lo que supusieron que era un enemigo combatiente, que resultó ser un soldado iraquí, fue insuficiente. No se me había hecho llegar un SITREP (informe de situación) exhaustivo después de que tuviera lugar el enfrentamiento inicial».[7]

Willink creó una presentación donde resumía los resultados de su investigación. La información estaba toda ahí, pero tenía la sensación de que todavía faltaba algo. Todavía no había podido identificar el punto concreto de error que había llevado a esa situación.

«De repente lo comprendí. A pesar de todos los errores de individuos, unidades y líderes, y a pesar de la miríada de fallos que se habían cometido, solo había una persona a la que culpar de todo lo que había ido mal en la operación: yo. No había estado con nuestro equipo de francotiradores cuando abrieron fuego contra los soldados iraquíes. No había estado controlando a los iraquíes aliados que habían entrado en el edificio». La lección que Willink aprendió fue que, como líder sénior sobre el terreno al cargo de la misión, tenía que asumir responsabilidad por todo lo que pasara y "apropiarse" o hacerse dueño de todo lo que había salido mal. «Eso es lo que hace un líder, incluso aunque implique su despido».[8]

Willink presentó su conclusión a sus comandantes en una evaluación formal, como es costumbre, a la que asistieron todos sus soldados. A pesar del terrible golpe que eso supuso para su reputación y su ego, aceptó completa responsabilidad de la situación y pidió disculpas ante el SEAL herido. Hacer esto no solo hizo que sus oficiales siguieran confiando en él y sus soldados siguieran respetándole, sino que le ayudó a conservar su puesto. Eso también permitió que todo el mundo aprendiera lecciones valiosas para evitar repetir esos errores. Esas lecciones se incorporaron más adelante en los simulacros de entrenamiento para todos los SEAL.

«No hay malas unidades; solo hay malos oficiales», escribió Willink más adelante. «Este concepto es duro para cualquier líder. Pero se trata de una mentalidad esencial para crear un equipo de alto rendimiento». Su conclusión es que, en cualquier equipo u organización, la responsabilidad última del éxito o fracaso recae sobre el líder. «El líder debe ser el responsable de todo lo que hay en su mundo. No hay nadie más a quien culpar. El líder debe reconocer los errores y admitir los fallos, aceptar la responsabilidad de estos y desarrollar un plan para ganar. Los mejores líderes no se limitan a aceptar responsabilidad por su trabajo, sino que aceptan la responsabilidad absoluta por todo lo que afecte su misión».[9]

Estoy de acuerdo con el espíritu de la conclusión de Willink. Mas me gustaría agregar otro punto. Además de que el líder acepte la responsabilidad total de cualquier cosa que influya sobre el rendimiento de la unidad, cada miembro del equipo debe tomar respons(h)abilidad total *frente a* cualquier circunstancia que afecte a la misión. Cada persona es responsable del modo en que se prepara, responde y aprende del desafío al que tiene que enfrentarse. No tienes la culpa de eventos que dependen de factores que escapan a tu control, pero sí que debes asumir la responsabilidad de enfrentarte y prepararte para ellos con efectividad e integridad.

RESPONS(H)ABILIDAD ABSOLUTA

—Nos han fastidiado —se quejó Stu—. Anunciamos este producto como lo más de lo más pero, después de vendérselo a nuestros mejores clientes, los de Producto y Finanzas se dieron cuenta de que no resultaba tan rentable como la versión anterior. Así que decidieron retirarlo del mercado. Ahora tenemos a un montón de clientes cabreados que han perdido su confianza en nosotros.

Stu es un ejecutivo de ventas en una empresa de *software* para la que trabajé como consultor. Varios meses antes, la empresa había lanzado una versión nueva muy esperada de su producto estrella. La empresa había anunciado el sistema mejorado a sus mejores clientes con bombos y platillos a la vez que se preparaba para lanzar una campaña de ventas para conseguir nuevos clientes. Los vendedores se habían esforzado mucho en vender la nueva versión a sus actuales clientes, quienes se habían mostrado entusiasmados por la idea.

Pero el producto resultó mucho más complicado de usar de lo que nadie podría haber imaginado. La enorme demanda de formación y soporte técnico hicieron que el producto no resultara económicamente viable. Los costos de soporte disminuyeron tanto los márgenes que la versión anterior resultó mucho más rentable. Así que la empresa decidió retirarlo. Esta decisión se tomó sin la participación del Departamento de Ventas; ni siquiera les dieron esta información hasta el último momento. Para Stu resultó doblemente devastador. Los comerciales no solo quedaron fatales ante los clientes como representantes de la empresa; también quedaron como unos estúpidos por no haber estado al corriente de lo que pasaba o, si estaban al corriente, como personas malintencionadas que no habían querido explicarles el problema hasta el último momento.

Este es el tipo de cosas que hacen que los vendedores, por no hablar de los clientes, se resientan extremadamente. Este resentimiento se manifiesta como una pérdida de confianza en la marca y en las personas que la representan. En especial, los vendedores pueden estar tremendamente enfadados con los gerentes de producto y considerar esta acción como una traición.

Cuando hice el taller acerca de «cómo convertirse en un asesor de confianza» para los ejecutivos de ventas de esta empresa de *software*, los participantes adoptaron el papel de víctimas. Creían que sus sentimientos estaban totalmente justificados. Estaban encolerizados y se sentían muy mal. «El Departamento de Producto nos ha fastidiado. ¡No podíamos hacer nada al respecto!», se quejaban todos.

Cuando los interrumpí, se enfadaron también conmigo.

—Yo no estoy de acuerdo con esto —respondí, desafiante—. Siempre puede hacerse algo al respecto de cualquier cosa, y además se podrían haber hecho muchas más cosas antes de que todo esto sucediera. Pero para ver las cosas que podrían haber hecho ustedes, deben olvidarse de su triste historia de víctimas y pasar a ser protagonistas.

Aquí va una reproducción del diálogo que tuve con Stu, la víctima que se quejó más abiertamente.

Stu: El Departamento de Producto nos ha fastidiado. ¿Cómo van a confiar ahora los clientes en nosotros?

Fred: Sí, está claro que, hasta que no se arregle este problema, presentar a los vendedores de la empresa como «los asesores de confianza» del cliente no va a funcionar. ¿Tienes alguna idea?

Stu: ¡Claro! Si se plantea la decisión de retirar algo del mercado, nosotros tendríamos que poder participar en el debate. Y si se toma esta decisión, deberíamos tener una estrategia para anunciar esto a los clientes con tiempo más que suficiente para que puedan adaptarse con el mínimo de consecuencias.

Fred: Me parece bien. ¿Y puedes hacer eso?

Stu: No. No depende de mí. Es algo que deberían hacer en el Departamento de Producto. Ahora mismo, los ejecutivos de ventas no tenemos ni voz ni voto en ese asunto.

Fred: Tu idea me parece razonable, pero no eres capaz de ponerla en práctica. Así que, ¿en qué posición te deja esto?

Stu: Atrapado y sin salida.

Fred: ¿Y es así como quieres estar?

Stu: Claro que no.

Fred: Entonces, ¿por qué quieres quedarte con esta historia? Te da una justificación, pero no una solución.

Stu: ¿Y qué alternativa hay?

Fred: Puedes plantearte la situación como un desafío al que te enfrentas, en vez de algo que alguien te está haciendo a ti. ¿Podrías describirme la esencia de este desafío?

Stu: El desafío es que estoy intentando crear una relación con mis clientes basada en la confianza y lograr que piensen que sus intereses son lo primero para mí y que cuidaré de ellos. Pero, por otro lado, resulta que hay otras partes de mi organización que destruyen esta confianza retirando productos que he vendido a mis clientes.

Fred: Perfecto. Ahora viene una pregunta muy dura. ¿Cómo has contribuido tú, activa o pasivamente, a crear esta situación?

Stu: ¿Qué? ¿Me estás diciendo que esto es mi culpa?

Fred: No, Stu. Lo que estoy diciendo es que tú eres parte de este sistema, así que algo debes de haber hecho para colaborar en la creación de la situación. Para poder ser la solución, tienes que situarte como parte del problema. Aquí no estamos hablando de tus errores, sino de tu capacidad para influir en las cosas.

Stu: Vale. Lo probaré. Mi parte de la culpa en todo esto...

Fred (interrumpiendo): No, no, Stu. No quiero que busques tu parte de la culpa. Lo que quiero es que te empoderes.

Stu (riendo, sarcásticamente): Pues mi forma de empoderarme a partir de esta situación sería decir que he vendido el producto a los clientes, lo que supone un compromiso implícito de que seguiríamos ofreciéndolo durante un cierto tiempo. Nunca lo he discutido con ellos abiertamente, pero es una presuposición lógica que hacemos todos. Y no me paré a comentar esta presuposición con la gente de Producto. De hecho, si tuviera que fustigarme con todo esto, tendría que admitir que no es la primera vez que pasa algo así. En el fondo ya estaba preocupado de que fuera a pasar lo mismo con este producto. Pero no dije nada a los clientes ni al Departamento de Producto de mi empresa... Vaya, me siento fatal diciendo esto.

Fred: Te entiendo, Stu. Es como echar sal en la herida. Pero lo estás haciendo genial. Este es el precio del poder. Pero puedes hacer algo al respecto y quizá puedas acabar recuperando la confianza del cliente. La pregunta siguiente es: ¿podrías haber hecho algo para evitar que esto pasara?

Stu: Pues sí, claramente. Podría haber negociado con Producto algunas condiciones para mantener el producto durante un tiempo concreto. O, si no lo hubiera conseguido, podría haberles dicho a los clientes que el producto estaba en un periodo de prueba y que no podíamos garantizarles que seguiríamos ofreciendo soporte para él. Podría haber negociado algunas condiciones con el cliente; quizá pudieran haberlo probado a un precio reducido o, si acabábamos por retirar el producto, podríamos haberles hecho un reembolso o algo. No sé si mi jefe me hubiera dejado hacer esto, pero podría habérselo propuesto.

Fred: ¿No se lo propusiste?

Stu: No. Creo que tenía demasiadas ganas de vender el nuevo producto. Y me daba miedo que me riñeran por no tener espíritu de equipo.

Fred: Bueno, como esto solo era para practicar, vamos a acabar aquí. Imagínate que los de Producto no ceden y que la empresa no te deja negociar ninguna condición con el cliente. ¿Hay algo que puedas hacer para no perder la confianza de tus clientes?

Stu: Pues tengo que decirte que sí, que sí hay algo. Ay, de verdad, qué vergüenza. Por qué no se me habrá ocurrido antes... Por si acaso nos encontrábamos en la peor de las situaciones, podría haberles dicho la verdad a los clientes. Podría haber comentado con ellos que es posible que un producto nuevo no acabe siendo «viable comercialmente» y que, si eso pasa, lo retiramos sin más. En cuanto un producto ya lleva más de un año en el mercado y se convierte en uno de nuestros productos principales, vamos con mucho cuidado a la hora de hacer algún cambio. Pero hasta entonces, siempre corre el peligro de desaparecer. Si un cliente no quiere correr ese riesgo, yo le recomendaría que no comprara el producto, al menos no todavía. Ahora mismo ese aviso está, literalmente, en la letra pequeña que nadie se lee.

Fred: ¿Y cómo te sentirías si hicieras eso?

Stu: Pues como si estuviera traicionando a mi empresa.

Fred: Pues a mí me parece una forma de actuar responsable e íntegra. Si la empresa no está dispuesta a respaldar el producto e incluso lo escriben así en la letra pequeña del contrato, no es ninguna traición que tú seas sincero con tus clientes. Tú sabes que están equivocados sobre lo que asumen sobre la continuidad del producto. Avisarles y explicarles cómo son las cosas en realidad es lo que un comercial de confianza haría. Mi siguiente pregunta es: ¿qué puedes hacer ahora?

Stu: Puedo ir a hablar con el cliente y reconocer el hecho de que no hemos sido tan transparentes sobre el producto como deberíamos.

Fred: ¿Hemos?

Stu: Perdona, que no *he* sido tan transparente sobre el producto como debería. Pero antes de hacer eso tengo que hablarlo con mi gerente y pedirle permiso. Y también le quiero pedir a mi gerente y a mis compañeros de equipo que comentemos todos juntos este asunto con Producto. Si no nos quedamos satisfechos, podemos llevarle el problema al director ejecutivo.

Fred: ¿Qué lección puedes sacar de la experiencia y de esta conversación?

Stu: Que es mucho más fácil ser la víctima en una situación como esta. Pero que la única forma de solucionarlo es ser el protagonista.

UN DEFECTO ES UN TESORO

Los partidarios japoneses de la gestión de la calidad total afirman que «un defecto es un tesoro». Del mismo modo que la fiebre te avisa de que hay algo en tu cuerpo que no va bien, un defecto te advierte de que algo no va bien en tu empresa (o en la parte de tu vida donde aparezca ese defecto). El defecto suele estar escondido bajo la superficie. Para encontrarlo tienes que evitar la tentación de limitarte a arreglar el problema sin buscar la causa raíz. Si lo que haces es rebajar la fiebre con medicación, suprimirás el síntoma, pero jamás encontrarás la infección subyacente. Solo tratar los síntomas en vez de la causa puede tener consecuencias serias, donde la menos importante sería que la causa real siga creando problemas. Para encontrar la cura tienes que diagnosticar el origen de la fiebre y, después, recetar el tratamiento correspondiente.

La recomendación del sistema de gestión de la calidad total es «preguntarse cinco veces por qué». Bajo este escrutinio, el defecto acaba revelando su fuente. Si encuentras y tratas esta causa raíz, mejorarás el sistema a un nivel fundamental. No solo resolverás el problema específico que te ha llamado la atención, sino muchos otros problemas potenciales que un proceso descontrolado podría causar. Por ejemplo, cuando los usuarios o clientes de LinkedIn nos avisan de un error, nuestros ingenieros no van a arreglarlo a toda prisa. Antes «abren el capó» del sistema para ver qué es lo que pasa.

Un defecto, hablando genéricamente, es cualquier diferencia entre lo que quieres y lo que obtienes en realidad, entre tu visión y tu realidad. La tensión entre estos dos extremos es la misma que hay entre los dos polos de una pila. La diferencia de carga entre el positivo y el negativo genera la electricidad que puede alimentar a un circuito. La acción brota de la insatisfacción. La insatisfacción con el estado actual de las cosas impulsa un esfuerzo por tu parte para crear un esfuerzo distinto.

Antes de poder recetar nada, tienes que hacer un diagnóstico. Antes de pasar a la acción de forma efectiva, tienes que encontrar la causa raíz del problema. Cuando obtienes un resultado que quieres cambiar, pregúntate antes por qué se ha producido. Muy a menudo, nuestro primer impulso es atribuir la causa a factores que escapan a nuestro control. Como ya he dicho, esto puede ser parte de la verdad, pero es la verdad de la víctima. Esta explicación descarga la pila y nos hace incapaces de mejorar las cosas.

DE VÍCTIMA A PROTAGONISTA

Un paso esencial en este cambio de víctima a protagonista es modificar tu explicación de los eventos. En vez de decir que «La reunión se ha alargado y por eso llego tarde», puedes decir que «Me he quedado más tiempo en la reunión anterior». Aquí tienes algunos ejemplos de frases que diría un jugador: «No he hecho una copia de seguridad del archivo», «No he hecho la entrega a tiempo», «He perdido la noción del tiempo y me he retrasado», «No he encontrado el modo de llegar a los objetivos de beneficios», «No he sabido sintonizar con el cliente», «No he podido convencer a los directivos sénior para que respaldaran el proyecto».

Incluso cuando pasen cosas inesperadas, usa el lenguaje de un jugador. En vez de centrarte en lo que ha pasado, reconoce que no has anticipado la posibilidad. Por ejemplo, puedes decir: «No me he preparado por si había un atasco en la carretera», «No he previsto que el tiempo podía ponerse feo», «No se me ha ocurrido que los proveedores no harían la entrega a tiempo» o «He subestimado el riesgo de este proyecto».

Las palabras concretas no son tan importantes como el marco mental. Piensa en la diferencia que hay entre la primera y la segunda frase de los siguientes pares de frases:

VÍCTIMA	PROTAGONISTA
Es imposible.	*Todavía no he encontrado el modo de hacerlo.*
Alguien debería haberlo hecho.	*Yo no lo he comprobado.*
No he podido hacerlo.	*He decidido no hacerlo.*
No deberías hacer eso.	*Te pido que no hagas eso.*
Me echan de la sala.	*Tengo que dejar espacio libre en la sala.*

La frase de la víctima de cada par dice que «yo no estoy al mando de la situación». El jugador afirma que «yo estoy tomando una decisión».

En mis talleres ayudo a los participantes a comprender este cambio de víctima a protagonista a partir del siguiente ejercicio:

«Piensa en una mala experiencia que hayas tenido o que estés teniendo ahora mismo: una reunión que no sirve de nada, una conversación difícil o un problema personal o laboral. Elige una situación que creas que te ha sucedido por culpa de personas o fuerzas que escapan a tu control. Ahora, responde a las siguientes preguntas desde la perspectiva de la víctima». Las preguntas para elaborar la historia de la víctima son:

1. ¿Qué te ha pasado?
2. ¿Quién tiene la culpa?
3. ¿Qué debería haber hecho de otro modo esta persona?
4. ¿Qué debería hacer esta persona ahora?
5. ¿Qué castigo merece esta persona?

Después les pido a los participantes que hagan este ejercicio en grupos pequeños. Mientras un miembro del grupo se queja, yo animo a los demás a «ayudarle» empatizando con él, con expresiones como «Ay, no me puedo creer que te hayan hecho algo así», «No deberían tratarte así», «¡Pero cómo pueden ser así estas personas!» o «No te mereces esto, de verdad».

En cuanto todo el mundo ha respondido a las preguntas, pido a los participantes que se miren unos a otros. Todos están contentísimos y riendo, pletóricos. Como he dicho antes, el victimismo es una droga.

En ese punto es cuando les cuento a todos la dura verdad. «Validar la indefensión de la víctima no es de ser buen amigo», empiezo. «Del mismo modo que no ayudarás a un alcohólico invitándole a otra copa, tampoco respaldas a una víctima si le dices que la han tratado de forma injusta. El alcohol y las justificaciones del victimismo pueden calmar a las personas que los reciben, pero acaban siendo destructivos. El camello que te vende droga no es tu amigo. Un amigo de verdad te ofrece bienestar a largo plazo en vez de gratificación inmediata. Reconoce tu dolor con compasión y a la vez cuestiona agresivamente las creencias que tienes y que te hacen sentir indefenso». En ese punto, los participantes dejan de sonreír y adoptan una expresión muy seria.

Entonces es cuando, en el taller, pasamos a una segunda ronda de preguntas. Pero déjame darte una advertencia antes de seguir. En la vida real, si estás intentando ayudar a alguien a convertirse en un protagonista, no puedes lanzarte directamente a hacerle estas preguntas. Antes debes validar el impacto negativo que la situación tiene sobre tu interlocutor pero, a la vez, no aceptar su relato de víctima. (La mejor forma de hacer esto es mediante preguntas y escucha empáticas, que describiré en el siguiente capítulo). Ser un jugador no quiere decir ser Superman o la Mujer Maravilla. Es normal que los problemas nos molesten cuando se deben al comportamiento incorrecto o a la negligencia de los demás. Ser un protagonista no implica que niegues estos hechos dolorosos de la vida; más bien es no dejarse atrapar por ellos. Tus sentimientos son la forma en que empieza la historia, no la forma en que termina.

Cuando alguien ha tenido la oportunidad de expresar y desahogarse de su dolor y rabia, ya podrás sugerirle que responda a las siguientes preguntas desde la perspectiva del protagonista. Es esencial que *te refieras a la misma situación*. Los hechos siguen siendo los mismos; lo que cambia es la historia. El propósito del ejercicio es ver cómo el punto de vista del protagonista saca a relucir oportunidades de acción y aprendizaje que estaban ocultas hasta el momento. La historia del protagonista no es más cierta que la de la víctima, pero sí que es más efectiva porque hace que la persona deje el asiento del pasajero para tomar el volante.

Las preguntas para elaborar la historia del jugador son:

1. ¿A qué desafío te enfrentas?
2. ¿Cómo has contribuido, activa o pasivamente, a crear esta situación?
3. ¿Qué te importa realmente?
4. ¿Qué puedes hacer ahora para conseguirlo?
5. ¿Qué puedes aprender de esta experiencia?

Estas preguntas son tan útiles en situaciones personales como profesionales. Un gerente puede usarlas para ayudar a sus empleados a deshacerse de una historia de víctima; un cónyuge puede aprovecharlas para ayudar a su esposo o esposa, y los padres pueden aplicarlas para ayudar a sus hijos a enfrentarse a los desafíos. Lo importante aquí es que cuando presentamos estas preguntas, lo esencial es el amor (en forma de empatía y compasión por el dolor del otro) y, en segundo lugar, el desafío (presentado como una petición enternecedora que invita al otro a aceptar su propio poder y responsabilidad).

HISTORIA DE UN CRIMEN

Andrés, un argentino que asistió a uno de mis talleres, volvió a su casa a las afueras de Buenos Aires. Llegó alrededor de las 18 h y aparcó su coche en la calle. Cuando salió, lo asaltaron dos ladrones armados.

Los ladrones lo apuntaron con una pistola y le ordenaron que abriera la puerta de su casa. Andrés respondió, con calma:

—Mi esposa y mi hija están ahí dentro. Si entro con ustedes, se asustarán y empezarán a gritar. A partir de ahí no puede pasar nada bueno. Pueden llevarse mi coche, mi cartera, mi móvil e incluso mi vida, pero no pueden llevarse a mi familia. No pienso abrir esa puerta.

Los ladrones tomaron todos sus objetos de valor y salieron corriendo.

Andrés, más tarde, me contó lo que había pasado. Tras expresar mi preocupación y mi rabia por la situación, le pregunté qué le había pasado por la cabeza en ese momento tan crítico.

—Pues que no iba a abrir esa puerta —respondió—. Les dejé muy claro que tendrían que dispararme si querían entrar. Estoy contento de que solo me robaran las cosas. Pero incluso aunque me hubieran disparado, seguiría pensando que hice lo correcto.

»Si me hubieran disparado en la calle solo porque no quería abrir la puerta —prosiguió Andrés—, sabe Dios qué les habrían hecho dentro a mi esposa e hija. Y si me hubieran disparado, el ruido habría alertado a los vecinos, que habrían llamado a la policía. Quizá podría haber muerto, pero los atracadores habrían salido huyendo y yo habría salvado a mi esposa e hija. —Andrés sonrió sarcásticamente—. No exactamente un final feliz, pero tampoco lo peor que podría haber pasado.

Andrés fue más que un protagonista; fue un héroe. Claramente fue víctima de unos ladrones despiadados. Era inocente. No había hecho nada malo ni se lo había buscado. Se enfrentó a una amenaza terrible sin perder la compostura, con la cabeza fría y eligiendo su respuesta con valentía y amor, a pesar de tener una pistola apuntándole. Para mí, es todo un ejemplo. En cualquier momento que sientas que no tienes elección, te sugiero que hagas lo que hago yo: recordar la historia de Andrés y ser consciente de que, aunque quizá no te gusten tus opciones ni sus consecuencias, siempre, *siempre*, tienes elección.

Capítulo 9
COLABORACIÓN

ESCALAR NO ES PELEAR

Si quieres ir rápido, ve solo. Si quieres ir lejos, ve acompañado.

—Proverbio africano

Antes de empezar a trabajar en LinkedIn yo era ejecutivo en Axialent, consultoría de la que era socio fundador. Nuestro centro de operaciones estaba en Buenos Aires, desde donde se manejaba administración, finanzas, *marketing*, asistencia ejecutiva y producción de materiales. Esta forma de trabajar nos permitía atender a nuestros clientes de todo el mundo de una forma eficiente y a un bajo costo.

En una de nuestras reuniones individuales, Kip, gerente de nuestra subsidiaria de Asia-Pacífico, se quejó de que no recibía el servicio que necesitaba de Buenos Aires. Debido a la diferencia de once horas, la coordinación era desprolija, los materiales no estaban listos a tiempo, programar citas con los clientes era un proceso interminable y, en general, las comunicaciones eran extremadamente engorrosas, embutidas en un periodo de una hora que tampoco resultaba cómodo para ninguna de las dos partes. Kip me explicó, con cierta amargura, que él quería contratar a un administrativo pero que Charlie (el gerente del centro de operaciones) se lo impedía. Escuché a Kip y le dije que lo que me decía tenía sentido, así que yo me encargaría de hablar con Charlie, cosa que más tarde acabé lamentando.

Llamé a Charlie y le conté mi conversación con Kip. Su primer comentario fue una irreproducible expresión argentina referente a los genitales de la hembra del loro. Eso, y el hecho de que se refiriera a Kip como un «traidor hijo de puta», me hizo sospechar que no estaba demasiado contento de que Kip hubiera hablado conmigo. Después Charlie pasó a recordarme que centralizar las operaciones en Buenos Aires era la política de empresa y que se había optado (bueno, básicamente, que yo había optado) por esa política por muchas y muy buenas razones: era más económico, era mejor para gestionar a los empleados de operaciones, creaba una sensación de comunidad entre ellos y nos permitía poder pasar de una región a otra cuando había picos de demanda, entre otros motivos. Le dije que lo que él comentaba también tenía mucho sentido, así que iba a volver a hablar con Kip, cosa que también acabé lamentando.

Tras varias conversaciones individuales con Kip y Charlie sin avanzar hacia ningún tipo de solución, caí en la cuenta de que mi forma de manejar el proceso era incorrecta. Yo estaba harto de hacer de intermediario diplomático virtual entre Buenos Aires y Sídney y del conflicto cada vez más grave que estaba creándose entre Kip y Charlie, además de sentirme irritado por tener que buscar yo mismo la solución. Así que decidí diseñar un proceso de resolución de conflictos que pudiera evitar este tipo de situaciones. Lo denominé «elevación colaborativa». Antes de describir este proceso, déjame describir lo que les pasa a las personas cuando tienen que colaborar con otros bajo presión.

COLABORACIÓN VERSUS AYUDA

Un gasoducto explota en un pueblecito azotado por la sequía. Los bomberos y las ambulancias acuden a toda prisa a una escena de pesadilla: llamas enormes se propagan entre árboles y matojos; la atmósfera está plagada de humo negro, casas y graneros ardiendo, animales gimiendo y víctimas de quemaduras retorciéndose en el suelo. Los servicios de emergencia llaman a la sala de urgencias del hospital local.

—Tenemos al menos a dieciocho víctimas de quemaduras aquí. ¿Cuánta capacidad tienen?

—No tenemos suficiente personal para esta situación —responde el coordinador de Emergencias—. Tendrán que hacer un triaje.

En las salas de urgencias, desastres y campos de batallas, el triaje es el proceso de seleccionar a las víctimas según la necesidad que tienen de un tratamiento inmediato cuando los recursos médicos son limitados. Para maximizar el número de supervivientes, los servicios de emergencias y el personal médico dividen a las víctimas en tres categorías: (1) aquellas que probablemente sobrevivirán, independientemente de la asistencia médica que reciban; (2) aquellas que probablemente no sobrevivirán, independientemente de la asistencia médica que reciban; y (3) aquellas para las que recibir asistencia médica inmediata puede suponer la diferencia entre sobrevivir o no. Solo reciben atención médica inmediata las personas del último grupo.

De buenas a primeras, el triaje puede parecer cruel, ya que deja que algunas personas sufran y que otras mueran, pero se trata de la única respuesta racional ante una situación así; es la solución que maximiza el número de supervivientes. Los errores que cometan los servicios de emergencia pueden provocar muertes que podrían haberse evitado. Hay tres tipos posibles de error: (1) tratar a alguien que sobrevivirá aunque no reciba tratamiento; (2) tratar a alguien que morirá, incluso aunque reciba tratamiento; y (3) no tratar a alguien que podría haber sobrevivido con tratamiento pero que morirá por no haberlo recibido. Los dos primeros errores se llaman «falsos positivos» porque el personal de emergencias ha atendido a un paciente que debería haberse rechazado y, por lo tanto, han malgastado recursos necesarios. El tercer error es un «falso negativo» porque el personal de emergencias rechaza a un paciente que debería haber aceptado. Como podrás imaginar, tener que tomar decisiones rápidas, de vida o muerte, en una situación de emergencia supone un estrés terrible para el personal de emergencias.[1] Ahora, imagina que tú y yo somos dos miembros de los servicios de emergencias atendiendo a dos víctimas de quemaduras. Tras el triaje, se ha considerado que ambos merecen atención médica,

LA REVOLUCIÓN DEL SENTIDO

es decir, que cada uno de ellos probablemente sobrevivirá con tratamiento médico, pero seguramente morirá si no lo recibe. Estamos trabajando codo a codo y tu paciente entra en paro cardíaco. Mi ayuda en este momento te iría muy bien para intentar salvarlo. Pero justo cuando estás a punto de pedirme que te ayude, te das cuenta de que mi paciente también está en situación crítica. ¿Querrías que dejara de hacer lo que estoy haciendo para ayudarte a ti? ¿Me acusarías de falta de colaboración si yo siguiera centrado en salvar a mi paciente?

Si nuestro compromiso es salvar al máximo número de personas, la respuesta a ambas preguntas es «no». En este caso, la colaboración en equipo no es intentar ayudarnos entre nosotros de forma «horizontal», como hacen los amigos, sino trabajar de forma «triangular» para lograr un objetivo común. Paradójicamente, la mejor forma de colaborar puede ser *no* ayudarnos el uno al otro, ya que lo que cada uno de nosotros está haciendo es más valioso para el objetivo. Así que podemos trabajar lado a lado, sin ninguna interacción, pero aun así estar colaborando.

Aunque la lógica de este argumento sea irrefutable para alguien como el Sr. Spock de *Viaje a las Estrellas*, las emociones humanas pueden acabar por nublar la racionalidad. Cuando otros se niegan a responder a nuestras peticiones de ayuda nos lo tomamos personalmente; puede que sintamos que no quieren colaborar con nosotros. He oído a personas quejarse de que alguien no está siendo colaborativo cuando lo que en realidad quieren decir es que «se ha negado a hacer lo que yo necesitaba».

Además, tenemos el conocido problema del sesgo de atribución. Parafraseando el texto de Mateo 7.5, todos tendemos a ver la paja en el ojo ajeno y somos incapaces de ver la viga en nuestro propio ojo. Usamos una vara de medir totalmente distinta para definir la no colaboración cuando alguien se niega a ayudarnos («¡Esta solo se preocupa de lo que le hace falta a ella!») y cuando nosotros le hacemos exactamente lo mismo a otro («¡Estoy centrado en lo que ahora más necesita la empresa!»). Cuando los clientes a los que asesoro se quejan de que alguien no ha colaborado con ellos, les pregunto lo siguiente: «¿Y crees que *tú* sí que tienes que aceptar todas las peticiones de ayuda de aquellos que te rodean?». A menudo se quedan sin palabras.

En la primera parte del libro, he demostrado cómo la desvinculación, la desorganización, la desinformación y la desilusión pueden acabar por romper una empresa. Como los individuos se esfuerzan en conseguir sus propios KPI (indicadores clave de rendimiento, por sus siglas en inglés), se dedican a optimizar sus subsistemas e ignoran el sistema. Consideran colaboradores a aquellos que los ayudan con sus objetivos individuales; a los que no, como no colaboradores. La colaboración de verdad desaparece porque nadie está dispuesto a plantearse cuál es la mejor manera de ayudar al equipo a ganar, independientemente de si ello implica perseguir sus KPI o dejar sus propias tareas a un lado para ayudar a otra persona a conseguir un objetivo más importante. Y de este modo las empresas van dando tumbos, con comportamientos ineficientes, incoherentes y autodestructivos.

Si recordamos la analogía de los ciegos y el elefante del capítulo 4, cada uno de nosotros cuenta con información específica sobre nuestra parte en la organización, pero nadie (ni siquiera los directivos sénior que solo ven la silueta entera del elefante desde lejos) puede calcular cuál es el mejor rumbo. Incluso las personas más involucradas y comprometidas en conseguir la misión de la organización pueden mostrarse en desacuerdo con decisiones estratégicas. Puede que estén alineados respecto al objetivo pero no en la forma de alcanzarlo. Y es por este motivo que el conflicto es ley de vida, incluso en las organizaciones mejor dirigidas.

Kip y Charlie estaban tocando distintas partes del elefante. A Kip le preocupaba atender a los clientes de su región con rapidez; a Charlie le preocupaban la eficacia, la flexibilidad y el control de los costos. Sus intereses los llevaron a hacer distintas recomendaciones. Ambos querían lo mejor para la organización, pero estaban vehementemente en desacuerdo sobre cómo conseguirlo. Para empeorar las cosas todavía más, se acabaron identificando tanto con sus opiniones que empezaron a verse como enemigos, lo que llevó a un conflicto personal, una pérdida de cohesión y malas decisiones.

CÓMO NO RESOLVER CONFLICTOS

Cuando las personas no están de acuerdo, los debates suelen acabar convirtiéndose en un tira y afloja donde una persona intenta convencer a otra de que ella tiene razón y de que el otro está equivocado. Esta dinámica donde uno tiene que perder para que el otro gane suele terminar en un punto muerto o en una discusión, donde cada persona intenta defender su idea y destruir la del otro, de modo que es imposible: (a) que ninguno de ellos aprenda algo nuevo y que (b) ambos puedan colaborar de forma creativa para llegar a soluciones mejores.

Cuando ambas partes son incapaces de llegar a un acuerdo en una interacción puntual, pueden limitarse a aceptar sus diferencias o a «olvidarse del asunto». Pero cuando ambas partes están en un mismo equipo con un objetivo compartido, esto no es posible. Tienen que encontrar una forma de colaborar para conseguir el objetivo del equipo. Así que cuando ambas partes son incapaces de llegar a un acuerdo dentro del entorno de la empresa, cada parte recurre al tipo de presión que yo denomino «elevación unilateral»: el equivalente laboral de dos hermanos que van corriendo a «chivarse» a papá o mamá de lo que ha hecho el otro. Cada parte acude a su superior (normalmente a espaldas del otro) para defender su posición y atacar la del otro. Su objetivo común es conseguir la ayuda de este jefe para superar a su oponente con una fuerza superior. Esto hace que el conflicto aumente y que la relación se deteriore todavía más. El «perdedor» se siente derrotado y resentido, lo que es especialmente malo en una relación laboral a largo plazo.

Este tipo de enfrentamiento también promueve una atmosfera política, crea una división entre ganadores y perdedores y pone al jefe en la posición de tener que elegir a su favorito. En vez de reforzar el compromiso con el objetivo, este tipo de discusión genera una conformidad envenenada. La parte perdedora puede intentar demostrar que tiene razón saboteando la decisión mientras guarda las apariencias y parece cumplir con las órdenes. Como expresó un cliente en una ocasión: «Una de las mayores satisfacciones de la vida es poder decirles a aquellos que han tomado una mala decisión: "Te lo dije"».

El hecho de que los gerentes necesiten tener varias conversaciones con cada uno de los oponentes para descubrir cuáles son las distintas partes del elefante supone una pérdida de tiempo para todos los implicados. No hay una resolución conjunta de los problemas; no se exploran alternativas creativas. La productividad se tira por la borda. En resumidas cuentas, este tipo de triangulación es un desastre. Por desgracia, este comportamiento es una práctica normal en la mayoría de las organizaciones.

CÓMO SÍ RESOLVER CONFLICTOS

Elevar colaborativamente un problema permite que cada parte se exprese, pueda comprender las necesidades del otro y ambos puedan llegar a soluciones nuevas. Aborda la dimensión Eso de la tarea a través de la toma inteligente de decisiones, la dimensión Nosotros de las relaciones a través del respeto mutuo y, finalmente, la dimensión Yo de valor propio porque tiene en consideración los valores y necesidades de todo el mundo. Todo esto, en el contexto del objetivo compartido que persigue el equipo.

Al escalar la colaboración, las personas se centran en ganar *con* el otro en vez de *contra* el otro. Los colaboradores comprenden que, para crear el máximo de valor, necesitan una relación que funcione y que, además, este tipo de relación solo puede basarse en el respeto por los intereses de cada parte. Este enfoque revela las preferencias y restricciones de cada parte e implica a todo el mundo en la creación de soluciones que vayan más allá de las alternativas iniciales. Maximiza la eficacia mediante la cooperación.

Al elevar un problema colaborativamente, las partes en desacuerdo trabajan juntas para preparar una narrativa compartida que integre sus argumentos sin hostilidad. Si no consiguen llegar a un acuerdo tras una negociación que integra todos sus puntos de vista, seguirán las reglas de la elevación colaborativa de problemas e invitarán a un superior al debate, para que arbitre y facilite la discusión. El papel de este superior es contextualizar la información de ambas partes, aportar una perspectiva más sistémica y, si es necesario, tomar la decisión final.

La elevación colaborativa no garantiza que se tome la decisión adecuada, pero sí que lleva a un proceso más inteligente que refuerza las relaciones entre las partes y hace que todo el mundo se sienta apreciado como un colaborador valioso. El objetivo es aprovechar toda la información disponible y las capacidades creativas de todo el mundo para llegar a una decisión superior, que todo el mundo aceptará y se comprometerá a aplicar porque todos han formado parte de ella. La elevación colaborativa consigue que todas las partes se impliquen en la misión organizativa, sin rencores entre los aparentes ganadores y perdedores.

LOS SIETE PASOS DE LA ELEVACIÓN COLABORATIVA

La elevación colaborativa requiere las actitudes y habilidades que he explicado en mi libro anterior, *La empresa consciente*.[2] No repetiré aquí estas explicaciones; en vez de ello, resumiré brevemente las instrucciones específicas para este proceso. Te animo a hacer que este proceso sea una de las normas culturales de tu organización y a usarlo para definir el modo en que todos tus empleados resuelven sus conflictos desde el primer momento.

Cuando dos personas con distintos puntos de vista se enfrentan, el objetivo no es que ninguna de ellas «gane» o demuestre que tiene razón, sino averiguar cuál es la mejor decisión para el equipo. Las reglas son las siguientes:

1. Las partes en conflicto deben formular el problema de forma colaborativa. Cada conflicto entre los miembros de una organización es un desacuerdo sobre cuál es la mejor estrategia para alcanzar un objetivo común. La diferencia de opinión sobre qué hacer surge en el contexto de la colaboración que deben tener para alcanzar la misión con la que ambos están comprometidos.

2. En un diálogo entre ambas partes sin un superior presente, cada persona presenta su punto de vista. El otro escucha de forma apreciativa (como describo más adelante). Para definir su punto de vista, cada interlocutor responde a cinco preguntas que les hace el otro:

(a) ¿Qué quieres?

(b) ¿Qué quieres conseguir con ello?

(c) ¿Cómo ayudará eso a la misión de la organización?

(d) ¿Qué te lleva a pensar eso? (¿Qué hechos y qué argumento lógico?)

(e) ¿Qué propones que hagamos?

3. Cada persona pregunta esto, intentando comprender no solo el punto de vista del otro, sino su razonamiento y el contexto general en el que encaja. Ponen a prueba con respeto los aspectos factuales y lógicos de lo que afirma el otro y aclaran las presuposiciones, creencias e inferencias que pueda haber.

4. Las dos partes aplican una resolución de problemas creativa y siguen una negociación integrativa (como puedes ver en «Cómo lograr que te comprendan», más adelante) para intentar *deshacer* el conflicto. Es decir, ambos se esfuerzan en encontrar un modo en el que ambas partes consigan lo que quieren y, a la vez, se respeten las restricciones del recurso. Si lo consiguen, el conflicto desaparece y todo el mundo se compromete a implementar la decisión.

5. Si no son capaces de encontrar un modo de que todo el mundo obtenga lo que necesita, buscan llegar a un acuerdo mutuo que les parezca bien a ambos. Si lo consiguen, el conflicto desaparece y todo el mundo se compromete a implementar la decisión. (Si no consiguen llegar a un acuerdo mutuo, es esencial que ninguna de las partes se rinda para «no crear problemas», «seguir trabajando» o, irónicamente, «tener mentalidad de equipo». Ambos deben seguir firmes en sus posiciones de modo que la organización pueda encontrar un nuevo equilibrio a través de los pasos 6 y 7).

6. Si no se llega a ningún acuerdo entre ambas partes porque parece que amenaza a la capacidad de uno u otro para colaborar con el objetivo organizacional, tal y como se han comprometido, los participantes tendrán que explorar de qué modo *suavizar* algunas restricciones puede deshacer el conflicto o ayudarles a llegar a un acuerdo.

7. Ambas partes elevarán el conflicto a su superior inmediato. Juntos, se reunirán con su gerente y le pedirán su ayuda para solucionar el problema de forma creativa, suavizar las restricciones o decidir cuál es el orden de prioridad de las alternativas.

La elevación colaborativa implica que todas las partes de un conflicto involucran a sus superiores juntos en vez de por separado. Con-
tactar con un gerente para que resuelva el problema o intervenga en él
sin que la otra parte esté presente es una línea que no debe cruzare.
Y ningún gerente podrá intervenir unilateralmente en una conversación
entre dos partes enfrentadas ni, peor todavía, comentar el asunto con
otro de sus gerentes.

ESCUCHA APRECIATIVA

Es cierto que hay veces que una persona puede estar claramente equivocada. Pero eso pasa con mucha menos frecuencia de la que crees e,
incluso aunque este sea el caso, es mejor intentar entender el punto de
vista de la persona para saber qué razonamiento le lleva a la conclusión
errónea. Después podrás explicar mucho mejor por qué crees que esta
persona está equivocada.

Digamos que tanto tú como un compañero están tocando distintas
partes del elefante, como Kip y Charlie. Para evitar causar un conflicto,
plantéate que tú y la otra parte tienen una diferencia de opiniones porque tienen distintos puntos de vista, experiencias, creencias, presuposiciones, necesidades y objetivos tácticos. En contra de todos tus instintos,
debes descubrir por qué la otra persona, la que está en desacuerdo contigo, «tiene razón»; es decir, por qué su postura tiene sentido para ella a
partir de su información, creencias, presuposiciones, objetivos y valores.
Y lo que es más, tienes que hacerle saber que realmente entiendes por
qué piensa así. Eso es lo que implica la escucha apreciativa.

«Intenta entender al otro antes de intentar hacer que el otro te en-
tienda» es una recomendación maravillosa. Pero la mayoría de las personas no saben cómo hacerlo. En los muchos años que llevo enseñando
a las personas cómo comunicarse no he encontrado a un solo cliente
que, sin una formación intensiva, sea capaz de hacer de forma constante las cinco cosas que describo a continuación cuando se enfrentan
al más mínimo asomo de estrés emocional:

1. Escucha en silencio, sin interrumpir al otro ni terminar sus frases.
2. Hazle saber al otro que lo escuchas centrando toda tu atención en él (en vez de mirar tu móvil), manteniendo contacto visual, asintiendo y diciendo «ajá». De vez en cuando, anima al otro con frases cortas como «Sí, sigue, por favor», «¿Qué pasó entonces?» o «¿Y cómo te sentiste?». Una técnica especialmente efectiva es repetir las últimas palabras del otro con una entonación interrogativa.
3. Cuando el otro termine de expresar una idea, resume la esencia de lo que ha dicho y pregúntale si lo has entendido correctamente. Deja que el otro te corrija o añada más información a lo que has comprendido hasta que se convenza de que «has pillado» lo que quería decir.
4. Haz preguntas para comprender el razonamiento que lleva al otro a adoptar su punto de vista. Usa tantas preguntas abiertas como puedas y evita las preguntas controvertidas (más adelante podrás cuestionar las ideas del otro). Durante las respuestas a estas preguntas, sigue aplicando los puntos 1, 2 y 3.
5. Expresa que la perspectiva del otro tiene sentido y parece razonable (dadas sus creencias). Si no estás de acuerdo con algo que haya dicho el otro, no te enzarces en una discusión; en vez de ello, reconoce que ves lo que quiere decir y espérate a que te toque explicarte a ti para mostrar cualquier desacuerdo.[3]

Tengo una anécdota graciosa que ilustra lo radical que pueden ser estas instrucciones. Yo estaba en Shanghái, impartiendo un taller para ejecutivos de una empresa de servicios financieros. Como hago normalmente, les puse deberes después de enseñarles el proceso para intentar entender al otro: «Cuando vuelvan a casa, sin decir nada sobre el taller, pregúntenle a alguien de su familia (o a un amigo): "¿Qué tienes en mente estos días?" (o, simplemente, "¿Cómo te ha ido hoy?"). Después, céntrense en intentar entender lo que les diga sin decir ninguna otra cosa durante, al menos, diez minutos».

La mañana siguiente, antes siquiera de tener tiempo de decir «buenos días», uno de los participantes dijo que quería enseñarnos algo.

Tenía tantas ganas que le cedí la palabra. Sacó su móvil y explicó que había llamado a su mujer (en Beijing, donde vivían) y había mantenido una conversación con ella que había grabado. A continuación, situó el móvil ante el micrófono y puso la conversación para que todos la oyéramos. Yo no entendía nada de nada porque la grabación estaba en chino pero, tras treinta segundos, la sala entera estalló en carcajadas. Los demás participantes se reían tanto y hablaban de forma tan animada que me entró una curiosidad tremenda. Cuando las cosas se calmaron un poco, el propietario del móvil me tradujo la conversación. El intercambio fue más o menos así:

Marido: ¿Qué tienes en mente?

Esposa: ¿Por qué me lo preguntas?

Marido: Porque estoy interesado en escuchar lo que me digas.

Esposa: ¿Hay algún problema?

Marido: No, no, no hay ningún problema, solo quiero saber qué tienes en mente.

Esposa: Ay, algo tiene que ir mal; si tú nunca me escuchas...

Marido: Bueno, pero hoy quiero escucharte. ¿No te gusta la idea?

Esposa: ¡No! Porque si me preguntas eso, empiezo a preguntarme qué es lo que va mal...

Desde entonces he cambiado las instrucciones para que los participantes del taller no asusten a las personas de sus vidas laborales o personales al empezar a comportarse de un modo raro de repente. «La mayoría de las personas están acostumbradas a que ustedes no busquen entenderlas», explico a los participantes, «así que puede que empiecen a sospechar que pasa algo si de repente empiezan a comportarse como les propongo. Les recomiendo que les expliquen qué han aprendido y que se pongan de acuerdo en probarlo con ellos para practicar».

También hay quien usa las preguntas activas engañosamente, del mismo modo que pueden mentir sobre sus sentimientos o intenciones. Pero las preguntas activas no son una herramienta de manipulación. Son una herramienta ética para comprenderse mutuamente y que sigue la regla de «Intenta comprender al otro antes de intentar que el otro te comprenda».

CÓMO LOGRAR QUE TE COMPRENDAN

Si quieres ponerles las cosas más fáciles a tus compañeros o empleados a la hora de entenderte, debes presentar tu punto de vista como una perspectiva personal en vez de como «la verdad absoluta». En vez de decir «yo tengo la razón y tú estás equivocado», tu actitud debería ser la de «tú tienes razones válidas para tener tu opinión, igual que yo». Esto es lo que sugiero:

1. Explica al otro que no quieres argumentar por qué tienes razón. En vez de eso, lo que quieres es transmitirle lo que tú crees que es un argumento que merece la pena tener en cuenta. Lo que buscas es que comprenda tu punto de vista para poder compararlo con el que ha presentado él, corregirte si le parece erróneo o, si le parece útil, integrarlo en su forma de ver las cosas.

2. Presenta tu punto de vista en primera persona. Usa las expresiones «En mi opinión...», «Yo pienso que...» o «Yo creo que...». Evita decir nada en segunda persona, ya que puede resultar incendiario: casi seguro que «Estás equivocado...», «Pues tú deberías...» o «Es que tú no sabes...» y otras expresiones similares acabarán por torcer la conversación. Y evita también la tercera persona. «Las cosas son así» o «El hecho indiscutible es que...» son casi tan malas opciones como «Estás equivocado». Evita también la primera persona del plural. Frases como «Tenemos que...», «Lo que nos toca hacer» o «Lo que vamos a hacer» le sonarán al otro igual que decirle «Tú deberías...» y lo harán reaccionar. No hay un «nosotros» si los «yo» no se han alineado. Realmente, la única forma segura de hablar es en primera persona. (Y sin hacer trampas. No vale decir «Yo pienso que estás equivocado». Decir «Yo pienso que eres un idiota» no es mejor que decir «Eres un idiota»).

3. Cuenta por qué crees lo que crees, muestra pruebas que respalden lo que dices y explica el razonamiento que te ha llevado a tu

conclusión. Ilustra tu argumento con ejemplos e historias concretas. Cuéntale al otro o a tu compañero de equipo cuáles crees que son las implicaciones prácticas de tu razonamiento y qué te gustaría que pasara. Incluye las propuestas que tengas sobre cuáles son los pasos siguientes.

4. Ofrécete a aclarar cualquier otra cosa que el otro quiera comprender mejor. Invítale a hacerte todas las preguntas que quiera sobre tu punto de vista.

5. Invita al otro a hacerte las preguntas que tenga sobre la precisión o la exhaustividad de tu razonamiento y de las pruebas que has presentado.

6. Pídele al otro su opinión sobre tu punto de vista. De este modo abrirás la siguiente fase de la conversación, donde ambos podrán intentar integrar los argumentos en una única narrativa.

LLEGAR AL ACUERDO

Si tienes un desacuerdo con alguien, la forma de estimular una resolución constructiva es definir el problema de forma colaborativa, creando una narrativa que encuentre un resultado para la conversación que beneficie a ambas partes. Esto es obviamente lo que tiene que pasar cuando las personas pertenecen a la misma organización, pero incluso en situaciones aparentemente opuestas es posible definir el problema de forma colaborativa.

Por ejemplo, en vez de que el comprador diga que su objetivo es comprar el producto por el menor precio posible y el vendedor afirme que su objetivo es vender el producto al mayor precio posible, ambos podrían llegar a la conclusión de que su objetivo es encontrar una transacción que los beneficie a ambos. Después es necesario reconocer los intereses, las preocupaciones y las necesidades del otro, y comentar cuál es el mejor modo de que ambas partes aborden todas estas cosas.

En el clásico libro sobre negociación llamado *Sí, de acuerdo*, Roger Fisher y William Ury mostraron cómo individuos conflicto pueden llegar a un resultado ganar-ganar. A este proceso lo denominan «negociación integrativa». La clave de la negociación integrativa es negociar a partir de los intereses en vez de a partir de las posiciones. Por ejemplo, imaginemos que mi esposa me propone salir a cenar, pero yo le respondo que no me apetece. Cuando me cierro en banda de este modo, lo único que conseguiré es meternos en un callejón sin salida, ya que la respuesta que me dará ella será, seguramente, «Pues a mí sí que me apetece». Si mi objetivo es resolver la situación, yo podría optar por preguntarle por qué es importante para ella salir a cenar fuera esa noche. Imaginemos que ella me responde: «Es que estoy cansada y preferiría no cocinar ni lavar» (tenemos el acuerdo de que si uno cocina, el otro lavar). A partir de ahí yo tengo varias opciones. Podría responderle: «Pues a mí me gustaría poder ver el partido esta noche. ¿Te importaría si nos quedamos hoy en casa pero ya me encargo yo de cocinar y lavar después del partido?»; o «¿Te importaría si pedimos comida a domicilio?» o «¿Y si vamos al pub deportivo que hay en el centro comercial?». También podríamos explorar muchas otras opciones que a mí me permitirían ver el partido y a ella, no tener que cocinar o lavar. Al identificar los intereses que motivan a ambas partes, es más fácil encontrar soluciones creativas que integran las necesidades de todo el mundo.

CUÁNDO NO ESCUCHAR A TUS EMPLEADOS

La regla de oro es el primer requisito de cualquier proceso justo. Cuando Kip y Charlie me contaron el problema a mí, su gerente, de forma unilateral, yo les debería haber preguntado: «¿Cómo te sentirías si el otro hubiera acudido a mí él solo para defender una posición que le favorezca? ¿Qué querrías que hiciera yo en ese caso?».

La respuesta obvia sería que lo mande a algún lugar cercano a la colorida e indecente expresión de Charlie. Ambos querían que yo escuchara su versión de la historia. Y la única forma de hacer eso de forma justa es en una conversación a tres bandas. (La excepción a esto es cuando un empleado tiene miedo a las represalias, como en un caso de denuncias de crímenes o acosos sexuales. En tal caso, el empleado debe hablar con su gerente en privado). Caí en la cuenta de que, al comentar el problema con solo una de las partes del conflicto, estaba recompensándoles por escalar el problema de forma unilateral y promoviendo que volvieran a actuar así en un futuro. Solo estaba obteniendo información sesgada e incompleta y metiéndome en medio de dos personas que nunca iban a aprender a colaborar para dejar atrás sus diferencias.

Para arrancar esta dinámica de raíz, los líderes trascendentes deben conseguir que toda su organización se comprometa a comportarse a partir de los principios de la elevación colaborativa. Todos deben ser conscientes de que este es el modo en que se resolverá cualquier conflicto y que se verá con malos ojos a cualquiera que se desvíe del proceso. Por supuesto, eso no evita que alguien comparta información con otros o que pida consejo a su gerente; lo que debe evitarse es dejar el problema en manos de un superior de forma unilateral. A veces se trata de una línea difusa, pero en la mayoría de las ocasiones los gerentes saben distinguir si la explicación o la solicitud de ayuda o consejo son genuinas o si se trata de una forma sutil de defender una posición que infringe el proceso de elevación colaborativa establecido.

Si uno de tus empleados intenta elevar un problema de forma unilateral y dejarlo en tus manos, debes ser un ejemplo del estándar y exigirle que lo cumpla. La primera vez que alguien pone a prueba los límites yo tiendo a responder con suavidad, explicándole las normas del proceso. Si vuelve a pasar lo mismo, respondo con dureza, confrontando a la persona por no cumplir con su compromiso de solo elevar los problemas de forma colaborativa y no unilateralmente.

Sabiendo lo que sé ahora, así es cómo debería haber respondido cuando Charlie acudió a mí para quejarse de Kip:

1. Le hubiera preguntado a Charlie si había comentado antes el problema con Kip. Si me hubiera dicho que no, le habría recordado el compromiso que tenemos sobre las escalaciones unilaterales y le habría preguntado por qué acudía a mí con el problema sin haberlo comentado antes con la otra parte. Le habría explicado que estaba

dispuesto a ayudarlos, a él y a Kip, si eran incapaces de encontrar una solución por sí solos, pero que solo iba a participar en una conversación a tres bandas si la preparaban adecuadamente.

2. Si Charlie hubiera respondido afirmativamente, yo le habría preguntado si había invitado a Kip para acudir ambos a verme. Si me hubiera dicho que no, le habría recordado el compromiso que tenemos sobre las escalaciones unilaterales y le habría preguntado por qué acudía a mí con el problema sin haber invitado a la otra parte. Le habría explicado que estaba dispuesto a ayudarlos a ambos si no eran capaces de encontrar una solución por sí solos, pero que solo iba a participar en una conversación a tres bandas.

3. Si Charlie hubiera respondido algo como «Sí, pero Kip me dijo que no valía la pena», yo le habría preguntado: «¿Le has dicho a Kip que ibas a venir a hablar conmigo tú solo?». Si hubiera dicho que no, le habría dicho que tenía que avisar antes a Kip ya que, si no, probablemente Kip hubiera pensado que Charlie había venido a hablar conmigo «a sus espaldas».

4. Si Charlie hubiera respondido que sí, le habría agradecido que hubiera puesto el problema en mi conocimiento y le habría explicado que lo ideal sería comentar el problema con ambas partes presentes. Después habría llamado a Kip y le habría preguntado por qué se había negado a acudir a mí con el problema junto con Charlie. Le habría explicado que no tenía otra opción, ya que el acuerdo es que, cuando dos personas no se ponen de acuerdo, deben escalar el problema de forma colaborativa.

En LinkedIn tenemos una norma básica que denominamos «alineamiento en cinco días». La norma dicta que, si dos personas son incapaces de ponerse de acuerdo en cinco días, automáticamente tienen que elevar el problema, juntos, a sus gerentes. Decidimos aplicar esta norma cuando vimos que algunas decisiones se retrasaron durante semanas y meses antes de llegar al equipo directivo, que pudo resolver el problema en menos de una hora cuando estuvo enterado. Toda la empresa sabe que negarse a elevar conjuntamente un problema cuando las dos partes han sido incapaces de llegar a un acuerdo tras cinco días va en contra de nuestras normas culturales.

EL PAPEL DEL GERENTE

La elevación colaborativa imita el sistema judicial; los distintos gerentes o superiores en la jerarquía son como los tribunales de apelación, y el equipo directivo sénior es como el Tribunal Supremo. Tras pasar por la negociación inicial sin una resolución satisfactoria para ambas partes, estas acuden conjuntamente a su gerente con una narrativa en común y un objetivo compartido. Ninguna parte puede defender su propuesta sobre la base de que afectará al rendimiento de *su* equipo o a *su* rendimiento individual. Este argumento se rechazará como ilegítimo. El objetivo no es marcarse un tanto para su equipo, sino ganar el partido como parte del equipo de la organización.

Los gerentes cuentan con la autoridad para tomar la decisión porque representan los «derechos de propiedad» de los dueños de la organización. Pueden tomar decisiones no porque tengan razón, sino porque los propietarios de los activos les han dado la potestad de hacerlo en su nombre. Estos gerentes, a su vez, cuentan con la responsabilidad fiduciaria de actuar en pro de los intereses de los propietarios. Si cometen un error, el precio lo pagarán los propietarios que, a su vez, puede que pierdan la confianza en los gerentes. Así que la autoridad de estos gerentes implica responsabilidad. Los gerentes toman una decisión porque cuentan con una perspectiva más amplia de la organización, dado que pueden internalizar costos y beneficios que son externalidades para las partes en conflicto y porque, además, es su cabeza la que rodará si se equivocan. Son los que tienen que apostar con el dinero de los propietarios y los que tendrán que dar explicaciones si los resultados no son los que esperaban los propietarios.

Es importante que todo el mundo comprenda que no hay ganadores o perdedores en este proceso. Los gerentes no necesariamente toman «la decisión correcta». Toman la decisión que a ellos les parece mejor, pero pueden estar equivocados. Cuando los gerentes deciden a favor de una alternativa en detrimento de la otra, es esencial que expliquen a todas las partes del conflicto por qué toman esa decisión, de forma alineada con la misión y los valores de la organización. El gerente también debe elogiar a aquellos que hayan elevado la conversación de forma colaborativa por permitirle a él obtener los detalles necesarios de la situación para poder tomar una decisión inteligente. Es esencial que los gerentes nunca reprendan a aquellos que escalen colaborativamente un problema.

En cuanto el problema se haya resuelto, el «caso» servirá como precedente que informará a los miembros de la organización de las resoluciones (decisiones) que suele tomar el tribunal (los dirigentes sénior) en casos similares. Si un gerente cree que el problema se está elevando indebidamente, puede negarse a mediar y devolverlo a un «tribunal inferior».

Gracias a la elevación colaborativa los gerentes pueden preservar la integridad cultural, ya que eliminan de la ecuación la triangulación y los atajos jerárquicos. Al obligar a ambos compañeros de equipo a comunicarse con respeto *antes* de presentar sus pruebas y puntos de vista a sus supervisores, además de tener que describir en profundidad cuáles son sus preocupaciones e intereses, los gerentes también remarcan que las relaciones interpersonales fuertes y la implicación personal son esenciales para la salud de la organización.

Tras meditar a fondo sobre la elevación colaborativa en Axialent, decidí que teníamos que empezar a exigirla como norma cultural. Expliqué a todos los empleados por qué este proceso podría ser una buena forma de abordar cualquier conflicto y después comentamos qué les parecía la idea. Les pregunté si había alguna cosa que les gustaría recomendar, más allá de lo que yo ya había definido, antes de poderse comprometer con el proceso. Al final de esa conversación, todos aceptamos las normas básicas, Kip y Charlie incluidos.

Como Kip y Charlie no fueron capaces de llegar a un acuerdo, los tres decidimos reunirnos por videoconferencia.

—Fred —empezó Charlie— necesitamos tu ayuda porque no podemos decidir nosotros solos cuál sería el mejor curso de acción para la empresa.

Tras pedirles que me explicaran los pros y los contras en detalle, les pregunté qué ideas creativas habían explorado, aunque no se hubieran puesto de acuerdo.

—Pues comentamos la idea de contratar a alguien en Buenos Aires pero que trabajara en otro horario —ofreció Kip—. Esta persona empezaría a trabajar en la oficina a las 17:00 en Buenos Aires, que son las 6:00 de Sídney. Podría dedicar una hora con el resto del equipo de operaciones para coordinar las cosas con ellos y quedarse trabajando hasta la 1:00, que son las 14:00 de Sídney. Así tendrían tiempo de sobras para hablar con los empleados y clientes de Asia-Pacífico.

—El problema es que no podemos dejar la oficina abierta hasta la una de la madrugada con una persona recién contratada —añadió Charlie—. Y sería muy deprimente para esa persona estar sola en un espacio tan grande. Además, la parte de la ciudad donde tenemos la oficina no es muy segura por la noche. No me gustaría que uno de nuestros empleados tuviera que ir por la calle fuera del horario laboral normal.

Antes de que yo pudiera abrir la boca, Kip se me adelantó con lo que yo mismo iba a proponer.

—Espera un momento. No necesitamos que esa persona esté físicamente en la oficina. Puede hacer exactamente lo mismo desde su casa. Si esta persona necesita cosas de la oficina, podemos enviárselas a su casa o quizá puede pasarse por la oficina por la tarde.

—Sea quien sea esa persona, sería tu subordinado directo, Charlie —añadí yo—, y subordinado indirecto de Kip, pero tendría que trabajar principalmente desde casa, centrado en las necesidades de Asia-Pacífico. ¿A ti te iría bien esta opción?

—Sí, podría estar bien hacerlo así —empezó Charlie, vacilante—, pero no tengo presupuesto para contratar a una persona más. Ahora mismo el equipo que tenemos gestiona las solicitudes de Asia-Pacífico durante el horario laboral. No tengo a nadie exclusivo de mi equipo a quien le pueda pedir que cambie de horario ni puedo permitirme que se vaya nadie; todos tienen ya mucho trabajo respaldando las operaciones de América y Europa.

Me dirigí a Kip y le pregunté si él estaría dispuesto a pagar a ese empleado con su presupuesto.

—Para ti sería mucho más barato contratar a alguien en pesos argentinos que en dólares australianos.

—Sí, a mí me parece una buena opción —replicó Kip—, pero en tal caso quiero que sea mi subordinado directo y subordinado indirecto de Charlie. Si soy yo quien le paga, quiero poderle asignar trabajo según mis prioridades.

Charlie aceptó.

Finalmente acabamos contratando a una australiana que se había mudado a Buenos Aires tras enamorarse de un argentino. Y funcionó tan bien que acabamos implementando un sistema similar para nuestras oficinas de Europa. Kip y Charlie terminaron la conversación de forma amistosa, sintiendo que sus necesidades se habían visto cubiertas a través de un sistema justo y que, en gran parte, habían dirigido ellos. (De hecho, podrían haber llegado a esta conclusión sin mí.

Del mismo modo que las normas del triaje se basan en salvar vidas y tomar decisiones inteligentes en situaciones de crisis, la elevación colaborativa ofrece a los líderes una herramienta crucial para crear una cultura de alto rendimiento, respetuosa y cohesiva. Este sistema obliga a las personas a abandonar su deseo engreído y airado de «tener la razón» y demostrar a los demás que están «equivocados». Ante la pregunta de «¿Cuál es el objetivo real aquí?», ofrece una respuesta: la misión de la organización. Establece una norma cultural de cooperar para el interés del propósito organizativo. Ofrece a los gerentes un modo de controlar la fuerza del conflicto y redirigirla para hacer que la empresa avance, de un modo similar a cómo una pila alimenta un circuito. Si, como líder, eres capaz de conseguir esto, tu organización ganará una tremenda ventaja competitiva.

Capítulo 10
INTEGRIDAD

TU PALABRA ES TU HONOR

Del dicho al hecho hay gran trecho.

—Proverbio español

Hay cinco ranas sentadas en un tronco. Cuatro deciden saltar. ¿Cuántas ranas quedan en el tronco? Respuesta: cinco. ¿Por qué? Pues porque hay una gran diferencia entre decidir algo y hacerlo.

Las decisiones no tienen ningún valor hasta que se convierten en compromisos, pero los compromisos tampoco tienen valor si no se toman, mantienen y respetan con integridad. La integridad es una condición esencial para trabajar con efectividad. Cuando las personas no pueden contar con los demás para cumplir con sus compromisos, es imposible ejecutar planes y alcanzar objetivos. Dejando a un lado las pérdidas materiales, la falta de integridad tiene un costo tremendo en las relaciones humanas y el estrés personal. Resulta muy desmoralizador trabajar en una comunidad sin integridad.

El impacto de la integridad (o de su falta) es parecido al de la honestidad. Imagina lo desestabilizador que resultaría trabajar en una organización donde las personas son deshonestas, en un lugar donde nunca puedes saber si la otra persona te está diciendo la verdad o mintiéndote. Sería imposible conseguir nada. Lo que es incluso peor, sería imposible relacionarse con otros más allá del fingimiento. Imagina lo desvinculado y abatido que estarías rápidamente.

241

La mentira no tiene misterio: es lo opuesto a decir la verdad. Pero la integridad es más complicada de definir: no siempre comprendemos claramente cuándo la estamos infringiendo. Aunque sí comprendemos de forma abstracta que la falta de integridad es algo malo, las transgresiones en este aspecto nos parecen de poca importancia. Pero la integridad es tan vital como la honestidad para tener relaciones efectivas, tanto en los negocios como en la vida en general. Necesitamos una definición práctica que nos permita ver cuándo transgredimos. Y necesitamos entender que, sean cuales sean las ventajas a corto plazo que imaginamos que nos puede proporcionar la falta de integridad, son insignificantes si las comparamos con los elevadísimos costos a largo plazo en las dimensiones Eso, Nosotros y Yo.

Yo defino la *integridad* como honrar tu palabra. Una persona íntegra cumple sus promesas siempre que le es posible y, cuando le es imposible, las honra. Las promesas se hacen comprometiéndote a entregar lo que crees que efectivamente puedes producir. Mantienes esa promesa cumpliéndola. Y la honras si, cuando no te es posible cumplirla, le explicas la situación a la persona a la que has hecho la promesa y te haces cargo de las consecuencias.

Algunos compromisos son explícitos. Por ejemplo, puedes comprometerte a entregar un trabajo antes del 9 de abril o pagar la hipoteca antes del 10 de octubre. Hay otros compromisos que son tácitos: todo el mundo espera que cumplas las reglas sociales de vestimenta, habla, comportamiento y demás. Y después, hay otros compromisos que están en medio: cuando entablas una relación laboral con alguien, te comprometes a cumplir con las políticas de la empresa y a asumir la responsabilidad fiduciaria de actuar en pro de los intereses de los propietarios.

En una entrevista antes de un campeonato del mundo, un periodista le preguntó al oponente de Mike Tyson cuál era su plan para la pelea. El boxeador dio una descripción detallada de cómo iba a luchar contra su oponente. Entonces el periodista se volvió hacia Tyson y le preguntó qué opinaba él. La respuesta de Tyson fue tan breve que salió en los titulares: «Todo el mundo tiene un plan hasta que le rompen la cara».[1]

La realidad a menudo nos rompe la cara. Las cosas no salen como habíamos planeado debido a innumerables factores que escapan a nuestro control. A veces la naturaleza se entromete en forma de una tormenta arrolladora. Pero la mayoría de las veces los factores disruptivos surgen de la naturaleza humana. El problema no es que las cosas se nos escapen de las manos. Lo que destruye la capacidad de ejecución de una organización al enfrentarse a las sorpresas inevitables es que las personas no actúen con integridad. Y lo que es peor, la mayoría de las personas ni siquiera saben qué significa «integridad».

En este capítulo mostraré cómo crear un sistema de funcionamiento basado en la integridad y cómo actuar a partir de él. El objetivo es triple: obtener resultados (Eso), aumentar la confianza (Nosotros) y comportarse con integridad (Yo). Aprenderás a adoptar compromisos de un modo que aumentes la confianza y promuevas la eficiencia. Lo que es más importante, aprenderás a preservar la integridad, la confianza y la eficiencia cuando las cosas cambien y tú o los demás no sean capaces de cumplir con sus promesas.

UN ERROR MUY CARO

Jared, el director ejecutivo de SuperNueces S. A. (no es el nombre real de la empresa, sino un seudónimo de un cliente real que trabaja en otro sector) estaba enfadadísimo. Acababa de perder el mayor contrato de subcontratación de la historia de la empresa por culpa de una metedura de pata de Víctor, su gerente general. Lo que es más, el error había sido una infracción de una política de la empresa que Víctor conocía muy bien. Jared quería pegarle a Víctor la bronca de su vida, pero tenía miedo de que este se disgustara tanto que acabara por renunciar. A pesar de estar furioso, Jared no quería perder a Víctor, ya que era uno de sus empleados más antiguos y respetados.

Cuando Jared vino a pedirme ayuda, mi primera reacción fue preguntarle qué había pasado.

—Pues que Víctor la ha pifiado —explicó Jared—. Habíamos firmado un acuerdo enorme con la empresa Tiendas de Comida Orgánica para producir su manteca de almendra. El contracto especificaba que, para evitar que hubiera presencia de cacahuetes en la manteca, en las instalaciones donde se producía esta última no se podía producir ningún producto con cacahuetes. Yo firmé el contrato sin pensármelo dos veces, ya que en nuestra empresa ya habíamos establecido la misma política.

»La semana pasada, mientras estábamos preparándolo todo, los de Tiendas de Comida Orgánica enviaron por sorpresa a un equipo de auditores a la planta donde íbamos a fabricar la manteca de almendra. Analizaron los contenedores vacíos y encontraron trazas de cacahuetes.[2] Preguntaron a los trabajadores de la planta si en algún lugar de las instalaciones se estaban procesando cacahuetes y ellos confirmaron que en un sector distinto había una línea de producción de manteca de cacahuete.

»Cuando los auditores informaron de lo que habían encontrado, el gerente de subcontratación de Tiendas de Comida Orgánica se puso hecho una fiera. Puso el asunto en manos de sus abogados, que nos enviaron un aviso de que iban a rescindir el contrato debido a nuestro incumplimiento. Y como si esto no fuera suficientemente divertido, nos han informado de que se están planteando demandarnos. ¡Qué desastre!

Jared me explicó que había descubierto que, varios meses antes, Víctor había intentado mejorar la eficiencia y la utilización de la planta produciendo manteca de almendra y de cacahuete en distintas líneas de la misma planta. Él y el gerente de la planta habían diseñado un procedimiento de limpieza de los contenedores para evitar la contaminación. Víctor le pidió al gerente de la planta que llevara a cabo pruebas exhaustivas para comprobar que el procedimiento fuera seguro. Descubrieron que así era, así que Víctor dio la orden de poner en marcha la línea de manteca de cacahuete en la planta de manteca de almendra. El proceso de descontaminación funcionaba bien; tanto, que no hubo ni un solo problema durante varios meses. Y por ese motivo, nadie de fuera de la planta sabía que estaban violando la política de la empresa.

—De hecho, los auditores ni siquiera encontraron contaminación, sino unas trazas mínimas de una molécula incorrecta en algunos de los contenedores. Sin los equipos ultrasensibles que tenían no habrían encontrado nada, ya que las cantidades microscópicas que hallaron quedaban muy por debajo del límite de detección de cualquier prueba de producto. Pero la cuestión es que lo encontraron y se desató el infierno.

»Esto no solo nos causó una pérdida financiera —prosiguió Jared—, sino que generó una pesadilla de relaciones públicas. Tiendas de Comida Orgánica informó del motivo por el que rescindía el contrato a los medios del gremio. Nuestro sector es muy pequeño, así que todo el mundo sabe que hemos metido la pata hasta el fondo con uno de los peces gordos. Todo esto ha supuesto un duro golpe para nuestra reputación y credibilidad, por no hablar de la vergüenza personal que siento.

Jared quería tener una conversación constructiva con Víctor, pero estaba tan enfadado que tenía la sensación de que las cosas se iban a acabar torciendo. Así que le propuse que hiciéramos un «Houdini», un ejercicio de roles al que denominé así en honor al gran escapista Harry Houdini. Yo adopto el papel del otro, con lo que me meto dentro de un barril conversacional. Después, como Houdini, intento salir del barril con todas mis fuerzas antes de caer por unas cataratas del Niágara metafóricas. Este juego de roles me permite ejemplificar un comportamiento constructivo para mi cliente (Jared) y, además, lo ayuda a empatizar con la otra parte (Víctor). De esta forma, Jared puede experimentar por sí mismo cómo puede ser interactuar con alguien que usa un método conversacional constructivo.

En estas situaciones, todo lo que digo tiene que estar alineado con los valores, emociones y creencias de las personas con las que estoy trabajando. Tengo que representar el papel de mi cliente con más integridad y de forma más auténtica y colaborativa de lo que ellos mismos podrían hacerlo. Esta representación es una experiencia emocionante para ambas partes y, además, muy efectiva para el aprendizaje.[3]

En el diálogo Houdini, yo representé a Jared y él adoptó el papel de Víctor. Antes de empezar con el diálogo, le pregunté a Jared qué quería conseguir a través de la conversación. Le pregunté cuáles eran sus objetivos para la tarea, para su relación con Víctor y para sí mismo.

La conversación fue así:

Jared: Me gustaría entender qué pasó y por qué Víctor tomó la decisión de hacer la manteca de cacahuete en la instalación, violando las normas y, además, sin decírmelo. Me gustaría dejarle claro que esto fue un error gravísimo y asegurarme de que nunca más vuelva a pasar. Quiero que Víctor y que todos los demás sigan las normas.

Fred: ¿Algo más?

Jared: Me gustaría reparar las tres dimensiones que has mencionado tú: el Eso, el Nosotros y el Yo. En relación con el aspecto de la tarea, me gustaría que Víctor me ayudara a responsabilizarse de su error y disculparse con Tiendas de Comida Orgánica, y pedirles que reconsideren su decisión de rescindir el contrato. Como fue él quien tomó esta decisión, quiero que esté conmigo cuando vaya a hablar con los ejecutivos de Tiendas de Comida Orgánica. En lo referente a la relación entre nosotros, me gustaría recuperar la confianza perdida. Me siento traicionado y la confianza que había depositado en Víctor se ha visto muy mermada. Ha sido un colaborador muy bueno desde hace mucho tiempo, así que no me gustaría perderlo por culpa de este error. En lo referente a mis sentimientos y valores personales, me gustaría recobrar una sensación de integridad. Me gustaría que Víctor se disculpara y poder perdonarle. No quiero guardarle rencor ni que él se sienta humillado e inferior.

Fred: A mí me parece que el problema aquí no es solo con Víctor. Hay muchas personas en esa planta que deberían haber conocido la política de la empresa de mantener separados los productos con cacahuete. A mí me preocupa que nadie hiciera sonar la señal de alarma cuando Víctor dio la orden de empezar con la línea de manteca de cacahuete. El hecho de que nadie dijera nada me indica que el problema va mucho más allá de una sola persona que ha tomado una mala decisión.

Jared: Sí, tienes razón. Esto no debería ser una conversación únicamente con Víctor. Es un problema cultural que él y yo tenemos que abordar con el resto del personal.

Fred: De acuerdo. Pues entonces, vamos a pedirle también ayuda a Víctor para reforzar los estándares de la empresa.

Jared: Vale, me parece bien.

Fred: Perfecto. Empecemos con el juego de roles. Yo haré de ti, Jared, y tú harás de Víctor. Puede que te sorprendan algunas cosas que diga, así que tendrás que improvisar. Déjate llevar por la intuición y no te preocupes demasiado por reflejar exactamente a Víctor. No lo hagas ser más amable de lo que es, pero tampoco más desagradable. Ponte en sus zapatos y habla como te parezca mejor. Vamos a empezar la dramatización en mi oficina (la de Jared). Yo te acabo de llamar a ti, Víctor, para hablar del problema de Tiendas de Comida Orgánica.

(Aquí empieza el juego de roles. He marcado el diálogo siguiente con asteriscos para distinguirlo del diálogo anterior).

Víctor* (representado por Jared): Lo siento, Jared. Esa auditoría sorpresa nos ha fastidiado bien. Teníamos un proceso de descontaminación muy, muy confiable, pero esos fueron a matar. Las trazas de manteca de cacahuete que encontraron nunca habrían causado ningún problema.

Jared* (representado por Fred): Entiendo, Víctor, que en la auditoría sorpresa encontraron un pequeño residuo de manteca de cacahuete en los contenedores.

Víctor*: Sí, pero a duras penas se podía detectar.

Jared*: Víctor, me gustaría tener una conversación contigo sobre lo que ha pasado. Mi objetivo es entender qué te llevó a tomar la decisión de empezar una línea de manteca de cacahuete en la planta de manteca de almendra y por qué lo hiciste sin hablarlo antes conmigo. También me gustaría ver si hay alguna forma de hacer que las cosas sean un poco menos terribles; no solo con el cliente, sino también en nuestra propia empresa. Esto es una ruptura de confianza que tenemos que arreglar para poder trabajar juntos como equipo. ¿Te parece buena idea?

Víctor*: Sí. Me sabe muy mal todo lo que ha pasado.

Jared*: ¿Y qué pasó en realidad, Víctor?

Víctor*: Pues que en esta planta había capacidad ociosa y en nuestra otra planta, donde hacemos la manteca de cacahuete, no dábamos abasto para suplir toda la demanda. Así que pensé que, si podíamos asegurarnos que ambas sustancias jamás llegaran a mezclarse, sería genial poder aprovechar nuestra capacidad extra en la planta de la manteca de almendra para cubrir el déficit de producción en la planta de manteca de cacahuete. Si no lo hubiéramos hecho así, habríamos tenido que subcontratar producción mientras que parte de nuestros equipos estaban parados. Habría sido un gasto bastante elevado. Todas las pruebas del procedimiento de limpieza fueron satisfactorias, así que hace unos pocos meses empezamos la línea de manteca de cacahuete. Y nunca hemos tenido ningún problema. Hasta la semana pasada.

Jared*: Ya, veo que la técnica de limpieza fue muy efectiva. Y no te puedo culpar por intentar ahorrar dinero de la empresa a través de una utilización eficaz de las instalaciones. De hecho, me parece que la segunda línea es una muy buena idea, siempre que pueda evitarse la contaminación.

Víctor*: ¡Me alegra que lo veas así! Pensaba que estabas enfadado conmigo.

Jared*: Sí, lo estoy, y mucho, pero no porque intentaras mejorar nuestros procesos. Aprecio tu compromiso a la hora de hacer lo correcto para la organización. Has sido un gran colaborador durante muchos años, Víctor. Y por eso te elegí para ser parte del equipo directivo.

Víctor*: Entonces, ¿por qué estás enfadado conmigo?

Jared*: Estoy enfadado porque tú y yo teníamos un acuerdo, que era no mezclar manteca de cacahuete y de almendra en la misma planta. Y tú has roto este acuerdo. Cambiaste este compromiso unilateralmente, sin hacérmelo saber ni pedirme permiso.

Víctor*: ¿Acuerdo? ¿Compromiso? ¿De qué me hablas?

Jared*: Hay una política de la empresa que especifica que la producción de manteca de almendra y de manteca de cacahuete no puede llevarse a cabo en la misma planta. Tú te comprometiste a implementar esta política. Eso es una promesa que tú me hiciste a mí.

Víctor*: Yo nunca pensé que la política era una promesa.

Jared*: ¿Entonces qué creías que era?

Víctor*: Pues no sé. Nunca me lo había planteado de este modo. Me lo tomaba como una norma de seguridad, algo que tú querías que yo hiciera para evitar contaminación. Pero como he encontrado una forma de evitar la contaminación, pensé que estaba respetando el espíritu de la política, aunque no la siguiera al pie de la letra.

Jared*: Ya veo. Quizá yo no he sido claro al explicarte que, cuando aceptaste seguir esta política, yo me lo tomé como un compromiso personal de ti hacia mí. Yo contaba con que tú la respetarías. Y es por eso por lo que firmé ese contrato con Tiendas de Comida Orgánica, donde hay una cláusula que indica que no produciremos productos de cacahuete en ninguna de las plantas donde produciremos su manteca de almendra. Como tú nunca me dijiste que ibas a hacerlo de otro modo, yo asumí que tú seguías nuestra política.

Víctor*: Entonces, ¿crees que fue un error aprovechar esta capacidad sobrante?

Jared*: No necesariamente. No sé si ha sido un error o no. Lo que sí que fue un error, desde luego, fue no hablarlo antes conmigo. Eso es lo que me molesta, Víctor. Tú y yo teníamos el acuerdo de que tú ibas a seguir la política. Tú cambiaste de idea, pero no lo consultaste conmigo en ningún momento. No me lo dijiste. No me pediste permiso. No me explicaste esta decisión, ni me diste la oportunidad de participar en ella. Así que yo firmé un contrato con este cliente que ya había incumplido antes de que se secara la tinta. No ha habido integridad en ese contrato, y yo soy el responsable último de todo lo que hace nuestra empresa.

Víctor*: Cuando lo explicas así, siento que te he decepcionado. Debería habértelo contado, pero ya sabes, pensé que sería mejor pedir perdón que pedir permiso.

Jared*: Ahí es donde está el gran error, Víctor. Eso es como una carta blanca que puedes usar para romper cualquier promesa. Me cuesta creer que a ti te gustaría que otros te dijeran esto cuando rompen una promesa que te han hecho a ti. Esto mata la confianza. Si las personas pueden olvidarse de sus promesas porque prefieren pedir perdón antes que permiso, ¿qué valor tiene la palabra de las personas?

Víctor*: Tienes toda la razón, Jared. La he fastidiado al no hablar contigo de esto. Lo siento muchísimo.

Jared*: Acepto tus disculpas. Asumo que no volverá a pasar jamás una cosa así.

Víctor*: Ha sido una lección muy dura y la he aprendido, Jared. A partir de ahora seguiré las políticas religiosamente.

Jared*: Esa es la lección equivocada, Víctor. Las políticas no son dogmas. No quiero que las sigas religiosamente. Quiero que cambies tu forma de pensar y que sigas buscando formas de mejorar nuestra manera de funcionar, incluso aunque vayan en contra de una política. Pero lo que sí que quiero que hagas a partir de ahora es venir a contármelo para que podamos renegociar nuestros acuerdos. Por cierto, eso es exactamente la misma cosa que tengo que hacer yo con el consejo si estoy de acuerdo con lo que me propone y quiero cambiar una política que he acordado con ellos. La lección es que no hay en absoluto ninguna forma de romper una promesa de manera unilateral. Siempre es mejor pedir permiso que pedir perdón.

Víctor*: Tiene todo el sentido del mundo, Jared. Pero la mayoría de la gente no funciona así. Muchas personas dentro y fuera de nuestra empresa no cumplen con lo que prometen a tiempo.

Jared*: En ese caso, tenemos un problema como empresa en lo referente a la ejecución y un problema cultural en lo referente a la integridad, Víctor. Y pienso que ambas cosas son las dos caras de una misma moneda. Me siento responsable y me gustaría que me ayudaras a abordarlo. Pero antes de hacer esto, me gustaría que vinieras conmigo a hablar con Tiendas de Comida Orgánica para ofrecerles nuestras disculpas por este incumplimiento del contrato. Me gustaría que les explicaras lo que ha pasado. Si podemos recuperar su confianza, quizá se replantearán su decisión sobre subcontratarnos.

Víctor*: Nuestros abogados me han dado instrucciones específicas de que evite cualquier tipo de contacto con este cliente.

Jared*: Ya hablaré yo con los abogados. Aquí lo que tenemos es un problema de integridad. Hemos cometido un error y tenemos que responsabilizarnos de él. Este cliente siempre ha sido muy razonable en sus negociaciones con nosotros. Tengo la confianza de que, si admitimos lo que ha pasado, no lo usarán en contra de nosotros; puede que incluso nos perdonen igual que te estoy perdonando yo a ti. Por otro lado, si nuestra disculpa acaba siendo contraproducente, nos lo tomaremos como el precio que debemos pagar por nuestro incumplimiento. Estoy dispuesto a elevar esto a la junta directiva si el gerente del Departamento Legal no aprueba esta idea.

Víctor*: La verdad es que es un poco incómodo hacer esto. Yo preferiría no echar más sal a nuestra herida.

Jared*: Sí, no es nada agradable, desde luego. ¿Pero qué otra opción tenemos? ¿Escondernos y pretender que aquí no ha pasado nada? ¿Qué mensaje estaríamos mandándole a nuestra propia gente? Yo quiero convertir esta situación en algo que defina nuestra cultura como empresa, Víctor. Mi objetivo principal es que las personas entiendan que las políticas no son algo que se impone. Es algo que se propone y son ellos lo que aceptan regirse por ellas. Este acuerdo es un compromiso donde se ponen sobre la mesa la integridad y la confiabilidad personales. Quiero que todo el mundo tenga claro que pedir permiso no es solo la mejor manera de tratar con la necesidad de renegociar uno de estos acuerdos; es la única que hay.

En este punto, el Jared real dejó por un momento su rol para comentar:

—¡Es que haces que parezca tan natural! Has dicho exactamente lo que me habría gustado decir yo en las conversaciones que hemos practicado antes, cuando yo me representaba a mí mismo. ¿Por qué yo no soy capaz de hacerlo así?

—No te fustigues tanto, Jared —repuse yo—. Esto es tan «natural» como un buen *swing* de golf. Lleva mucha práctica. Así que vamos a empezar a practicar. Vamos a repetir esta conversación, pero ahora tú harás de ti (Jared) y yo haré de Víctor. Al principio haré de un Víctor muy fácil. En cuanto vea que empiezas a conectar conmigo de una forma constructiva, iré subiendo el nivel de dificultad progresivamente para ver cómo lo manejas.

Así que eso hicimos y, tras un par de repeticiones, Jared ya estaba listo para la conversación real con Víctor. Estaba tan animado que mandó llamar a Víctor a su oficina en ese mismo momento, aprovechando que yo estaba ahí. A Víctor se le veía desolado y aprensivo, sin duda consciente de que había metido la pata hasta el fondo y de que su cabeza estaba en la guillotina. Pero se comportó muy bien. Reconoció su error y le pidió a Jared que lo perdonara. Jared llevó la conversación de maravilla y consiguió todos sus objetivos. Fue el trabajo de moderador más fácil que he hecho jamás. No tuve que abrir la boca en toda la reunión.

CÓMO HACER UN COMPROMISO

El camino preferible hacia la integridad es cumplir con tus promesas; es decir, hacer lo que te has comprometido a hacer. Entregar la tarea antes del 9 de abril; pagar la hipoteca antes del 10 de octubre. Cuando adoptas un compromiso, contraes una deuda; cuando cumples con él, pagas esa deuda. Por lo tanto, solo debes hacer promesas que pretendas cumplir. Pide prestado solo el dinero que pienses devolver. Aquí tienes las condiciones para ser íntegro cuando hagas una promesa:

1. *Promete solo lo que crees que puedes cumplir.* Si no crees que podrás cumplir con tu compromiso o tienes serias dudas al respecto, no hagas una promesa hasta que no estés del todo seguro. Como la promesa es algo futuro, siempre existe el riesgo de que no seas capaz de cumplirla. Pero eso no debe impedirte hacer promesas. Una promesa hecha con integridad que acaba quedando fuera de nuestro alcance es como una afirmación que has hecho con sinceridad pero que resulta ser falsa. Del mismo modo que un error es algo legítimo y una mentira no, una promesa basada en una evaluación errónea de tu capacidad sigue siendo íntegra, mientras que una hecha a pesar de saber que serás incapaz de cumplirla, no.

2. *Haz un plan.* Para evaluar tu capacidad de cumplir con esta promesa, necesitarás un plan sólido basado en las habilidades y los recursos que tienes o que puedes adquirir con seguridad. El plan debe incluir las contingencias predecibles y estrategias para abordarlas. Si eres consciente de problemas existentes que podrían echar a perder el plan, tendrás que hacérselo saber a tu acreedor en el momento de hacer el compromiso que, a partir de entonces, dependerá de esa contingencia. Muy a menudo las personas hacen promesas sin tener ninguna idea de cómo van a cumplirlas. Esto es el origen de innumerables infracciones y pérdidas de integridad.

3. *Ten un mecanismo para llevar el control.* Debes ir evaluando si todo va según el plan. Si detectas una desviación significativa, tendrás que plantearte que tu compromiso está en peligro y hacérselo saber a tu acreedor al momento.

4. *Ten un protocolo de comunicaciones.* De este modo podrás informar a tu acreedor al momento de cualquier problema que pueda haber. Por ejemplo, mi asistente tiene instrucciones de incluir el número de teléfono y la dirección de correo electrónico de cualquier persona con la que yo tenga una cita profesional, de modo que pueda ponerme en contacto con esa persona si algo va mal. Mi asistente también les da a ellos mi número de teléfono y mi dirección de correo electrónico por si alguno de ellos necesita ponerse en contacto conmigo.

5. *Promete solo lo que realmente pretendes cumplir.* Ten cuidado con la tentación de ser «amable» y agradar a los demás, especialmente con las personas que están en un puesto de autoridad. Antes de hacer una promesa, examínate y plantéate si realmente pretendes cumplir con lo que estás a punto de prometer. A menudo me siento inclinado a contraer compromisos que más tarde sé que tendré que lamentar. Pero después de varios casos de estrés del «día después» y de decepción conmigo mismo por comprometerme a hacer cosas que sé que no debería haber prometido, he caído en la cuenta de que lo mejor es evitar la promesa de «la noche anterior», incluso aunque eso pueda frustrar al otro.

CÓMO PEDIR UN COMPROMISO

Hay una diferencia abismal entre emitir una orden y pedir una promesa. La orden se basa en la autoridad de la persona que la emite, pero una promesa se basa en la integridad de la persona que acepta la petición. Una orden es lo que suele emplear un jefe, y exige un cumplimiento. Una petición es lo que suele extender un líder, y busca lograr un compromiso. La coerción y las amenazas conseguirán, como mucho, la obediencia del otro, pero nunca su esfuerzo discrecional.

Cuando alguien no cumple con una orden, la queja del jefe suele ser: «No has hecho lo que te ordené». Cuando alguien no cumple con una promesa, la queja del líder suele ser: «No has cumplido con lo que me prometiste». ¿Cuál de las dos opciones tendría más influencia sobre ti?

Para mantener correctamente un compromiso, es importante que la persona que hace la promesa sienta que su integridad está en juego. Un compromiso es, al final, un contrato, así que la persona que promete debe comprender qué se espera de ella y aceptarlo libremente. (Es como un «consentimiento informado»). Si quieres conseguir el compromiso de alguien en vez de limitarte a exigirle un cumplimiento, esta persona tendrá que sentir que está «firmando en la línea de puntos» voluntariamente porque cree que tu petición es productiva, razonable y justa.

No puedo contar la cantidad de veces que he oído a empleados diciendo que no pueden negarse a los pedidos de sus jefes. A menudo se les imponen metas, objetivos, presupuestos y planes sin pedirles su compromiso. En las mentes de los empleados, esto significa que lo que está en juego no es su integridad, porque *realmente* no han dicho que podrían hacer lo que se les ha pedido que hagan. Si quieres ser un líder trascendente, tu autoridad debe ser moral, no formal. Tienes que dejar que tus subordinados puedan responder a tus peticiones con algo que no necesariamente sea un «sí, señor» o «sí, señora» obediente; porque una persona que no puede decir que no tampoco puede decir que sí.

Eso no significa que tus subordinados puedan limitarse a decir tajantemente que no. El contrato básico de empleo especifica que deben hacer todo lo que puedan para cumplir con tus peticiones dentro del límite de sus habilidades, recursos y valores. Como líder, tú habrás explicado a tus subordinados que todo lo que tú haces y lo que ellos hacen es para ayudar al equipo a ganar siguiendo las normas (es decir, de forma alineada con los valores y la misión de la organización). Así que, si rechazan una petición, les corresponde a ellos explicar el porqué de un modo que permita una negociación colaborativa.

Por ejemplo, mis propios empleados han rechazado a menudo mis peticiones porque ya estaban completamente ocupados con otras cosas. En estos casos me explican qué es lo que están haciendo y las fechas límite que tienen para cumplir con sus compromisos (que suelen ser, en su gran mayoría, conmigo). Casi siempre he podido cambiar las prioridades en sus tareas de modo que encajen con su planificación y que, además, también sean compatibles con la necesidad urgente que yo tuviera.

El compromiso es el resultado de una interacción entre alguien que pide (el solicitante) y alguien que recibe esa petición (el receptor). Yo sigo las siguientes directrices para hacer peticiones claras:

1. *Explícate.* Describe la diferencia que hay entre la situación de ese momento y la que te gustaría que fuera. Presenta la solicitud como un puente que salve esta diferencia con la ayuda del receptor.

2. *Pide*. Sé explícito con lo que pides. Usa la forma directa del verbo (por ejemplo, «Te pido que...», «Quiero que hagas...», «Te ruego que...» o «Te invito a que...»). Define específicamente las condiciones necesarias para satisfacer esta solicitud, incluyendo las fechas límite.

3. *Pregunta*. Dales a los receptores del pedido la oportunidad de responder. ¿Están listos para hacer una promesa? ¿Quieren rechazar tu petición o necesitan algo más de ti antes de poder responder?

Una fórmula que integra estos tres pasos sería la siguiente: «Para poder pasar de *A* a *B*, te pido que hagas *C* antes del día *D*. ¿Puedes comprometerte a hacerlo?» o «Necesito tu ayuda para conseguir *B*. Mi petición es que hagas *C* antes de *D*. ¿Podrás hacerlo?» (donde *A* es el estado actual de las cosas, *B* es el estado deseado, *C* es lo que pides y *D* es la fecha o el momento límite para hacer lo que pides).

CÓMO CONSEGUIR UN COMPROMISO

Es esencial que, después de hacer una petición clara, no aceptes nada menos que un compromiso pleno. A menudo las personas intentan escabullirse con evasivas, así que en vez de decirte directamente que no, intentarán darte una media promesa difusa, del estilo de «Vale, déjame ver qué puedo hacer», «Sin problema», «Tranquilo, ya se encargará alguien», «Se hará lo que se pueda» o «Lo intentaré». En las famosas palabras del maestro Yoda: «Hazlo o no lo hagas, pero no lo intentes». La única respuesta que supondrá un compromiso es la siguiente: «Sí, lo prometo» o «Sí, me comprometo a hacerlo». Nada de «intentaré», nada de «veré», nada de «alguien», nada de «se hará»... Solo es aceptable un «me comprometo».

La mejor forma de enfrentarse a estas respuestas «escurridizas» (y también para comprobar las que parecen claras) es reformularlas como promesas bien articuladas, del estilo de «Interpreto, entonces, que lo que me prometes es darme *C* antes del día *D*. ¿Lo he entendido bien?».

Estoy seguro de que la mayoría de las veces verás que la otra persona vacila, lo que significa que, en realidad, no estaba lista para comprometerse. Además, a menudo te responderán con un «no» claro, lo que implica que el otro se mostraba reacio a declinar tu propuesta, pero tampoco quería comprometerse.

En todos los años que llevo enseñando este material he descubierto que solo hay tres respuestas aceptables (y la última con cuatro sub-respuestas) ante una petición. Estas respuestas definen claramente quién se compromete (o no se compromete) a hacer algo antes de un momento determinado:

1. *«Sí, lo prometo»* o «Sí, me comprometo a hacerlo».
2. *«No, no lo haré»*. Es mucho mejor saber que el otro no es capaz de aceptar ese compromiso o que no está dispuesto a hacerlo que creer que ha prometido algo que realmente no va a cumplir.
3. *«Todavía no puedo comprometerme a hacerlo porque...»*. Puede que el receptor no comprenda cómo lo que le pides servirá para lo que necesitas o cómo encaja en los objetivos de la organización. Quizá hay algún tipo de conflicto entre tu petición y los compromisos que ya tiene el receptor, con la política de la empresa o con otras cosas.

Cuando cuentas con autoridad formal sobre los demás, debes dejar muy claro que siempre tienen el derecho de decir «No estoy listo para comprometerme». *No* estás dándoles a las personas el derecho de negarse a hacer lo que les pides, pero sí de explicarte por qué aceptarlo puede suponer un problema. Y es perfectamente legítimo que lo hagan por cualquiera de los siguientes cinco motivos: (1) no entienden qué es lo que les estás pidiendo o para cuándo lo quieres; (2) no creen poseer las habilidades o recursos para hacerlo; (3) su capacidad para cumplir con lo que les pides depende de factores que escapan a su control y que puede que tuerzan el plan; (4) creen que lo que les estás pidiendo iría en contra de ayudar al equipo a ganar o en contra de un estándar, política o valor de la empresa; o (5) hacer lo que les pides entraría en conflicto con un compromiso previo que ya tienen contigo o con otros.

Si el receptor te dice «Necesito que me aclares mejor esto», eso significa que necesita comprender mejor tu necesidad o las condiciones para satisfacer tu petición. (Por cierto, esta es una respuesta increíblemente útil ante peticiones mal formuladas). Si el receptor comprende completamente lo que le estás pidiendo, quizá responda algo como «Puedo comprometerme a darte C antes de D si tú me das X antes del día Y (o si X tiene lugar antes de Y)». Esto es un compromiso condicional que depende de que tú cumplas una condición o de que se dé una situación concreta.

Por otro lado, puede que te digan algo como «No puedo comprometerme a hacer C antes de D, pero lo que sí que puedo hacer es X antes de Y. ¿Te parece bien?». Esto es una contraoferta que, si la aceptas, acabará convirtiéndose en un compromiso.

«Me comprometo a responderte antes de Y» también es una respuesta adecuada cuando el receptor tiene que comprobar sus recursos antes de adoptar un compromiso definitivo (o condicional) o antes de rechazar tu propuesta o hacerte una contraoferta. Fíjate en que el compromiso es darte una respuesta concreta en una fecha concreta.

Cuando los líderes dan a los seguidores permiso para no aceptar pedidos, les dan permiso para hacer lo mejor para el equipo. Recuerdo una historia que aprendí en primer grado de la escuela primaria sobre el general José de San Martín, el equivalente argentino de George Washington.

Antes de una de sus batallas, San Martín fue al polvorín a comprobar que hubiera suficiente munición. Estaba a punto de entrar cuando un soldado le impidió el paso. (En el ejército argentino es impensable que un soldado raso le dirija la palabra a tan impresionante general, y ni hablar de prohibirle el paso). Cuando el soldado se interpuso entre él y la entrada, San Martín le ordenó que lo dejara pasar.

—Con su permiso, mi general, usted nos dio órdenes específicas de no permitir el paso al polvorín a nadie que llevara espuelas en las botas —le dijo, respetuosamente, el soldado. Mientras que otro comandante sin la grandeza de San Martín hubiera reprendido al soldado por insubordinación, San Martín felicitó al soldado y lo puso como ejemplo de integridad. Él se había comprometido a cumplir con la orden de San Martín y eso fue lo que hizo, incluso aunque tuviera que negarle el paso al mismísimo general que le había dado la orden.

CÓMO RENEGOCIAR UN COMPROMISO

Independientemente de lo sólidos que sean tus planes, no siempre serás capaz de cumplir con tus promesas. Aun así, eso es un problema que puede manejarse, ya que todavía puedes honrar la palabra que diste. Para conservar tu integridad, en el momento en que sepas que puede que no seas capaz de cumplir con tu promesa, deberás informar de ello a todas las partes implicadas. Y tendrás que hacerte cargo de las consecuencias negativas que pueda tener para ellos tu incapacidad para cumplir con tu promesa.

Por muy capaz que te veas en el momento de hacer una promesa, habrá momentos en los que, sencillamente, no llegarás a cumplir con lo que has dicho antes de la fecha límite. Quieres enviar el producto, pero la planta no ha conseguido terminar de fabricarlo a tiempo. Quieres pagar tus deudas, pero hay alguien que no te ha pagado a ti. La vida es impredecible; a veces puede que te encuentres incapaz de cumplir con tu compromiso o quizá te resulta una carga tan pesada que no tiene sentido hacerlo. En estas circunstancias es cuando es más importante conservar la efectividad, la confianza y la integridad.

Cuando no puedes, no quieres o no crees que debes cumplir una promesa que has hecho, el segundo camino hacia la integridad es honrar esta promesa. Eso significa que deberás hacer todo lo que puedas para cuidar del acreedor (la persona a la que has hecho tu promesa) para poder conservar la confianza en la relación y reforzar una cultura de integridad.

Para ello deberás seguir los pasos siguientes:

Avisa. Haz saber a tu acreedor que la entrega corre riesgo tan pronto como consideres que este riesgo puede materializarse. No te esperes al último momento (o, lo que es peor, a que pase la fecha límite) para informar a tu acreedor de que no podrás cumplir con lo prometido. Demasiado a menudo las personas intentan evitar con desesperación el incómodo momento de tener que informar a sus acreedores de un posible incumplimiento, con lo que pierden la oportunidad de minimizar sus consecuencias. Intentan trabajar hasta el último momento y acaban incumpliendo el trato, cosa que toma completamente por sorpresa a su acreedor. (Y después le guardan rencor al acreedor cuando este se enfada). Si tu acreedor te pregunta «¿Por qué no me lo has dicho antes?», la única respuesta honorable posible es «Porque no lo sabía».

Cuanto antes los avises, mejor, siempre que sea un aviso real de un riesgo material. La regla general que yo aplico aquí es ponerme en el lugar del acreedor y preguntarme si me gustaría saber que hay un problema.

Discúlpate. Dile a tu acreedor que eres consciente de lo que le prometiste y que te gustaría renegociarlo buscando una solución que minimice las consecuencias negativas, que conserve la confianza entre ambos y que suponga respetar tu palabra.

Explícate. Hazle saber a tu acreedor qué circunstancias impredecibles te han impedido cumplir con tu promesa. No lo uses como justificación o como excusa. Déjale claro que tú eres completamente responsable de tu compromiso y que le estás explicando lo que ha pasado para que pueda comprender que este cumplimiento no se debe a tu negligencia (o, si se debe a eso, para responsabilizarte del error). Es por esto por lo que es tan importante anunciar el problema en cuanto se materialice.

Indaga. Pregúntale a tu acreedor qué consecuencias pueden derivarse a partir de tu incapacidad de cumplir con tu parte del trato. Céntrate en los costos prácticos que el acreedor y otros tendrán que sufrir debido a la promesa que no has cumplido. Después, pregúntale a tu acreedor qué querría que hicieras para minimizar las consecuencias y para compensarlo de algún modo por sus pérdidas inexcusables. Si no puedes resolver la situación, quizá puedes compensarla. El objetivo es encargarte de tu acreedor y de los demás que también puedan sufrir las consecuencias.

Negocia. Pregúntale si puedes proporcionarle algo incluso mejor de lo que el acreedor te había pedido en primer lugar. Teniendo en cuenta las preocupaciones y los costos de tu acreedor, además de tus propios recursos, intenta trazar un plan de recuperación que aborde la situación del mejor modo posible a pesar de las restricciones que pueda haber. Si no puedes hacer lo que el acreedor te pide, explícale por qué y empieza una negociación colaborativa (es decir, pon en práctica lo que has aprendido en el capítulo anterior).

Renueva tu compromiso. Adopta un nuevo compromiso sobre lo que tú y el acreedor han negociado. Asegúrate de especificar qué vas a entregar y para cuándo.

Comprueba el resultado y aprende. Pregúntale a tu acreedor si está satisfecho con el proceso o si hay algo más que quiera aclarar. Asegúrate de que has recuperado su confianza y tu integridad. Además, fíjate en cuál ha sido la causa del error y ten presente este riesgo la siguiente vez que adoptes un compromiso similar.

En mis talleres, pregunto a los participantes si les gustaría que los demás respetaran estas condiciones a la hora de contraer compromisos; la respuesta es siempre un «sí» unánime. Después les pregunto: «¿Cuándo fue la última vez que alguien renegoció un compromiso con ustedes siguiendo estos principios?». El silencio es ensordecedor, pero aumenta todavía más cuando les pregunto cuándo fue la última vez que ellos renegociaron un compromiso de este modo.

Resulta paradójico, pero es posible que puedas aumentar la confianza de los demás cuando no puedas cumplir tu palabra si, aun así, la honras. Los demás saben que, tarde o temprano, habrá circunstancias que escapen a tu control y que te impedirán cumplir con una de tus promesas. Pero mientras las cumplas, no sabrán cómo te vas a comportar (y si podrán confiar en ti o no) cuando no seas capaz de hacerlo. Cuando pase algo así, si tratas la situación con integridad, su confianza en ti se redoblará.

MIS DISCULPAS

El cumpleaños de mi hija Sophie es el veintiséis de agosto. La semana anterior a su catorceavo cumpleaños yo estaba en el Reino Unido, moderando una reunión ejecutiva muy importante para un cliente. La reunión debía terminar la noche del viernes. Yo tenía planeado volver a los Estados Unidos el día siguiente y estar en la fiesta de cumpleaños de Sophie el domingo, como le había prometido.

En una ocasión, alguien me dijo: «Si quieres hacer reír a Dios, cuéntale tus planes». Pues seguramente Dios se rio bastante a mi costa, porque el equipo no consiguió llegar a una decisión final el viernes y decidieron terminar la reunión el lunes. El líder del equipo me pidió que me quedara y que los ayudara durante la semana siguiente. Yo quería hacerlo, pero si me quedaba con ellos, rompería la promesa que le había hecho a mi hija. Le dije al líder del equipo que le respondería antes de las 21:00.

Fui a mi hotel, llamé a Sophie y le expliqué la situación.

—Sophie —le dije—, si quieres que vuelva a tiempo, como te prometí, lo haré. Todavía tengo el vuelo para mañana por la mañana. Pero antes de decirme que sí, déjame hacerte una pregunta. ¿Hay algo que pueda hacer para celebrar tu cumpleaños el fin de semana siguiente que sea aun mejor para ti que el que yo vaya para tu fiesta este domingo?

Sin dudarlo ni un momento, Sophie replicó:

—¡Tirarnos en paracaídas! ¡Ay, papi, siempre he querido hacerlo! Sería incluso mejor que estar contigo en la fiesta.

Le dije que me informaría un poco y que la volvería a llamar en una hora.

Busqué en Google «paracaidismo en Boulder» (nuestra ciudad de residencia entonces) y descubrí que había un club aeronáutico que ofrecía saltos en tándem, pero resultó que Sophie tenía que tener al menos dieciocho años para hacer ese salto. Así que la llamé y le expliqué que no era lo suficientemente mayor como para saltar, pero que el club aeronáutico ofrecía lo que me describieron como «emocionantísimos vuelos en planeador» (es decir, un avión sin motor). Tras una breve negociación, llegamos a un trato en dos partes. Yo podía quedarme en Londres y, a cambio, la llevaría en planeador el siguiente domingo y en un salto en tándem cuando cumpliera los dieciocho.

Y así quedó el acuerdo. Me quedé, ayudé al equipo a terminar de debatir el problema con éxito, volví a casa con Sophie y la llevé a volar en planeador el siguiente domingo, cosa que a ella le encantó y a mí me dejó el estómago más revuelto que cuando me subí a su montaña rusa favorita.

Al principio de mi carrera profesional trabajé como consultor para dos empresas (llamémoslas «A» y «B»). La empresa A había contactado conmigo para hacer un taller de tres días en una fecha específica y acordó pagarme X dólares.

Un mes antes de la fecha del taller, la empresa B me pidió si podía dar una conferencia y actuar de moderador en un congreso de un día con quinientos líderes. Este congreso caía en el día del medio del taller de tres días que me había comprometido a hacer para la empresa A. Por dar la conferencia y hacer de moderador, me iban a pagar $2X$.

Yo quería claramente hacer ambas cosas (y ganar $3X$ dólares). Pero si no pudiera hacer las dos cosas, preferiría aceptar solo el encargo de la empresa B, ya que implicaba un tercio del tiempo por el doble de dinero. Aun así, yo ya me había comprometido con la empresa A, así me temía que me iba a tocar tener que rechazar la oferta de la empresa B.

Llamé a la encargada de formación y desarrollo de la empresa A y le dije:

—Oye, Mary, me han pedido que dé una conferencia en un día que justo cae en el taller próximo. Ya sé que tú ya has invitado a los ejecutivos y que muchos de ellos ya han confirmado su asistencia. Soy consciente de que cambiar la fecha a estas alturas te supondrá un costo, así que tengo la siguiente propuesta para ti: si tú quieres que hagamos el taller tal y como planeamos, así lo haré. Pero si estás dispuesta a cambiar la fecha, lo haré unos días más tarde y gratis. No aplicaré mis honorarios. Tú solo me pagarás el viaje y el alojamiento. ¿Qué te parece?

Mary no se lo pensó dos veces.

—¡Perfecto! —replicó inmediatamente—. Nuestro presupuesto está bastante apretado, así que nos irá muy bien ahorrarnos este dinero. Yo me encargaré del cambio de fecha. Si alguien se queja, le explicaré por qué hemos hecho este cambio.

Al final acabaron cambiando el taller para la semana siguiente. Yo pude hacer ambas cosas y recibí $2X$ dólares por hacerlas, así que supuso un buen trato. Además, mi reputación como un consultor fiable, flexible y atento aumentó significativamente. Seguí trabajando para ambas empresas durante muchos años más.

CÓMO EXIGIR INTEGRIDAD

Digamos que, del mismo modo que Jared en la historia de la manteca de almendra que hemos visto antes, es a ti a quien han defraudado. Alguien te ha hecho una promesa que no ha cumplido. Tú estás enfadado y exiges una compensación. El resultado ha sufrido, la confianza se ha perdido y la integridad se ha puesto en duda. Te sientes mal y quieres que la persona que no ha cumplido con su parte del trato también se sienta mal. ¿Quieres mi consejo? No lo hagas. Si sigues tu impulso, solo empeorarás las cosas.

El resentimiento exige una venganza, pero es una forma terrible de tratar este problema. Del mismo modo que una bebida azucarada sabe bien, pero en realidad no te calma la sed y pone en riesgo tu salud, la indignación que surge a partir de la superioridad moral no soluciona el problema. Y, además, puede hacer saltar por los aires tu relación.

Por otro lado, si quieres seguir trabajando de forma eficaz, conservar la relación de confianza y mantener la integridad, no puedes quedarte callado si alguien no cumple su promesa contigo. El que calla, otorga, así que, si no dices nada, estarás apoyando este comportamiento. Tienes que hacer una queja productiva.

Cuando te quejas de forma productiva, lo que buscas es restaurar la efectividad, la confianza y la integridad. Solo confrontas a esa persona una vez y prosigues hasta llegar a una resolución. En el mejor de los casos, acabarás con un nuevo acuerdo que cierre el asunto. Y en el peor de los casos, verás claramente que el otro no es digno de confianza y podrás decidir qué hacer al respecto.

Hay siete pasos para hacer una queja productiva.

1. TEN CLARA TU INTENCIÓN.

Repasa cuál es tu propósito con esta queja y asegúrate de que sea productivo. Lo que quieres es una conversación de aprendizaje mutuo para reparar la infracción y sentar las bases para mejores interacciones futuras.

2. MARCA UN OBJETIVO COLABORATIVO.

Comparte tu intención con la otra parte como una invitación. Para que la conversación tenga lugar, ambos deben querer mejorar la relación laboral, no acusarse entre sí y defender su posición. Su objetivo compartido debería ser abordar un incumplimiento que influye en su trabajo, su relación y su bienestar. Reitero: el mantra aquí debería ser «reparar y preparar».

3. VERIFICA EL COMPROMISO.

Muchos problemas surgen a partir de un error de comunicación en el momento de contraer el compromiso. Tú crees que has pedido *X*, la otra parte cree que ha prometido *Y*. Si ese es el caso, volved a hablar sobre el compromiso y comentad cómo evitar repetir este malentendido en el futuro.

4. VERIFICA LA INFRACCIÓN.

Comprueba que la otra parte acepta que no ha cumplido con su compromiso. Seguramente te ofrecerá una justificación. No te enzarces en una discusión al respecto. En este punto, lo único que quieres es dejar claros cuáles son los hechos.

5. PREGUNTA QUÉ HA PASADO.

Además de ayudarte a comprender la perspectiva de la otra persona, preguntar es una muestra de respeto. Te ayuda a evaluar si las causas del incumplimiento han surgido más tarde y si eran impredecibles. También te ayuda a separar los problemas prácticos de los de confianza e integridad. Los problemas prácticos están relacionados con mantener tu palabra; los problemas de confianza e integridad, con respetarla.

Por ejemplo, si uno de mis compañeros no viniera a una reunión sin hacerme saber por adelantado que no va a asistir, yo le preguntaría qué ha pasado. Si me dijera que nuestro director ejecutivo lo ha convocado para una reunión urgente, yo diría lo siguiente: «Entiendo perfectamente que la petición del director ejecutivo tiene prioridad sobre la mía. Si él me hubiera llamado yo también habría cancelado la reunión. Lo que no entiendo es por qué no me has hecho saber al momento que no podrías asistir. Llamarme o enviarme un mensaje para disculparte y explicarme lo que pasaba no te habría llevado más de treinta segundos».

6. NEGOCIA UNA RENOVACIÓN DEL COMPROMISO.

Para reparar este error, puede que necesites que la otra parte vuelva a comprometerse con la promesa original o quizá necesites añadir condiciones adicionales. La clave es pedir claramente lo que *tú* necesitas para cerrar el asunto, volver a depositar tu confianza en la otra parte y quedarte tranquilo. Si realmente te has quedado satisfecho, deja el problema atrás, perdona y olvida. No te guardes el resentimiento como un as en la manga que sacarás en otras conversaciones futuras con esta persona.

7. COMPRUEBA EL RESULTADO Y APRENDE.

Pregúntale a la otra persona si está satisfecha con el proceso. Asegúrate de que se ha restaurado la confianza y se ha mantenido la integridad. Además, fíjate en cuál ha sido la causa del error y plantéatelo como algo que ambos pueden prever la siguiente vez que adopten un compromiso similar.

INTEGRIDAD, PROSPERIDAD Y EVOLUCIÓN

La evolución de la humanidad le debe más a la división del trabajo que a la invención de la rueda. Muchas civilizaciones, como la del antiguo Egipto, prosperaron sin la rueda, pero ninguna consiguió desarrollarse sin la especialización. Aun así, cuando la especialización va en aumento, cada sociedad tiene que desarrollar métodos de integración. De lo contrario, cada parte acabará por separarse del resto y el conjunto original se disolverá. Cuando la diferenciación lleva a la fractura e independencia en lugar de a la relación y la interdependencia, el sistema acaba por hundirse. Y cuando esto pasa en la esfera económica, la prosperidad, el bienestar y el desarrollo retroceden.

La economía de mercado es el mejor mecanismo de colaboración y coordinación a gran escala para los seres humanos. Promueve la cooperación social con la máxima libertad y el mínimo conflicto. Ha evolucionado a través de miles de años de experimentación. Las transacciones mutuamente voluntarias entre compradores y vendedores de bienes y servicios dentro del marco institucional de los derechos de propiedad y el estado de derecho han permitido la mayor explosión demográfica, el mayor aumento en el nivel de vida y el mayor aumento en la esperanza de vida en la historia. Cada una de las transacciones del mercado o de una organización es mediada por un acuerdo anterior y por la confianza en que estos compromisos se verán cumplidos.

Ya sea que coordinemos nuestras acciones como compradores y vendedores o bien trabajando en colaboración como miembros de una misma organización, nuestra capacidad de producción depende de la integridad con la que intercambiemos pedidos y promesas. La integridad es el adhesivo que nos permite integrar la especialización, que es la base de la sociedad moderna. La integridad y la confianza son factores esenciales de la producción. Como comentó el autor y economista político Francis Fukuyama: «La vida económica depende de [...] la confianza. Esta es la unión tácita y no escrita entre los conciudadanos que facilita las transacciones, potencia la creatividad individual y justifica la acción colectiva... El capital social representado por la confianza es tan importante como el capital físico».[4]

Pero de nuestra integridad no solo depende el bienestar económico. Los lazos sociales de la confianza también se ven reforzados o debilitados por ella. Cuando prometes a la ligera o no cumples con tu palabra sin pensártelo dos veces, dañas tus relaciones. Y ese es el motivo por el que, si quieres ser un líder trascendente, debes ser intachable con tus promesas. Tu palabra debe ser lo que te ata absolutamente. Y debes exigir a todos los demás que actúen con el mismo nivel de integridad.

PARTE 3
AUTOTRASCENDENCIA

Capítulo 11
OLVÍDATE DE TI

PARA DIRIGIR A TODOS, NO SEAS NADIE

El líder malvado es ese a quien los suyos desprecian. El buen líder es ese a quien los suyos reverencian. Y el gran líder es ese cuya gente puede decir: «Lo hemos hecho nosotros mismos».

—Lao Tzu

Fui *coach* de Jeff Weiner cuando él era ejecutivo en Yahoo!, antes de convertirse en director ejecutivo en LinkedIn. Una noche, tras una buena cena y unas cuantas pintas de cerveza belga, Jeff me contó cuál era su misión personal:

—Expandir la sabiduría colectiva del mundo.

—Eso me recuerda a una enseñanza budista —dije yo—. La sabiduría sin compasión es implacable; la compasión sin sabiduría es necia.

—Ajá —repuso Jeff—. Quizá debería cambiar mi misión. ¿Qué te parece «Expandir la sabiduría y la compasión colectivas del mundo»?

—¡Sí! Si esa es tu misión, cuenta conmigo como aliado.

Así que sellamos nuestro pacto con un brindis.

Unos cuantos años más tarde, después de que Jeff se convirtiera en director ejecutivo de LinkedIn, me invitó como consultor y luego me pidió que me uniera a la empresa como vicepresidente. Me sentí halagado, pero tenía mis reservas. Había sido autónomo desde que dejé el Instituto Tecnológico de Massachusetts en 1996 para fundar una consultoría, así que llevaba casi veinte años trabajando por cuenta propia con muchos clientes. La perspectiva de comprometerme con solo uno de ellos me echaba atrás. Me sentía como un animal salvaje al que están intentando atraer para que entre en un zoo muy bonito; todas mis necesidades iban a quedar cubiertas, pero no podría campar a mis anchas. ¿Cómo iba a pasar de ser propietario de una empresa a ser empleado sin sentir que perdía poder? ¿Cómo me iba a respetar a mí mismo cada mañana?

Le dije a Jeff que su oferta era muy atractiva, pero que había algo que me retenía.

—¿Qué es lo que te inquieta? —me preguntó—.

Le confesé que me preocupaba perder parte de mi autonomía y libertad.

—Si me uno a tu empresa, trabajaré para ti —le expliqué—. Ese es mi código. El problema es que no estoy seguro de poder trabajar para ti como empleado de todo corazón.

—Pues no trabajes para mí, Fred. Trabaja para *nuestra* misión —repuso Jeff—. Si realmente te importa ampliar la sabiduría y la compasión colectivas del mundo, hagámoslo juntos en LinkedIn.

—¿Qué quieres decir?

—Ayúdanos a convertirnos en un ejemplo de directivos compasivos y sabios, y ayúdanos a usar lo que aprendamos para ayudar a profesionales y organizaciones de todo el mundo. Tenemos un papel clave en el modo en que las empresas contratan y desarrollan su talento, y en el modo en que las personas encuentran empleo. ¿En qué otro lugar vas a poder tener un impacto así?

—Ya veo —repuse—. Quizá debería cambiar mi código para que fuera: «Si me uno a la empresa, me comprometo con su misión».

Jeff sonrió.

—Bienvenido a LinkedIn.

En una carrera, parece que los corredores siguen al que va a la cabeza, pero eso es una ilusión. La verdad es que cada uno de ellos corre hacia la meta. El líder, simplemente, es el que está más cerca de ella. Un líder de verdad es el que está más cerca de la misión, es su seguidor número uno. Puede parecer que los demás lo siguen a él, pero en realidad, todos avanzan hacia la misión.

Un profesor de meditación me dijo en una ocasión: «Si quieres enseñar, debes amar la verdad más de lo que te amas a ti mismo». En términos de liderazgo lo diríamos así: «Si quieres liderar, debes amar la misión más de lo que te amas a ti mismo». Para ser un líder impulsado por la misión debes redefinir tu propia percepción de ti mismo. En vez de intentar demostrar constantemente que eres digno de admiración, alabanza, obediencia y reverencia, debes deshacerte de tu ego. Para abordar los problemas complicados de la desvinculación, la desorganización, la desinformación y la desilusión debes inspirar a las personas a seguir una misión significativa, no a seguirte a ti.

LA TRAMPA DEL EGO

En una ocasión escuché una historia sobre una mujer rusa que soñaba con convertirse en bailarina. Se esforzó muchísimo practicando y acabó tomando clases con maestros de renombre. Durante una de esas clases, le pidió a un maestro ruso que la evaluara. Él le respondió sin rodeos que ella no tenía lo necesario como para ser una estrella.

Esto fue devastador. Decidió abandonar su sueño y dedicarse a ser coreógrafa. Muchos años más tarde volvió a encontrarse con ese profesor ruso y le contó que ella había abandonado la danza debido a sus palabras.

—Ah, vaya —dijo él, despreocupadamente—. Eso se lo digo a todo el mundo. Los bailarines que tienen lo necesario para triunfar no me prestan atención.

Como esta bailarina, tu ego es lo que se interpone entre ti y lo que hace falta para convertirte en un líder trascendente. Esta parte frágil, insegura y siempre a punto de rendirse que hay en ti es incapaz de soportar la idea de no hacer algo a la perfección. Preferiría ser perfectamente mediocre antes que tener que luchar por la grandeza.

En su libro *Ego Free Leadership*: *Ending the Unconscious Habits That Hijack Your Business* [Liderazgo sin ego: Terminar con los hábitos inconscientes que secuestran tu negocio], Shayne Hughes (de la firma de desarrollo de liderazgo Learning as Leadership) y Brandon Black (el anterior director ejecutivo de Encore Capital) definen el ego como la parte de tu psique que está constantemente preocupada por tu valor y estatus personales. (A mí me resulta útil pensar en el ego de una forma metafórica, como una persona con una personalidad fuerte y dominante a la que le gusta mangonearte).

Imagínate que Ego es un personaje en una obra de teatro sobre tu vida. Ego adopta comportamientos agresivos o defensivos cuando su valor se pone en tela de duda. Ego no para de preguntar, incesantemente: «¿Parezco alguien competente, inteligente, atractivo, poderoso, bueno, que tiene la razón y las riendas de todo? ¿Soy respetado, admirado, querido, apreciado, envidiado y reverenciado?». Si la respuesta es «sí», se siente tranquilo y orgulloso; cuando la respuesta es «no», se siente ansioso y avergonzado.[1]

Ego exige reconocimiento y éxito constantes. Bajo su hechizo, cada uno de nosotros ansía ser el mejor, el más listo, el héroe. Queremos que los demás nos necesiten, nos busquen, nos sigan. Cuando sabemos la respuesta o conseguimos lo imposible, nos sentimos valiosos, poderosos, superiores; resplandecemos de orgullo. Nuestra mente está que arde con esta inyección de dopamina que inunda nuestro centro de placer, del mismo modo que lo haría una droga. El problema es que la necesidad insaciable de reconocimiento que tiene Ego hace que, a veces, pisemos a los demás. Demasiados líderes ansían tener poder sobre personas y grupos porque Ego les dice que solo tendrán valor si están por encima de otros.

Ego mide nuestro valor a partir de nuestro éxito personal. El ansia de éxito y el miedo al fracaso lo impulsan. Nos crea una ansiedad constante sobre nuestro rendimiento, ya que la subida de adrenalina es efímera y la ocasión de fallar está constantemente presente. Cualquier indicio de disminución de rendimiento activa su miedo de no ser lo suficientemente bueno. Ninguna cantidad de elogios satisfará su hambre insaciable de reafirmación.

Ego es competitivo. Nos hace estar comparándonos constantemente con los que nos rodean, haciendo que nos sobrestimemos y que subestimemos a los demás para intentar aumentar nuestro estatus. Nos hace ver a los compañeros como posibles amenazas; si ellos quedan bien, nosotros tememos parecer peores en comparación. Consecuentemente, damos prioridad a nuestro éxito individual por encima de la misión del equipo; especialmente cuando hay indicadores de rendimiento individuales.

Pero si diriges con Ego, nunca conseguirás implicar a tus empleados, compañeros o clientes. Ego está tan centrado en sí mismo que no deja espacio para nada o nadie más. Es imposible comprender y respaldar de verdad a tus clientes y empleados si eres un ególatra. Por desgracia, si no trabajas en tu desarrollo personal, Ego seguirá al mando de la situación.

Todos desarrollamos rutinas automáticas para manejar nuestra ansiedad desde una edad temprana. Cuando somos pequeños, estas rutinas defensivas nos protegen ante los dolorosos sentimientos de tristeza, miedo, vergüenza y culpabilidad. Si metemos la mano en el fuego, nuestro dolor nos enseña rápidamente a no volverlo a hacer. Pasa lo mismo con el dolor emocional: cuando lo sufrimos, extraemos conclusiones sobre qué lo ha causado y cómo evitarlo en un futuro.

Seguimos recreando estas rutinas defensivas porque nos ofrecen lo que los psicólogos denominan «ganancias secundarias». A pesar de que estas rutinas dañan nuestras aspiraciones profundas y rompen nuestras conexiones reales con los demás, calman nuestros egos. Por ejemplo, si evitamos una conversación complicada con un empleado que tiene un bajo rendimiento, hacemos que sea imposible abordar la raíz del problema y, además, acumulamos resentimiento hacia él hasta que terminamos por estallar. Como tememos caerle mal al empleado y que nos tilde de mala persona, preferimos evitarle a nuestro ego la ansiedad de tener que enfrentarnos a él.

El problema es que nuestra experiencia cuando nos hieren el ego es siempre ambigua; sus lecciones no son nunca claras. Una de mis fábulas de Esopo favoritas es la de un burro que va caminando por un camino llevando sacos de sal pesados y cae en un río. La sal se disuelve en el agua y el burro emerge ligero como una pluma. La siguiente vez que hace ese mismo recorrido, el burro salta directamente al río para aliviar su carga. El problema es que esta vez los sacos van llenos de esponjas y el burro acaba ahogándose. Del mismo modo que el burro, nuestros egos aprenden las lecciones erróneas al principio de nuestras vidas y llegan a conclusiones que nos limitan por el resto de ellas.

Por ejemplo, yo aprendí a relacionar la aprobación y el amor de los demás con el rendimiento académico, así que me pasé la vida entera intentando demostrar que soy alguien que merece ser amado, lo que me mereció un puesto como profesor en el Instituto Tecnológico de Massachusetts y un divorcio. (Cuando estaba enseñando en el Instituto Tecnológico de Massachusetts leí una carta del *Boston Globe* al editor que me hizo sentir en buena compañía. El autor era George Wald, premio Nobel en biología. «La verdad es que lo que uno necesita no es un premio Nobel, sino amor», escribió. «¿Y cómo te crees que uno consigue llegar a ser un nobel? Pues queriendo encontrar el amor. Queriéndolo con tanta fuerza que uno trabaja sin parar y acaba por conseguir un premio Nobel. Es un premio consuelo. Lo que realmente importa es el amor»).[2]

Cada vez que sabes lo que debes hacer pero no eres capaz de hacerlo, eso es una señal de que tu ego está intentando defenderse. Si te sientes víctima de personas o circunstancias que escapan a tu control, es tu ego quien lleva las riendas. Estoy seguro de que, a un nivel consciente, tú ya sabes que perseguir objetivos ambiciosos y crecer o crear relaciones auténticas es más importante que no equivocarse, que quedar bien, o que evitar el rechazo. Pero saber esto a un nivel más instintivo es mucho más complicado. Ese es el motivo por el que, a pesar de actuar con sentido común y con la mejor de las intenciones, si no trabajamos de forma activa para cambiarlos, seguiremos repitiendo los patrones reactivos impulsados por nuestro ego que nos protegen falsamente y nos limitan.

ROMPE EL CÍRCULO VICIOSO

Como los patrones de defensa rutinarios del ego se guardan como memorias inconscientes en las partes de nuestro cerebro que se desarrollan tempranamente, intentar usar nuestra fuerza de voluntad adulta para cambiarlos es como intentar convencernos de acercar nuestra mano al fuego. Independientemente de lo mucho que te digas a ti mismo que deberías mantener esa conversación con tu empleado holgazán o escuchar sin decir nada a alguien que está en desacuerdo con lo que dices, sientes que actuar así es peligroso.

Hughes y Black afirman que, aunque es imposible librarnos completamente de nuestro ego, sí que podemos ser más conscientes y advertir que podemos elegir ceder ante nuestros impulsos egoístas o librarnos de ellos.[3] El momento de tomar la decisión es cuando sientes lo que denominan un «pellizco emocional»: una reacción literal de nuestro cuerpo ante la amenaza percibida donde tensamos los músculos, fruncimos el ceño, se nos acelera la respiración... Y el ego empieza a activar nuestras antiguas rutinas defensivas.

Cuando sentimos ese pellizco dejamos de ser eficientes e incluso nos convertimos en destructivos. Nuestros egos nos llevan a ser perfeccionistas, antagónicos y críticos con los demás. (Por ejemplo, cuando estoy sometido a estrés tiendo a convertirme en una persona extremadamente racional, fría, tajante y crítica. Mi ego busca defectos en los demás y los magnifica, intentando demostrar que yo tengo razón y ellos no). Puede que el ego te haga ser competitivo, controlador y exigente. Puede hacerte sarcástico, despectivo o condescendiente. Puede que empieces a procrastinar, evitar a los demás, retraerte y distanciarte. Cada uno de nosotros tiene sus comportamientos reactivos favoritos para calmar la ansiedad de nuestro ego, preocupado por no ser suficientemente bueno.

La clave para calmar esta reacción es examinar profundamente qué interpretación primitiva e infantil está impulsando el miedo al error, el juicio de los demás, la vergüenza o el rechazo. Por ejemplo, cuando empecé a buscar el motivo de mi ansiedad respecto a mi rendimiento, recordé un episodio de cuando tenía cinco años, la noche antes de empezar primero de primaria. Yo me puse a llorar en la cama. Cuando mis padres me oyeron, vinieron a ver qué me pasaba. Cuando me preguntaron por qué lloraba, les dije que tenía miedo de que se enfadaran conmigo si no me iba bien en la escuela. «No te preocupes», me respondieron, «lo harás muy bien, ya verás». No hace falta decir que lo que realmente esperaba que me dijeran era «Tranquilo. Siempre te querremos, saques las notas que saques en la escuela». Como el burro de Esopo, absorbí la lección errónea: si tengo éxito, seré amado.

Esta inmersión profunda en la causa raíz que desencadena nuestro ego nunca es fácil, pero sí que es cada vez un poco menos difícil con la práctica. «El objetivo no es evitar tener pellizcos», señalan Hughes y Black, «sino advertirlos y aceptarlos como oportunidades para aprender y crecer».[4] Estos autores sugieren que la forma de disipar la amenaza ilusoria hacia nuestro ego es pasar de un patrón reactivo de defensa y agresión a una orientación constructiva y creativa. Aquí tienes cinco pasos que te llevarán de una cosa a la otra:

1. Sé consciente de los momentos de tu vida en los que experimentas un pellizco. Puede ser una situación concreta o algo que alguien dice o hace.
2. En vez de reaccionar a las cosas externas que te han pellizcado, examínate para ver qué se activa en tu interior. Si alguien te busca las cosquillas, no te centres en el otro, sino en tus cosquillas. ¿Cuál es la incomodidad visceral que intentas adormecer o que intentas achacar a los demás? ¿Cómo sientes que la percepción de tu valor propio se ve amenazada?
3. Cuando adviertas que los demás se esconden tras apariencias de bravuconería, agresión o indiferencia, plantéate las debilidades que pueden estar llevándolos a actuar así y empatiza con su miedo subyacente.
4. Céntrate en tus propios objetivos y valores supremos. ¿Qué es lo que realmente quieres para ti? ¿Qué te gustaría transmitirle al otro?

¿Qué es lo que más te importa? ¿Qué ejemplo te gustaría transmitir a través de tu propio comportamiento y liderazgo? Céntrate en la intención más profunda que te motiva a romper tus patrones defensivos.

5. Al hablar con otros, decide correr el riesgo de contarles que tú también te sientes vulnerable. Comparte tus sentimientos sobre la amenaza que percibes, no tu cháchara mental. Crea un contexto seguro donde todos puedan abrirse y conectar con los demás.[5]

Por ejemplo, yo soy consciente de que cuando uno de mis compañeros presenta una idea brillante, mi ego siente un pellizco de envidia y tengo el deseo de encontrar algún error en su razonamiento. En vez de rendirme ante la sensación o negarla, me pica la curiosidad al respecto. Cuando examino estos sentimientos en profundidad, descubro que me siento vulnerable por no ser la persona más lista de la sala. He invertido tanta autoestima en ser admirado por mi inteligencia que cada vez que alguien parece ser igual de listo que yo, o más, me siento amenazado. Mi primera reacción es intentar socavar a esa persona con una crítica incluso más brillante que su idea original, con el toque justo de sarcasmo.

Cuando detecto esa tendencia en mí, me detengo de inmediato. No quiero relacionarme con los demás de esta forma. Lo que me importa más que la admiración por mi capacidad mental es respaldar a las personas que me rodean, de modo que puedan brillar tanto como sea posible. Decido complacerme en su genialidad y éxito. Me permito relajarme y apreciar la luz que desprenden; si hay una oportunidad de ayudar a la persona a pulir su idea incluso más, le ofrezco mi opinión con respeto, de forma constructiva y no destructiva. Intento ser el líder trascendente que aspiro a ser.

Para superar un pellizco emocional, intento centrarme en un propósito superior y en los valores que proclamo y por los que me guío haciéndome preguntas como estas:

¿Cómo puede esto suponer una oportunidad de crecimiento para mí y para otros?

¿Qué nos será más útil a todos para aprovechar esta ocasión?

¿Qué tipo de relación quiero desarrollar con esta persona?

¿Cuál es mi intención para él o para ella?

¿Qué me importa más que mi propio éxito?

¿Qué me importa más que gustar a los demás?

¿Cómo quiero quedar en esta situación?

¿Qué valores y comportamientos quiero ejemplificar?

He descubierto que aceptar mis sentimientos con comprensión y empatía, y volver a centrarme en cuáles son mis objetivos más profundos y mis mejores intenciones para la empresa, el equipo y mis subordinados, me devuelve a un estado mental más creativo y efectivo.

...

Si quieres convertirte en un líder trascendente y crear una cultura sana en tu organización, este tipo de autocontemplación no solo forma parte de tu crecimiento personal, sino que es un requisito indispensable.[6] Si, por ejemplo, actúas de forma competitiva, territorial, agresiva, a la defensiva o evitando enfrentarte a los demás, acabarás produciendo comportamientos disfuncionales similares en tus seguidores. Como ya he dicho, los líderes trascendentes no solo deben definir los estándares de la organización sino, lo que es más importante, demostrarlos, especialmente cuando están bajo estrés.

EL EGO FRENTE AL ALMA

Liderar es inspirar a los demás a dar lo mejor de sí para la misión. «Lo mejor de sí» proviene de lo que Mihály Csíkszentmihályi, el famoso autor del libro *Fluir*, denomina «el alma». «Atribuimos alma», escribió Csíkszentmihályi, «a aquellas entidades que utilizan una porción de su energía no solo en su propio bien, sino para ayudar a otros seres y preocuparse por ellos».[7] La energía que ya no hay que dedicar a la preocupación por uno mismo y a la autocontemplación del propio ego pasa a estar disponible para conectar con los demás.[8]

Mientras que el ego se pregunta «¿Soy el mejor, el más admirado, el más valorado?», el alma pregunta: «¿Estoy aportando algo a los demás y ayudándoles a crecer y a desarrollarse? ¿Estoy conectando auténticamente con ellos? ¿Estoy marcando una diferencia en el mundo, viviendo mis valores y propósito?». Cuando la respuesta es sí, nos sentimos felices y confiados de que vamos por el buen camino. No hay ansiedad respecto a nuestro rendimiento en estas preguntas, ya que los factores externos solo influyen en el éxito o el fracaso, no en la propia integridad o paz mental.

Cuando es el alma la que lleva las riendas, experimentamos un poder incondicional al saber que somos capaces de perseguir nuestro propósito noble y demostrar nuestros valores éticos en compañía de aquellos que los comparten. Puede que no seamos capaces de ganar el juego, pero siempre podemos dar lo mejor de nosotros y jugar de forma honorable.

• • •

Nadie quiere limitarse a ganarse la vida. Todos queremos vivir la vida en pleno, aportar algo importante a los demás y al mundo. Si quieres dirigir una organización con alma, debes mirarte en el espejo y preguntarte: «¿Qué sentido tiene lo que estamos haciendo? ¿Por qué es importante? ¿Qué intentamos conseguir realmente aquí, tanto yo como las personas a las que dirijo? ¿Cuál es nuestro valor único para el mundo? ¿Cómo mejora nuestro producto o servicio la vida de nuestros clientes? ¿Por qué querrían las mejores personas invertir su energía vital en nosotros para que consigamos nuestra misión?».

Tus clientes y empleados pueden ser el motor de tu empresa solo si creen que tu producto o servicio realmente mejora la vida de los demás y que las condiciones en las que lo produces son dignas de admirar e imitar. Para ello deberás implicar sus almas en un proyecto trascendente, ético y significativo. Estas almas son soberanas, no se rinden a la autoridad de ninguna otra persona. Nadie puede tener autoridad sobre el alma de otra persona. El alma es lo que no puedes obtener con medios extrínsecos. Solo puedes *recibirla* como un regalo, gracias a la motivación intrínseca del otro.

Para comprometer a los empleados en tu organización o para que los clientes se comprometan con tus productos tendrás que examinar profundamente cuál es el propósito de las vidas de los demás. Tienes que ofrecerles algo que les parezca más valioso que los usos alternativos de su tiempo, atención y recursos. Si no es así, rechazarán tu oferta o la aceptarán a regañadientes. El valor depende de la percepción del otro; una oportunidad valiosa es aquella que va en la misma dirección que el objetivo vital de los clientes o los empleados. En el momento en que pierdas de vista este hecho, tu cultura y tu empresa sufrirán. Y esto no es solo un asunto moral, es lo primero que te enseñan en economía.

Es por este motivo que tienes que pensar en cómo el servicio que ofreces permite a tus clientes ocuparse de lo que les preocupa y cómo el trabajo que ofreces permite a tus empleados hacer lo mismo. Si abordas estas cosas, los clientes se convertirán en promotores de tu marca y tus empleados, en sus misioneros.

Debes superar las defensas de tu ego y pasar a *centrarte en el alma* para poder promover una cultura positiva. Cuando las personas se sienten apoyadas y respetadas, les es más fácil bajar sus propias defensas de ego y enfrentarse a los desafíos de una forma constructiva. Por otro lado, si los demás se sienten inseguros debido a temores o amenazas, actuarán para protegerse primero a sí mismos, centrarse en su trabajo (aquel a partir del cual se les evalúa) y, en último lugar, aportar a la misión de la organización.

Pasar a centrarse en el alma es un trabajo muy exigente y complicado. Pero no hay otra alternativa.

A medida que me acercaba a la cuarentena, contraté a un entrenador personal para ayudarme a ponerme más en forma.

—Quiero correr una maratón —le expuse.

—La cuestión aquí no es si quieres correr una maratón —replicó él—, sino si estás dispuesto a entrenarte para ello.

Cuando te atrae un resultado, pero no te comprometes con el proceso para conseguirlo, acabas fallando. Para comprometerte realmente con un objetivo, tienes que estar dispuesto a hacer lo necesario para alcanzarlo. El comentario de mi entrenador me ayudó durante mis muchas horas de entrenamiento. Resultó ser que la carrera era la parte fácil. La parte difícil era prepararse para ella. Durante mis largas carreras de práctica, me repetía una frase que leí en un libro sobre las Fuerzas Especiales de Estados Unidos: «Train hard, fight easy» [Entrena duro, pelea fácil].

El líder trascendente es como una bandera. Las personas no luchan por una bandera en sí, sino por lo que simboliza. Los grandes líderes entienden que no están gestionando recursos humanos, sino confiriendo valor y sentido a seres humanos.

Un líder trascendente no tiene seguidores; debe eliminarse a sí mismo para dejar que las personas puedan conectar directamente con la misión y los valores. El trabajo del líder es «hacerse a un lado».

INVERSORES EN VEZ DE SEGUIDORES

Cada uno de nosotros cuenta con un capital precioso: la energía de nuestra alma. Y como tal, debemos invertirla con sabiduría para propulsar una organización con un propósito noble, del que estemos orgullosos, en comunidad con personas que compartan nuestros valores. Este es uno de los secretos de la felicidad personal, la implicación apasionada y el éxito empresarial.

Mientras estaba planteándome si unirme a LinkedIn o no, tuve una cena con Reid Hoffman, su cofundador y presidente en ese momento. Mientras disfrutábamos de uno de los mejores *sushi* que he comido en mi vida, le pregunté a Reid por qué había contratado a Jeff Weiner como director ejecutivo de su empresa. Su respuesta fue la siguiente: «Porque confío en que él gestionará LinkedIn de un modo que plasme mi visión mejor de lo que podría hacerlo yo». De hecho, Reid no se refiere a Jeff como si fuera un empleado, sino como un cofundador tardío.

Yo me siento del mismo modo. Yo soy el fundador y el presidente de mí mismo. Cuando LinkedIn me contrató, yo también «contraté» a Jeff como mi director ejecutivo y cofundador tardío. Lo contraté porque confío en su compromiso en la misión que compartimos y en su capacidad a la hora de dirigirme para materializarla, capacidad que creo que supera a la mía. Es cierto que yo trabajo para Jeff, dado que le di la autoridad de asignar mis esfuerzos al servicio de la misión de LinkedIn como mejor le pareciera a él. Pero Jeff también trabaja para mí, del mismo modo que trabaja para Reid, potenciando mi mejor activo (yo mismo) para cumplir la misión de mi vida, que es ayudar a las personas a reconectar con su verdadera naturaleza. Del mismo modo que Jeff me seleccionó para trabajar en LinkedIn para ayudarme a cumplir la misión de la empresa, yo seleccioné a Jeff como la persona que mejor gestionaría mi energía y compromiso para traer sabiduría y compasión al mundo empresarial. Así que del mismo modo que trabajo para LinkedIn como vicepresidente, LinkedIn trabajar para mí como la plataforma que me permite perseguir mi propósito mucho mejor de lo que podría hacerlo yo solo.

Un ejemplo de esto se dio un año después de unirme a LinkedIn, cuando terminé de producir y probar por primera vez un programa de setenta vídeos y quince módulos de mi libro *La empresa consciente* para el desarrollo de los empleados de LinkedIn. Cuando propuse publicar esto en la plataforma abierta de LinkedIn para que todo el mundo pudiera compartirlo, me topé con una cierta resistencia. Los programas en vídeo habían supuesto un esfuerzo intensivo y caro. ¿Cómo íbamos a compartir con todo el mundo estos contenidos únicos sin más? Sería mucho mejor, como dijeron algunos de mis compañeros, conservarlos como una oportunidad de desarrollo profesional para nuestros empleados, para que LinkedIn tuviera algo especial que ofrecer a nuestra gente. Yo propuse que publicitar este material podría atraer incluso a más posibles candidatos. Mis homólogos y yo seguimos todos los principios de colaboración que he descrito en el capítulo[9], pero ni siquiera así conseguimos llegar a un consenso.

Así que decidimos elevar este debate a Jeff. Él escuchó todos los argumentos y, tras entendernos y reconocer la validez de ambas posiciones, respondió:

—Ambos argumentos me parecen razonables, así que prefiero decidir esto sobre la base de nuestra misión. ¿Cómo creen que tenemos más posibilidades de conectar a los profesionales de todo el mundo para hacerlos más productivos y competentes?

—Si vamos en serio sobre lo que decimos de ampliar la sabiduría y compasión colectivas del mundo —dije yo, recordando mi primera conversación con Jeff cuando me uní a LinkedIn—, deberíamos compartir este conocimiento de forma gratuita.

Jeff miró al resto de personas que había en la habitación.

—¿Alguien tiene alguna otra objeción que no hayamos comentado?

Nadie contestó, así que decidimos publicar el programa en www.conscious.linkedin.com, donde sigue disponible de forma gratuita. Al tomar la decisión de publicar los vídeos en Internet, cumplimos con el compromiso que contrajimos con nuestros miembros. Y Jeff cumplió con el compromiso que tenía con nuestra misión en común. Esto fue, para mí, un retorno de la inversión de energía vital que había hecho en LinkedIn.

Una forma de pensar en tus seguidores es considerarlos como si fueran inversores. El líder es el emprendedor, los primeros seguidores son los inversores «ángeles» y «de serie A»; los siguientes son los de «serie B» y «serie C», y así sucesivamente hasta que la empresa pase a ser «pública». Uno a uno, los individuos «contratan» al liderazgo de la empresa para que gestionen su capital personal y su energía vital y los pongan al servicio de una misión.

En 2010, un emprendedor llamado Derek Sivers empezó su charla TED Talk («Cómo empezar un movimiento») con un corto vídeo de un concierto de *rock* veraniego al aire libre. Un joven se levanta de la hierba y empieza a bailar al ritmo, moviendo los brazos arriba y abajo, dando volteretas y, por lo general, moviéndose como un mono que se ha escapado de su jaula. Hace el ridículo. Pero entonces otro hombre se levanta y se une a ese líder. El seguidor está al mismo nivel que el líder; mientras bailan, ese seguidor llama a sus amigos para que se unan. Acto seguido se añade alguien más, luego otro, y otro. «Si cuidan del resto de bailarines y les ponen fácil que les puedan seguir» explica el narrador, «podrán empezar un movimiento».[9] Lo que Sivers está diciendo es que, sin el primer seguidor, ni el segundo, ni el tercero, no habría ningún tipo de esfuerzo colectivo. «Ser el primer colaborador es una forma subestimada de liderazgo».

Uno de los primeros seguidores de LinkedIn es Mike Gamson, vicepresidente sénior del Departamento de Ventas. Cuando le pregunté por qué había «contratado» a Jeff como líder, su respuesta fue la siguiente: «Yo sigo a Jeff porque se lo merece; porque el punto al que aspira llevarnos (nuestra misión) lo merece. La misión exige a líderes de mi calibre en funciones de subordinación para poder materializarla. Jeff necesita que líderes como yo lo sigan para poder cumplir nuestra misión».[10] Los líderes despojados de su ego e impulsados por la misión atraen a seguidores que son como ellos.

No hace demasiado di una charla sobre este tema a un grupo de funcionarios, representantes de empresas y consultores internacionales en Riad, Arabia Saudita. Cuando llegó el turno de preguntas, un elegante caballero con una densa barba y vestido con ropas tradicionales saudíes levantó la mano.

—¿Por qué no pones el ejemplo de liderazgo del profeta (Mahoma)? —preguntó, con un tono de voz que a mí me pareció áspero.

Inspiré profundamente.

—Porque mi conocimiento de la fe musulmana es muy inferior a la que pueda tener cualquier persona del público —repuse—. Soy un invitado en esta tierra, así que me gustaría pedirte respetuosamente si me pudieras dar tú mismo un ejemplo del profeta.

—La palabra árabe para describir a los seguidores del profeta es *saheb* —contestó rápidamente—. Pero esa palabra no quiere decir «seguidor», sino «amigo». El profeta no tenía seguidores; tenía amigos espirituales que seguían a Alá.

Mientras le daba las gracias por el ejemplo al caballero (que resultó ser un profesor universitario), sentí el suspiro de alivio colectivo de mis compañeros de LinkedIn que habían organizado la conferencia. Cuando terminó la sesión, el hombre subió al escenario y me dio uno de los abrazos más cálidos que jamás he recibido tras una charla. Fue bochornoso y estimulante a la vez sentir cómo mis preocupaciones sobre mi falta de comprensión cultural quedaban disueltas en el abrazo de este hombre.

UN SEGUIDOR APASIONADO

Hace unos pocos años recibí un enorme regalo de LinkedIn: la oportunidad de trabajar en Dubái, una ciudad portuaria cosmopolita y deslumbrante y uno de los Emiratos Árabes Unidos (EAU). Hacía mucho tiempo que admiraba a Dubái por su progreso económico e infraestructura legal y me resultaba difícil creer que ese mismo lugar hubiera sido un polvoriento emplazamiento beduino hacía tan solo cincuenta años.

Repleto de edificios enormes y con diseños extravagantes situados a lo largo de una preciosa costa, Dubái es un paraíso donde vivir y trabajar para profesionales de todo el mundo. De hecho, nueve de cada diez trabajadores de Dubái son extranjeros que han decidido invertir su energía vital ahí cada día. Dubái se ha autodenominado como la ciudad con mayor calidad de vida, capaz de atraer a talento de todo el mundo. En los últimos años, se ha convertido en la mejor ciudad del mundo para los profesionales de Oriente Medio. Aunque los extranjeros podrían ahorrar mucho más dinero si trabajaran en otros lugares, prefieren quedarse en Dubái por su estilo de vida, limpieza, seguridad, asistencia sanitaria, educación y cultura.

En 2015 tuve la oportunidad de experimentar directamente el milagro social y económico que los habitantes de Dubái habían sido capaces de cultivar en el desierto. Cuando les pregunté a qué atribuían el éxito de la ciudad, la respuesta invariable fue «al liderazgo», refiriéndose al jeque Mohamed bin Rashid Al Maktum, dirigente constitucional.

—El liderazgo —me explicó Mohamed Al Gergawi, ministro gubernamental de Asuntos del Gabinete— es el recurso definitivo para desatar la pasión. Hay quien perfora para buscar petróleo; nosotros perforamos en busca de liderazgo. Esta es la historia que me contó que ilustra directamente cómo el liderazgo se transmite de arriba abajo en Dubái.[11]

Gergawi había sido un funcionario de nivel medio que trabajaba como director del registro de empresas de Dubái, pero no era el típico burócrata ni jamás se consideró a sí mismo como jefe. Para él todas las personas eran importantes. Gergawi no trabajaba en una oficina interna mientras el resto atendía a los clientes; en vez de ello, puso su despacho en la sala de espera. Quería ver cómo se trataba a los clientes e intentaba encontrar formas de ayudarles.

Un buen día entró un anciano lugareño, con expresión confundida. Gergawi lo vio y le ofreció su ayuda; lo invitó a un café y se sentó con él mientras el hombre esperaba a que le llegara el turno. Después acompañó al hombre hasta la ventanilla cuando le tocó el turno, para asegurarse de que todo marchara bien. Cuando el anciano terminó lo que había ido a hacer, le dio las gracias y se fue. Gergawi no volvió a pensar en él.

Un par de años más tarde, Gergawi recibió una oferta de empleo de una empresa privada que le ofrecía el triple de su salario, así que dimitió. Fue entonces cuando el mismísimo jeque Mohamed le envió a Gergawi una carta ofreciéndole un ascenso espectacular; algo muy inusual, dado que Gergawi ocupaba un escalafón bastante bajo en la jerarquía. Se trataba de una oferta que no podía rechazar.

Gergawi se sentía dividido entre su deber de darle las gracias al jeque y su nerviosismo por tener que presentarse ante el dirigente de su país.

—Una norma de nuestra cultura es dar las gracias en persona, pero yo me sentía reacio ante la idea de ir a hablar con el jeque Mohamed porque es un hombre legendario —me explicó—. Mi madre no paraba de insistir en que lo hiciera, así que dos meses más tarde acudí al Majlis del jeque Mohamed. (El Majlis es un concilio durante el que los ciudadanos pueden sentarse al lado del jeque y hablarle de forma privada). En un momento en que vi que el asiento de al lado del jeque estaba vacío, me armé de valor y me senté para darle las gracias. Le conté quién era yo, le dije «gracias» y me levanté para salir a toda prisa. Pero me tomó de la mano y me hizo volver a sentarme. «Te conozco», me dijo. «Llevo tiempo observándote». Yo estaba clavado en la silla.

Una de las formas en las que la gente recibe ascensos o pierde su puesto en el gobierno de los EAU es a partir de la evaluación de un «cliente misterio» (alguien que se presenta de incógnito en varios departamentos del gobierno para ver cómo van las cosas). Resultó que el anciano que había visitado el departamento de Gergawi era uno de esos clientes. Tras su experiencia, había ido a contarle al jeque la amabilidad con la que lo había tratado Gergawi. Sin que él lo supiera, el jeque lo había puesto en una lista de empleados con alto potencial y había estado fijándose desde entonces en su progreso.

ESTÁS QUE ARDES

Durante una ceremonia en el desierto de México me senté con un chamán a observar una hoguera. El chamán me tendió un tronco y me pidió que meditara en qué parte de mi ego estaba listo para dejar atrás. Después me dijo que imaginara que había transferido esa energía al tronco y que lo pusiera en la fogata, mirando cómo ardía con toda mi atención.

Mientras observaba cómo se quemaba el tronco, tuve una epifanía sobre mi vida que una voz en mi interior expresó en palabras: «Yo también soy un tronco y ya estoy ardiendo. Todas y cada una de las células de mi cuerpo están usando oxígeno para producir energía, del mismo modo que esta fogata que tengo delante. Y cuando se me acabe la energía, moriré, del mismo modo que esta fogata acabará por extinguirse. Estoy siendo consumido por el fuego sagrado de la vida.

»No puedo hacer nada al respecto. Pero sí que puedo decidir en qué altar voy a ofrecer este fuego. ¿A qué me voy a ofrecer? Me he puesto sobre el altar de cosas materiales y egocéntricas, sin ninguna importancia. Ha llegado el momento de tomar una decisión deliberada y empezar a quemar sobre el altar del significado, el amor y la libertad».

Fue en ese momento en el que empecé a escribir este libro. Me comprometí a hacer que mi misión personal fuera «ayudar a las personas a recordar cuál es su verdadera naturaleza y a expresarla de forma consciente en su trabajo y su vida personal».

Tú también estás ardiendo. ¿En qué altar estás ofreciendo tu fuego?

Capítulo 12
MUERE ANTES DE MORIR
ENCUENTRA TU VERDADERA NATURALEZA

Y hasta que no hayas experimentado esto, morir y
así crecer, solo serás un atribulado huésped en la
oscura tierra.

—Goethe

En un célebre discurso a la promoción que se graduaba en 2005 en Stanford, Steve Jobs dijo lo siguiente: «Cada mañana me miro en el espejo y me pregunto: "Si hoy fuera el último día de mi vida, ¿querría hacer lo que estoy a punto de hacer hoy?". Y si la respuesta lleva siendo "No" demasiados días seguidos, entonces sé que tengo que cambiar algo». El mensaje fue especialmente emotivo porque a Jobs le habían diagnosticado cáncer de páncreas un año atrás.

Aun así, su reflexión sobre la muerte no era una consecuencia de su enfermedad. Jobs explicó cómo el hecho de tener presente la muerte le había sido muy útil a lo largo de su vida. Mencionó que, con diecisiete años, había leído una frase que le recordó que debía vivir cada día como si fuera el último, «porque llegará el día en que eso será verdad». Comprender que podía morir pronto, dijo Jobs, fue «la herramienta más importante que he encontrado jamás para ayudarme a tomar las grandes decisiones de la vida, porque casi todo, todas las expectativas externas, todo el orgullo, todo el miedo a la vergüenza o al fracaso… todas estas cosas desaparecen ante la muerte, con lo que solo queda lo que es realmente importante». Advirtió que «la muerte es muy probablemente la mejor invención de la vida. Es el agente de cambio de la vida. Hace que lo viejo desaparezca para dejar paso a lo nuevo».[1]

Jobs ejemplifica el viejo dicho zen: «Muere antes de morir, para poder verdaderamente vivir». El primer «muere» significa «enfrentarse al hecho de tu propia mortalidad», y el segundo «morir» se refiere a morir literalmente. Morir antes de morir significa reconciliarse con la naturaleza finita de tu existencia para poder comprender completamente la riqueza y las posibilidades que ofrece la vida. Si no te paras a pensar sobre tu muerte hasta que estás a punto de morir, te perderás el sabio consejo de la muerte. De forma paradójica, morir antes de morir es la respuesta a la plegaria judía de «No me dejes morir mientras todavía estoy vivo».

Es fácil que cualquiera de nosotros, incluso los líderes trascendentes, dejemos excesivamente nuestra vida en piloto automático, constantemente distraídos por nuestro ajetreado día a día. Podemos pasar por la vida como sonámbulos, centrando nuestra atención en lo trivial y frívolo. Nos permitimos demasiadas actividades que nos dejan vacíos e insatisfechos. Pero en vez de llenar ese vacío con una búsqueda disciplinada de sentido, calmamos nuestras ansiosas neuronas con más trivialidades y ocupaciones intrascendentes.

Imagina que solo tienes tres minutos de vida y quieres hacer una última llamada telefónica. ¿A quién llamarías? ¿Qué le dirías?, y más importantemente, ¿qué esperas? Cuando solo te queden tres minutos de vida, puede que no seas capaz de hacer esa llamada. Tras hacer estas preguntas a los participantes de mis talleres, veo que aprovechan el receso para llamar a sus seres queridos.

En cuanto entendemos que el reloj no se detiene y que no tenemos tiempo que perder, queremos elevar nuestras miras, perseguir cosas de valor, hacer que cada día cuente. La perspectiva de la muerte nos lleva a centrarnos en lo que realmente importa: verdad, felicidad, sentido, amor, amistad, gratitud, asombro, compasión, paz, plenitud y libertad. Y esta responsabilidad es incluso más cierta si aspiras a ser un líder trascendente, ayudando a los demás a alcanzar sus propósitos más significativos, tanto en la empresa como en sus vidas personales.

UN ROCE CON LA MUERTE

En 2008, la consultoría de empresas Grant Thornton entrevistó a 250 directores ejecutivos de empresas con unos ingresos de 50 millones de dólares o más. Un veintidós por ciento afirmó que habían tenido una experiencia donde habían pensado que iban a morir y, de estos, un sesenta y uno por ciento dijo que eso había cambiado su perspectiva a largo plazo para sus vidas o carreras profesionales. Un cuarenta y uno por ciento dijo que eso los había hecho ser líderes más compasivos.[2]

Un directivo sénior que sufrió un encuentro cercano con la muerte fue Rand Leeb-du Toit. En febrero de 2014, Leeb-du Toit estaba trabajando como director de investigación en Gartner, empresa líder mundial de consultoría y asesoramiento en el sector informático. Le encantaba su trabajo como uno de los líderes de un grupo de expertos que asesoraba a una mezcla de compañías de la lista Fortune 500 y de empresas en expansión. A pesar de la presión que suponía su trabajo, se cuidaba muchísimo. Comía de forma saludable, meditaba y le encantaba salir a correr, hacer surf y paddleboard. Se lanzaba al agua y llegaba al límite de sus fuerzas.

Una mañana de domingo, cuando todavía no había salido el sol, salió a hacer una sesión de paddleboard en el lago Narrabeen, cerca de su casa en las afueras de Sídney. Cuando llevaba una hora en el agua notó que algo no iba bien. «Me sentía más cansado de lo normal, pero como no había desayunado, pensé que debía de ser un bajón de azúcar», rememora. Fue a la oficina y trabajó todo el día, pero cuando llegó la noche se sentía todavía peor. Intentó ir al cuarto de baño, pero perdió la orientación.

«Entonces, caí al suelo y morí».

Cuando llegó la ambulancia, los paramédicos descubrieron que su frecuencia cardíaca estaba en 200 pulsaciones por minuto. Estaba sufriendo un ataque cardíaco agudo, relacionado con los impulsos eléctricos del corazón más que con el riego sanguíneo. Solo un cinco por ciento de las personas sobreviven a esto, normalmente a través de la resucitación. Estaba sufriendo una taquicardia ventricular elevada (una arritmia) pero, aun así, estaba consciente (algo que casi nunca sucede).

Leeb-du Toit se siente extremadamente agradecido de poder contarse entre el pequeño porcentaje de personas que sobreviven a una experiencia así. «Esa gratitud me ha hecho sentir que tengo la responsabilidad de marcar una diferencia mayor en el mundo», afirma. «Me ha sido dada esta excepcional segunda oportunidad de vivir, así que, ¿qué voy a hacer con ella?».

Para Leeb-du Toit, esa parada cardíaca fue lo que impulsó su transformación. «Esta experiencia transformó por completo mi percepción del tiempo», escribió en un ensayo.[3] «Ya no tengo el mismo apremio por estar ocupado e ir controlándome con unos horarios lineales y progresivos. En vez de eso, el pasado y el futuro han empequeñecido y solo me veo a mí mismo viviendo en el ahora». Ese encuentro con la muerte le enseñó a centrarse menos en las cosas que satisfacen su ego (como ganar dinero, centrarse en su carrera profesional, crear una empresa...) y más en escuchar a su voz interior, a su alma y a las cosas con las que se identifica más profundamente. Romper los constructos sociales y las ataduras personales lo ayudó a empezar a vivir de verdad y a encontrar la felicidad. Dejó su trabajo y empezó una consultoría que asesora a los líderes para estar más conectados con los demás y ser más empáticos y trascendentes. «Ser más empático con otros no solo puede crear conexiones más profundas y ejecutivos más fuertes», comentó. «También es una forma muy potente de resolver muchos de los grandes problemas de nuestro mundo: hambre, pobreza, sufrimiento y guerras».

Leeb-du Toit ha llegado a una comprensión mayor de su sentido como persona gracias a su roce con la muerte. Piensa a una escala mayor; mucho, mucho mayor. Su ejemplo, como el de otros, empieza a filtrarse en la conciencia corporativa general, como una esperada lluvia en un suelo reseco.

La excepcional oportunidad que tuvo Leeb-du Toit de vivir una segunda vida lo llevó a preguntarse: «Y ahora, ¿qué hago con ella?». ¿Es que acaso tu vida no es igual de excepcional? ¿Por qué no te preguntas ahora tú también, con la misma gratitud: «¿Qué voy a hacer con el resto de esta vida tan valiosa?».

LO QUE NOS CORROE POR DENTRO

Según el filósofo y psicólogo William James, lo que «corroe por dentro» a la condición humana es la conciencia insistente, normalmente inconsciente, de nuestra propia e inminente muerte. La muerte está en el centro del fruto simbólico del árbol del conocimiento del bien y del mal. Tras comerse el fruto , Adán y Eva fueron expulsados de la ignorancia bendita de la que disfrutaban en el paraíso y entraron a la dura realidad de la mortalidad: «Polvo eres, y al polvo volverás».

En *La negación de la muerte*, el antropólogo Ernest Becker observó que el motor central del comportamiento humano es nuestro esfuerzo por negar y trascender el hecho de nuestra propia muerte.[4] La noción de que la mayoría de la actividad cultural e individual es una reacción a la muerte puede parecer rebuscada, pero Becker argumentó convincentemente que todas las civilizaciones empiezan a partir de la conciencia de la muerte (lo que le valió un Pulitzer). Razonó que todas nuestras instituciones económicas, políticas, militares, sociales y religiosas, del mismo modo que los rituales, tradiciones y tabúes en los que se basa el orden social, son básicamente mecanismos de defensa contra nuestra mortalidad.

«Aunque, como todas las formas de vida, los humanos tienen una predisposición biológica hacia la autopreservación al servicio de la reproducción», explicó Becker, «somos únicos en nuestra capacidad de pensar de forma simbólica. Esto nos permite reflexionar sobre el pasado e imaginar el futuro, con lo que advertimos que la muerte es inevitable y puede ocurrir en cualquier momento. Después tenemos que gestionar este descubrimiento terrible construyendo creencias compartidas sobre la realidad que minimizan el terror existencial, confiriéndole sentido y valor. Todas las culturas ofrecen el sentido de que la vida tiene significado brindando un relato del origen del universo, prescripciones sobre el comportamiento adecuado y la promesa de la inmortalidad para aquellos que se comporten de acuerdo con los dictados culturales».[5]

Nos vamos angustiando a medida que nos hacemos conscientes de nuestra mortalidad; para gestionar esta ansiedad, intentamos crear o convertirnos en parte de algo que creemos que perdurará más allá de nuestra muerte física: arte, música, literatura, religión, movimientos políticos, instituciones, naciones e imperios. Esta es la fuerza motivadora definitiva que hay detrás de muchos de los empeños de los humanos. Y, más específicamente, es la fuerza motivadora que hay tras cada organización.

Las personas que fundan, dirigen y contratan a personal para empresas esperan ser recordadas por lo que han hecho. Quieren alcanzar el tipo de reputación que durará más allá de sus vidas. Es la misma fuerza psicológica que nos lleva a grabar nuestras iniciales en los árboles, a ponerle nuestro nombre a un ladrillo del estadio de béisbol Fenway Park o, si tenemos suficiente dinero, al ala de un hospital o una universidad. Si sentimos que hemos hecho algo de valor y perdurable, nuestro miedo a la muerte se reduce. Si somos reverenciados, honrados o simplemente recordados, nuestra angustia disminuye.

Intentamos protegernos a nosotros mismos ante la angustia mortal con dos maniobras psicológicas. Primero, intentamos reforzar nuestra parte «yo» (nuestra autoestima) con nuestros logros. Intentamos «vernos bien» decorando nuestros cuerpos, nuestras casas y acumulando todo tipo de juguetes. También basamos nuestra identidad marcando una diferencia, teniendo un impacto y proclamándonos protagonistas de memorables hazañas. «A diferencia del babuino que se atiborra solo de comida», escribió Becker, «el hombre se nutre principalmente de autoestima».

En segundo lugar, intentamos reforzar nuestra parte «nosotros» identificándonos con grupos que comparten nuestra visión del mundo: nuestra religión, idioma, nación, políticos, equipos deportivos favoritos... Nos defendemos ante nuestra ansiedad por la muerte a través de la cultura, que Becker define como todas nuestras instituciones organizacionales, sociales y religiosas y las tradiciones, rituales y tabúes que respaldan el orden social. Cuanto más crece nuestra ansiedad ante la muerte, más nos aferramos a los grupos con los que nos identificamos.

El impulso que nos lleva a una autoestima basada en el «yo» y a una cultura basada en el «nosotros» es un arma de doble filo. Si tienes suerte y cuentas con una autoestima positiva, la mejorarás con buenas acciones en el mundo (trabajando para curar el cáncer, aportando a la comunidad, convirtiéndote en un líder admirado mundialmente) y tenderás a ser más tolerante con otros que tengan perspectivas distintas a la tuya. Si tienes una autoestima pobre, la respaldarás con bravuconería, despreciando a los demás y comportándote de forma arriesgada, y tendrás más tendencia a menospreciar o atacar a aquellos que no comparten tu perspectiva. (Resulta fascinante el hecho de que, cuanto más temes a la muerte, menos autoestima tienes y viceversa).

Becker afirmó que los seres humanos tienen dos naturalezas, una «física» y otra «simbólica». Nuestra naturaleza física es la que se encarga de nuestros problemas del día a día. Nuestra naturaleza simbólica ansía formar parte de algo superior a nosotros mismos. Somos capaces de trascender el problema de nuestra mortalidad física a través de pequeños y grandes actos de heroísmo, lo que permite a nuestra naturaleza simbólica perdurar más allá de nuestra naturaleza física. Cualquier cosa que hagamos que implique a la comunidad (ya sea ir a la iglesia, al templo o a la mezquita; colaborar en comedores de beneficencia; esforzarnos por crear un cambio positivo a nivel de comunidad o de gobierno; o ir a la oficina cuando nos sentimos vinculados en la empresa) es una pequeña toma de contacto con un «proyecto de inmortalidad», es decir, un sistema de creencias que permite que nuestra naturaleza simbólica trascienda la realidad física. A través de este tipo de proyectos podemos sentir que formamos parte de algo superior y más eterno que nuestra brevísima existencia. Eso, a su vez, confiere sentido a nuestras vidas, nos da la sensación de que nuestras vidas son significativas en el panorama general de las cosas.

Desde los cavernícolas que dejaron su arte pintado en las paredes de piedra hasta los programadores que dejan su firma en bits, los seres humanos siempre intentan dejar su huella dactilar (o la «huella de su alma») en la historia. Todos queremos poder decir: «He vivido y he sido relevante; miradme, conocedme, recordadme». Queremos tener la sensación de haber sido «personas de valor en un mundo con sentido», como dice Becker.

William James observó que «el mejor uso de una vida es dedicarla a algo que dure más que ella».[6] Gran parte de esto implica ser recordado. Todos queremos crear o ser parte de algo que pueda durar más allá de nuestra propia existencia física. Muy pocos de nosotros podemos saciar esta sed de trascendencia por nosotros mismos. Algunos satisfacemos nuestra búsqueda de significado a través de nuestras familias e hijos. Pero la mayoría necesitamos algo más, una misión o un proyecto de inmortalidad que suponga una diferencia para los demás en nuestra comunidad y en el mundo.[7]

Por desgracia, los proyectos de inmortalidad pueden ser tanto buenos como malos. Además de propiciar el sentido, también pueden ser causantes de guerras, genocidios, intolerancia y racismo. Cuando un proyecto de inmortalidad (como una religión o una nación) choca con otro, surge el conflicto para demostrar cuál de estas formas de vivir es correcta y cuál no. Este tribalismo provoca comportamientos defensivos y agresivos, dado que ambas partes quieren demostrar que su sistema de creencias es superior mediante la eliminación de la otra. Gran parte de los conflictos humanos surgen de la incompatibilidad de proyectos de inmortalidad que generalmente han sido eliminativos e inmorales: eliminativos porque este tipo de proyecto busca la aniquilación del rival, e inmorales porque lo hacen a través de la agresión y la violencia.

LA CONCIENCIA DE LA MUERTE EN EL TRABAJO

El profesor de Wharton y escritor Adam Grant tiene una desazón que lo corroe desde hace ya mucho. De pequeño padecía de una imaginación activa que acabó convirtiéndose en una especie de maldición (por ejemplo, le solía preocupar que el sol acabara por consumirse) que, más tarde, desembocó en frecuentes reflexiones existenciales.

En 2009, Grant y un coautor publicaron un estudio que exponía cómo los recordatorios de la muerte influyen en el comportamiento de las personas en el trabajo. Descubrieron que cuando las reacciones de las personas ante la muerte eran «calientes» (es decir, se mostraban ansiosas y aterradas), tendían a cerrarse en sus propias creencias y se volvían más arrogantes, críticas e intolerantes. Pero cuando los recordatorios de la muerte producían respuestas «frías» (es decir, reflexivas, como las que muestran las personas con profesiones de atención a otros, como médicos o bomberos), las personas tienen más tendencia a pensar sobre el significado de la vida y sus posibles aportaciones.[8]

Grant y los demás investigadores también descubrieron que cuando las personas piensan en la muerte con serenidad, son más «generativas» (es decir, más implicadas, productivas y atentas) si sienten que sus trabajos son significativos. Pero si sienten que sus trabajos no tienen sentido, es posible que lo abandonen e intenten buscar un trabajo que les permita ser más generativas. Y lo que es más, las personas que sienten un «llamado» en su trabajo se sienten más motivadas para dejar tras de sí una aportación significativa y adaptar sus trabajos de modo que sean más significativos (por ejemplo, participando o ayudando en iniciativas de mentoría o similares). En comparación, las personas que se limitan a trabajar (hacer tareas para cobrar una nómina) se sienten menos motivadas a hacer cosas así.

La investigación de Grant revela lo mucho que sufrimos cuando no nos sentimos personas de valor en un mundo de sentido en el trabajo. Nos sentimos ansiosos, desconectados y desmotivados. Lo que es más, estos sentimientos son muy contagiosos y se extienden como una enfermedad en los grupos, lo que destruye su cohesión y efectividad. Las organizaciones, del mismo modo que los seres humanos, pueden morir por la enfermedad de la desvinculación. En las organizaciones muertas, a nadie le importa nada. Todo el mundo está ahí para intercambiar un esfuerzo mínimo por un salario.

Si eres como el trabajador medio y estás trabajando en una organización muerta, tienes una maldición doble: el hecho inescapable de tu mortalidad individual y la atmosfera social mortífera de la organización para la que trabajas. Este ataque doble socava los pilares individuales y culturales de tu estrategia para superar la ansiedad.

En comparación, los líderes trascendentes ofrecen a los empleados una oportunidad de participar en un proyecto de inmortalidad. Comprenden que todos los seres humanos se sienten afligidos por la idea de su propia insignificancia. Para ayudarles con este miedo, este tipo de líderes ofrece a sus seguidores, a cambio de su compromiso fervoroso con la misión, la oportunidad de gestionar su ansiedad a través de un trabajo significativo y la posibilidad de pertenecer a una comunidad noble, ética y de éxito. Como escribió Mihály Csíkszentmihályi: «Cuando un líder demuestra que su propósito es noble y que el trabajo permitirá a las personas conectar con algo superior y más permanente que su existencia material, entonces las personas darán lo mejor de sí mismas a la empresa».[9]

La pregunta de un gerente es «¿Cómo?» («¿Cómo haces algo, arreglas algo...?»), pero la pregunta de un líder trascendente es «¿Quién?» (quién eres como ser consciente). La última pregunta no puede provenir de personas desapasionadas, que se mantienen a distancia. El líder tiene que estar «ardiendo» para poder «encender» e inspirar a sus seguidores. Y es por ese motivo por el que hace falta acudir a la muerte para que nos aconseje. Un líder trascendente comprende que un propósito noble supera las limitaciones de la vida física, proyectando a aquellos que lo persiguen en una especie de inmortalidad simbólica. Al ofrecer a las personas esta maravillosa posibilidad, el líder trascendente se convierte en alguien que puede guiar a sus seguidores a través de la idea más aterradora de todas.

Un líder trascendente propone una misión a través de la que los individuos pueden alcanzar la inmortalidad simbólica. Pueden reducir su ansiedad ante la muerte y sustituirla por sentimientos de sentido, autoestima y pertenencia a una comunidad con significado. Los líderes trascendentes consiguen obtener de los demás su compromiso apasionado con un propósito noble y colectivo, que es el único modo de gestionar la desvinculación, la desorganización, la desinformación y la desilusión. Cuando esto sucede, a las personas les importa la misión y dan lo mejor de sí. Ven más allá de sus propios silos y sus nimios problemas de toma de decisiones. Se esfuerzan por estar alineados con la visión de un modo que no pueden motivar los incentivos financieros u otros sistemas de gestión. Las organizaciones que ofrecen a los trabajadores inmortalidad simbólica a través de proyectos morales, en solidaridad con sus compañeros, con oportunidades de aprender y crecer de forma autónoma, son más competitivas que las que no lo hacen y, además, cosechan unos beneficios económicos tremendos a medida que se convierten en la forma dominante estructura social.

Fíjate en la diferencia que hay entre remar y surfear. Una embarcación empujada solo por músculos no es rival para otra impulsada por fuerzas naturales. Una organización impulsada por la autoridad de los directivos es como una embarcación a remo que se impulsa a contracorriente. Pero una impulsada por el liderazgo trascendente es como una tabla de surf sobre una gran ola.

LA MUERTE COMO MAESTRA

Morir antes de morir significa enfrentarse fríamente a tu propia mortalidad e integrar esta conciencia en tu forma de liderar. Morir antes de morir es el esfuerzo más importante y difícil que tienes que hacer si quieres vivir de verdad y dirigir de verdad. No hace falta que te enfrentes a la muerte en un sentido literal, pero sí que debes examinar en profundidad tu propia vida y plantearte su final inevitable, y advertir que todas las personas que te rodean van en el mismo barco. En cuanto hagas las paces con tu propia mortalidad, podrás empezar a inspirar y obtener el compromiso interno de las personas a las que diriges. Serás capaz de suplir su hambre de sentido a través de una misión colectiva porque serás mucho más consciente y empático. Morir antes de morir te convertirá en el tipo de líder inspirador al que los demás quieren seguir.

Como asesor de liderazgo, mi trabajo es conseguir que los líderes despierten a lo más esencial que hay en ellos (que resulta ser, de forma paradójica, universal y que va mucho más allá de ellos) de modo que puedan relacionarse con los demás de una forma real al nivel más profundo. El proceso de liderazgo más poderoso que he descubierto es la consideración «fría» de la muerte de uno mismo.

A nadie le gusta pensar sobre la idea de la muerte, y mucho menos hablar de ella. Quizá los nacidos durante el *baby boom*, que ahora ya pasan los cincuenta y largos, se plantean para sí cuánto más les queda por vivir ahora que empiezan a sentir el peso de los años. Pero aparte de unos pocos ejecutivos sénior, la mayoría de los líderes a los que ayudo son bastante jóvenes; tienen entre treinta y cuarenta y cinco años. La mayoría gozan de bastante buena salud. Muy pocos de ellos se han parado a considerar la idea de su propia muerte. Desde luego, este tema nunca les ha salido en los programas de estudios de la escuela de negocios.

Con esa perspectiva existencial en mente, yo invito a los participantes de mi taller a «morir antes de morir» de una forma reflexiva o, para usar el término de Grant, «fría». Primero les propongo un ejercicio basado en una noción que produce una experiencia cercana a la muerte indirectamente. El ejercicio es así:

«Imagina que has llegado al final de una vida larga y plena. Has conseguido todo lo que has querido, te has comportado de forma noble y has conseguido tener relaciones significativas con tu familia, amigos y compañeros. Te sientes orgulloso de ti mismo por dejar un legado magnífico y por haber dirigido una organización que ha aportado mucho valor al mundo. Ya has hecho tu trabajo aquí y sientes que ya estás listo para marcharte. Así que, cuando te dan la noticia de que te quedan pocos días, te tomas la situación con filosofía. Muchas personas que te aprecian y te admiran quieren mostrarte sus respetos, así que organizan un «funeral en vida». (Un funeral en vida es una celebración en la que una persona viva, con una enfermedad terminal, escucha los discursos, elogios y despedidas de su familia, amigos, vecinos y compañeros). En la ceremonia, un amigo cercano se sitúa ante el público y lee una elegía. Escribe la elegía que te gustaría que leyera tu amigo».

Para este ejercicio les pido a los participantes que no sean humildes; cuanto más ambiciosos sean, mejor. De este modo se marcarán los estándares más altos que puedan tener. «Este tipo de elegía puede acabar convirtiéndose en una estrella polar para sus vidas», explico a los participantes. «Les puede ayudar a descubrir quién quieren ser y cómo quieren actuar para poder dejar el legado que quieren y sentirse orgullosos de sí mismos».

A medida que pido a las personas que lean sus discursos a otros en grupos pequeños, todo el mundo se siente conmovido por las preciosas aspiraciones de los demás.

Después les pido que hagan un «análisis de brecha» en el que examinen la brecha que hay entre sus vidas actuales y las cosas que tendrían que hacer en el futuro para justificar una elegía como la que escribieron en su funeral. ¿Qué cambios tendrían que hacer? Y, finalmente, los desafío con la pregunta: «¿Están listos para hacer estos cambios?». (El compromiso aquí no debe ser con el resultado sino con el proceso. Del mismo modo, la cuestión no es si quieres perder peso, sino si estás dispuesto a seguir la dieta que te llevará a alcanzar tu objetivo).

Después de este ejercicio los invito a hacer otro más «oscuro». En este punto pido a los participantes que imaginen que acaban de morir y que no han tenido tiempo de cambiar nada en sus vidas. Les pido que respondan a las siguientes preguntas en tercera persona, como si fueran su propio «abogado del diablo», sustituyendo la X con sus nombres:

- ¿Qué sueños no persiguió X?
- ¿Qué miedos no superó X?
- ¿Qué amor no expresó X?
- ¿Qué resentimientos no resolvió X?
- ¿Qué disculpas no pidió X?
- ¿Qué regalos no dio X?

Cuando terminan, les pido que compartan algunas de sus respuestas con el resto del grupo. Algunas frases que suelen aparecer son como las siguientes:

«No empezó su negocio».

«Nunca hizo de voluntaria para esa organización sin ánimo de lucro».

«Murió sin hacer ese viaje».

«Nunca aprendió a tocar el piano».

«Siempre tuvo miedo de no tener suficiente».

«No superó su miedo a hablar en público».

«No le dijo a su mujer lo mucho que la amaba».

«Nunca les dijo a sus empleados lo importantes que eran para ella».

«No pudo reconciliarse con su hijo».

«Nunca se perdonó a sí misma».

«Le habría gustado poderle pedir perdón a su socio».

«Debería haber pasado más tiempo disfrutando y no tanto preocupándose».

«Su gran idea murió con ella».

Muchos de los participantes del taller vuelven a casa con una lista de "cosas que hacer antes de morir". Se sienten más comprometidos a perseguir sus sueños, superar sus miedos, perdonar a las personas que los han herido, pedir perdón a los que ellos han herido y dar sus dones y regalos al resto del mundo. Meses más tarde me envían mensajes y fotos a medida que van tachando cosas de su lista y florecen para convertirse en quien verdaderamente son.

Vamos a probar un experimento. Hazte las preguntas que he enumerado antes y mira a ver qué aparece. Incluso este breve encuentro con la idea de tu propia mortalidad puede hacer que vivas la vida más intensamente. Enfrentarse a la realidad de tu propia muerte puede ser aterrador, así que exige una valentía enorme. Pero también te liberará de un modo que nada más puede hacerlo; te llenará con propósito y te permitirá inspirar a los demás. Como dijo Steve Jobs a los estudiantes de Stanford: «Recordar que van a morir es la mejor forma que conozco de evitar la trampa de pensar que tienen algo que perder. Ya están desnudos. No hay ningún motivo para no hacer lo que les pide el corazón».

¿PUEDES MORIR CON ESO?

«?Puedes vivir con eso?» es una pregunta típica que se usa cuando alguien se plantea hacer algo. Me gustaría proponer, como complemento, la forma «?Puedes morir con eso?». La idea es que cuando estés planteándote una decisión significativa te imagines que lo que estás a punto de hacer puede ser lo último que hagas en esta vida. Después, pregúntate si te sentirías bien contigo mismo si lo hicieras y, si fuera así, cuál sería la forma adecuada de llevarlo a cabo.

De un modo parecido a un ácido corrosivo, esta conciencia de la muerte disuelve lo superficial y deja solo lo esencial: eso es lo que la convierte en una excelente consejera para líderes. Por ejemplo, imagínate que estás en una reunión. En una esquina está sentada la Muerte, encapuchada, contemplándote con las cuencas vacías de su calavera, mas nadie es consciente de su presencia. Ahora, pregúntate cómo te comportarías si supieras que nunca más vas a volver a tener una reunión con las personas que están en la sala. La reunión es tu oportunidad final y única para expresar tus valores auténticos en acción. Cada palabra, cada diálogo, cada decisión sería «a prueba de muerte», es decir, que podrías «morir con eso».

Yo me tomo unos minutos para meditar en esta idea antes de asesorar a alguien, dar un taller o empezar una conversación importante. Me preparo de este modo para ofrecer siempre mi mejor regalo de despedida, momento a momento, abriendo mi corazón sin reservas, ya que no queda nada por proteger cuando estás al final de tu vida.

LO QUE ME ENSEÑÓ LA PSILOCIBINA

En un estudio de 2015 sobre el uso de sustancias psicodélicas para reducir el miedo a la muerte, los investigadores descubrieron que los pacientes de cáncer que recibían una sola dosis de psilocibina experimentaron una reducción inmediata y drástica de la ansiedad y la depresión, y que esos efectos siguieron manteniéndose hasta seis meses después.[10] Los pacientes consideraron que la experiencia con psilocibina se encontraba entre las más significativas de sus vidas. Describieron haber experimentado sentimientos de unidad, sacralidad, inefabilidad, paz y gozo «además de la impresión de haber trascendido el espacio y el tiempo, y haber disfrutado de la "sensación noética" de que la experiencia les había revelado una verdad objetiva sobre la realidad». Esos sentimientos fueron tan reales para ellos como podría haberlo sido cualquier otra presencia.

Los sujetos superaron su miedo a la muerte experimentándola indirectamente. «Una dosis elevada de una sustancia psicodélica es como una experiencia práctica con la muerte», afirmó Katherine MacLean, una psicóloga de la universidad Johns Hopkins. «Pierdes todo lo que sabes que es real y dejas atrás tu ego y tu cuerpo. Con ese proceso puedes sentir que estás muriendo».[11]

Así me sentí yo.

Los viajes chamánicos me han fascinado desde que leí las historias de Carlos Castaneda sobre Don Juan en mi adolescencia.[12] Las experiencias de Castaneda en estados de conciencia no ordinarios dejaron una huella imborrable en mi joven mente. Durante muchos años soñé con ir a México para encontrar a un chamán que pudiera guiarme hacia realidades no ordinarias.[13]

En 1998, un amigo me habló sobre las ceremonias que llevaba a cabo un chamán en el desierto con plantas sagradas. Me apunté a la experiencia al momento. Finalmente acabé en el desierto de mis fantasías con un chamán y un grupo de compañeros psiconautas. Me senté en el centro del círculo y sujeté la pipa que el chamán había llenado, ceremoniosamente, con un polvo blanco. Como yo no fumaba, lo que más me preocupaba era que iba a ponerme a toser y a soltar el humo que tenía que mantener en los pulmones tanto tiempo como pudiera. Cerré los ojos y despejé la mente, inspirando profundamente tres veces. Me acerqué la pipa a los labios e inhalé mientras el chamán encendía el otro extremo. Inmediatamente sentí como si la mente me ardiera. Me picaba la garganta y me dolían los pulmones, pero no tosí. Unas manos invisibles me ayudaron a tumbarme.

Esa fue la última sensación medianamente normal que tuve durante la hora siguiente.

Estaba en un reino extraordinario, pero no se debía a ningún cambio exterior: algo dentro de mí finalmente se había relajado y disuelto en oleadas de alegría. Los sentimientos me invadían como una luz y un calor intensos, como si por las venas me corriera miel especiada. (Mientras escribo esto, sé que la expresión no tiene ningún sentido, pero mi recuerdo de la experiencia es tan nítido como la sensación de los dedos en el teclado del ordenador).

Las olas cada vez eran más potentes. Empecé a sentir una especie de dolor eufórico. Pasado un rato, comencé a notar como si algo en mi interior ardiera. Sentí una felicidad incontenible, insoportable, que me hizo explotar hasta que «salí» de mí mismo. Había una conciencia, pero no era la mía. Yo estaba ahí, pero no era mi «yo» usual. Me sentía como si hubiera una luz que me disolvía desde el interior y, a la vez, una luz que me disolvía desde fuera, penetrando a través de cada poro de mi piel.

«La luz de fuera quiere fundirse con la luz de dentro»; yo, simplemente, lo sabía. «Lo que evita que se produzca este bello acto de amor es la falsa creencia en la separación. Por primera vez yo (como ego) soy incapaz de impedir que pase la luz. La luz pasa a través de mí, parece ser yo, se convierte en yo, es yo. Soy un océano de luz que se muestra como la ola en forma de Fred».

Sentí cómo me liberaba de mi miedo a la muerte. Me sentí completamente a salvo: no porque no hubiera ningún riesgo, sino porque lo que estaba en riesgo no era realmente «yo». Estaba riendo y llorando; lágrimas de gozo y alivio me corrían mejillas abajo. Me dejé llevar por las oleadas de éxtasis del placer y el dolor. «Morirás del modo en que vivas», me dijo una voz interna. «Si vives en la oscuridad, tienes motivos para temer la muerte. Si vives en la luz, no hay nada que temer».

El autor y neurocientífico Sam Harris ha explicado el cambio en la conciencia producido por estados de conciencia no ordinarios mucho mejor que nadie que yo conozca. En su libro *Despertar* describe cómo su percepción del potencial de la mente humana cambió profundamente a través de su experiencia con el éxtasis (MDMA).

Mi opinión sobre el potencial de la mente humana cambió profundamente. [...] Mi capacidad para la envidia, por ejemplo (ese sentimiento de sentirse disminuido por la felicidad de otra persona), parecía el síntoma de una enfermedad mental que se hubiera desvanecido sin dejar rastro. [...] No sería ninguna barbaridad decir que por primera vez en la vida me sentí cuerdo. [...] Me daba cuenta de que había dejado de preocuparme de mí mismo. No me sentía ansioso, ni autocrítico, ni me protegía con ironías, ni me sentía en competencia, ni evitando la incomodidad, ni pensando sobre el pasado o el futuro, ni haciendo cualquier otro gesto de pensamiento o atención que me separasen [de otro].[14]

«El sentimiento al que llamamos "yo" es una ilusión», afirma Harris. «No hay ningún yo o ego específico que viva como un minotauro en el laberinto del cerebro. Y el sentimiento de que existe, la sensación de que estamos posados en algún lugar detrás de nuestros ojos, mirando hacia un mundo que está separado de nosotros, puede alterarse o desaparecer completamente».

Cuando la ilusión del ego desaparece, lo que queda es una actitud de conexión trascendente en *agape*. El *agape* es una plataforma muy sana sobre la que una organización puede desarrollarse a medida que su gente se va uniendo en una misión común y en una expresión de valores morales.

En mi viaje personal, vi que el sentimiento al que denomino «yo» no es más que un espejismo. Mi estado normal de conciencia (aquel en el que me experimento como un ego que tiene percepciones, pensamientos y sentimientos, que toma decisiones y que vive diez centímetros detrás de mis ojos) no es más que un engaño. Aunque ya había vislumbrado esta posibilidad a través de la práctica de la meditación, la naturaleza noética de la experiencia en mi viaje chamánico me convenció, de un modo que no puedo dudar, de que "yo" no soy quien solía pensar que era.

Más allá de las descripciones científicas que he leído, ahora sé de una forma directa e innegable que mi «ego», mi sensación de ser un sujeto unificado, es una ilusión. Como el cielo azul, el arcoíris multicolor y el agua turquesa, el ego no es lo que parece ser. De hecho, no es más que una ilusión óptica de la conciencia. Sigo teniendo la fuerte impresión de que «yo» soy el propietario de mi experiencia, el que percibe, piensa, siente y desea desde algún lugar situado detrás de mi cara, pero ese «yo» ahora se desvanece cada vez que lo examino de cerca en meditación. Ya no es más real que el oasis en el desierto que se ve en la distancia pero que desaparece cuanto más te acercas a él. Tal experiencia psicodélica puede alterar el miedo a la muerte muy profundamente y, a la vez, suponer una experiencia sanadora para la vida cotidiana. «La angustia existencial al final de la vida cuenta con muchas similitudes con las enfermedades mentales, incluyendo una autorreflexión excesiva y la incapacidad de superar los abismos cada vez más profundos del pensamiento negativo», escribe Michael Pollan. «El ego, enfrentado ante la perspectiva de su propia disolución, está extremadamente alerta y retira su compromiso con el mundo y el resto de las personas. Es sorprendente que una única experiencia psicodélica tenga el poder de alterar estos patrones de forma perdurable».[15]

Todos estamos muriendo. Lo sabemos, pero nos lo ocultamos a nosotros mismos. Hasta que nos enfrentemos a la muerte, nuestra angustia existencial siempre estará de fondo, como una enfermedad mental poco grave. Nos encerramos en nosotros mismos, incapaces de conectar con los demás o con el mundo. Perdemos nuestras almas. Nos volvemos extremadamente críticos y ansiosos y estamos tremendamente alerta. Para la mayoría de nosotros el consumo de sustancias chamánicas tiene severas contraindicaciones. Entonces, ¿cómo podemos despertarnos de esta pesadilla de ego en la que estamos sumidos? Yo creo que podemos hacerlo mediante la meditación y participando en una comunidad de propósito, implicada en un proceso trascendente, dirigida por un héroe que haya hecho el viaje al lado oculto y haya vuelto para compartir su don de la autoconciencia con los demás.

¡OH, GUAU!

En su discurso de graduación en Stanford, Steve Jobs dijo que la muerte era «probablemente la mejor invención de mi vida». La muerte es la llamada a despertar definitiva. La muerte es un recordatorio de lo preciosa que es tu vida humana y del tiempo limitado que dispones para experimentarla y manifestarla.

«No creo que sea demasiado preciso decir que la muerte de alguien que lleva años con cáncer ha sido "inesperada"», escribió la hermana de Steve Jobs en su elegía, «pero la muerte de Steve ha sido inesperada para todos nosotros. Lo que he aprendido de la muerte de mi hermano es que el carácter es esencial: murió como vivió».

»Tenía que hacer el trabajo de morir. Incluso en aquel momento tenía una cara adusta, todavía atractiva; la cara de un absolutista, un romántico. Su respiración indicaba un viaje arduo, un camino escarpado, altura. Parecía que estaba subiendo una montaña. Pero con esa voluntad, esa ética laboral, esa fuerza, también estaba la capacidad de mi dulce hermano para asombrarse, la creencia del artista en el ideal, el después todavía más bello».

Y sus últimas palabras fueron una bella y misteriosa observación, repetida tres veces como un mantra: «¡Oh, guau! ¡Oh, guau! ¡Oh, guau!».[16]

Capítulo 13
SÉ UN HÉROE
EMPRENDE EL CAMINO

Llámame por mis nombres verdaderos,
para que pueda oír todos mis llantos y risas a la vez.
Para que pueda ver que mi alegría y dolor son uno.
Llámame por mis nombres verdaderos,
para que pueda despertar.
Y para que pueda quedarse abierta la puerta de mi corazón.
La puerta de la compasión.

—Thich Nhat Hanh

Desde el principio de los tiempos a los humanos nos apasionan las historias arquetípicas de mortales comunes y corrientes que han sido transformados a través de un enfrentamiento con la muerte. Estas historias siguen patrones cíclicos que empiezan y terminan en el mundo ordinario del héroe.

El argumento es siempre el mismo: el héroe es llamado a una misión sobrecogedora que lo hace salir de su hogar y entrar en un mundo peligroso, extraño y desconocido. A lo largo de este camino recibe ayuda de algún tipo de mensajero o aliado. Se enfrenta a todo tipo de desafíos en su recorrido; quizá tenga que resolver adivinanzas imposibles, escapar de una trampa, evitar una seducción, matar a un monstruo o todas las anteriores. Después le tocará enfrentarse a un enorme desafío que termina en crisis, que suele ser una experiencia cercana a la muerte. El viaje es duro y aterrador, y el héroe pasa por soledad, dolor, cansancio, enfermedades y desesperación. Si sobrevive, gana un regalo (incluido el de conocerse mejor a sí mismo) y vuelve a casa para compartir su regalo y su sabiduría con los demás. En este proceso, el héroe es transformado y se convierte de un mero mortal a un ser sobrehumanamente sabio y compasivo.

Estas historias son tan atemporales y universales que el gran mitólogo americano Joseph Campbell las denominó «monomito». Ya sea una figura religiosa (Jesús, Moisés, Osiris), una figura histórica o literaria (Ulises, Juana de Arco, William Wallace, Enrique V de Inglaterra) o un personaje de una película (Luke Skywalker en *Star Wars*, Dorothy en *El mago de Oz*, Máximo en *El gladiador*, Katniss Everdeen en *Los juegos del hambre*, George Bailey en *Qué bello es vivir* e innumerables películas de Disney), los héroes están siempre cortados con el mismo molde porque, al fin y al cabo, su historia es como la nuestra propia pero magnificada.

El heroísmo es necesario para el liderazgo trascendente. El héroe se gana la autoridad moral de dirigir a los demás porque él va primero. Debe demostrar sus valores ante los desafíos para poderse convertir en un guía. Tras volver, los demás podrán confiar en su capacidad de dirigir con sabiduría y compasión, ya que no habría sobrevivido sin estas cualidades.

Todos nosotros somos capaces de convertirnos en héroes, pero no todos somos capaces de reunir el valor necesario para emprender esta misión por nosotros mismos. Para esta aventura hay que sumergirse en las profundidades, entrar en territorio desconocido y amenazador y superar enormes desafíos. Además, también debes descubrir necesariamente la verdad sobre ti mismo, lo que te lleva a conocer la verdad de cada persona: cada uno de nosotros ansía estar conectado a algo mayor que nosotros, unirse a esa causa, contribuir de forma significativa del modo que solo él puede y respetar lo que es verdadero, bueno y justo.

Se trata de una aventura abrumadora. Joseph Campbell señala que, en la mayoría de las historias, el héroe rechaza «la llamada de la aventura». La mayoría de nosotros somos arrastrados a la aventura por fuerzas que escapan a nuestro control, resistiéndonos con uñas y dientes. No tenemos elección acerca de emprender el camino, que es tan inevitable como la muerte. Pero *sí que podemos* elegir cómo recorrer este camino. Como dice el héroe William Wallace en la película *Braveheart*: «Todos los hombres mueren, pero no todos viven».

Para vivir plenamente, necesitamos un proyecto de inmortalidad. Necesitamos una misión heroica que dé significado a nuestras vidas. La necesidad de sentido es la energía que impulsa empresas extraordinarias. Para poder ganarte el compromiso interno de tus seguidores por tal esfuerzo, debes convertirte en un héroe. Y no podrás hacerlo sin enfrentarte a tus propios demonios.

MI RECORRIDO

—¡Nada de alemán en esta casa! —le ladró mi madre a mi abuela, quien acababa de decir algo en yiddish. Su tono cortante es uno de mis recuerdos más lejanos. Muchos años después caí en la cuenta de que, aunque no hubieran experimentado la violencia directamente, mis padres compartían la mentalidad de asedio de los judíos que vivieron durante el Holocausto.

Mis abuelos huyeron de Rusia con sus padres a finales del siglo XIX, después de una oleada de antisemitismo y pogromos durante la que el abuelo de mi madre fue asesinado. Para ellos, Argentina debió de parecerles otro planeta. Eran tremendamente pobres; durante un tiempo, mi madre tuvo que vivir en un orfanato porque sus padres no podían mantenerla.

Durante la Segunda Guerra Mundial, mis padres oían hablar de Hitler.[1] Cuando la guerra terminó, se enteraron del horror de los campos de concentración. A pesar de los dieciséis mil quilómetros que los separaban de Europa, quedaron profundamente conmovidos por esto y, además, por el hecho de que incluso los países que luchaban contra el nazismo, Gran Bretaña y los Estados Unidos, habían rechazado a refugiados judíos que habían logrado escapar y los habían devuelto a Europa, a las cámaras de gas y a los hornos crematorios.

Yo aprendí la historia del Holocausto en la escuela. Vi las fotos de mi gente con las estrellas de David cosidas en las chaquetas mientras los hacían subir a trenes. Vi las horribles fotos de prisioneros muertos y famélicos. Yo, con mi soberbia, no podía evitar juzgar. No podía entender que los « buenos alemanes » se hubieran quedado de brazos cruzados mientras que a sus vecinos judíos los metían en campos de concentración. ¿Cómo podían aguantar sin hacer nada mientras veían algo tan terrible?

La mentalidad de asedio dejó de ser algo tan abstracto para mí cuando cumplí quince años. En 1976 hubo un golpe de Estado militar en Argentina. Mucha gente se sintió aliviada cuando los generales tomaron las riendas del Gobierno: prometían paz, estabilidad y una tregua ante el terrorismo de derechas e izquierdas. Era necesario hacer algo; había que recuperar el control. Y así empezó la «guerra sucia» argentina.[2]

La vida bajo la junta era a la vez ordenada y terrorífica. Todo el mundo estaba nervioso; el régimen había impuesto la ley marcial. Mis padres me avisaban constantemente de que fuera con cuidado y me pedían que no me metiera en ningún tipo de problema. Era peligroso salir por la noche. Todo el mundo estaba vigilado. Manteníamos los ojos abiertos y la boca cerrada. Yo siempre iba con cuidado de llevar mi *cédula de identidad* encima para enseñársela a los soldados cuando, al subirme al autobús, me dirigieran el temido «Papeles, por favor». En más de una ocasión la policía militar registró bolsos y mochilas y se llevó a los que no tenían la identificación correcta o a los que llevaban el libro incorrecto.

En 1979, mientras estaba en la universidad, yo trabajaba el turno noche en un centro de cómputos. Cada jueves, al salir de la estación de trenes en la Plaza de Mayo, veía a una multitud de mujeres que llevaban pancartas y pañuelos blancos con las iniciales de sus propios hijos y nietos, que habían desaparecido sin dejar rastro. Las «Madres de la Plaza de Mayo» exigían saber qué les había pasado a sus seres queridos. Casi siempre estaban rodeadas de gran cantidad de policías; a veces se producían arrestos. De vez en cuando vi cómo las mujeres y otros manifestantes que se habían unido a ellas buscaban refugio en la enorme catedral de Buenos Aires, bajo la creencia errónea de que eso las protegería.

A medida que más y más personas desaparecían y la economía empezaba a irse a pique, el régimen iba perdiendo apoyo. Para recobrar su buena posición ante la opinión pública, los generales decidieron invadir las islas Malvinas, con lo que empezaron una guerra contra Gran Bretaña. Fue un desastre inmediato y absoluto que debilitó a los militares y devolvió la democracia a Argentina.

Poco después de la Guerra de las Malvinas, cuando el control de los militares se diluyó y su censura empezó a resquebrajarse, llegó a mis manos un libro sobrecogedor llamado *Las locas de Plaza de Mayo* donde se describía lo que había pasado con los hijos de esas madres a las que veía cada jueves en la plaza. Empecé a leer el libro una noche a las ocho y lo terminé a las seis de la mañana siguiente. Lloré toda la noche. Los hijos de las madres que había visto en la plaza habían sido torturados hasta la muerte. Los habían drogado, metido en aviones y tirado al mar. Les habían disparado y los habían enterrado en fosas comunes sin ningún indicador. Los habían hecho desaparecer y por eso los llamaban «los desaparecidos». La junta robó bebés a sus víctimas y los entregó a familias fieles al régimen. Desaparecieron entre veinte mil y treinta mil personas. Desde entonces se ha encontrado e identificado a menos de seiscientas de ellas.[3]

Sentí una vergüenza, un horror y una rabia incontenibles ante lo que el régimen había hecho ante mis propias narices. Mirándome en el espejo advertí que yo fui uno de los millones a los que habían engañado en 1978, cuando todos salimos a las calles de Buenos Aires a celebrar que Argentina había ganado la Copa del Mundo de fútbol. Mientras que las organizaciones de derechos humanos boicoteaban el campeonato, denunciando el espeluznante historial de abusos del Gobierno, la campaña de propaganda dentro del país proclamaba incesantemente: «Los argentinos somos derechos y humanos». Todos queríamos creer, como afirmaba categóricamente el Gobierno, que la campaña internacional se estaba librando contra nosotros como argentinos, no contra la brutalidad indiscriminada del régimen militar.

Tras leer ese libro me sentí como alguien a quien acaban de soltar de un manicomio. Advertí que había pasado entre esas madres y abuelas como si fuera un sonámbulo. Se trataba de un caso clásico de lo que los psicólogos llaman «disociación», el tipo de experiencia que sufren las víctimas de traumas. Cuando estás en una pesadilla o pasando por un trauma, el sueño tiene mucho sentido, pero cuando te levantas, te das cuenta de que te has estado asfixiando debajo de una gruesa manta de propaganda, dirigida desde arriba y respaldada por todas las fibras que son tus familiares, amigos y vecinos. Yo estaba enfadadísimo con todo el mundo; no solo con la terrible junta y con los medios de comunicación, sino también con la «mayoría silenciosa» que había observado de brazos cruzados, sin hacer nada ante los asesinatos. En ese entonces, no veía tan claramente que yo formaba parte de esa mayoría.

Indignado, me marché de Argentina en cuanto terminé mi carrera. Ya no quería vivir más allí. Me fui a la Universidad de California en Berkeley y después encontré trabajo en el Instituto Tecnológico de Massachusetts. Mientras tanto, a través de psicoterapia, meditación y muchos talleres de desarrollo personal, intenté sanar el dolor de la complicidad de mi país con el asesinato y de mi papel como espectador no tan inocente. Me convertí en coach de empresas conscientes, ayudando a ejecutivos a trabajar y vivir de forma más lúcida. Mi trabajo se convirtió en un puente entre el mundo de la economía y la teoría de la empresa por un lado, y el de la filosofía, la ética y la sabiduría espiritual por el otro.

A medida que intentaba reconciliarme con mi enfado y vergüenza, leí *Shivitti*,[4] el relato autobiográfico de un superviviente del Holocausto que usó terapia psicodélica con LSD para recuperarse de su trauma.[5] Guiado por su terapeuta y bajo la influencia de la droga, el autor recuerda haber estado en un camión donde él y otros estaban muriendo lentamente por causa de unos gases nocivos. En su memoria ve a un guardia alemán fumando un cigarrillo fuera. Entonces, en la situación terapéutica, se «convierte» en el guardia que había observado. De pie, fuera del camión, fumándose un cigarrillo en un día frío, sin pensar en nada. No tiene ningún odio ni maldad hacia las personas a las que está matando; solo siente frío y ganas de que la guerra acabe.

En ese momento, el paciente advierte que ahora está «fuera» de la escena. Que puede experimentar la situación simultáneamente, como guardia y prisionero, lo que quiere decir que no es ninguno de los dos. Es capaz de separar su identidad de su yo traumatizado y de adoptar una perspectiva transpersonal. Su psicodrama interno, alimentado por el LSD, lo ayudó a sanar. Yo ansiaba poder experimentar ese tipo de sanación.

Cada paso que tomaba en mi viaje de héroe hacia la sanación me abría nuevas puertas, pero no llegué a entender la verdad más profunda hasta varios años después, durante una sesión de *coaching* en Alemania. Un hombre del taller se levantó y explicó que su padre había sido un guardia en un campo de concentración, cosa que lo cargaba con una culpabilidad y vergüenza terribles. Yo sentí una enorme compasión por su sufrimiento. Lo invité a pasar delante para tener una conversación con él. Mientras lo escuchaba, todo empezó a encajar. Empezaron a caérseme las lágrimas. Le expliqué que yo era judío pero que sentía mi propia vergüenza con tanta intensidad como él; él no había hecho nada más que ser el hijo de alguien que hizo algo terrible. Yo, por otro lado, me echaba las culpas a mí mismo por comportarme como «un buen argentino» durante la guerra sucia. Yo había visto a las madres de la Plaza de Mayo, pero había apretado el paso para dejarlas atrás. Había visto cómo metían a personas a la fuerza en los temidos Ford Falcon de los servicios de inteligencia, pero decidí apartar la mirada. Era consciente de que algo terrible estaba pasando, pero no quería saberlo.

Ese fue mi momento «Shivitti». De repente caí en la cuenta de que la mayoría de los «buenos alemanes» que tanto había aborrecido debían de haber estado asustadísimos ante la situación, igual que yo. Me puse en el lugar de los alemanes viendo cómo los nazis se llevaban a los judíos. Yo me sentí como si fuera a la vez el alemán, el judío y el chico argentino que había pasado entre las mujeres desconsoladas de la plaza, ignorándolas. Yo era el «desaparecido» y el torturador, el bebé secuestrado criado por las personas que habían matado a sus padres y el militar que había adoptado al bebé para criarlo como si fuera suyo. Fue una experiencia profunda. Mi corazón se abrió y mis juicios de valor desaparecieron. Me sentí como si estuviera mirando un diamante con infinitas facetas. El hombre y yo lloramos y nos abrazamos. Yo me sentía rebosante de compasión. Los sentimientos terribles de culpabilidad y vergüenza que él y yo habíamos tenido durante tantos años se disiparon. Fue una experiencia que nos cambió la vida a ambos.

Experimenté que en el centro de mi yo se formaba una enorme abertura, un espacio de serenidad y paz mucho mayor que el «Yo» que yo creía ser. Durante un breve instante sentí que no había un «otro», no tenía ninguna sensación de separación. La identificación con mi minúscula naturaleza desapareció y mi sensación de «yo» creció hasta abarcar todo lo humano e incluso más: a todos los seres conscientes. Cambió para siempre el significado del mandamiento bíblico de «Ama a tu prójimo como a tí mismo», ya que sentí a mi prójimo *como si fuera* yo mismo.

Unos años más adelante me enamoré de una alemana y viví con ella en Alemania durante algunos años. Fuimos juntos a visitar varios monumentos al Holocausto; yo sentía que nuestro amor era la mejor respuesta ante la maldad que plagaba nuestras historias nacionales. Aunque la relación no acabó de cuajar, me siento muy bendecido por haber podido disfrutar de la bondad de los alemanes a través de ella, de su familia y de sus amigos. Incluso mi madre llegó a querer a esta mujer, quien consiguió romper todos sus estereotipos en pedazos y con quien, de vez en cuando, hablaba en yiddish.[6]

EL CRISOL DEL LIDERAZGO

Las crisis pueden acabar por llevar a un despertar, siempre que el líder esté abierto a aprender de la dolorosa experiencia. Cuando se enfrenta a circunstancias terribles, el héroe sufre la muerte de su ego. Debe perderse a sí mismo para ser consciente de que lo que se ha perdido no es su yo real. Para vivir sin miedo, primero debe aprender por las malas que lo que no te mata (e incluso lo que sí) te hace más fuerte.[7]

Antes de llegar a LinkedIn, Jeff Weiner trabajó en Yahoo!, donde fue un joven ejecutivo con una ascensión meteórica. Pero cuando un proyecto de gran envergadura que estaba dirigiendo no salió tan bien como esperaba, tuvo que parar y examinarse en profundidad a sí mismo.

Jeff había obtenido muy buenos resultados de forma constante, así que le habían pedido que se encargara de un proyecto muy difícil: supervisar a un equipo que tenía que reconstruir una plataforma de anuncios antigua para competir con la de Google. Sabía que conseguir que el proyecto tuviera éxito sería tremendamente difícil, pero aceptó el desafío porque pensó que era importante para Yahoo!

El equipo trabajó día y noche. Y a pesar de conseguir algunas cosas que parecían imposibles, no estuvieron a la altura de las altísimas expectativas de la empresa. A pesar del arduo trabajo de todo el equipo, se consideró que el proyecto había fracasado. Como, en parte, Jeff se había definido a sí mismo a partir de sus anteriores éxitos, esta situación supuso un duro golpe para su autoestima. En una de nuestras conversaciones de *coaching* me confesó que tenía miedo de «haber perdido su mojo».[8] Empezó a cuestionarse algunos de sus logros anteriores.

—Me pregunto si mis éxitos anteriores han sido específicos y debidos a la situación, sin ninguna relación con mis habilidades o aportaciones —me explicó.

También le preocupaban las implicaciones que esto pudiera tener para su carrera.

—Saldrás de esta mucho más fuerte de lo que has sido jamás —predije yo.

—Tu trabajo es decirme esto —replicó él, escéptico.

—Mi trabajo es decirte la verdad.

Mientras entrevistaba a Jeff para este libro, me contó que la confianza que deposité en él es la que decidió interiorizar, la que le permitió soportar la dureza de su prueba al pasar por el crisol y la que ahora comparte con aquellos a los que asesora.

—¿Qué viste en mí que te llevó a afirmar eso? —me preguntó.

—Tu viaje de héroe.

El problema, le expliqué, no era que no fuera bueno en su trabajo.

El problema era que había tenido demasiada poca experiencia con el fracaso; todavía no había aprendido a fallar con gracia. Le faltaba resiliencia porque todavía no había advertido que podía convertir un fracaso en una fuente de sabiduría y sentido. Como había dado todo lo que tenía al proyecto, había permitido que este definiera quién era él, a pesar del hecho de que las posibilidades de éxito fueran escasas desde un principio.

—Cuanto antes adviertas que lo que te define no son tus resultados, antes verás que tu percepción de ti mismo puede basarse en cosas que están bajo tu control: tu sentido de vida, tus valores, tu motivación, tu compromiso, tu inteligencia, tu cuidado—le sugerí—. Cuando lo entiendas, no solo no lamentarás este fracaso, sino que lo apreciarás, porque te enseñará esta tremenda lección. A largo plazo, verás que puedes conseguir muchísimo más porque has pasado por todo esto.

Jeff sacó de la experiencia un principio, una lección estimulante que ahora ofrece como consejo a las diversas personas a las que hace de mentor: «No cedas tu poder a cosas que no puedes controlar».

Jeff demostró que yo tenía razón. No solo pasó por el valle de sombra del fracaso sin un rasguño, sino que terminó su viaje de héroe con una confianza firme y con magníficos regalos para compartir con su comunidad. Acabó por convertirse en el admirado director ejecutivo de LinkedIn y compartiendo ampliamente este episodio transformador.

La resiliencia ante la adversidad es un requisito fundamental para el liderazgo. En 2002, Robert J. Thomas y el gurú en dirección de empresas Warren Bennis publicaron su hallazgo de que uno de los indicadores y predictores más fiables del liderazgo verdadero es la capacidad del individuo de encontrar sentido en las situaciones negativas y de aprender incluso de las circunstancias más adversas. En un artículo de *Harvard Business Review* titulado «Crucibles of Leadership» [Crisoles de Liderazgo], advirtieron que ciertas personas «parecen inspirar la confianza, la lealtad y el esfuerzo de los demás, mientras que otros (que quizá cuentan con una inteligencia y visión similares) tropiezan una y otra vez». ¿Qué es lo que marca la diferencia? «Se trata de una pregunta atemporal para la que no hay una respuesta sencilla», escribieron. «Pero hemos llegado a la conclusión de que tiene algo que ver con la forma en la que varias personas abordan las adversidades». Dicho de otro modo, las habilidades necesarias para conquistar la adversidad y salir de ella más fuerte y con más motivación que nunca son las mismas habilidades que conforman el liderazgo excepcional.[9]

Thomas y Bennis descubrieron que todos los líderes extraordinarios que habían estudiado tenían una cosa en común: podían señalar «experiencias intensas, a menudo traumáticas y siempre inesperadas, que habían acabado por convertir en una fuente de fuerza». Algunas de estas experiencias fueron un roce con la muerte, como le pasó a Leeb-du Toit. Otros pasaron por momentos de tremenda inseguridad en sí mismos, como en el caso de Jeff. Y para otros, su crisol fue tener que trabajar con un mentor difícil.

Los perfiles de todos los líderes que Thomas y Bennis trazaron contaban con cuatro habilidades esenciales: (1) la capacidad de lograr el compromiso de otros con una propósito significativo; (2) una voz distintiva y convincente (la capacidad de usar el lenguaje para abordar una situación difícil de forma inteligente); (3) integridad y valores sólidos; y (4) «capacidad de adaptación» o «creatividad aplicada» (una capacidad casi mágica para trascender la adversidad, con su estrés correspondiente, y salir más fuertes que nunca). Los autores sugirieron que la capacidad de adaptación es una combinación de la capacidad de evaluar un número de factores y ponerlos en un contexto que todo el mundo comprende. Alguien que combina estos cuatro elementos cuenta con las cualidades de un líder trascendente.

LA PRUEBA DE SHERYL SANDBERG

Sheryl Sandberg encarna todas las capacidades que Thomas y Bennis identificaron. Se ganó los galones como economista para el Banco Mundial y como jefa de personal del Departamento de Hacienda de los Estados Unidos. Más adelante también demostró su valor en Google, donde formó y dirigió el equipo de operaciones y ventas en línea. Hoy en día no es solo la jefa de operaciones de Facebook, sino que es una conocida y apasionada defensora de las mujeres en el lugar de trabajo. (Su libro, *Vayamos adelante*, ha vendido más de 1,5 millones de copias y ha iniciado un movimiento). La organización que fundó, LeanIn.org, ha llevado a la creación de más de 33.000 «círculos», comunidades centradas en el empoderamiento de las mujeres, donde participan cientos de miles de hombres y mujeres de más de cincuenta países. Gracias a su trabajo, Sheryl se ha convertido en una inspiración para millones de personas.[10]

Sheryl se ha enfrentado a muchos desafíos en su vida, pero el más duro fue el fallecimiento de su querido marido, Dave, quien murió repentinamente en 2015 a la edad de cuarenta y siete años. Ella se quedó sola y al cargo de sus dos hijos pequeños. Aquí tienes un fragmento de lo que publicó en Facebook después de un mes de duelo:[11]

Un amigo de la infancia, que ahora es rabino, me dijo hace poco que la oración breve más poderosa que jamás ha leído es: "No me dejes morir mientras aún estoy vivo". Nunca hubiera entendido esa oración antes de perder a Dave. Ahora sí.

Creo que, cuando sucede una tragedia, se te presenta una elección. Puedes rendirte al vacío, ese vacío que llena tu corazón, tus pulmones, y que te quita la habilidad de pensar o incluso respirar. O puedes intentar encontrarle un significado. Estos últimos treinta días he pasado la mayoría de mi tiempo perdida en ese vacío. Y sé que muchos momentos futuros se consumirán también en ese inmenso vacío.

Pero cuando puedo, quiero elegir una vida significativa. [...] Así que comparto lo que he aprendido con la esperanza de que ayude a alguien más. Con la esperanza de que pueda haber algún significado en esta tragedia.

He vivido treinta años en estos treinta días. Estoy treinta años más triste. Siento que soy treinta años más sabia.

He ganado un entendimiento más profundo de lo que es ser madre, tanto a través de la agonía que siento cuando mis hijos gritan y lloran como de la conexión que mi madre tiene con mi dolor. [...]

He aprendido que nunca supe realmente qué decir a otros cuando lo necesitaban. Creo que antes lo entendí todo mal; intentaba asegurarle a la gente que todo iría bien, pensando que la esperanza era lo más reconfortante que podía ofrecer. Un amigo mío con cáncer terminal me dijo que lo peor que la gente le podía decir era "Todo va a ir bien". La voz en su cabeza gritaba: "¿Cómo sabes que va a ir bien? ¿Es que no entiendes que puedo morir?". En este último mes he entendido lo que él intentaba enseñarme. La empatía real a veces significa no insistir en que todo irá bien, sino reconocer que puede que no sea así. [...]

He aprendido cuán efímero puede parecer todo... y que, a lo mejor, lo es. Que puede que alguien tire de la alfombra sobre la que estás parada sin ningún tipo de aviso. [...]

He aprendido a pedir ayuda y he visto cuánta necesito. Hasta ahora siempre había sido la hermana mayor, la jefa de operaciones, la que hace cosas, la que planifica. No planifiqué esto y, cuando sucedió, no era capaz de hacer casi nada. Las personas más cercanas a mí fueron las que se hicieron cargo. [...]

He aprendido que la resiliencia se puede aprender. [...]

He advertido que para restaurar mi cercanía con mis compañeros de trabajo [...] tengo que ser accesible a ellos. Y eso implica ser más abierta y mostrarme más vulnerable de lo que jamás he querido. [...]

He aprendido gratitud. Auténtica gratitud por cosas que antes daba por garantizadas, como la vida. Teniendo el corazón roto como lo tengo, miro a mis hijos cada día y me alegro de que estén vivos. Aprecio cada sonrisa, cada abrazo. Ya no me tomo cada día como algo por sentado. [...]

Sheryl me contó que, antes de que Dave muriera, pocas veces pensaba en la mortalidad. Ahora piensa en ello constantemente, lo que la lleva a sentir lo importante que es centrarse en hacer que el mundo sea un lugar mejor. Al elegir de forma activa el sentido, la gratitud y la resiliencia, se ha convertido en una líder todavía más inspiradora de lo que era antes de su pérdida.

Le pregunté a Sheryl cómo le gustaría que la recordaran a ella.

—Antes de que David muriera —me dijo— te habría dicho algo así como: «Fue una buena amiga, esposa, madre...», cosas personales. Pero ahora, además de eso, quiero que me recuerden como alguien que luchó por la igualdad de las mujeres, para ayudar a más personas a comprender por qué necesitamos la igualdad y para lograr que más personas acepten la ambición en las mujeres. Y, finalmente, para ayudar a las personas a superar la adversidad. Nadie busca oportunidades para crecer de este modo, pero estas cosas acaban pasando y acabamos aprendiendo de ellas... Tenemos que respaldarnos entre nosotros y buscar formas de ayudar a otros a desarrollar su resiliencia; nos lo debemos a nosotros mismos y a los demás.[12]

Tras liberarse de su ego, enfrentarse a la muerte y encontrar a su verdadero yo, la heroína/líder arquetípica vuelve a su comunidad con el don de su crecimiento personal. Su ejemplo y su forma de vivir inspiran a otros a emprender sus propios viajes y alcanzar la inmortalidad simbólica.

En su libro *Vayamos adelante* (que escribió antes de la muerte de Dave), el mensaje de Sheryl es el siguiente: «Ve con todo tu ser a trabajar». Su grito de guerra supuso un desafío para mujeres y hombres, para que comprendieran que el trabajo no es solo la dimensión Eso, sino que también es la parte Yo, con todas sus necesidades y complicaciones emocionales, y la parte Nosotros de comunidad, trabajo en equipo y amistad. Después de perder a su marido y hundirse en un dolor indescriptible, Sheryl Sandberg volvió al trabajo y descubrió el propósito más profundo para el que estaba trabajando. Finalmente, Sheryl acabó volviendo a su comunidad para compartir sus dones a través de su blog y su segundo libro, *Opción B*, escrito con Adam Grant, que se sumerge profundamente en la resiliencia. La «Oprah de la América corporativa», como la bautizó la revista *Bloomberg Businessweek*, ha estado predicando con el ejemplo.[13] Comparte su viaje y anima a los demás a abrirse, a ser vulnerables, a darle la bienvenida a los desconocidos y a enfrentarse a los contratiempos de un modo que solo ella puede hacer. Cada día ha ido cambiando la cultura de Facebook para ser más abierta y para que su gente sea más consciente emocionalmente a la hora de cumplir con la misión de Facebook de «hacer del mundo un lugar más abierto y conectado».

El liderazgo de Sheryl va más allá de su rol profesional. Inspira a muchísima gente, yo incluido, a trabajar para un mundo mejor; un mundo más justo, conectado, abierto, inclusivo y alentador. Ha pasado por el fuego de su transformación y se ha ganado el derecho de inspirar a las personas que la admiramos a entregarse al fuego de nuestro propio viaje heroico.

LIDERAZGO SERVICIAL

Liderar con el ejemplo es como plantar una semilla en los fértiles corazones de tus seguidores. Debes cuidarla y cultivarla. Esto implica aprender a escuchar y comunicarse de modo que las personas sigan alineadas con el propósito trascendente del servicio; aprender a negociar las diferencias en pro del proyecto de inmortalidad; aprender a coordinar y actuar a través de compromisos honorables; y a ir más allá del simple *feedback* gentil para forjar una alianza de mejora continua que pueda soportar el fuego de la crítica por amor de la misión.[14] Estos son los comportamientos de un líder trascendente.

La expresión «liderazgo servicial» viene de Robert K. Greenleaf. «Un líder servicial se centra en el crecimiento y el bienestar de las personas y las comunidades a las que pertenecen», escribió Greenleaf. «Mientras que el liderazgo tradicional generalmente implica la acumulación y el ejercicio del poder en una sola persona en la "cima de la pirámide", el liderazgo servicial es distinto. El líder que sirve comparte su poder, antepone las necesidades de los demás y ayuda a las personas a desarrollarse y actuar lo mejor posible».[15]

El liderazgo trascendente es distinto al liderazgo servicial. Un líder trascendente sirve, no a su gente, sino a una misión que lo inspira.

Ofrece un proyecto de inmortalidad que permite a su gente embarcarse en sus propios viajes heroicos. Un líder trascendente sirve a sus seguidores en el sentido de que les permite llenar sus vidas de sentido, pero no tiene por qué necesariamente servirles en sus necesidades individuales.

Piensa en un comandante militar que está dispuesto a arriesgar su propia vida y la de su tropa. Hará grandes esfuerzos para proteger a sus soldados, pero también estará dispuesto a ponerlos a ellos (y a sí mismo) en peligro por la misión.

Este tipo de liderazgo trascendente queda perfectamente ejemplificado en uno de los mejores monólogos en inglés: el discurso el día de San Crispín de la obra *Enrique V* de Shakespeare. En el día de la fiesta de San Crispín, el joven rey Enrique y sus agotadas, enfermas y decaídas tropas, están a punto de luchar una gran batalla contra los franceses, que los superan cinco a uno. Es evidente a ojos de todo el mundo que sus posibilidades de sobrevivir son muy escasas. Pero el rey Enrique arenga a sus hombres apelando a su sed de honor («Cuantos menos hombres, más grande la porción de honor», afirma). Les dice que sus nombres serán, para cualquier persona, «familiares... como palabras cotidianas». Pero no se detiene aquí. También les promete a sus tropas que ganarán un estatus heroico:

> El día de San Crispín y Crispiniano nunca pasará sin que en esa historia seamos recordados nosotros, estos pocos, felices pocos, nuestra banda de hermanos. Porque quien hoy derrame su sangre conmigo será mi hermano; por muy ruin que sea, este día habrá de ennoblecerlo. Y los caballeros de Inglaterra que están ahora en sus camas se considerarán malditos por no haber estado aquí, y tendrán en poco su valor cuando hable alguno que combatió con nosotros el día de San Crispín.[16]

Enrique reconoce que él puede morir junto con sus seguidores. Nunca promete victoria; en vez de ello, ofrece honor, integridad, compañerismo y un heroísmo que hará historia. Enrique y sus hombres pueden conseguir estos bienes no materiales incondicionalmente. En contraposición con la victoria externa en batalla, que depende de muchos factores que escapan a su control, la victoria interna en espíritu sí que queda a su alcance. Como dice Enrique a sus seguidores: «Todo está preparado si lo están nuestros ánimos».

En contra de todas las expectativas, Enrique y sus hombres ganan la batalla. Shakespeare sugiere que el conmovedor discurso de Enrique es al menos en parte responsable de inspirar a los hombres una sensación tan sobrecogedora de sentido y coraje que, al final, acaban triunfando. (El general Stanley McChrystal me dijo en una ocasión que este discurso lleva cientos de años leyéndose a las tropas que están a punto de entrar en batalla y que todavía se usa para inspirar a los soldados a arriesgar sus vidas por un propósito noble).

TU VIAJE HEROICO

Piensa en alguna ocasión en la que descubrieras algo muy significativo sobre ti mismo, los demás y el mundo: una situación alarmante, dolorosa, exasperante o chocante que haya cambiado tu vida, tu actitud y tu forma de abordar las cosas. ¿Cómo te sentías al entrar en esta experiencia?

He hecho esta pregunta a miles de participantes de mis talleres. Las respuestas usuales suelen ser «asustado», «ansioso», «dudando de mí mismo», «sorprendido», «aterrorizado», «confuso», «destrozado», «traicionado», «enfadado», «enojado», «avergonzado», «herido», etc.

Tras reflexionar un rato sobre esta cuestión, después pregunto a los participantes cuántos de ellos querrían volver a pasar por esa experiencia. La mayoría responde que haría todo lo que estuviera en sus manos para evitarla.

Este tipo de respuesta es lo que Joseph Campbell describe como «el rechazo a la llamada a la aventura». Cuando se abre la puerta al inframundo, el héroe suele salir corriendo en dirección opuesta. «¿Por qué tengo que ser yo?», le pregunta Moisés a Dios cuando este le ordena hablar con el faraón. «¡Si soy tartamudo!».

Yo señalo que pocas veces nos sentimos bien cuando estamos a punto de aprender algo de vital importancia. Este tipo de lecciones suelen salir muy caras.

Después les pido que se dividan en grupos pequeños. Las reglas son las siguientes: cada persona comparte su recuerdo de la experiencia y termina con una valoración sobre lo que aprendió y el impacto que tuvo la experiencia sobre su vida. Todo el mundo debe escuchar en silencio y con atención a cada persona; la única expresión permitida es la de apreciación por el regalo que se lleva el narrador gracias a la experiencia. Nadie debe darle consejos ni sugerencias a la persona que ha hablado. Las únicas respuestas válidas son «gracias», o «¡guau!».

Después pregunto a las personas cómo se sintieron al final de su experiencia de aprendizaje, cuando ya habían podido integrar en su vida esos nuevos conocimientos que tanto les había costado ganar. Las respuestas suelen ir en la línea de «en paz», «feliz», «orgulloso», «completo», «lleno de amor», «compasivo», «agradecido», «lleno», «satisfecho», «feliz».

Es entonces cuando pregunto si estarían dispuestos, en el momento en que tenían que entrar a esa situación, a aceptar su experiencia negativa como el precio del conocimiento adquirido. La mayoría levanta la mano. «Yo hubiera preferido no tener que pasar por lo que pasé», suele responder alguien, «pero, no tuve elección, por eso elegí darle un significado trascendente y aprender algo importante...». Entonces, con una sonrisa, añaden: «...cosa que no quiero tener que volver a aprender nunca más».

Después los invito a plantearse que muchas experiencias de aprendizaje significativas empiezan por un desafío difícil e implican algún tipo de crisis. Parece que el proceso de la crisis es necesario para sustituir una creencia a la que damos mucha importancia por otra más profunda, más real y más sabia.

A continuación, le pido a cada participante que reflexione sobre qué recursos interiores (valores, virtudes, creencias...) y exteriores (familia, amigos, mentores...) le permitieron salir victorioso de la crisis.

Finalmente les pido que piensen en una experiencia o situación atemorizante, dolorosa, o enfadante que estén viviendo en estos momentos y que se la planteen como el inicio de una lección significativa que puede enriquecer sus vidas. Les propongo que apliquen tanto sus recursos internos como externos a la situación y que piensen en lo que se imaginan que pueden aprender de ella ahora, en el valor que puede aportarles aprenderlo y en lo que sentirán cuando salgan de ella con este regalo de conocimiento.

Cuando todos los participantes se vuelven a reunir, la energía que se respira parece más asentada, más sólida. Las caras de las personas tienen una expresión casi radiante, como si ya hubieran experimentado el viaje del héroe y trajeran consigo su regalo. El calor y la presión de la dura experiencia han convertido el carbón en un diamante.

Este mismo ejercicio puede ser útil para un grupo que se enfrenta a una crisis a un nivel ya no individual. Por ejemplo, cuando una empresa de telecomunicaciones regional fue adquirida por una corporación multinacional, los empleados de la pequeña empresa, que sentían que su cultura se veía amenazada, estaban asustados y en *shock*. El nuevo equipo directivo combinado tenía que manejar esta transición. Les pedí a los miembros del equipo que se escribieran una carta desde el futuro: ¿qué podría enseñarles formar parte de una nueva empresa mucho mayor? El equipo salió del taller con un gran compromiso de hacer que la integración marchara sobre ruedas.

He descubierto que, en cuanto un equipo pasa por el viaje del héroe, cada uno de sus miembros se gana el derecho moral de dirigir al resto de la empresa en una alianza.

El liderazgo trascendente implica una vida interior fuerte y profunda que alinee al líder con un propósito trascendente. Creo que cada líder tiene que afinarse, como un instrumento musical, para poder producir una música que conecte a las personas con un propósito noble. Además de las herramientas técnicas que pueden aprenderse en el aula, el líder necesita herramientas psicológicas y espirituales que solo pueden obtenerse a través de la transformación personal. La herramienta más poderosa para conseguir que los demás se comprometan con la misión que tú quieres cumplir es tenderles tu *agape*, respaldando su crecimiento y bienestar y ofreciéndoles formas de llenar sus vidas de sentido, nobleza y valor. Para ello, los líderes deben dejar de ceder ante su ego, sediento de poder, y de identificarse con él. Deben experimentar lo que yo denomino «muerte del ego» para poder llegar al renacimiento del liderazgo.

El viaje del líder está plagado de pruebas que revelan, templan y afilan nuestro espíritu. Hay un patrón natural en el crecimiento humano, una trayectoria desde la inconciencia a la conciencia y, finalmente, hasta la superconciencia. Este proceso fuerza al futuro líder trascendente a examinarse detenidamente, enfrentarse a sus mayores miedos, encontrar sus puntos fuertes con la ayuda de sus aliados y ganar la batalla para convertirse en sí mismo, crear su destino y transformarse en el amo de su vida. Solo después de haber hecho el viaje del héroe y haber derrotado a tus sombras podrás aportar el don de tu sabiduría a tu comunidad. Solo cuando hayas encontrado tu verdad más profunda podrás convertirte en un modelo para los demás e inspirar confianza en vez de cinismo.

Al esforzarte por poner en práctica tus valores y trascender tu ego, puedes convertirte en el tipo de líder trascendente e inspirador al que los demás seguirán, incluso ante los desafíos más amenazadores.

Capítulo 14
CAPITALISMO SUPERCONSCIENTE

VUELVE AL MERCADO CON MANOS ABIERTAS (DISPUESTAS A AYUDAR)

> Si no adviertes que los demás son uno contigo, no podrás amarlos. Tu amor por los demás es el resultado del autoconocimiento, no su causa. Cuando sabes, más allá de toda duda, que la misma vida fluye a través de todos, [...] los amarás a todos de forma natural.
>
> —Nisargadatta Maharaj

Una de las representaciones más antiguas de la evolución humana es una serie de diez imágenes llamada «La doma del buey», de la escuela zen de la China del siglo XII.[1] En estos labrados en madera, el camino espiritual está representado por el viaje de un pastor de bueyes. Las primeras tres imágenes, donde el pastor busca desesperadamente a su buey, representan el estado inconsciente del ser humano. Las siguientes tres, donde el pastor atrapa y doma al buey, representan el estado consciente. El tercer grupo de tres, donde el pastor cae en la cuenta de que él y el buey son uno con todo, representan el estado superconsciente.

La última imagen ofrece una sorprendente revelación sobre la iluminación. La décima imagen se denomina algo así como «Entrada en el mercado con las manos dispuestas a ayudar (el retorno a la plaza del mercado)». El pastor, tras su despertar, aparece como un «alegre campesino cuyo cuerpo rebosa energía vital y cuyo corazón está lleno de amor compasivo». Entra en el mercado de su pueblo, haciendo todas esas acciones cotidianas que hace todo el mundo. Pero como es tremendamente consciente, todo lo que hace es bastante extraordinario.

No se esconde del mundo, sino que decide compartir su existencia iluminada con todos lo que lo rodean. No solo dirige a pescadores y posaderos por el camino de Buda, sino que irradia tanta vida y posee tanta energía creativa que incluso los árboles marchitos florecen».[2]

Algunos buscadores ven el final de su evolución espiritual como una pérdida de interés en los asuntos diarios. Para ellos, la trascendencia significa desaparecer de la vida ordinaria. Aun así, según los maestros zen, la iluminación no lleva a la separación . Todo lo contrario; lleva a una participación completa y llena de amor en el mundo humano. La espiritualidad genuina no termina en el abandono, sino en la implicación apasionada.

Cuando «vuelves al mercado con las manos abiertas, dispuesto a ayudar», como un líder trascendente, no hay sensación de separación profunda. Te parece natural «amar al otro como a ti mismo», porque no hay ninguna diferencia marcada entre el otro y tú mismo. Por supuesto que consideras a tu cuerpo como algo separado del resto de cuerpos, del mismo modo que ves a una hoja como algo distinto de otra hoja en un mismo árbol. Pero no te ves a ti mismo separado emocionalmente de los demás. Puedes ver una ola como algo separado de las otras, pero ser consciente de que todas ellas son movimientos del mismo mar. En una conciencia iluminada, solo hay único campo de plenitud unificada, radiante de sabia compasión.

De este campo surge el impulso de ayudar a los demás a florecer a través de un trabajo significativo y organizar sus esfuerzos para un noble propósito a través de principios éticos. Así es como una mente superconsciente ve el mercado, pero no es como lo ven las mentes ordinarias.

EL PRIMER GRAN MALENTENDIDO

En una ocasión un cliente me preguntó cómo podía encajar el propósito noble de una organización con la ambición capitalista de ganar dinero, sugiriendo que el capitalismo era el responsable de muchas maldades del mundo.

En estos días está de moda echarle la culpa al capitalismo por una multitud de problemas. Una encuesta de la Universidad de Harvard de 2016 a varios jóvenes de entre dieciocho y veintinueve años descubrió que un 51 % de los encuestados no apoya el capitalismo.[3] Para muchos, el capitalismo es el territorio donde habitan las personas de negocios explotadoras y avariciosas. Según ellos, la ocupación principal de los capitalistas es aprovecharse de los necesitados, intentando maximizar sus ganancias sin ningún escrúpulo ético y destruyendo, en el proceso, a los seres humanos y al medio ambiente.

Las preocupaciones de estos críticos del capitalismo son válidas, pero creo que el problema no es el capitalismo en sí (que es un sistema de derechos de propiedad y libre intercambio que ha hecho un gran bien a la humanidad, como pronto explicaré) sino el "capitalismo compinche". El motivo por el que explico esto es porque, a menos que seas capaz de comprender la diferencia y aclararla a tus compañeros de trabajo, no serás capaz de inspirarles. Te será imposible actuar en este mercado con tus manos dispuestas a ayudar si no dejas claros tus elevados principios éticos y los demuestras. Debes poder mostrarle a toda tu organización y al resto de partes interesadas que puedes sacar un provecho y, a la vez, seguir estando orgulloso de ti mismo y de tu negocio.

El capitalismo compinche es un sistema económico y político donde el gobierno es controlado por las compinches de las corporaciones e interviene en el mercado usando su poder coactivo en su favor. Los empresarios compinches prosperan no porque sirven a sus clientes y empleados, sino porque explotan el poder del estado sin someterse a la disciplina del mercado. Mientras que el capitalismo canaliza la ambición personal al servicio de los demás, el "compinchismo" canaliza la avaricia personal y la convierte en abuso.

Los políticos corruptos destrozan la competencia libre, favoreciendo a sus compinches empresarios con permisos especiales, subvenciones gubernamentales y exenciones fiscales, y castigando a otros mediante impuestos y restricciones. Las corporaciones compinches corren riesgos excesivos sin ningún miedo a sabiendas de que, si ganan, sus ganancias serán privatizadas, pero si pierden, sus pérdidas serán socializadas, es decir cubiertas con rescates y medidas especiales de ayuda económica fondeadas por los pagadores de impuestos. Las empresas compinches no sacan beneficios en el mercado económico a través de servicios que agregan valor, sino aprovechándose del mercado político mediante prebendas que destruyen valor.[4]

Los compinches se merecen toda la culpa y el escarnio. Son rapaces, depredadores e inmorales. Dañan a las personas y al medio ambiente en su infinita avaricia. No conocen ningún límite y pisotean a los demás sin ningún respeto por sus derechos. Quizá por este motivo los argumentos marxistas de hace cien años sobre la explotación de los trabajadores se han enraizado en la mente de las personas. Pero esto es un error. Los empresarios compinches no son capitalistas sino mafiosos.

El capitalismo no funciona así. En los mercados libres bajo el principio de derecho, las empresas no sacan beneficios actuando de forma insensible, manipuladora y avariciosa. Las empresas realmente se benefician a largo plazo si actúan de forma empática (comprendiendo a sus clientes, empleados y otras partes interesadas), compasiva (sirviéndoles) y equitativa (tratándoles de forma justa). El único motivo por el que las empresas psicopáticas, maquiavélicas y narcisistas pueden sobrevivir (y contribuir al ascenso de líderes psicopáticos, maquiavélicos y narcisistas) es porque impiden, mediante la ayuda de sus compinches del gobierno, que sus competidores sean capaces de ofrecer un mejor valor.

Es una tragedia de nuestros tiempos que el capitalismo se confunda con el comportamiento de un sindicato criminal y no reciba el reconocimiento como el gran beneficio que supone para la sociedad (como explicaré en un momento). Es como confundir una república con una dictadura brutal. La diferencia fundamental entre el capitalismo y el compinchismo, del mismo modo que se diferencian una dictadura y una república, es un respeto por los derechos de propiedad y las libertades básicas que estos implican. Los líderes conscientes son las personas más responsables de defender estos valores.

Como advirtió Peter Drucker: «La tiranía es la única alternativa a instituciones autónomas, sólidas y de buen funcionamiento. La tiranía sustituye al pluralismo por un jefe absoluto. Sustituye la responsabilidad por el terror». Según Drucker, la tiranía engulle a las organizaciones del mercado libre en una burocracia política totalizadora: el final del capitalismo compinche es el fascismo. Y este sistema consigue producir bienes y servicios, pero con un costo enorme de sufrimiento, humillación y frustración. Drucker escribió: «Hacer que nuestras instituciones actúen de forma responsable, autónoma y con un alto nivel de logro es, por tanto, la única protección de la libertad y la dignidad en la sociedad pluralista».[5] Los líderes conscientes hacen que las instituciones funcionen. El liderazgo consciente es la alternativa a la tiranía y nuestra mejor protección contra ella.

EL SEGUNDO GRAN MALENTENDIDO

Además de echarle la culpa al capitalismo como sistema económico, muchas personas reaccionan de forma negativa ante empresas con fines de lucro. Un concepto social dominante es el siguiente: «No se puede confiar en las personas de negocios. Son explotadores que se aprovechan de empleados y clientes». Se trata de una conclusión falsa que surge de la confusión sobre el origen de sus ganancias. Algunas personas creen que estas provienen de la explotación de la debilidad, pero de hecho, surgen de proporcionar fuerza a otros.

Aquí tienes un ejemplo de una situación en la que me encontré cuando estaba trabajando en este libro. Estaba navegando en Belice cuando empecé a ver algo parecido a una tormenta eléctrica con el ojo izquierdo.[6] Sentía como si tuviera una luz estroboscópica parpadeándome directamente en el cerebro. La causa de este espectáculo lumínico era una retina desprendida, como descubrí varios días más tarde, cuando pude llegar a tierra firme. El oftalmólogo local me recomendó encarecidamente que volviera a Estados Unidos para que me atendiera un especialista, cosa que hice ese mismo día; por la tarde ya me estaban operando el ojo. Mi seguro médico cubrió las expensas, así que no sé exactamente cuánto costó la operación, pero estoy seguro de que el doctor se ganó una buena suma de dinero por el procedimiento.

Podría echarle la culpa al cirujano por «aprovecharse de mi sufrimiento». Sacó un beneficio de mi desventura y salió ganando porque yo salí perdiendo. Podría imaginármelo sintiéndose muy contento de que hubiera sufrido esta lesión tan terrible, ya que a él le produjo una oportunidad muy rentable. Pero sé que este no es el caso: su objetivo principal era salvar mi visión y ayudarme a recuperarme correctamente. Sí, es cierto que vive de su profesión, pero la mayoría de los doctores que conozco que deciden entrar en la larga y ardua formación en medicina lo hacen, antes que nada, para ayudar a las personas.

La causa de mi problema ocular es desconocida. Quizá tenga algo que ver con mi edad. Quizá se debe a la presión del agua durante mis buceos. Quizá está relacionada con la cirugía láser correctiva que me hice hace veinte años. Quizá es por culpa de otra cosa. O quizá todas las cosas anteriores tuvieron algo que ver; nunca lo sabré del todo seguro y, realmente, no tiene importancia. Lo que sí que sé es que el oculista no tuvo ninguna culpa de ello.

Me quedé casi ciego del ojo izquierdo. Me sentí perdido, confuso, asustado y vulnerable. El doctor fue enormemente amable conmigo al examinarme, me expuso sinceramente el diagnóstico y comentó conmigo las distintas opciones de tratamiento. Mi estado era serio; aunque la cirugía implicaba ciertos riesgos, si no me sometía a ella era casi seguro que acabaría perdiendo el ojo.

El doctor no se benefició de mi sufrimiento; se benefició de *aliviarlo*. Le pagué porque él se había formado para poder ayudar a personas en mi estado, y me atendió a la perfección. Yo sentí y aún siento admiración y gratitud hacia él. De hecho, habría pagado mucho más de lo que pagué para recuperar mi visión.

Del mismo modo, me parece injusto e incluso insultante que se acuse a los fabricantes de alimentos de aprovecharse del hambre de las personas, a los fabricantes de ropa de ganar dinero a costa de las necesidades que tiene la gente de protegerse ante los elementos, a las empresas constructoras de beneficiarse de la necesidad de una vivienda, y así sucesivamente. Los fabricantes de alimentos y de ropa y las empresas constructoras ofrecen a las personas los bienes que necesitan para seguir con vida. La vida no está garantizada de ningún modo por la naturaleza; la única certeza es la muerte. Es nuestra sociedad y su sistema económico la que provee los medios para mantener y mejorar nuestras vidas. Para permanecer con vida y desarrollarse, cada persona debe trabajar duramente para cubrir sus necesidades. Es injusto afirmar que aquellos que proporcionan los medios para satisfacer estas necesidades, y lucran con ello, son culpables de crearlas.

A pesar de que todo esto pueda parecer obvio, demasiadas personas de negocios con las que me he topado se sienten culpables, marcadas por la presunción de que se aprovechan de las desventuras de los demás, explotando a aquellos que necesitan sus bienes, o empleos. Es por eso por lo que piensan que deben «pagar su deuda con la sociedad» tras ganar el dinero que ganan.

Yo siempre he tenido un problema con esta noción, puesto que la implicación oculta tras la idea de «pagar tu deuda» es que las personas que han ganado ese dinero se han apropiado de algo que no les corresponde y por eso *deben* devolverlo (o ser obligadas a ello por un gobierno redistributivo). Estoy completamente a favor de *dar* generosamente, con sabiduría y compasión. Pero estoy en contra de la idea de que los empresarios de éxito sientan que deben pagar una "deuda con la sociedad".

Bill Gates, por ejemplo, ganó su fortuna de forma justa y merecida, y puede hacer lo que le apetezca con ella. Sus obras filantrópicas son dignas de elogio, pero no son una compensación. Durante muchos años, Gates amasó una fortuna creando productos que las personas adquirían voluntariamente para mejorar sus vidas.[7] Independientemente de lo que puedas pensar de él, no infringió los derechos de nadie llevándose su dinero en contra de su voluntad. Cualquier persona que haya comprado *software* de Microsoft lo ha hecho de forma voluntaria (o ha comprado voluntariamente el ordenador en el que vienen las aplicaciones y el sistema operativo de Windows). Logró ganar una cantidad de dinero impresionante. Pero yo diría que su riqueza personal es relativamente pequeña en comparación con la riqueza que ha producido para todos lo que hemos comprado productos y servicios de Microsoft.

Sin embargo, la mayoría de las personas solo empezaron a reconocer a Bill Gates como una persona ética cuando empezó a dar su fortuna a organizaciones benéficas. A mí esto me parece raro ya que, además de beneficiar a sus usuarios, Microsoft hizo que la economía nacional creciera, hizo que aumentara nuestro dominio de la tecnología, convirtió el área de Seattle en un centro de tecnología y produjo muchos otros beneficios sociales. Cientos de miles de personas y sus familias se han beneficiado de Microsoft, tanto empleados directos como trabajadores de su red de proveedores, colaboradores y clientes empresariales.

Las personas asumen que la intención de Gates como empresario fue ganar dinero y que su intención como filántropo es mejorar la vida de los demás. Pero Gates el empresario y Gates el filántropo no son dos personas distintas. Al parecer, hay quien es incapaz de concebir la posibilidad de que Gates quisiera ganar dinero mejorando la vida de los demás.[8]

Además, también discrepo de la idea de que es imposible que capitalistas y emprendedores consigan beneficios sin «explotar» a sus empleados.[9] Tras salir del Instituto Tecnológico de Massachusetts fui cofundador y director de una consultora que empleaba a contratistas. Pagábamos a estos contratistas aproximadamente un 50 % de lo que cobrábamos a nuestros clientes por sus servicios. (Para simplificar las cosas, ignoremos el resto de los costos y asumamos directamente que sacábamos un margen neto del 50 %). Hay quien me podría acusar de explotar a nuestros contratistas al comprar sus servicios por la mitad de su valor en el mercado, del mismo modo que acusan a las empresas de obtener beneficios a costa de sus trabajadores.

¿Dónde falla este argumento?

La falacia está en la expresión «su valor en el mercado». Los servicios de un contratista solo valen lo que alguien esté dispuesto a pagar por ellos. Si los contratistas pudieran haber vendido sus servicios en el mercado por el doble de lo que mi empresa les pagaba, ¿por qué prefirieron vendérnoslos a nosotros en vez de a nuestros clientes finales? Optaron por vendernos sus servicios a nosotros porque no podían hacerlo con mejores condiciones a otros clientes. Decidieron que lo que nosotros les ofrecíamos era la mejor opción para ellos. De lo contrario, habrían usado su tiempo, energía y habilidades de otro modo. (De hecho, había muchos consultores que decidieron no trabajar para mi empresa; pues seguramente consideraron que les resultaría mejor ofrecer sus servicios a otra consultoría o a los clientes de forma autónoma. No solo los entiendo, sino que los apoyo. Nunca he sentido otra cosa que simpatía hacia ellos cuando competían contra mi empresa. La competencia hizo que todos fuéramos mejores).[10]

Nuestros clientes contrataban a nuestra empresa porque confiaban en que les íbamos a ofrecer un servicio global, homogéneo y para todos sus niveles gerenciales, supervisado por mis socios y por mí, a través de procesos y materiales que desarrollamos nosotros mismos, y con una estructura administrativa y logística a la altura de la suya. Confiaban en nosotros porque habíamos invertido en materiales de investigación y *marketing*, y porque teníamos una organización de ventas que exploraba sin cesar qué podíamos hacer por ellos. Las empresas que nos contrataban no querían tener que tratar con consultores individuales, sino con una consultora fiable con una trayectoria en el mercado. Y los contratistas que trabajaban con nosotros no querían tener que vender y ofrecer sus servicios directamente a clientes finales. Querían contar con una consultora que pudiera respaldarlos. Era un acuerdo donde todos salíamos ganando: clientes, contratistas y nosotros.

EL GRAN BIEN

«La filosofía política progresista en la que creía», escribió John Mackey, fundador de Whole Foods y coautor de *Capitalismo consciente*, «se fundamentaba en que tanto las empresas como el capitalismo se basaban esencialmente en la avaricia, el egoísmo y la explotación: la explotación de los consumidores, de los trabajadores, de la sociedad y del medio ambiente con el objetivo de maximizar los beneficios. [...] Creía que los beneficios eran un mal necesario y, sin duda, no eran uno de los objetivos deseables para la sociedad como conjunto».[11]

Convertirse en emprendedor y empezar una empresa cambió por completo la vida de Mackey. «Casi todo lo que creía sobre el mundo empresarial resultó estar equivocado», escribió. «Lo más importante que aprendí en el primer año es que los negocios no se basan para nada en la explotación o la coacción, sino en la cooperación y el intercambio voluntario. Las personas comercian para obtener una ganancia mutua».[12]

Fundar y dirigir una empresa es un esfuerzo por suplir una necesidad todavía no cubierta de una forma más eficiente que otras alternativas existentes, combinando factores de producción de formas novedosas y más rentables. El capitalismo, como Mackey alcanzó a comprender, se basa en el concepto del servicio. Si una empresa no sirve a sus clientes, se quedará sin clientes. Si una empresa no sirve a sus empleados, se quedará sin empleados. Si una empresa no sirve a sus proveedores, se quedará sin proveedores.

Separado del "compinchismo", el capitalismo es el mejor mecanismo de cooperación social y progreso humano que el mundo ha conocido jamás. «La historia lo deja claro como el agua», escribió el nobel Milton Friedman. «Hasta el momento no se ha descubierto una forma alternativa de mejorar la situación de las personas comunes y corrientes que pueda compararse a las actividades productivas que desata un sistema de libre empresa».[13]

El capitalismo ha mejorado drásticamente las condiciones de vida, ha disminuido el nivel de pobreza, ha aumentado la esperanza de vida, ha reducido la mortalidad infantil, ha promovido la igualdad de derechos y mucho más. Si miramos a los últimos doscientos años, la cantidad de bien que ha traído el capitalismo al mundo es asombrosa. Hasta el siglo XX, la esperanza de vida media mundial estaba por debajo de los veinticinco años (cuarenta y cinco en los Estados Unidos); hoy en día es de setenta y dos años (ochenta en los Estados Unidos).[14] En el siglo XIX, un 85 % de la población mundial vivía en la pobreza extrema (definida como menos de 1,25 dólares al día); este número está hoy por debajo del 10 %.[15] De hecho, los ingresos medios por cápita globales han aumentado en un 1.000 % desde 1800.[16] Hoy en día, el nivel general de violencia global en todo el mundo es inferior, a pesar de que puede no parecernos así pues nuestro conocimiento de lo que pasa alrededor del mundo es superior.[17] Incluso si comparamos la actualidad con la situación hace cincuenta años, las cosas han cambiado radicalmente para mejor, ya que los emprendedores y sus empresas han desarrollado una miríada de bienes y servicios, desde neveras hasta teléfonos móviles, desde coches a televisiones, desde instalaciones sanitarias a aire acondicionado, que hacen que las vidas de incluso los pobres de nuestras economías desarrolladas sean mejores que las de la realeza de siglos anteriores.[18, 19]

La población humana tardó más de doscientos mil años (cuando se cree que los primeros *Homo sapiens* aparecieron en la Tierra) hasta llegar mil millones de habitantes (cosa que sucedió aproximadamente en 1800). La tasa de crecimiento anual media desde el 10.000 a. C. (donde se calcula que había alrededor de cuatro millones de humanos) fue de alrededor del 0,05 %. La propagación del capitalismo, la Revolución Industrial, supuso un punto de inflexión único en la historia. Solo tardamos doscientos años en pasar de mil millones de habitantes a siete mil millones y medio de personas, con una tasa de crecimiento anual media de alrededor del 1 %; veinte veces superior a la tasa de los diez mil años anteriores. Planteémonos que, sin el capitalismo, siete de cada ocho personas del mundo no estarían vivas hoy en día (es decir, que habría una posibilidad del 85 % de que tú no existieras).

Además, dependiendo de la edad que tengas, tus posibilidades de supervivencia habrían sido bastante más reducidas, ya que durante la mayoría de la historia humana, la esperanza de vida era de alrededor de veinticinco años. Antes de la Revolución Industrial solo habrías tenido una fracción de los ingresos que tienes ahora y, además, tu salud física habría sido mucho peor.[20] «La persona media en el 100.000 a. C. estaba mejor (en términos de horas de trabajo necesarias para suplir las necesidades básicas, alcanzar la esperanza de vida, tener salud física...) que la persona media de 1800», escribe el historiador económico Gregory Clark. «De hecho, la gran mayoría de la población mundial era más pobre que sus antepasados remotos».[21, 22, 23]

Como líder trascendente, es importante ser capaz de articular los puntos fuertes del capitalismo y su poder para mejorar nuestras vidas, además de condenar el compinchismo.[24] ¿Y por qué? Porque, en última instancia, creo que los seres humanos nos movemos por una esencia ética. Queremos vernos y que los demás nos vean como personas buenas, justas y que hacen lo correcto.

CAPITALISMO INCONSCIENTE

Es posible participar en un mercado libre y beneficiar a la sociedad sin tener ninguna comprensión de sus principios. La regla básica es que las empresas y los individuos no invadan la propiedad de los demás y cumplan con sus contratos. Mientras esto se respete, las interacciones económicas estarán al servicio del bien mayor.

Cuando se lleva a cabo una transacción voluntaria, cada parte debe recibir al menos tanta satisfacción (y en general más) como a la que renuncia a través de lo que está cediendo a cambio. Por ejemplo, si yo quiero cambiarte mi naranja por tu manzana, será porque valoro tu manzana más que mi naranja. Del mismo modo, si tú aceptas el intercambio, debes valorar tu naranja más que mi manzana. Por lo tanto, la transacción se basa en dos desigualdades. Esta disparidad genera un excedente neto de satisfacción: ambas partes esperan estar mejor después de la transacción de lo que estaban antes.

Este es el motivo por el que el compinchismo es tan nocivo para el bien social. El mecanismo de seguridad del capitalismo, lo que disciplina las posibles ambiciones desmesuradas de una empresa o un individuo, es la posibilidad de aceptar o rechazar cualquier tipo de transacción (garantizada por los derechos de propiedad y libre comercio). Cuando la coerción legal bloquea este mecanismo, el sistema entero acaba descarrilando. Si a las personas se las obliga (de forma ilegal, como en el crimen, o de forma legal, como en política) a participar en transacciones que preferirían evitar, la «selección natural» del ecosistema deja de funcionar.

El capitalismo crea un campo de fuerza que canaliza la ambición personal hacia el apoyo por los demás y organiza la sociedad para que coopere mediante la división del trabajo y la innovación hacia la satisfacción de las necesidades de sus miembros. Como explicó Adam Smith: «No es de la benevolencia del carnicero, cervecero o panadero de donde obtenemos nuestra cena, sino de su preocupación por sus propios intereses». Pero, aun así, están «dirigidos como por una mano invisible» para promover un bien ventajoso socialmente que no formaba parte de su intención original.[25]

Este es el motivo por el que el capitalismo funciona incluso con personas inconscientes e impulsadas por deseos egoístas. Incluso aunque un emprendedor no sea un héroe moral, el capitalismo lo convertirá en un sirviente de la sociedad. Los derechos de propiedad y libre comercio destilan el egoísmo en el servicio, haciendo que sea necesario entrar en el mercado con la intención de ayudar.[26] El capitalismo es el crisol alquímico con el que la humanidad transforma sus instintos básicos en oro.

CAPITALISMO CONSCIENTE

El capitalismo funciona incluso mejor cuando las personas son conscientes. Del mismo modo que un ingeniero sabe lo que hace puede usar un ordenador mejor que alguien que no comprende cómo funciona esa tecnología, un capitalista consciente puede participar en el mercado libre con más efectividad que alguien que no comprende sus principios económicos.

En vez de «hacerlo por accidente», los capitalistas conscientes cuentan con una intención deliberada de obtener beneficios sirviendo a los demás. Buscan su propio bienestar promoviendo el bienestar de sus inversores, clientes, empleados, proveedores y todos aquellos que comercian con su empresa. Comprenden que, al hacerlo, benefician a muchos otros a los que ni siquiera conocen. Para ellos, lo que aportan a la sociedad no es un efecto secundario positivo de su negocio; es el modo en que dirigen su empresa.

Hace varios años le pregunté a John Mackey quiénes creía que eran los mayores beneficiarios de Whole Foods. Me respondió, prediciblemente, que sus clientes. Yo me mostré en desacuerdo. Me miró, interrogativo, y me desglosó la lista de partes implicadas en su empresa: empleados, accionistas, proveedores... Yo seguí negando con la cabeza.

—Por supuesto —le expliqué—, hay un impacto directo en las poblaciones tradicionales. Pero del mismo modo que una piedra que cae en el agua produce ondas cada vez mayores, una empresa en una economía (y, en especial, si se dirige de forma consciente) crea ondas cada vez mayores de bondad. Cuanto más conscientes seamos, más podremos ver hasta dónde alcanzan estas ondas. Dos de los beneficiarios menos obvios son los clientes y empleados de la competencia.

Los clientes de otras tiendas se benefician porque la oferta adicional de Whole Foods supone una presión para que estos competidores reduzcan el precio y aumenten la calidad, de modo que puedan seguir atrayendo a clientes a sus tiendas. Por ejemplo, cuando vivía en Boulder, Colorado, advertí que la tienda de Safeway donde yo compraba aumentó su calidad cuando abrió un Whole Foods Market cerca. Mientras que los ingresos de Whole Foods eran de unos 13.000 millones por entonces, los de Safeway rondaban los 36.000 millones. Había muchas más personas que compraban en Safeway que en Whole Foods, así que el impacto social positivo de esta competencia llegó mucho más allá de los clientes directos de Whole Foods.

Además, los empleados de la competencia (es decir, de cualquier empresa que quiera contratar a personas que podrían trabajar para Whole Foods) también se benefician, puesto que la demanda añadida de Whole Foods supone una presión sobre la competencia para que aumente la oferta de compensación (tanto económica como no económica) que hace a sus empleados para atraerles a su empresa. Para atraer a los empleados que necesita la competencia, Safeway y otras tiendas de comestibles deben mejorar su oferta para resultar más atractivas a aquellas personas que, de otro modo, podrían decidir trabajar en Whole Foods.

No tienes por qué ser un emprendedor para ser un capitalista consciente. Tienes la opción de «votar» con tu dinero, frecuentando o invirtiendo en empresas que se comportan de forma ética con su cadena de proveedores (como ahora se ve cada vez más gracias a los certificados de comercio justo, respeto por el medio ambiente, bienestar animal y similares), en sus empleados, clientes y demás. El capitalismo es una democracia económica donde cada dólar te da el derecho a votar. Como comentó Mises: «Los jefes reales son los consumidores. Ellos, comprando o absteniéndose de comprar, deciden quién debe poseer el capital y dirigir las plantas de producción. Ellos determinan qué debe producirse y en qué cantidad y calidad. Sus actitudes resultan en ganancias o pérdidas para el emprendedor. Ellos hacen que los pobres se hagan ricos y los ricos, pobres».[27]

Además de con dinero, cada uno de nosotros tiene la oportunidad de votar con nuestro recurso más preciado: nosotros mismos. Debemos seleccionar en qué empresa «invertir» nuestra energía. Las compañías compiten para ofrecernos a cada uno no solo dinero, beneficios y oportunidades de carrera profesional. En última instancia, nos ofrecen un proyecto que da sentido a nuestra vida. El atractivo definitivo no es el dinero, sino el sentido. Cada uno de nosotros puede elegir dónde trabajar y convertirse en un empleado de una empresa a la que admiramos por su liderazgo trascendente, propósito noble y principios éticos.

Finalmente, como líder trascendente, puedes aumentar la conciencia de tus empleados, compañeros y clientes sobre el capitalismo y el espíritu emprendedor. Puedes ayudarles a comprender cómo y por qué la libertad y el respeto en el mercado funcionan para mejorar la humanidad. Y tienes la oportunidad de participar en un discurso público defendiendo estos principios en interacciones personales y sociales. Lo que es más importante, puedes convertirte en un modelo de una vida consciente, lo que incluye participar de forma consciente en el mundo empresarial.

CAPITALISMO SUPERCONSCIENTE

«El trabajo es el amor hecho visible», escribió Khalil Gibran.[28] Cuando una persona iluminada con pocas ansias de ego entra en el mercado, esta persona sustituirá la «mano invisible» de Adam Smith por la mano dispuesta a ayudar del pastor de bueyes.

Yo creo que es el *agape* (compromiso a apoyar el florecimiento de los demás) lo que impulsa a un «capitalista superconsciente». Una persona así, entra en el mercado con el compromiso de aliviar el sufrimiento y respaldar el desarrollo y prosperidad de todos los seres conscientes. En la parte anterior del proceso de transformación desde la inconsciencia a la conciencia, el servicio es un medio para llegar al éxito; es necesario ofrecer valor a las partes implicadas para poder obtener valor de ellas. En esta etapa, el éxito es un medio para llegar al servicio; es necesario para obtener recursos y poder ofrecer valor a más y más personas.

Durante un retiro de meditación de un mes en las montañas de Colorado, yo hice lo que se denomina un voto de «bodhisattva-empresarial». Me comprometí a volver al mercado con manos dispuestas a ayudar y con estas ideas sobre el liderazgo. Me quité un peso enorme de encima. Había probado lo que era sentirse libre del ansia de ego que me hacía ser un adicto al trabajo. Me había dado cuenta de que lo que me impulsaba era el miedo, un combustible sucio que nubla mente y corazón. Y era capaz de visualizar cómo sería impulsarse con el combustible del amor.

Al final de ese retiro, mientras caminaba en silencio por las montañas nevadas, recordé la historia bíblica de cómo a Moisés se le prohibió entrar en la tierra prometida. Cuando aprendí esa historia en la escuela, no pude comprender por qué Dios había castigado con tanta severidad a Moisés solo por golpear una roca. Pero en ese momento pude darle una interpretación con más sentido. Dios le había mandado a Moisés que le hablara a una roca para que de ella fluyera el agua. En vez de ello, Moisés «golpeó la roca con su vara» y se atribuyó el mérito, ante toda la comunidad, de ser él quien había hecho brotar el manantial.

Me pareció la metáfora perfecta para el ego y la iluminación. El inicio de la búsqueda del despertar siempre está impulsado por el ego. ¿Cómo podría ser de otro modo? El ego es el maestro hasta que despiertas y adviertes quién es tu yo verdadero. Ego vaga durante cuarenta años por el desierto, ansiando llegar a la tierra donde abundan la leche y la miel. Pero cuando finalmente avista la tierra prometida, al ego no se le permite entrar. No puede entrar en la tierra prometida porque la liberación implica su disolución (o, más bien, su des-ilusión: romper su hechizo). La liberación llega cuando caemos en la cuenta de que no hay ego en la conciencia y de que no hay límites fijos en el campo de la conciencia.

Pero, para la mente sin iluminación, el «Yo» (el ego) necesita protección y consuelo constantes ante el peligroso mundo que amenaza romper su amor propio en mil pedazos. Los patrones defensivos típicos del ego son los rasgos de la arrogancia y el orgullo. Muchos de mis clientes me han dicho que quieren que su empresa sea conocida como «la empresa más admirada del mundo». Mi respuesta típica es preguntarles qué pensarían de mí si yo les dijera que yo quiero ser reconocido como «el consultor más admirado del mundo». Se ríen y responden que les parecería muy arrogante, presumido y superficial. Yo también me río y les respondo que así es como me suena a mí lo que me dicen. Un objetivo sano no puede ser solo ganar el reconocimiento (o la adulación) de ser el mejor. Las dos preguntas esenciales son: ¿por qué quieres que te admiren y con qué propósito?

Aquellos que quieren admiración por su rendimiento económico no están en la etapa de la superconciencia. Si estás en esta etapa, quieres que te admiren porque, además de contar con una buena salud económica, has desarrollado una cultura ejemplar basada en valores humanos universales, porque has sido capaz de presentar con constancia al mercado nuevos productos y servicios que mejoran las vidas de los demás, y porque lideras de un modo que inspira a los demás a dar lo mejor de sí.

Si quieres la admiración de los demás para satisfacer tu ansia de fama, poder, estatus y riqueza, tendrás poco impacto y tu legado perdurará poco en el mundo que te rodea. Por otro lado, si quieres ser admirado para tener la autoridad moral y los medios materiales necesarios para ayudar a otras organizaciones a imitar a la tuya y ser un mentor de otros durante su viaje de héroe, «harás que incluso los árbo-les marchitos florezcan».[29]

¿Qué harías si tuvieras suficiente dinero (éxito, poder, esta-tus, fama, etc.) como para extinguir tus preocupaciones financieras y no financieras para siempre?[30] Tras hacer esta pregunta a miles de per-sonas, ninguna de ellas me ha respondido jamás que se jubilaría. Unos cuantos de ellos (que, en realidad, ya tienen más dinero del que jamás podrían gastar) responden que no cambiarían nada de lo que ya están haciendo. Otros fundarían empresas u organizaciones sin fin de lucro al servicio de la humanidad.

Lo interesante es que, cuando el motivo material desaparece, el motivo espiritual toma el timón. Cuando tenemos tranquilidad men-tal (que se debe mucho más a la relajación del ego que a la adquisición de recursos) nos invade el entusiasmo. Nos sentimos libres para mate-rializar algunos de nuestros sueños más deseados. Queremos hacer lo que nos gusta y aportar algo al mundo a través de ello. En vez de ver el mercado como un medio para demostrar nuestra superioridad sobre los demás, lo vemos como un medio para expresar nuestro amor.

Cuando las personas hacen negocios desde una perspectiva ilumi-nada, no hay una tensión entre sus metas materiales y espirituales. La iluminación en el mundo empresarial integra la sabiduría y compasión para respaldar el desarrollo humano: a través de ella, la sabiduría espi-ritual y la economía práctica se convierten en una misma cosa.

AUTOTRASCENDENCIA

Nuestras actividades profesionales definen nuestras identidades. Nos proporcionan una comunidad, nos ofrecen una sensación de sen-tido y propósito, nos dan desafíos y oportunidades para lograr éxito e integridad, y nos confieren una sensación de poder y habilidad. Las personas están contentas en su trabajo cuando se sienten respetadas, escuchadas, valoradas y respaldadas; cuando se les confía trabajo retador y significativo que les permite contribuir a la misión de la organización con autonomía, poder e integridad. Esto es lo que el psicólogo Abraham Maslow denominó «trabajo autorrealizante».

Maslow afirmó que, en lugar de quedarnos todo el rato sentados en una cueva (método típico en Oriente), la autorrealización a través de un compromiso con un trabajo que merece la pena es el camino realista hacia la felicidad humana en Occidente. El trabajo autotrascendente es una forma potente de ir más allá del ego, de librarnos de la obsesión y la preocupación por nosotros mismos: «El mundo interno y externo se funden y se convierten en una misma cosa».[31]

El propósito superior del mundo de los negocios no es, pues, triunfar o ganar dinero, sino florecer a través de un servicio autotrascendente. El esfuerzo iluminado de triunfar en el mercado queda subordinado al compromiso de respaldar el desarrollo y la prosperidad de todos los seres humanos. El éxito empresarial ya no es el objetivo; se convierte en un medio para expresar la naturaleza más elevada de uno mismo: el amor.

Y hace falta mucho amor ahora mismo. Miles de millones de personas hoy en día no están mejor que nuestros ancestros, miles de años atrás. Por ejemplo, alrededor de la mitad de la población mundial vive con unos ingresos de menos de 2,50 dólares al día.[32] Y un 71 % de la población mundial vive con menos de 10 dólares al día. (El umbral de pobreza en los Estados Unidos se calcula alrededor de los 35 dólares al día). Estos números no solo hablan de la pobreza. También resumen las condiciones sociales que afectan a los sentimientos de cualquiera que se preocupe por los seres humanos. Las oportunidades para el desarrollo son infinitas y solo acabamos de empezar a aprovecharlas.[33]

Conectar a las personas con su propósito noble en el trabajo soluciona el problema más difícil que hay para los individuos (cómo conseguir una inmortalidad simbólica), para las organizaciones (cómo conseguir que los intereses individuales de los empleados estén alineados para conseguir un objetivo común), para las sociedades (cómo disfrutar de paz, prosperidad y progreso) y para la humanidad (cómo evitar la autodestrucción y coexistir en el *agape*).

Los líderes trascendentes construyen organizaciones que engloban todo el espectro: desde entidades económicas que suplen las necesidades materiales de las personas hasta templos de significado que suplen sus necesidades espirituales. En cuando la seguridad y el éxito se han satisfecho, el sentido es lo que importa. En nuestra era de pobreza y riqueza extremas, los líderes empresariales tienen más responsabilidad que nunca a la hora de desatar la tremenda fuerza para el bien en el mundo que supone el lugar de trabajo.

La humanidad ha llegado al estado de conciencia desde el cual podemos canalizar el deseo de significado en un compromiso para servir a los demás a través del mercado. Ahora necesitamos a líderes que sean lo suficientemente superconscientes como para hacerlo. «Cuando un líder demuestra que su propósito es noble», anota el autor de *Flow* Mihaly Csikszentmihalyi, «que el trabajo permitirá a la gente conectar con algo mayor, más permanente que su existencia material, la gente dará entonces lo mejor de ella misma al servir ese propósito noble».[34] Cuando las personas dan lo mejor de sí mismas por una causa noble, se convierten en lo mejor que pueden ser y crean el mejor mundo que pueden concebir.

EPÍLOGO

QUÉ HACER EL LUNES POR LA MAÑANA

Después del éxtasis, lavar ropa.

—Jack Kornfield

Cuando tienes claro quién eres realmente, es cuando aparece el duro trabajo diario de seguir siendo consciente. Para ser un líder trascendente, tras el éxtasis de descubrir tu verdadera naturaleza y volver de tu viaje de héroe con un regalo para tu comunidad, es cuando te tocará hacer la lavandería metafórica. Tienes que poner en práctica tus compromisos fundamentales cada día. Debes manifestar tu noble propósito, tus principios éticos y tu conexión con los demás en cada cosa que hagas. Al hacerlo, no solo dirigirás a tu organización sino que, gracias a las dinámicas de mercado, podrás promover un cambio mucho mayor.

Cualquier organización dirigida no solo desde la cabeza sino también desde un corazón trascendente, inspira e impulsa a otros a adoptar modelos de negocio admirables. Por ejemplo, una empresa con una gran marca de talento y que recibe una alta puntuación en el compromiso de los empleados fija un estándar que atrae al talento como un imán y, además, reduce la rotación de personal. Esto supone un talento que no se va a otras organizaciones a las que les gustaría aprovecharlo.

351

Del mismo modo que la competencia en el mercado de un producto supone un beneficio para los consumidores al estimular mejoras en la innovación, el servicio, la calidad y el precio, la competencia en el mercado laboral beneficia a los empleados, estimulando lugares de trabajo que promueven el crecimiento humano.

A cambio, aquellos a quienes les va bien en sus organizaciones, a su vez, ayudan a que sus organizaciones también prosperen. Según Gallup, las cuarenta organizaciones que reciben el premio anual «Great Workplace Award» [Mejor lugar de trabajo] comprenden que «la implicación de los empleados es una fuerza que lleva a resultados empresariales reales» y disfrutan de «mayor implicación de los empleados, mayor eficiencia, mayor calidad y una productividad aumentada». Gallup afirma que estas organizaciones cuentan con una media de nueve empleados motivados por cada empleado desvinculado activamente, «lo que supone una tasa cinco veces superior a la media de Estados Unidos y más de dieciséis veces superior a la media mundial».[1] Este tipo de compromiso produce un ciclo positivo que se retroalimenta. Las empresas con mayores puntuaciones de vinculación según Gallup atraen al mejor talento, lo que las hace tener un mayor éxito en el aspecto financiero; esto, a su vez, les permite crecer y atraer a más talento, y así sucesivamente. Lo que es más importante, estas empresas superan a aquellas que se niegan a humanizar sus entornos laborales, del mismo modo que los innovadores extinguieron a los competidores obsoletos del mercado.

Durante miles de años, los seres humanos se han apoyado en la comunidad como si se tratara de una especie de póliza de seguro. Realizamos «depósitos» llevándonos bien con nuestros vecinos y ayudándoles, y contamos con su reciprocidad para cuando seamos nosotros los que necesitemos ayuda. Pasa lo mismo en una organización. Cuando un líder se encarga de sus empleados y les ofrece la oportunidad de trascender su mortalidad, ellos corresponden a esto cuidando de la organización y entregándose completamente a la misión. Cuidar de las personas implica proporcionarles propósito, misión, estrategia, sentimiento de comunidad, respeto, amabilidad, atención, respaldo, orgullo y un sinfín de otros bienes no materiales, lo que acaba traduciéndose en bienestar, crecimiento y felicidad duradera.

Así que, ¿qué implica todo esto en tu propio comportamiento como líder trascendente a partir del lunes por la mañana?

- *Define el propósito noble de tu organización y adhiérete a él.* Inspira a tu equipo para que intente alcanzarlo siempre con los valores éticos más elevados. Explica por qué tu organización hace lo que hace, quién se beneficia de ello y qué método siguen para hacerlo. Por ejemplo, la empresa de doce mil empleados ABC Supply Company, una distribuidora de materiales como ventanas, tejados y revestimientos para contratistas de construcción en los Estados Unidos y que ha ganado el premio Gallup en once ocasiones, se basa en «el sueño de cuidar de nuestros empleados mejor que nadie más», según afirma su presidenta, Diane Hendricks.[2]

- *Describe la misión de tu organización de un modo que haría que tus hijos se sintieran orgullosos de contárselo a sus amigos en la escuela.* Anima a todo el mundo a explicar en sus propias palabras cómo se puede conseguir esta misión. Asegúrate de que todo el mundo comprende el noble propósito de la empresa (en el caso de ABC, por ejemplo, están «dedicados a promover y preservar el sueño americano ayudando a las personas a conseguir cosas extraordinarias, basándonos en nuestra creencia básica de que cada persona tiene la capacidad de hacer grandes cosas») y cuál es el papel concreto de su trabajo a la hora de alcanzarlo.

- *Transforma el cumplimiento en compromiso.* Invita a las personas a decidir ser una parte de la organización porque el trabajo que hacen también forma parte de su misión en la vida, no solo porque ese sea su trabajo.

- *Haz una diferencia entre el rol y el trabajo de cada uno. Aclárales que su trabajo aparente es su rol, pero que su trabajo real es ayudar al equipo a ganar.* Refuerza constantemente esta idea para romper con la ilusión de que optimizar los indicadores de rendimiento locales optimizará el rendimiento global. Acuérdate del conserje de la NASA quien le dijo al presidente Kennedy, henchido de orgullo, que estaba «ayudando a que el hombre llegue a la Luna».

- *Establece principios éticos que promuevan el bienestar y desarrollo de todas las personas en contacto con la organización.* Compórtate acorde a esos principios en cada una de tus acciones y exige lo mismo a todas las personas afiliadas a la empresa: no solo los empleados, sino contratistas, proveedores e incluso clientes. En las palabras del filósofo griego Heráclito: «Haz solo aquellas cosas que vayan en la misma línea de tus principios y que puedan salir a la luz del día. El contenido de tu personalidad [y de la cultura de tu organización] lo eliges tú. Día a día, lo que piensas, eliges y haces determina la persona en la que te conviertes. Tu integridad es tu destino».[3]

- *Crea una «banda de hermanos y hermanas» impulsada por una misión y unos valores.* Promueve el sentimiento de comunidad a través del respeto, la inclusión y la aceptación de todos aquellos que comparten la misión y los valores de la organización. Refuerza los lazos personales en todos los niveles de la jerarquía, y también más allá de la definición estricta que delimita quién pertenece a tu organización, para incluir a todos aquellos que participan en el proyecto.

- *Asegúrate de que todos los miembros de la organización cuentan con algún tipo de autonomía sobre cómo cumplir con sus responsabilidades.* Permíteles trabajar para el objetivo de la empresa con la mayor autonomía posible. Capacítales para tomar las riendas de su entorno laboral y buscar sus resultados como prefieran.

- *Alienta a los demás a aceptar desafíos que los desafíen y los fuercen a aprender nuevas formas de pensar y actuar.* Promueve una mentalidad de crecimiento, desterrando los temores y ayudando a los demás para que puedan trabajar con fluidez. Elogia los momentos en los que alguien corre riesgos de forma inteligente, especialmente si la jugada no sale bien. Considérala una experiencia de aprendizaje y «activa» la lección para que pase a formar parte del conocimiento compartido de la empresa.

- *Compensa a las personas de un modo competitivo y equitativo, pero no los motives con incentivos financieros.* Para atraer a los misioneros y repeler a los mercenarios, ofrece un paquete de beneficios materiales y no materiales que agrade a los primeros pero no a los segundos. Aborda el dinero solo para que deje de formar parte de la conversación.

- *Desarrolla una cultura que respalde la estrategia mediante las tres D: define los estándares, demuestra los estándares y demanda los estándares.* Después, exige que todo el mundo demande los estándares y que los *deleguen* a los niveles siguientes.

- *Sé un ejemplo. Sé un ejemplo. Sé un ejemplo.* Del mismo modo que las acciones de tus padres te transmitieron lo que realmente importaba en tu familia, haz que tus acciones muestren a los demás cuáles son tus valores. Si alguien parece desviarse de estos valores, enfréntate a esa persona con humildad, sin buscar echarle la culpa y preguntándole cuál es el razonamiento tras sus acciones. Invita a aquellos que parecen desviarse de estos valores a enfrentarse a ti con humildad, preguntándote cuál es el razonamiento tras tus acciones. Corrige las desviaciones reales.

- *Asume una respons(h)abilidad incondicional, sean cuales sean las circunstancias a las que te enfrentes.* Responsabilízate por tu parte en el problema para poder ser parte de la solución. Céntrate en aquellos aspectos de la situación que están bajo tu control. Explica los problemas como tu incapacidad de responder efectivamente al desafío al que te enfrentas y pregúntate qué tendrás que aprender para mejorar esta capacidad en el futuro. Invita al resto de tu organización a adoptar esta posición.

- *Recuerda que no siempre podrás garantizar el éxito, pero siempre tendrás el poder incondicional de garantizar la integridad,* lo que supone un éxito en sí mismo que va mucho más allá. Proponles a todas las personas que te rodean que dejen de verse como víctimas de las circunstancias y que pasen a ser los dueños de sus elecciones.

- *Considera los conflictos como desacuerdos estratégicos sobre cuál es la mejor forma de conseguir el objetivo.* Comprende que son

inevitables en cualquier organización compleja, porque todo el
mundo tiene que tratar con sus propios parámetros de rendimiento
subsistémicos y con información incompleta. Recuerda que cada
persona solo puede tocar una parte del elefante (organizacional)
y que aquellos que ven el elefante desde la distancia no pueden
percibir sus detalles. Resuelve los conflictos de forma colaborativa,
usando la misión y los valores de la organización como referencia
de lo que es correcto.

- *Entabla conversaciones para resolver cualquier tipo de conflicto,
especialmente aquellos que temes abordar porque tienes miedo de caer
mal a otros o de molestarles.* Inicia estas conversaciones definiendo de
forma colaborativa el objetivo compartido. Comprende el punto de
vista del otro. Explica tu punto de vista. Desarrollen una solución en
la que ambos estén de acuerdo o definan los pros y los contras para
elevar la conversación a los superiores. No des la conversación por
zanjada sin que antes haya un compromiso firme por parte de ambos
de implementar lo que hayan acordado.

- *Establece un sistema de «elevación colaborativa»* donde las personas
puedan presentar a sus superiores los conflictos que no consiguen
resolver, proporcionándoles la información granular necesaria para
una toma de decisiones inteligente. Asegúrate de que se consideran
ejemplos de elevación colaborativa en vez de elevaciones de
conflictos. Usa este sistema para preservar la relación laboral ante
decisiones complicadas con costos y beneficios descentralizados y
ambiguos. Úsalo también para señalar los intentos de optimizar un
subsistema a costa del sistema superior.

- *Cumple tus promesas siempre que te sea posible y, si no te es
posible, honra tu palabra explicando al otro cuál es el obstáculo
y asumiendo las consecuencias de tu incumplimiento.* Establece
que esto es una norma de comportamiento básica que deben
seguir todas las personas afiliadas a la organización. Recuérdate
y recuerda a los demás que nada puede funcionar sin que haya
integridad. Considera cualquier transgresión repetida con tanta
seriedad como harías ante un fraude o una falta de respeto abusiva.

- *Busca constantemente aprender y mejorar en las dimensiones Eso, Nosotros y Yo.* Pregunta a los demás cómo puedes mejorar a nivel personal y proponles que hagan lo mismo. Comenta con otros (no solo tus compañeros, sino las personas que están por encima y por debajo de ti) de qué formas pueden mejorar juntos el modo de colaborar y relacionarse, y cómo respaldar el bienestar del otro.
- *No les digas a las personas lo que esperas de ellas.* En vez de eso, diles qué pueden exigirte a ti y exigirle a tu equipo directivo, incluyendo tu respaldo personal y tu sinceridad inquebrantable.
- *Recuerda que un líder de verdad no tiene seguidores.* Un líder de verdad tiene «inversores de energía». Deja de ser un obstáculo y conviértete en el camino a través del que las personas conectan con la misión y los valores. Ofréceles una plataforma para pensar y actuar a lo grande y conseguir la inmortalidad simbólica.
- *Domina tu ego.* Olvídate de si eres o no el jugador más importante y deja de actuar de forma agresiva o defensiva para parecerlo. Rompe con tus rutinas automáticas para abordar tu ansiedad sobre tu valor como persona percibiendo tus «pellizcos emocionales».
- *Muere antes de morir.* Deja que la muerte, la conciencia de lo precioso y limitado que es nuestro tiempo en la Tierra, disuelva lo insignificante y deje solo lo importante. Levántate de tu sopor autocomplaciente y desconecta el piloto automático que te hace estar encallado en la rutina de la cotidianidad. Céntrate en tu legado, en tu «proyecto de inmortalidad simbólica» y conviértelo en la estrella polar de tu existencia (y de tu organización). Sustituye las quejas por el significado y el hedonismo (placer) por el moralismo.
- *Emprende el viaje del héroe.* Acepta la llamada de la aventura a pesar de tus miedos. Lánzate al inframundo, busca a tus aliados, descubre quién eres, lucha tu batalla interna, vuelve para luchar la batalla externa y, finalmente, regresa para ofrecer el regalo de tu autoconciencia y sabiduría a tu comunidad. Conviértete en un aliado, respaldando a aquellos que emprenden sus propios viajes difíciles.

- *Vuelve al mercado con manos dispuestas a ayudar.* Sé un capitalista superconsciente, ofreciendo tu servicio para el bien de aquellos que te rodean. Inspira a las personas a crear un mundo mejor a través del *agape*, el compromiso de respaldar el bienestar y el desarrollo de los otros seres humanos.

Como he declarado desde el principio, todos queremos que nuestras vidas sean relevantes y conferirles sentido, servir a un propósito superior a nosotros mismos y hacer algo que deje huella y que suponga una diferencia; todo esto, acompañados de camaradas con una mentalidad similar. Comprendemos que nuestra existencia es pasajera y que el futuro es sobrecogedoramente vasto. ¿Cómo vamos a lograr tener sentido con nuestra relativamente insignificante energía en nuestro tiempo brevísimo en la Tierra? Esta es la pregunta que todos los seres humanos deben enfrentar y responder si quieren vivir plenamente.

Como líder trascendente, inspirarás el compromiso interno de las personas para saciar su hambre de significado mediante una misión colectiva, que se persigue a través de valores que ennoblecen y crean una comunidad con un propósito.

Si haces las cosas que propongo en este libro, las personas te ofrecerán a ti y a tu empresa lo mejor de sí mismas, y cosecharás una felicidad mucho más allá de lo que jamás hayas soñado. A medida que te liberes de la ansiedad por tu rendimiento y te centres en tu noble misión, ganarás el sentido que te hace inmortal. Como dijo Viktor Frankl: «No busques tener éxito. Cuanto más te centres en ello y lo conviertas en el objetivo que buscas, más vas a errar. El éxito, como la felicidad, no puede perseguirse; debe ocurrir y eso solo sucede como efecto secundario inesperado de la dedicación personal a una causa superior a uno mismo».[4]

DE LA ESCLAVITUD AL SERVICIO

Mientras trabajaba en este libro hice un crucero Nilo abajo. Había ido a Egipto hacía mucho tiempo, pero no con mi compañera, Magda, quien siempre había soñado con ver las pirámides y los templos. Fuimos en avión hasta Alejandría y nos subimos al barco. Yo me preparé para una experiencia no demasiado emocionante, ya que ya había hecho ese *tour*. «Es un gesto de amor», me dije a mí mismo para consolarme. «Será bueno para nuestra relación y para mi alma». Pero, para mi sorpresa, el viaje me resultó incluso más interesante que la primera vez. Lo pude ver todo a través de los ojos de Magda y de Ernest Becker. Vi proyectos de inmortalidad por todas partes: la arquitectura, los monumentos, los rituales, los jeroglíficos, los templos, las momias, las pirámides, los obeliscos... Todo eso eran intentos de controlar la ansiedad ante la muerte.

Lo que más me impresionó fueron los grafitis que hicieron los soldados napoleónicos en un templo que construyó Ramsés II. También había escritos nombres de soldados ingleses. Personas completamente distintas habían dejado el mismo mensaje: «Yo estuve aquí». Los egipcios habían construido el templo hacía cinco mil años como prueba de su superioridad imperial, y los ingleses y franceses, quienes conquistaron el lugar miles de años después, también inscribieron sus nombres para demostrar su superioridad imperial. Aunque todos estuvieran separados por un abismo cultural, los antiguos egipcios y los europeos modernos tenían el mismo deseo: ser vistos, admirados y recordados como personas significativas. Mientras yo reflexionaba sobre la búsqueda humana de la inmortalidad simbólica, sintiéndome orgulloso de mi análisis objetivo de las civilizaciones pasadas, me asaltó un pensamiento surgido de la nada: «No te sientas tan superior, Fred. ¿Acaso no es este el mismo motivo por el que estás escribiendo tu libro?».

Una revolución de sentido está empezando a gestarse en el crisol del capitalismo superconsciente. Los líderes trascendentes son sus impulsores, desarrollando proyectos de inmortalidad enfocados en el crecimiento y la prosperidad de todos los seres conscientes. El mismo mercado libre que transforma el egoísmo en servicio puede, si se desarrolla en un nivel de conciencia superior, transformar la conquista en comunidad, la separación en unión y el miedo que surge del ego en amor que brota del alma. Para esta revolución harán falta líderes trascendentes que puedan implicar a los demás en un proyecto magnífico: crear estructuras socioeconómicas en las que el respeto radical por cada ser vivo nos guiará en el camino hacia una nueva era para la humanidad.

¿Estás listo para unirte a la revolución?

AGRADECIMIENTOS

Gracias a:

Jeff Weiner, que me ha inspirado y respaldado.

Reid Hoffman, que ha ampliado y refinado mis ideas.

Sheryl Sandberg, que ha compartido su verdad de forma heroica.

Mike Gamson, que me ha ayudado a cruzar la línea de meta.

Bronwyn Fryer, que me ha ayudado a escribir.

Steve Ross, que me ha ayudado a materializar esta idea.

Roger Scholl, que me impulsó a volar.

LinkedIn es una empresa con más de 10.000 empleados; no es una cultura perfecta, pero lo intenta y es mejor que muchas de las que he visto. Uno de los motivos por los que LinkedIn es un lugar maravilloso donde trabajar es que respalda a los empleados en su desarrollo profesional. Estoy muy agradecido a LinkedIn por darme permiso para compartir abiertamente mis experiencias con un público más amplio fuera de la empresa. El contenido de este libro representa mis propias opiniones e interpretaciones y no las de LinkedIn.

NOTAS

CAPÍTULO 1: UN TALLER CALIENTE

1. Puedes escuchar el clip de SoundCloud aquí: https://soundcloud.com/ryan-block-10/comcastic-service.

2. https://www.brainyquote.com/quotes/w_edwards_deming_672627.

3. David Gelles, «At Aetna, a C.E.O.'s Management by Mantra», *New York Times*, 27 febrero 2015, https://www.nytimes.com/2015/03/01/business/at-aetna-a-ceos-management-by-mantra.html.

4. Roy F. Baumeister, Kathleen D. Vohs, Jennifer L. Aaker y Emily N. Garbinsky, «Some Key Differences Between a Happy Life and a Meaningful Life», *The Journal of Positive Psychology* 8, n. 6 (2013): pp. 505–16.

5. Personalmente he experimentado la «paradoja del autor» en varias ocasiones. Estoy muy contento de haber escrito *Metamanagement* (3 volúmenes, en español), *La empresa consciente* y *La revolución del sentido*, pero no puedo decir que haya disfrutado haciéndolo. Han sido como nueve meses de parto tras años de embarazo mental. Para mí, escribir libros disminuye la felicidad pero aumenta el sentido.

6. Baumeister, Vohs, Aaker y Garbinsky, «Some Key Differences Between a Happy Life and a Meaningful Life».

7. https://blogs.scientificamerican.com/beautiful-minds/the-differences-between-happiness-and-meaning-in-life/.

8. Baumeister, Vohs, Aaker y Garbinsky, «Some Key Differences Between a Happy Life and a Meaningful Life».

9. http://news.gallup.com/poll/154607/Americans-Emotional-Health-Reaches-Four-Year-High.aspx?utm_source=alert&utm_medium=email&utm_campaign=syndication&utm_content=morelink&utm_term=USA%20-%20Wellbeing%20-%20Well-Being%20Index.

10. http://onlinelibrary.wiley.com/doi/10.1111/j.1758-0854.2010.01035.x/abstract.

11. https://www.huffingtonpost.com/todd-kashdan/whats-wrong-with-happines_b_740518.html.

12. Viktor Frankl, *El hombre en busca del sentido* (España: Herder, 2009).

CAPÍTULO 2: DESVINCULACIÓN

1. Brian Solomon, «Yahoo Sells to Verizon in Saddest $5 Billion Deal in Tech History», *Forbes*, 25 julio 2016, http://www.forbes.com/sites/briansolomon/2016/07/25/yahoo-sells-to-verizon-for-5-billion-marissa-mayer/#62c080fd71b4.

2. Arjun Kharpal, «Verizon Completes Its $4.48 Billion Acquisition of Yahoo; Marissa Mayer Leaves with $23 Million», *CNBC*, 13 junio 2017, https://www.cnbc.com/2017/06/13/verizon-completes-yahoo-acquisition-marissa-mayer-resigns.html.

3. Todd Spangler, «Yahoo's False Prophet: How Marissa Mayer Failed to Turn the Company Around», *Variety*, 24 mayo 2016, http://variety.com/2016/digital/features/marissa-mayer-yahoo-ceo-1201781310/.

4. Miguel Helft, «The Last Days of Marissa Mayer?», *Forbes*, 19 noviembre 2015, http://www.forbes.com/sites/miguelhelft/2015/11/19/the-last-days-of-marissa-mayer/#5463c48b6bff.

5. Mike Myatt, «Marissa Mayer: A Case Study in Poor Leadership», *Forbes*, 19 noviembre 2015, http://www.forbes.com/sites/mikemyatt/2015/11/20/marissa-mayer-case-study-in-poor-leadership/#56d238e93795.

6. Teresa Amabile y Steven Kramer, «How Leaders Kill Meaning at Work», *McKinsey Quarterly*, enero 2012, http://www.mckinsey.com/global-themes/leadership/how-leaders-kill-meaning-at-work.

7. Murray Rothbard, «The Mantle of Science» en *Scientism and Values*, editado por Helmut Schoeck y James W. Wiggins (Princeton: D. Van Nostrand, 1960).

8. «Louise Bush-Brown», Bartleby.com, última modificación 2015, http://www.bartleby.com/73/458.html.

9. Amy Adkins, «Majority of U.S. Employees Not Engaged Despite Gains in 2014», Gallup, 28 enero 2015, https://news.gallup.com/poll/181289/majority-employees-not-engaged-despite-gains-2014.aspx.

10. «State of the American Workplace Report 2013», Gallup, http://www.gallup.com/services/178514/state-american-workplace.aspx?g_source=EMPLOYEE_ENGAGEMENT&g_medium=topic&g_campaign=tiles.

11. Brandon Rigoni y Bailey Nelson, «Millennials Not Connecting with Their Company's Mission», Gallup, 15 noviembre 2016, http://www.gallup.com/businessjournal/197486/millennials-not-connecting-company-mission.aspx?g_source=EMPLOYEE_ENGAGEMENT&g_medium=topic&g_campaign=tiles.

12. Gallup, «State of the American Workplace Report 2013».

13. Robyn Reilly, «Five Ways to Improve Employee Engagement Now», Gallup, 7 enero 2014, http://www.gallup.com/businessjournal/166667/five-ways-improve-employee-engagement.aspx.

14. Ibíd.

15. Les McKeown, «A Very Simple Reason Employee Engagement Programs Don't Work», *Inc.*, 10 septiembre 2013, http://www.inc.com/les-mckeown/stop-employee-engagement-and-address-the-real-problem-.html.

16. «Chaplin Modern Times Factory Scene», YouTube, 5 septiembre 2015, https://www.youtube.com/watch?v=HPSK4zZtzLI.

17. Elaine Hatfield, John Cacioppo y Richard Rapson, «Emotional Contagion», *Current Directions in Psychological Sciences* 2, n. 3 (junio 1993): pp. 96–99.

18. Amy Adkins, «U.S. Employee Engagement Flat in May», Gallup, 9 junio 2015, http://www.gallup.com/poll/183545/employee-engagement-flat-may.aspx.

19. «How Seligman's Learned Helplessness Theory Applies to Human Depression and Stress», *Study.com*, última modificación 2017, http://study.com/academy/lesson/how-seligmans-learned-helplessness-theory-applies-to-human-depression-and-stress.html.

20. El objetivo de una organización sin ánimo de lucro podría ser cuidar de los enfermos, alimentar a los hambrientos o educar a los niños, pero sigue teniendo que suplir las demandas de sus accionistas y donantes.

21. Susie Cranston y Scott Keller, «Increasing the "Meaning Quotient" of Work», *McKinsey Quarterly*, enero 2013, http://www.mckinsey.com/business-functions/organization/our-insights/increasing-the-meaning-quotient-of-work.

22. James C. Collins, *Empresas que sobresalen: Por qué unas sí pueden mejorar la rentabilidad y otras no* (Barcelona: Ediciones Gestión 2000, 2006).

23. «Quotes, Authors, Humberto Maturana», *AZ Quotes*, última modificación 2017, http://www.azquotes.com/quote/703356.

24. «What Drives Employee Engagement and Why It Matters», Dale Carnegie Training, 2012, http://www.dalecarnegie.ca/resources/what-drives-employee-engagement-and-why-it-matters/.

25. La empresa Campbell Soup Company fue fundada en 1869.

26. Terry Waghorn, «How Employee Engagement Turned Around at Campbell's», *Forbes*, 23 junio 2009, http://www.forbes.com/2009/06/23/employee-engagement-conant-leadership-managing-turnaround.html.

27. Doug Conant (@DougConant), «To win in the marketplace you must first win in the workplace», Twitter, 29 agosto 2015, https://twitter.com/dougconant/status/373155799222480896.

28 Waghorn, «How Employee Engagement Turned Around at Campbell's».

CAPÍTULO 3: DESORGANIZACIÓN

1. Ver Uri Gneezy, Ernan Haruvy y Hadas Yafe, «The Inefficiency of Splitting the Bill», *The Economic Journal* 114, n. 495 (1 abril 2004): pp. 265–80, doi:10.1111/j.1468-0297.2004.00209.x.

2. Richard J. Maybury, «El gran engaño de Acción de Gracias», *Mises Institute*, 27 noviembre 2014, https://mises.org/es/library/el-gran-enga%C3%B1o-de-acci%C3%B3n-de-gracias.

3. Chris Argyris, «Teaching Smart People How to Learn», *Harvard Business Review*, mayo-junio 1991, https://hbr.org/1991/05/teaching-smart-people-how-to-learn.

CAPÍTULO 4: DESINFORMACIÓN

1. Una botella completa cuenta con 3000 PSI, lo que permite un tiempo bajo el agua de casi una hora de inmersión durante una inmersión normal. Los maestros de submarinismo exigen que los submarinistas salgan a la superficie cuando la botella tiene menos de 1000 PSI, de modo que el submarinista cuente con aire suficiente para una parada de seguridad. El límite de peligro absoluto está en los 500 PSI, punto en el que el manómetro está en rojo y grita «¡Peligro!».

2. Cuento una versión de esta historia en *La empresa consciente: Cómo construir valor a través de valores* (España: Alfaguara, 2010).

3. Friedrich A. von Hayek, *La fatal arrogancia: Los errores del socialismo* (España: Unión Editorial, 2010).

4. Esto lo baso en el famoso experimento del gato de Schrödinger, una paradoja explicada de forma muy simple aquí: http://astronimate.com/article/schrodingers-cat-explained/ (en inglés).

5. Friedrich A. von Hayek, «El uso del conocimiento en la sociedad», *Reis: Revista española de investigaciones sociológicas*, n. 80 (1997): pp. 215-228.

6. Ludwig von Mises, *El socialismo: Análisis económico y sociológico* (Madrid: Unión Editorial S.A., 2007).

7. Alfred Chandler Jr., *La mano visible: La revolución en la dirección de la empresa norteamericana* (Ediciones de Belloch S.L., 2008).

8. Murray Rothbard, «Man, Economy, and State, with Power and Market», *Mises Institute*, 2004, https://mises.org/library/man-economy-and-state-power-and-market/html/pp/1038.

9. Isaac Asimov, *La máquina que ganó la guerra* (Caralt, 1977).

CAPÍTULO 5: DESILUSIÓN

1. «Volkswagen Executives Describe Authoritarian Culture Under Former CEO», *The Guardian*, 10 octubre 2015, https://www.theguardian.com/business/2015/oct/10/volkswagen-executives-martin-winterkorn-company-culture.

2. Joann Muller, «How Volkswagen Will Rule the World», *Forbes*, 6 mayo 2013, https://www.forbes.com/sites/joannmuller/2013/04/17/

volkswagens-mission-to-dominate-global-auto-industry-gets-noticeably-harder/.

3. «Volkswagen Executives Describe Authoritarian Culture Under Former CEO».

4. «Former VW CEO Quits as Audi Chair as Emission-Scandal Probes Continue», *Reuters*, 12 noviembre 2015, http://www.reuters.com/article/us-volkswagen-emissions-audi-idUSKCN0T-10MR20151112#uO2kaAmSzGO27E4g.97.

5. Mark Thompson y Chris Liakos, «Volkswagen CEO Quits over "Grave Crisis"», CNN Money, 23 septiembre 2015, http://money.cnn.com/2015/09/23/news/companies/volkswagen-emissions-crisis/index.html?iid=EL.

6. Paul R. La Monica, «Volkswagen Has Plunged 50 %. Will It Ever Recover?», CNN Money, 25 septiembre 2015, http://money.cnn.com/2015/09/24/investing/volkswagen-vw-emissions-scandal-stock/.

7. Sarah Sjolin, «Volkswagen Loses €14 Billion in Value as Scandal Related to Emissions Tests Deepens», MarketWatch, 21 septiembre 2015, http://www.marketwatch.com/story/volkswagen-loses-14-billion-in-value-as-scandal-related-to-emissions-tests-deepens-2015-09-21.

8. Hiroko Tabuchi, Jack Ewing y Matt Apuzzo, «6 Volkswagen Executives Charged as Company Pleads Guilty in Emissions Case», *New York Times*, 11 enero 2017, https://www.nytimes.com/2017/01/11/business/volkswagen-diesel-vw-settlement-charges-criminal.html?ref=todayspaper&_r=1.

9. Peter Campbell, «Volkswagen's Market Share Falls After Scandal», *Financial Times*, 15 julio 2016, https://www.ft.com/content/35575f80-4a75-11e6-b387-64ab0a67014c.

10. Ben Webster, «Volkswagen Emissions Scam "Means Early Death for Thousands in Europe"», *The Times*, 4 marzo 2017, https://www.the-times.co.uk/article/volkswagen-emissions-scam-means-early-death-for-thousands-in-europe-rmhcgsnrx.

11. Thompson y Liakos, «Volkswagen CEO Quits over "Grave Crisis"».

12. Tabuchi, Ewing y Apuzzo, «6 Volkswagen Executives Charged as Company Pleads Guilty in Emissions Case».

13. Elizabeth Anderson, «Volkswagen Crisis: How Many Investigations Is the Carmaker Facing?», *The Telegraph*, 29 septiembre 2015, http://www.

telegraph.co.uk/finance/newsbysector/industry/11884872/Volkswagen-crisis-how-many-investigations-is-the-carmaker-facing.html.

14. La profesora de Harvard Amy Edmondson ha investigado muchísimo la seguridad psicológica. Ver Amy Edmonson, «Managing the Risk of Learning: Psychological Safety in Work Teams», *Harvard Business School*, 15 marzo 2002, http://www.hbs.edu/faculty/Publication%20Files/02-062_0b5726a8-443d-4629-9e75-736679b870fc.pdf; y Amy Edmonson, «Building a Psychologically Safe Workplace», charlas TEDx Talks, 4 mayo 2011, https://www.youtube.com/watch?v=LhoLuui9gX8.

15. Los economistas conductuales han descubierto que el simple hecho de pensar en dinero puede llevar a un comportamiento deshonesto. Ver Gary Belsky, «Why (Almost) All of Us Cheat and Steal», *Time*, 18 junio 2012, http://business.time.com/2012/06/18/why-almost-all-of-us-cheat-and-steal/. Ver Dan Ariely, *The (Honest) Truth About Dishonesty: How We Lie to Everyone, Including Ourselves* (Nueva York: HarperCollins, 2015).

16. Eric Newcomer, «In Video, Uber CEO Argues with Driver over Falling Fares», *Bloomberg*, 28 febrero 2017, https://www.bloomberg.com/news/articles/2017-02-28/in-video-uber-ceo-argues-with-driver-over-falling-fares.

17. Mike Isaac, «Uber Flunks the Better Business Bureau Test», *New York Times*, 9 octubre 2014, https://bits.blogs.nytimes.com/2014/10/09/uber-flunks-the-better-business-bureau-test/?_r=0.

18. Mike Isaac, «Inside Uber's Aggressive, Unrestrained Workplace Culture», *New York Times*, 22 febrero 2017, https://www.nytimes.com/2017/02/22/technology/uber-workplace-culture.html.

19. Mike Isaac, «Uber Founder Travis Kalanick Resigns as C.E.O.», *New York Times*, 21 junio 2017, https://www.nytimes.com/2017/06/21/technology/uber-ceo-travis-kalanick.html.

20. Pascal-Emmanuel Gobry, «How You Know the CEO Is a Goner», *Bloomberg*, 23 junio 2017, https://www.bloomberg.com/view/articles/2017-06-23/uber-s-boss-wasn-t-fired-for-bad-behavior.

21. Isaac, «Inside Uber's Aggressive, Unrestrained Workplace Culture».

22. «"Squish like Grape" from *Karate Kid*», YouTube, 29 mayo 2010, https://www.youtube.com/watch?v=Y3lQSxNdr3c.

23. «Marriage and Men's Health», *Harvard Men's Health Watch*, julio 2010, http://www.health.harvard.edu/newsletter_article/marriage-and-mens-health.

24. Aquí tienes la frase de la profesora Chatman, algo más ampliada: «Los líderes que enfatizan los valores deben esperar de sus empleados que estos los interpreten añadiendo a estos valores sus propias capas de significado. A lo largo del tiempo habrá, inevitablemente, algún suceso que pondrá al líder en riesgo de parecer que actúa de forma incoherente con los valores que él mismo defiende y promueve. Los empleados se ven impulsados por la [...] tendencia humana de explicar el comportamiento propio de forma generosa [...] y explicar el comportamiento de otros de forma poco compasiva [...] Cuando los líderes se comportan de modo que parece que va en contra de sus valores organizacionales propugnados, los empleados llegan a la conclusión de que el líder ha fallado, a nivel personal, a la hora de "predicar con el ejemplo". En resumen, las personas de una organización detectarán la hipocresía, y su compromiso, ganado con mucho esfuerzo, se verá sustituido por un cinismo que supondrá una amenaza para su rendimiento. Lo que es todavía peor, como este tipo de juicios interpersonales negativos son inherentemente amenazantes, los empleados no dicen nada en público, con lo que impiden una evaluación justa de sus conclusiones y evitan que haya un aprendizaje organizacional del suceso. El proceso entra en un bucle que se retroalimenta a medida que los sucesos subsecuentes se interpretan como una confirmación de la hipocresía y, finalmente, un gran número de empleados pueden acabar por desilusionarse». Ver Jennifer A. Chatman y Sandra Eunyoung Cha, «Leading by Leveraging Culture», *California Management Review* 45, n. 4 (2003): pp. 20–34, doi:10.2307/41166186.

25. Dwight Morrow, embajador de Estados Unidos en México, 1930.

26. Victor Harris y Edward Jones, «The Attribution of Attitudes», *Journal of Experimental Social Psychology* 3, n. 1 (1967): pp. 1–24, doi:10.1016/0022-1031(67)90034-0. Para saber más sobre el error de atribución, ver https://es.wikipedia.org/wiki/Sesgo_de_correspondencia.

27. http://gandalfquotes.com/dont-tempt-me-frodo/.

28. Dacher Keltner, *The Power Paradox: How We Gain and Lose Influence* (Nueva York: Penguin Random House, 2016).

29. Lisa J. Cohen, «What Do We Know About Psychopathy?», *Psychology Today*, 14 marzo 2011, https://www.psychologytoday.com/us/blog/handy-psychology-answers/201103/what-do-we-know-about-psychopathy.

30. David Larcker y Brian Tayan, «We Studied 38 Incidents of CEO Bad Behavior and Measured Their Consequences», *Harvard Business Review*, 9 junio 2016.

31. Hay varias citas de este hecho tan conocido. Por ejemplo, ver Victor Lipman, «People Leave Managers, Not Companies», *Forbes*, 4 agosto 2015, https://www.forbes.com/sites/victorlipman/2015/08/04/people-leave-managers-not-companies/#464f55c347a9; «How Managers Trump Companies», Gallup, 12 agosto 1999, http://www.gallup.com/businessjournal/523/how-managers-trump-companies.aspx; «Why People Leave Managers, Not Companies», Lighthouse, https://getlighthouse.com/blog/people-leave-managers-not-companies/.

32. Tengo el permiso de Jeff para compartir esta historia y otras que aparecen más adelante.

33. «Glassdoor Announces Highest Rated CEOs for 2016, Employees' Choice Award Winners», *MarketWatch*, 8 junio 2016, http://www.marketwatch.com/story/glassdoor-announces-highest-rated-ceos-for-2016-employees-choice-award-winners-2016-06-08-7160029.

CAPÍTULO 6: MOTIVACIÓN

1. Jack Zenger, Joe Folkman y Scott Edinger, «How Extraordinary Leaders Double Profits», *Chief Learning Officer* (julio 2009): pp. 30–35, 56; Daniel H. Pink, *La sorprendente verdad sobre qué nos motiva* (Barcelona: Ediciones Gestión 2000, 2009).

2. Citado por Daniel H. Pink, *What Matters? Ten Questions That Will Shape Our Future*, editado por Rik Kirkland (Nueva York: McKinsey and Co., 2009), p. 80.

3. Marcus Buckingham y Curt Coffman, *Primero rompa todas las reglas: Las claves que distinguen a los mejores directivos* (Barcelona: Ediciones Gestión 2000, 2007).

4. Kathy Gurchiek, «Millennial's Desire to Do Good Defines Workplace Culture», *Society for Human Resource Management*, 7 julio

2014, https://www.shrm.org/ResourcesAndTools/hr-topics/behavio-ral-competencies/global-and-cultural-effectiveness/Pages/Millen-nial-Impact.aspx.

5. Whitney Daily, «Three-Quarters of Millennials Would Take a Pay Cut to Work for a Socially Responsible Company, According to the Research from Cone Communications», *Cone Communications*, 2 noviembre 2016, http://www.conecomm.com/news-blog/2016-cone-communi-cations-millennial-employee-engagement-study-press-release.

6. Adam Smith, *Una investigación sobre la naturaleza y causas de la ri-queza de las naciones* (España: Tecnos, 2009).

7. Frederick Herzberg, Bernard Mausner y Barbara B. Snyderman, *The Motivation to Work*, 2.ª ed. (Nueva York: John Wiley & Sons, 1959).

8. Daniel H. Pink, *La sorprendente verdad sobre qué nos motiva.*

9. Frank Newport, «In U.S., Most Would Still Work Even If They Won Millions», Gallup, 14 agosto 2013, http://www.gallup.com/poll/163973/work-even-won-millions.aspx.

10. Alfie Kohn, *Punished by Rewards: The Trouble with Gold Stars, Incentive Plans, A's, Praise, and Other Bribes* (Nueva York: Mariner Books, 1995).

11. Barry Schwartz, *¿Por qué trabajamos? En busca de sentido* (España: Empresa Activa, 2016).

12. Uri Gneezy y John List, *Lo que importa es el porqué* (España: Empresa activa, 2014). Ver también Uri Gneezy y Aldo Rustichini, «A Fine Is a Price», *Journal of Legal Studies* 29, n. 1 (2000): pp. 1–17.

13. «Ley de Gresham», *Wikipedia*, última modificación 17 marzo 2018, https://es.wikipedia.org/wiki/Ley_de_Gresham.

14. Fred Kofman, *La empresa consciente: Cómo construir valor a través de valores* (España: Alfaguara, 2010), capítulo 3, «Integridad esencial».

15. Erróneamente traducida como «felicidad», *eudaimonia* también sig-nifica «actividad que produce tranquilidad mental y prosperidad hu-mana». Ver «Eudaemonism», *Encyclopaedia Britannica*, https://www.britannica.com/topic/eudaemonism#ref273308 (en inglés).

16. Jo Cofino, «Paul Polman: "The Power Is in the Hands of the Consu-mers"», *The Guardian*, 21 noviembre 2011, http://www.theguardian.com/sustainable-business/unilever-ceo-paul-polman-interview.

17. Ibíd.

18. Sam Harris, *The Moral Landscape* (Londres: Simon & Schuster, 2010), p. 1.

19. Dee Hock, «The Chaordic Organization: Out of Control and into Order», *Ratical*, https://www.ratical.org/many_worlds/ChaordicOrg.pdf.

20. Barry Brownstein, *The Inner-Work of Leadership* (Thornton, NH: Jane Philip Publications, 2010), p. 54, edición para Kindle.

21. Aun así, esta estrategia cuenta con severas limitaciones, ya que el grupo natural con el que podemos mantener relaciones sociales estables, dados nuestros límites cognitivos, puede crecer hasta unas 150 personas; a esto se le denomina el número de Dunbar. Puedes consultar el artículo «Número de Dunbar» en *Wikipedia*, última modificación 7 mayo 2018, https://es.wikipedia.org/wiki/N%C3%BAmero_de_Dunbar.

22. Yuval Noah Harari, *Sapiens: De animales a dioses* (Debate, 2014).

23. Richard Dawkins, *El gen egoísta: Las bases biológicas de nuestra conducta* (España: Salvat Editores SA, 2014).

24. Harari, *Sapiens: De animales a dioses*.

25. Bob Chapman y Raj Sisodia, *Everybody Matters: The Extraordinary Power of Caring for Your People like Family* (Nueva York: Portfolio/Penguin, 2015).

26. Ibíd., p. 54.

27. Simon Sinek, *Los líderes comen al final: Por qué algunos equipos funcionan y otros no* (Barcelona: Empresa activa, 2015).

28. Ibíd.

29. Reed Hastings, «Culture», SlideShare, 1 agosto 2009, https://www.slideshare.net/reed2001/culture-1798664.

30. Ben Casnocha, Reid Hoffman y Chris Yeh, «Your Company Is Not a Family», *Harvard Business Review*, 17 junio 2004, https://hbr.org/2014/06/your-company-is-not-a-family; y Reid Hoffman, Ben Casnocha y Chris Yeh, *La alianza: Cómo gestionar el talento en la era de Internet* (España: S. A. (Unir) Universidad Internacional de La Rioja, 2016).

31. Según C. S. Lewis, el *agape* es una virtud cristiana que debe desarrollarse. C. S. Lewis, *Los cuatro amores* (España: Rialp, 2017).

32. Ver Lee Cockerell, *Ponga magia en su empresa: 10 estrategias de sentido común desarrolladas en Disney* (España: Empresa activa, 2008).

33. «Our Client Organizations», Gorowe, http://www.gorowe.com.

34. Entrevista con el autor.

35. Edward L. Deci y Richard M. Ryan, «Facilitating Optimal Motivation and Psychological Well-Being Across Life's Domains», *Canadian Psychology* 49, n. 1 (febrero 2008): p. 14. Citado en Pink, *La sorprendente verdad sobre qué nos motiva*.

36. Pink, *La sorprendente verdad sobre qué nos motiva*.

37. «Russell L. Ackoff», Informs, https://www.informs.org/Explore/History-of-O.R.-Excellence/Biographical-Profiles/Ackoff-Russell-L.

CAPÍTULO 7: CULTURA

1. «United Airlines Passenger Forcibly Removed from Overbooked Flight—Video», *The Guardian*, 11 abril 2017 https://www.theguardian.com/world/2017/apr/11/united-airlines-boss-oliver-munoz-says-passenger-belligerent.

2. Esta no es la primera vez que United tiene que tratar con vídeos virales vergonzosos. Ver «United Breaks Guitars», YouTube, 6 julio 2009, https://www.youtube.com/watch?v=5YGc4zOqozo.

3. Ed Mazza, «Jimmy Kimmel Creates a Brutally Honest New Commercial for United Airlines», *Huffington Post*, 11 abril 2017, http://www.huffingtonpost.com/entry/jimmy-kimmel-united-commercial_us_58ec7654e4b0df7e2044b81e.

4. Al final resultó que el vuelo no tenía *overbooking*. Ver John Bacon y Ben Mutzabaugh, «United Airlines Says Controversial Flight Was Not Overbooked; CEO Apologizes Again», *USA Today*, 12 abril 2017, https://www.usatoday.com/story/news/nation/2017/04/11/united-ceo-employees-followed-procedures-flier-belligerent/100317166/.

5. Lauren Thomas, «United CEO Said Airline Had to "Re-Accommodate" Passenger and the Reaction Was Wild», CNBC, 11 abril 2017, http://www.cnbc.com/2017/04/10/united-ceo-says-airline-had-to-re-accommodate-passenger-and-twitter-is-having-a-riot.html.

6. Nadie conoce realmente el origen de esta frase. Ver «Did Peter Drucker Actually Say "Culture Eats Strategy for Breakfast"—and If So, Where / When?», Quora, https://www.quora.com/Did-Peter-Drucker-actually-say-culture-eats-strategy-for-breakfast-and-if-so-where-when.

7. Ram Charan y Geoffrey Colvin, «Why CEOs Fail», *Fortune*, 21 junio 1999, pp. 68–78.

8. Edgar Schein, *La cultura empresarial y el liderazgo* (Barcelona: Plaza & Janés Editores, 1988).

9. Jeffrey Pfeffer, *La ecuación humana: La Dirección de Recursos Humanos clave para la excelencia empresarial* (Ediciones Gestión 2000 / Aedipe).

10. Christopher Elliott, «Southwest Airlines Pilot Holds Plane for Murder Victim's Family», *Elliott*, 10 enero 2011, http://elliott.org/blog/southwest-airlines-pilot-holds-plane-for-murder-victims-family/.

11. Elias Parker, «7 Companies with Crushworthy Customer Experience», ICMI, 17 febrero 2016, http://www.icmi.com/Resources/Customer-Experience/2016/02/7-Companies-with-Crushworthy-Customer-Experience.

12. C. O'Reilly, «Corporations, Culture, and Commitment: Motivation and Social Control in Organizations», *California Management Review* 31, n. 4 (verano 1989): pp. 9–25.

13. Ken Makovsky, «Behind the Southwest Airlines Culture», *Forbes*, 21 noviembre 2013, https://www.forbes.com/sites/kenmakovsky/2013/11/21/behind-the-southwest-airlines-culture/#4f7273833798.

14. «What Are the Funniest Things Southwest Flight Attendants Have Said», Quora, https://www.quora.com/What-are-the-funniest-things-Southwest-flight-attendants-have-said.

15. Carmine Gallo, «How Southwest and Virgin America Win by Putting People Before Profit», *Forbes*, 10 septiembre 2013, https://www.forbes.com/sites/carminegallo/2013/09/10/how-southwest-and-virgin-america-win-by-putting-people-before-profit/#3338b574695a.

16. Es importante tener presente que una cultura efectiva es una cultura centrada. Es decir, a pesar de que aprecia todos los factores que contribuyen al éxito estratégico, se centra en el más esencial con determinación. Si un líder intenta establecer una cultura con todos los atributos

anteriores, acabará diluyendo cada uno y creando un batiburrillo que no producirá más que un rendimiento medio.

17. Edgar Schein, *La cultura empresarial y el liderazgo*.

18. John Kotter y James Heskett, *Cultura de empresa y rentabilidad* (España: Ediciones Díaz de Santos, 1995).

19. https://www.bizjournals.com/columbus/news/2016/06/01/japans-big-3-automakers-built-more-cars-in-u-s.html.

20. Jennifer Chatham, David Caldwell, Charles O'Reilly y Bernadette Doerr, «Parsing Organizational Culture: How the Norm for Adaptability Influences the Relationship Between Culture Consensus and Financial Performance in High-Technology Firms», *Journal of Organizational Behavior* 35 (12 febrero 2014): pp. 785–808, doi:10.1002/job.1928.

21. Mike Gamson, «Take Intelligent Risks», LinkedIn, 23 febrero 2015, https://www.linkedin.com/pulse/take-intelligent-risks-mike-gamson/.

22. George Parker, «Lessons from IBM's Near-Implosion in the Mid1990s», Quartz, 9 noviembre 2012, https://qz.com/26018/it-companies-could-learn-how-ibm-turned-around-in-the-nineties/.

23. Paul Hemp y Thomas Stewart, «Leading Change When Business Is Good», *Harvard Business Review*, diciembre 2004, https://hbr.org/2004/12/leading-change-when-business-is-good.

24. Al parecer, Palmisano fue capaz de combinar incentivos materiales y no materiales sin conflicto.

25. Laura Lorenzetti, «Pfizer and IBM Launch Innovative Research Project to Transform Parkinson's Disease Care», *Fortune*, 6 abril 2016, http://fortune.com/2016/04/07/pfizer-ibm-parkinsons/.

26. Hemp y Stewart, «Leading Change When Business Is Good».

27. Collins, *Empresas que sobresalen*.

28. «Zappos.com, No. 86 in 100 Best Companies to Work for 2015», *Fortune*, http://fortune.com/best-companies/2015/zappos-com-86/.

29. Keith Tatley, «Zappos—Hiring for Culture and the Bizarre Things They Do», RecruitLoop, 13 julio 2015, http://recruitloop.com/blog/zappos-hiring-for-culture-and-the-bizarre-things-they-do/.

30. Ibíd.

31. Jennifer Chatman, «Matching People and Organizations: Selection and Socialization in Public Accounting Firms», *Administrative Science Quarterly* 36 (1991): pp. 459–84.

32. Jennifer Chatman y Sandra Eunyoung Cha, «Leading by Leveraging Culture», *California Management Review* 45, n. 4 (verano 2003): pp. 5–6.

CAPÍTULO 8: RESPONS(H)ABILIDAD

1. Ver Charles Duhigg, *Más agudo, más rápido y mejor Los secretos para ser más productivo en la vida y en el trabajo* (España: Conecta, 2016); file:///Users/admin/Desktop/2016), y Charles Duhigg, «The Power of Mental Models: How Flight 32 Avoided Disaster», Lifehacker, 16 marzo 2016, https://lifehacker.com/the-power-of-mental-models-how-flight-32-avoided-disas-1765022753.

2. Esta sección se basa en Kofman, *La empresa consciente*, capítulo 2.

3. El término psicológico para este impulso es «sesgo de autoservicio», que es la creencia de que los individuos tienden a achacar el éxito a sus propias habilidades y esfuerzos, pero echan la culpa de los fallos a factores externos. Ver W. Keith Campbell y Constantine Sedikides, «Self-Threat Magnifies the SelfServing Bias: A Meta-Analytic Integration», *Review of General Psychology* 3, n. 1 (1999): pp. 23–43.

4. Jocko Willink y Leif Babin, *Extreme Ownership: How U.S. Navy SEALs Lead and Win* (Nueva York: St. Martin's Press, 2015), pp. 17–18.

5. Ibíd., p. 22.

6. Ibíd., p. 24.

7. Ibíd., pp. 25-26.

8. Ibíd., pp. 25-26.

9. Ibíd., p. 30.

CAPÍTULO 9: COLABORACIÓN

1. https://www.ncbi.nim.nih.gov//pmc/articles/pmc2791717.

2. También las explico en conscious.linkedin.com.

3. Fred Kofman, *La empresa consciente*, capítulo 5; y conscious.linkedin.com (sección sobre comunicación, en inglés).

CAPÍTULO 10: INTEGRIDAD

1. https://www.brainyquote.com/authors/mike_tyson.

2. Los cacahuetes pueden causar severas alergias a algunas personas.

3. Pueden encontrar ejemplos de estos juegos de roles en mis sesiones de asesoría en conscious.linkedin.com. Por ejemplo, Kofman, «How to Establish and Maintain Commitments: A Coaching Conversation (8.6)», LinkedIn, 9 octubre 2015, https://www.linkedin.com/pulse/how-establish-maintain-commitments-coaching-86-fred-kofman.

4. Francis Fukuyama, *Trust: La confianza* (Barcelona: Ediciones B, 1998).

CAPÍTULO 11: OLVÍDATE DE TI

1. Brandon Black y Shayne Hughes, *Ego Free Leadership: Ending the Unconscious Habits That Hijack Your Business* (Austin, TX: Greenleaf Book Group Press, 2017).

2. La carta de George Wald se cita en Jack Kornfield, *Camino con corazón: Una guía a través de los peligros y promesas de la vida espiritual* (Barcelona: La liebre de marzo, 2013).

3. Brandon Black y Shayne Hughes, *Ego Free Leadership*.

4. Ibíd.

5. Ibíd.

6. En *Empresas que sobresalen*, Collins descubrió que la piedra angular de una gran organización es un «liderazgo de nivel 5». Los líderes de nivel 5 son los que tienen, entre otras cualidades, humildad. «Los líderes de nivel 5 alejan de sí mismos las necesidades de satisfacer su propio ego y se concentran en el objetivo más amplio de crear una compañía magnífica», escribió Collins. «No es que los líderes de nivel 5 no tengan ego o no miren por sus intereses. En realidad, son increíblemente ambiciosos, pero su ambición es sobre todo para la institución, no para ellos mismos». La ironía es que el liderazgo trascendente es todo lo contrario de lo que la mayoría de las personas asumen que implica ser un líder. Ver también Jim Collins, «Level 5 Leadership: The Triumph of Humility and Fierce Resolve», *Harvard Business Review*, julio-agosto 2005, https://hbr.org/2005/07/level-5-leadership-the-triumph-of-humility-and-fierce-resolve.

7. Mihály Csíkszentmihályi, *Good Business: Leadership, Flow, and the Making of Meaning* (Nueva York: Penguin Books, 2003).

8. Podríamos decir que las personas y las instituciones que tienen mucha alma son «magnánimas» (del latín *magnus* y *animus*, es decir, «gran alma») y que aquellas que no, son «pusilánimes» (del latín *pusillus*, que significa «minúsculo»). Otros sinónimos de «magnánimo» pueden ser, por ejemplo: generoso, idealista, noble, valioso, recto, benevolente, altruista, considerado y amable. Otros sinónimos de «pusilánime» pueden ser, por ejemplo: cobarde, nervioso, sin carácter, miedoso, trémulo, sin ánimo y miserable.

9. «First Follower: Leadership Lessons from Dancing Guy», YouTube, 11 febrero 2010, https://www.youtube.com/watch?v=fW8amMCVAJQ&-frags=pl%2Cwn.

10. Entrevista con el autor.

11. Entrevista con el autor.

CAPÍTULO 12: MUERE ANTES DE MORIR

1. Steve Jobs, «"You've Got to Find What You Love", Jobs says», *Stanford News*, 14 junio 2005, http://news.stanford.edu/2005/06/14/jobs-061505/.

2. Del Jones, «CEOs Show How Cheating Death Can Change Your Life», *USA Today*, 9 marzo 2009, http://usatoday30.usatoday.com/money/companies/management/2009-03-09-near-death-executives_n.htm.

3. Rand Leeb-du Toit, «How Dying Redefined My Career», Thread Publishing, http://threadpublishing.com/stories/how-dying-redefined-my-career/.

4. Ernest Becker, *La negación de la muerte* (Barcelona: Kairós, 2003).

5. Para saber más sobre la forma en que los humanos gestionan el terror a la muerte (también conocida como «gestión del terror»), ver Sheldon Solomon, Jeff Greenberg y Tom Pysczynski, *The Worm at the Core: On the Role of Death in Life* (Nueva York: Random House, 2015); y Ernest Becker, *The Birth and Death of Meaning* (Nueva York: Simon & Schuster, 1962).

6. https://www.brainyquote.com/quotes/quotes/w/williamjam101063.html.

7. Susan Dominus, «Is Giving the Secret to Getting Ahead?», *New York Times*, 27 marzo 2013, http://www.nytimes.com/2013/03/31/magazine/is-giving-the-secret-to-getting-ahead.html. En el capítulo 14, «Capitalismo superconsciente», defenderé que el mercado libre es un terreno donde los proyectos de inmortalidad de las empresas, a diferencia de las religiones y los estados nación, pueden realmente competir de forma constructiva y pacífica. Un mercado libre transforma el interés propio en servicio; el conflicto, en competición. La forma de ganar es ser el proveedor más eficiente de bienes y servicios que mejoran la vida humana. Es por estos motivos por los que afirmo que los negocios son la mejor forma de devolver el sentido al mundo.

8. Adam Grant y Kimberly Wade-Benzoni, «The Hot and Cool of Death Awareness at Work: Mortality Cues, Aging and Self-Protective and Prosocial Motivations», *Academy of Management Review* 34, n. 4 (2009): pp. 600–22.

9. Csíkszentmihályi, *Good Business: Leadership, Flow, and the Making of Meaning.*

10. Michael Pollan, «The Trip Treatment», *The New Yorker*, 9 febrero 2015, https://www.newyorker.com/magazine/2015/02/09/trip-treatment.

11. Ibíd.

12. «Carlos Castaneda», Wikipedia, última modificación 25 abril 2018, https://es.wikipedia.org/wiki/Carlos_Castaneda.

13. Más tarde descubrí métodos mucho más seguros e igualmente efectivos de acceder a estos estados extraordinarios a través de la meditación y de la «respiración holotrópica», una técnica desarrollada por el psiquiatra Stanislav Groff (http://www.stanislavgrof.com/). Recomiendo la meditación a todo el mundo; la técnica de respiración holotrópica es algo que propongo con más precaución, ya que es más exigente a nivel psicológico. No recomiendo el uso de sustancias psicodélicas si no es bajo la supervisión de un terapeuta o maestro especializado.

14. Sam Harris, *Despertar: Una guía para una espiritualidad sin religión* (Capellades: Kairós, 2015).

15. Pollan, «The Trip Treatment».

16. Mona Simpson, «A Sister's Eulogy for Steve Jobs», *New York Times*, 30 octubre 2011, http://www.nytimes.com/2011/10/30/opinion/mona-simpsons-eulogy-for-steve-jobs.html.

CAPÍTULO 13: SÉ UN HÉROE

1. La amistad del presidente y general nacionalista argentino Juan Domingo Perón con Mussolini y Hitler no fue ningún secreto.

2. Para saber más el trasfondo de la guerra sucia de Argentina, consulta el artículo «Terrorismo de Estado en Argentina en las décadas de 1970 y 1980» de Wikipedia, última modificación 7 junio 2018: https://es.wikipedia.org/wiki/Terrorismo_de_Estado_en_Argentina_en_las_d%C3%A9cadas_de_1970_y_1980.

3. Vladimir Hernandez, «Painful Search for Argentina's Disappeared», BBC News, 24 marzo 2013, http://www.bbc.com/news/world-latin-america-21884147. Se han hecho escrito muchos libros y rodado muchas películas que describen los horrores de la guerra sucia, entre ellas *La historia oficial*, que ganó el Óscar de 1982 a la mejor película extranjera, y *El beso de la mujer araña*. Algunos libros con información sobre el tema son *Guerillas and Generals*, de Paul Lewis; *La escuelita*, de Alicia Partnoy; *Revolutionizing Motherhood: The Mothers of the Plaza de Mayo*, de Marguerite Guzman Bouvard; *Nunca más, informe final de la Comisión Nacional sobre la Desaparición de Personas*, por la Comisión Nacional sobre la Desaparición de personas de Argentina; *Un léxico del terror*, de Marguerite Feitlowitz; *God's Assassins: State Terrorism in Argentina in the 1970s*, de Patricia Marchak.

4. Ka-Tzetnik, *Shivitti: Una visión* (Ediciones La Llave, 1999).

5. «Psicoterapia psicodélica», Wikipedia, última modificación 29 abril 2018, https://es.wikipedia.org/wiki/Psicoterapia_psicod%C3%A9lica.

6. El yiddish es muy cercano al alemán; a las personas que hablan alemán les es relativamente fácil comprenderlo.

7. Antes de convertirse en el director ejecutivo de la Campbell Soup Company, Doug Conant se enfrentó a una situación así en RJR Nabisco durante una guerra de ofertas por la empresa (una situación que adquirió fama gracias al libro y película con el título *Bárbaros a la puerta*).

8. Comparto esto con permiso de Jeff.

9. Warren Bennis y Robert J. Thomas, «Crucibles of Leadership», *Harvard Business Review*, septiembre 2002, https://hbr.org/2002/09/crucibles-of-leadership.

10. «Sheryl Sandberg», Wikipedia, última modificación 13 mayo 2018, https://es.wikipedia.org/wiki/Sheryl_Sandberg.

11. «Publicaciones de Sheryl Sandberg», Facebook, 3 junio 2015, https://www.facebook.com/sheryl/posts/10155617891025177:0 (en inglés).

12. Entrevista con el autor.

13. «How Sheryl Sandberg's Sharing Manifesto Drives Facebook», *Bloomberg Businessweek*, 27 abril 2017, https://www.bloomberg.com/news/features/2017-04-27/how-sheryl-sandberg-s-sharing-manifesto-drives-facebook.

14. Ver Fred Kofman, *La empresa consciente*, capítulo 9.

15. «What Is Servant Leadership», Greenleaf Center for Servant Leadership, https://www.greenleaf.org/what-is-servant-leadership/.

16. Ver acto 4, escena 3. William Shakespeare, *Dramas históricos (Obra completa Shakespeare 3)* (España: Penguin Random House Grupo Editorial, 2012).

CAPÍTULO 14: CAPITALISMO SUPERCONSCIENTE

1. Puedes encontrar las imágenes en Kakuan Shien, «The Ten Oxherding Pictures with Commentary and Verses», Es (abs.), Nicht, https://sites.google.com/site/esabsnichtenglisch/kakuan-shien-the-ten-ox-herding-pictures-with-commentary-and-verses.

2. John Koller, *Asian Philosophies* (Upper Saddle River, NJ: Prentice Hall, 2001), p. 253; John Koller, «Ox-Herding: Stages of Zen Practice», Departamento de Ciencia Cognitiva, Rensselaer Polytechnic Institute, http:www.columbia.edu/cu/weai/exeas/resources/oxherding.html.

3. Max Ehrenfreund, «A Majority of Millennials Now Reject Capitalism, Poll Shows», *Washington Post*, 26 abril 2016, https://www.washingtonpost.com/news/wonk/wp/2016/04/26/a-majority-of-millennials-now-reject-capitalism-poll-shows/?utm_term=.526aa75dfde7.

4. Frederick Bastiat escribió una «petición de los fabricantes de velas» satírica al Parlamento francés para detener la «ruinosa competición» del Sol. Puede leerse en http://bastiat.org/en/petition.html.

5. Peter Drucker, *La gerencia: Tareas, responsabilidades y prácticas* (El Ateneo, 2004).

6. Estaba haciendo submarinismo sin ningún aparato de respiración, es decir, a pulmón libre.

7. Nota: LinkedIn, la empresa para la que trabajo, ahora es una subsidiaria completamente propiedad de Microsoft.

8. Esto no es sabio pero sí que es comprensible si uno cree que las intenciones se traducen en consecuencias. No se trata del caso general (el camino del infierno está empedrado de buenas intenciones), y especialmente en el capitalismo. «Thomas Hobbes Quotes from *Leviathan* 1651», sitio web personal de Richard Geib, http://www.rjgeib.com/thoughts/nature/hobbes-quotes.html.

9. Para ver una perspectiva marxista muy atractiva (y peligrosamente errónea) de la explotación, ver Richard Wolff, «Marx's Labour Exploitation Theory (in Under Four Minutes)», YouTube, 27 marzo 2016, https://www.youtube.com/watch?v=-XED2nmCFNk.

10. Como afirmó Mises, los competidores buscan la excelencia y preeminencia en logros dentro de un sistema de cooperación mutua. La función de la competencia es asignar a cada miembro del sistema social la posición en la que puede servir mejor a la sociedad entera y todos sus miembros (Ludwig von Mises, *La acción humana: tratado de economía*, [Madrid: Unión Editorial, 2015]). Es solo una metáfora llamar a la competencia una «guerra de competencia» o «guerra» a secas. La función de la batalla es la destrucción; la de la competencia, la construcción» (Ludwig von Mises, *El socialismo. Análisis económico y sociológico* [Madrid: Unión editorial, 2007]).

11. John Mackey y Raj Sisodia, *Capitalismo consciente* (URANO PUB Incorporated, 2017).

12. Ibíd.

13. https://www.brainyquote.com/quotes/quotes/m/miltonfrie412622.html.

14. John R. Wilmoth, «Increase of Human Longevity: Past, Present and Future», Departamento de Demografía, UC Berkeley, 2009, http://www.ipss.go.jp/seminar/j/seminar14/program/john.pdf; «Países por esperanza de vida», *Wikipedia*, última modificación 15 septiembre 2017, https://es.wikipedia.org/wiki/Anexo:Pa%C3%ADses_por_esperanza_de_vida.

15. Marian Tupy, «For the First Time in History, Less Than 10 % of Humanity Lives in Extreme Poverty», Postlight Mercury, 6 octubre 2015, https://mercury.postlight.com/amp?url=https://fee.org/articles/the-end-of-extreme-poverty-and-the-great-fact/.

16. «Last 2,000 Years of Growth in World Income and Population (REVISED)», *Visualizing Economics*, 21 noviembre 2007, http://visualizingeconomics.com/blog/2007/11/21/last-2000-of-growth-in-world-income-and-population-revised.

17. Steven Pinker, «Now for the Good News: Things Really Are Getting Better», *The Guardian*, 11 septiembre 2015, http://www.theguardian.com/commentisfree/2015/sep/11/news-isis-syria-headlines-violence-steven-pinker.

18. El capítulo 1 de Mackey y Sisodia, *Capitalismo consciente*, tiene mucho que decir sobre esto, igual que John Mackey y Michael Strong, *Be the Solution* (Hoboken: John Wiley & Sons, 2009).

19. Hoy en día, un 99 % de los estadounidenses designados como «pobres» cuentan con electricidad, agua corriente, sanitarios y nevera; un 95 % cuenta con un televisor; un 88 % tiene un teléfono; un 71 % tiene un coche, y un 70 % tiene aire acondicionado. Cornelius Vanderbilt, como señala el autor Matt Ridley, no tenía ninguna de estas cosas. Matt Ridley, *El optimista racional* (España: Taurus, 2011).

20. J. Bradford De Long, «Estimates of World GDP, One Million B.C.–Present», Departamento de Economía, UC Berkeley, 1998, https://delong.typepad.com/print/20061012_LRWGDP.pdf.

21. Gregory Clark, *A Farewell to Alms* (Princeton: Princeton University Press, 2007).

22. La premisa de la explotación de los trabajadores por parte de los capitalistas ha sido transmitida por «historiadores falsos». Tomemos, por ejemplo, el caso de la Revolución Industrial, registrada falsamente por anticapitalistas como Thomas Carlyle y Frederick Engels. Estos ideólogos políticos diseminaron el ahora dominante mito de que el capitalismo era una maldición para la clase pobre trabajadora, que los aprisionaba en «oscuros molinos satánicos» para el beneficio de empresarios industriales igualmente satánicos. Este no era el caso, como argumentaba apasionadamente Mises: «Por supuesto, desde nuestro punto de vista, el estándar de vida de los trabajadores era

extremadamente bajo; las condiciones bajo el capitalismo temprano eran absolutamente impactantes, pero no porque la industria capitalista desarrollada recientemente hubiera dañado a los trabajadores. Las personas contratadas para trabajar en fábricas ya habían estado viviendo a un nivel virtualmente subhumano. La vieja y conocida historia, repetida cientos de veces, de que las fábricas empleaban a niños y mujeres y que esos niños y mujeres, antes de estar trabajando en fábricas, vivían en condiciones satisfactorias, es una de las grandes mentiras de la historia. Las madres que trabajaban en las fábricas no tenían antes nada con lo que cocinar; no dejaron sus casas y cocinas para meterse en las fábricas, sino que se metieron en las fábricas porque no tenían cocinas y, si las tenían, no tenían comida para preparar nada en ellas. Y los niños no venían de cómodas guarderías. Estaban famélicos y muriendo de hambre. Y todas estas habladurías sobre el denominado horror innombrable del capitalismo temprano puede rebatirse con un solo dato estadístico: precisamente en esos años en los que se desarrolló el capitalismo británico, precisamente en la era llamada la Revolución Industrial en Inglaterra, en los años del 1760 al 1830, precisamente en esos años la población de Inglaterra se duplicó, lo que significa que cientos o miles de niños (que habrían muerto en tiempos anteriores) sobrevivieron y llegaron a convertirse en hombres y mujeres» [traducción libre].

23. La correlación entre el capitalismo y la prosperidad no es solo obvia a lo largo del tiempo, sino que es igualmente clara en estudios con muestras representativas, donde la libertad económica está altamente correlacionada con la riqueza y el desarrollo económico. Pero quizá la prueba más contundente de las bondades del capitalismo proviene de dos «experimentos controlados» en economía política: Corea y Alemania. En algún punto de sus historias, estos dos países se han dividido en una parte más capitalista y una parte más socialista. Uno de ellos, Alemania, se reunificó en 1989. Los datos son indiscutibles: las porciones socialistas de estos países sufrieron tremendos retrocesos, mientras que las porciones capitalistas prosperaron hasta convertirse en unas de las economías más potentes del mundo. (Ver «South v. North Korea: How Do the Two Countries Compare? Visualised», *The Guardian*, 8 abril 2013, https://www.theguardian.com/world/datablog/2013/apr/08/south-korea-v-north-korea-compared; y «Germany's Reunification 25 Years On», *The Economist*, 2 octubre

2015, https://www.economist.com/blogs/graphicdetail/2015/10/daily-chart-comparing-eastern-and-western-germany).

24. Dan Sanchez, «Mises in Four Easy Pieces», Mises Institute, 22 enero 2016, https://mises.org/library/mises-four-easy-pieces; Robert Murphy, *Guía políticamente incorrecta del capitalismo* (Innisfree, 2014); y Matt Ridley, *El optimista racional*, son presentaciones excelentes.

25. «Cada individuo [...] ni pretende promover el interés público ni sabe cuánto lo está promoviendo [...] solo busca su propia seguridad y, al dirigir ese sector de un modo que su producto pueda contar con el mayor valor, solo busca su propia ganancia y, en este nivel, como en muchos otros, es guiado por una mano invisible para promover un fin que no formaba parte de su intención» [traducción libre]. Adam Smith, *La riqueza de las naciones* (Titivillus: 2015).

26. Como dijo Adam Smith: «Los que tienen más posibilidades de permanecer [en el mercado] son aquellos que pueden atraer el egoísmo de los demás a su favor. [...] "Dame lo que quiero y tú tendrás lo que quieres" es el significado de cada oferta». «Cada acto de comercio es un acto de servicio mutuo. Independientemente del nivel de conciencia de la organización empresarial, el sistema de mercado dirigirá la energía egoísta hacia ayudar a los demás». «Adam Smith—Quotes», Goodreads, https://www.goodreads.com/author/quotes/14424. Adam_Smith (en inglés).

27. Ludwig von Mises, *Burocracia* (Madrid: Unión Editorial, 2005).

28. Kahlil Gibran, *El Profeta* (España: Tikal, 2015).

29. La frase viene de un cuento de hadas japonés, «La historia del anciano que hizo que los árboles marchitos florecieran», de Yei Theodora Ozaki. Ver http://etc.usf.edu/lit2go/72/japanese-fairy-tales/4879/the-story-of-the-old-man-who-made-withered-trees-to-flower/ (en inglés).

30. Verdaderamente, los deseos del ego son infinitos. No pueden quedar satisfechos con ninguna cantidad de éxito. La persona egocéntrica simplemente sigue comparándose con otros compañeros más atractivos, poderosos, famosos, ricos o de más éxito con los que siempre está en riesgo de no ser la mejor. La ansiedad competitiva de demostrar el propio valor de uno no es algo que pueda relajarse mediante logros.

31. Abraham H. Maslow, *The Maslow Business Reader*, editado por Deborah C. Stephens (Nueva York: John Wiley & Sons, 2000), p. 13.

32. «Base de la pirámide», Wikipedia, última modificación 12 junio 2018, https://es.wikipedia.org/wiki/Base_de_la_pir%C3%A1mide.

33. Como declaró Michael Spence, nobel de Economía y presidente de la comisión de las Naciones Unidas para el desarrollo y el crecimiento: «Nos centramos en el crecimiento (económico) porque es una condición necesaria para la consecución de una amplia gama de objetivos que importan a las personas. Uno de ellos es la reducción de la pobreza, pero hay otros incluso más profundos. La salud, un empleo productivo, la oportunidad de ser creativo, todo tipo de cosas que realmente importan las personas dependen de la disponibilidad de recursos e ingresos, de modo que no se pasen gran parte de su tiempo intentando desesperadamente mantener a sus familias con vida». United Nations Commission on Growth and Development, *The Growth Report: Strategies for Sustained Growth and Inclusive Development*, 2008.

34. Mihály Csíkszentmihályi, *Good Business: Leadership, Flow, and the Making of Meaning*.

EPÍLOGO

1. «Current and Previous Gallup Great Workplace Award Winners», Gallup, última modificación 2017, http://www.gallup.com/events/178865/gallup-great-workplace-award-current-previous-winners.aspx.

2. «ABC Supply Co. Inc. Becomes 10-Time Recipient of Prestigious Gallup Great Workplace Award», ABC Supply Co. Inc., 16 mayo 2016, https://www.abcsupply.com/news/abc-supply-co.-inc.-becomes-10-time-recipient-of-prestigious-gallup-great-workplace-award. [https://www.gallup.com/events/178865/gallup-great-workplace-award-current-previous-winners.aspx].

3. «Frases de Heráclito», https://citas.in/autores/heraclito/

4. «Viktor E. Frankl—Quotes», Goodreads, https://www.goodreads.com/quotes/34673-don-t-aim-at-success-the-more-you-aim-at-it.

ÍNDICE TEMÁTICO

SOBRE EL AUTOR

FRED KOFMAN es el vicepresidente de Desarrollo Ejecutivo y filósofo de liderazgo en LinkedIn. Como asesor ejecutivo, trabaja con directores y ejecutivos de Silicon Valley y de todo el mundo. Nacido en Argentina, Kofman llegó a los Estados Unidos como estudiante de posgrado, donde consiguió su doctorado en teoría económica avanzada en la Universidad de California en Berkeley. Fue profesor de finanzas y contabilidad de gestión en el Instituto Tecnológico de Massachusetts durante seis años antes de formar su propia consultoría, Axialent, para la que diseñó e impartió talleres de liderazgo a más de quince mil ejecutivos. Sheryl Sandberg escribe sobre él en su libro *Vayamos adelante* y afirma que Kofman «transformará el modo en que vives y trabajas».